綜觀三百年九大投機狂潮，從泡沫中洞悉人性的貪婪與恐懼

金融 DEVIL TAKE THE HINDMOST 投機史

A HISTORY OF FINANCIAL SPECULATION

EDWARD CHANCELLOR

愛德華‧錢思樂——著 朱崇旻——譯

目錄 contents

各界好評

◇---◇

「看著書中內容，雖然寫的是『歷史』。但卻讓我不由自主地聯想到近年的金融投機泡沫，還有它們所造成的巨大傷害。為什麼至今大多數人仍無法脫離投機泡沫所帶來的傷害？很有可能是因為他們還沒讀過本書。」

——Jet Lee，「Jet Lee 的投資隨筆」版主

「投資時如何減少犯錯？最昂貴的做法，是透過經驗去學習，而最低成本的做法，是從歷史中學習。歷史上每個大事件看似不同，實際上背後人性的貪婪和恐懼卻總是相似，了解歷史，會幫助我們更容易避開人性的弱點、做出理性的決策。」

——Mr.Market 市場先生，財經作家

「『History doesn't repeat itself, but it does rhyme.』這本經典之作探討了歷史上的金融泡沫和投機狂潮，並分析了驅使這些狂熱現象的心理和經濟因素。它深入挖掘這些事件中共同模式和非理性行為，為我們了解金融市場的運作，以及經濟周期的循環提供了寶貴的教訓，更是投資人趨吉避凶的珍貴寶典。無論您是金融專業

人士還是普通讀者，這本書都值得一讀。」

——單身狗投資成長日記

「英文 speculation 一字原意是猜測，為什麼和金融連在一起就成為『投機』呢？《金融投機史》帶領讀者從著名的歷史事件中，獲知投機泡沫的答案是貪婪與無知，還能看到故事開始時，往往只因平凡的誘惑與輕易信人的單純。原書名 Devil Take the Hindmost 意指魔鬼抓走最落後者，書中各個金融史案例裡的落後者，不全是因為腳麻跑不動，而是沒有認出魔鬼，因為牠們每次出現的長相並不一樣。」

——劉瑞華，清華大學經濟學系教授

「在我讀過關於投機與泡沫經濟的作品中，這是最優秀、最富有洞察力的一部。它應列為每一位投資者的必讀著作。」
——巴頓・畢格斯（Barton M. Biggs），摩根士丹利公司（Morgan Stanley Asset Management）前董事長

「具娛樂性、實用性、極高的學術價值。這世上似乎沒有錢思樂沒讀過的書。在我們面對史上最大狂潮之一——網際網路泡沫的此時此刻，他實用的訓誡來得正是時候，令人肅然起敬。」
——亞當・斯密（Adam Smith），《超級貨幣》（*Supermoney*）、《金錢遊戲》（*The Money Game*）作者

「愛德華・錢思樂結合了歷史學者與銀行家的才能，撰寫出引人入

勝的一本書。這是給銀行家、證券經紀人、投資者與華爾街旁觀者的福利。」

——查爾斯‧金德伯格（Charles P. Kindleberger），美國金融史學家，《瘋狂、恐慌與崩盤》（*Manias, Panics, and Crashes*）作者

「學問與知識的巨作。投資這本書。」

——詹姆斯‧格蘭特（James Grant），《格蘭特的利率觀察》（*Grant's Interest Rate Observer*）編輯，《繁榮的問題》（*The Trouble with Prosperity*）作者

「一部資料詳盡且寫得非常好的作品，從最早期開始敘述投機的故事，以及一路延續到現今的瘋狂。任何考慮投入股市，以及已經開始投機活動的人，都應該閱讀這本書。」

——約翰‧加爾布雷斯（John Kenneth Galbraith），美國經濟學家

「充滿趣味！錢思樂先生將故事寫得十分生動，且他懷有遠大的用心，使本書從諸多知名經典著作中脫穎而出。」

——《華爾街日報》（*Wall Street Journal*）

「詳盡且非常好讀的作品，講述 17 世紀以降的金融投機史。」

——《經濟學人》（*The Economist*）

「文筆活潑，讀起來趣味十足，囊括了大量資訊與知識，並且合情合理。作為助益良多且極其必要的告誡，錢思樂的書實在難以超

越。」

——《每日電訊報》(*The Daily Telegraph*)

「清晰且文筆優美地敍說了金融界最有趣的搞笑故事。錢思樂完美捕捉了舊時代的氛圍。」

——《財星》(*Fortune*)雜誌

「投機泡沫的綜合手冊。錢思樂清晰地敍述多則故事，以令人信服的方式比對歷史上的相似之處，另包含無數歷史人物辛辣風趣的引文。」

——《出版者周刊》(*Publishers Weekly*)(星級書評)(starred review)

「《金融投機史》除了是基本投資觀念的入門課之外，還敍述關於貪婪、政治鬧劇、狡猾操縱與痴狂的故事。適時、文筆優美，且直截了當地提供了參考資訊。」

——《柯克斯書評》(*Kirkus Reviews*)

引 言

別當最後一隻老鼠

- -

我年輕時，人們稱我為賭徒；隨著我事業的規模
增長，人們開始稱我為投機者；而如今，我被稱
為銀行家。然而，我從頭到尾做的都是同一件事情。

——歐內斯特‧卡賽爾爵士（Sir Ernest Cassell），
愛德華七世（Edward VII）的私人銀行家

從往昔到現代，「投機」這個題材還是頭一次引起了這麼多人關注。我們如今會看到的金融與經濟新聞，可能包括外幣危機、股市泡沫與崩盤、衍生性金融商品災難，以及科技創新——而這一切的背後，都藏著投機者的身影。在美國，每天有數以百萬計的個別投資者進行股票交易，1990年代的美國經濟之所以能夠起飛，主要歸功於流入股市的投機資金。在投機者把資金投入股市的情況下，新公司得以成立，老公司得以合併，企業有了投資的動力，而投資者也願意把他們在股市賺得的錢財拿去花用。一顆繁華與富裕的大泡泡在我們眼前膨脹了起來，而這時候人們自然會為泡泡的穩定性憂心。

談到「投機」這個議題，大家的意見往往會出現分歧。許多政治人物——尤其是亞洲的幾位——都警告道，全球經濟現在可謂被投機者綁架了。在這些政客看來，投機者就和寄生蟲差不多，在貪婪與恐懼心理驅使下製造金融危機，然後在危機中混得如魚得水。投機者在這些政客眼中的形象之糟糕，他們被視為自大的利己主義者，一言一行都受情緒左右，他們的狂喜與憂鬱都反映了群眾有限的理智和知識。對抱持這種看法的政客來說，唯有控制住投機者這群野獸、將他們關進牢籠，國家才有可能富強。話雖如此，以西方經濟學者為主的另一派人卻抱持截然相反的看法，他們認為投機在根本上是一股良性力量，少了這股力量，資本主義系統就無法正常運作了。根據這一派人的說法，投機者扮演著「管道」的角色，負責導入新資訊、影響市場價格——換句話說，最新的通貨膨脹數值，或是颱風對於咖啡產量的影響，都會透過投機者反映在價格上。如果沒有投機者，市場上就會遍地都是障

礙，經濟危機也會發生得更加頻繁。此外，股市投機者的行動，其實會大大影響網際網路等新科技的發展。經濟學者相信，我們要是約束了投機者，資本主義系統就會失去活力。

▎何謂投機？

「投機」議題雖然引起了無窮無盡的爭論，我們到現在依舊對這個概念一知半解。投機（speculation）一詞直到18世紀晚期才被賦予經濟意涵，而即使在當時，這個詞的用法也是模稜兩可。在1774年5月1日的一封信中，英國政治家霍勒斯・沃波爾（Horace Walpole）將國會議員與銀行家喬治・科勒布魯克爵士（Sir George Colebrooke）形容為「投機的殉道者」。之所以這麼說，是因為科勒布魯克試圖壟斷明礬市場（明礬是染布用的一種物質），結果因為壟斷市場的行動失敗而破產。兩年後，亞當・斯密（Adam Smith）在《國富論》（The Wealth of Nations）中提到，「有時可透過所謂投機交易」突然賺得財富。但斯密所說的「投機商人」並不是指金融操作者，而是指具有下述性質的企業家：

不從事單一固定、已確立或眾所周知的商業交易。他今年是穀物商，明年或許是茶商。當他預期某一行可能特別有利可圖之時，就會加入該行業，而當他預期收益可能回歸一般行業的水平時，便會棄之而去。

對斯密而言，投機者就是積極追求短期獲益機會的人：一般

商人的投資某種程度上是固定的，而投機者的投資方式則比較多變。約翰・梅納德・凱因斯（John Maynard Keynes）也以這種方式區分企業與投機，他所描述的「企業」是「預測資產在一生中之收益的行為」；相較之下，他心目中的投機則是「預測市場心理的行為」。

　　一般人對於「投機」的定義，是試圖從市場價格變化獲利的行為。照這個定義來看，如果你為了未來可能的資本增值而放棄當前的收入，這也算是投機行為。投機是主動的，而投資一般屬於被動的。根據奧地利經濟學家熊彼得（J. A. Schumpeter）的說法，「投機者與投資者之間的差異，可以定義為『交易』意圖的有無，換言之，即此人是否有從證券價格變動獲益的意圖」。投機與投資之間的差別不大，因此也有人認為投機不過是失敗的投資，而投資不過是成功的投機。華爾街才子佛瑞德・施韋德（Fred Schwed）曾表示，要清楚定義投資與投機之間的差異，就「像是告訴滿腹憂愁的青少年，愛與熱情是截然不同的兩件事。他也看得出兩者不同，但兩者的差異似乎不夠大，沒能釐清他的煩憂」。施韋德的結論是，我們可以用首要目標來區分投機與投資：投資的首要目標是保存資本，而投機的首要目標是增添財富。他的說法是：「投機是努力將少量金錢化為大量財富，很可能不會成功；投資是努力避免大量錢財變為少量，理應能成功。」

　　在定義投機與賭博的差異時，我們也遇上了類似的問題。不明智的投資可能算是投機，但失敗的投機往往被人形容為賭博。美國金融家巴納德・巴魯克（Bernard Baruch）曾經在皮爾龐特・摩根（Pierpont Morgan）面前將「賭博」和商業提案相提並論，結

果被下了逐客令。巴魯克日後想起這回事，說道：「世上不存在無風險的投資，每一項投資都含有賭博的成分。」投機與投資的心理狀態幾乎毫無分別：兩者都是令人成癮的危險習慣、兩者都與財富有關、兩者都經常伴隨著妄想行為，而且兩者的成功條件都是情緒控制。[1]

到了今天，投機在不同人心目中有了不同的意義，卻仍舊保有原始的哲學意涵——在缺乏穩固事實根據的情況下，進行反思或建立理論。根據 17 世紀的一則定義，投機者是「沉迷超自然觀察或研究之人」。這麼說來，金融投機者某些方面還是和煉金術師相似，他們總是在鑽研深奧難懂的理論，想把紙張變為黃金，然而往往不會成功。[2]偶爾會有投資者為了提升自己的成果，求助於占星圖表或靈媒——即使到了今天，紐約還是有個占星家基金（Astrologer's Fund），基金經理保證能幫客戶賺取「自然而如星星般閃耀的收益」。

面對種種不確定因子的時候，人們就是會用這種手段設法獲取利益。我們為金融方面的不確定性取了個名字，那就是「風險」。經濟學家在畫分賭博與投機的壁壘時，也是把風險當作定義的基

1　常有人說投機者必須控制「貪婪」與「恐懼」。金融巨鱷喬治‧索羅斯（George Soros）認為他之所以大獲成功，是因為他深切感受到了自己是多麼不可靠。作家杜斯妥也夫斯基（Fyodor Dostoevsky）在受賭癮糾纏時，於 1863 年 8 月 20 日寫了封信給太太，在信中表示要在輪盤賭注中獲勝，有個「非常愚蠢、卻非常簡單」的祕訣，那就是「在遊戲中所有階段不間斷地自我控制，以及不讓自己興奮起來」。

2　在《金融煉金術》（The Alchemy of Finance: Reading the Mind of the Market）中索羅斯主張，「煉金術作為自然科學失敗了，然而社會科學可為煉金術取得成功」。他的意思是，如果實際應用投機者的想法，可能會對市場條件造成實質改變。換句話說，投機者可以自己成立自證預言。

礎：賭博是為了消遣而刻意創造新風險，投機則是承擔資本主義過程中無可避免的風險。[3] 換言之，賭徒在一匹馬身上下注時創造了新的風險，而投機者買入股份時，不過是把原本存在的風險轉移到自己身上而已。我們一般認為投機的風險比投資來得高，證券分析師班傑明・葛拉漢（Benjamin Graham）認為投資需要「安全邊際」，有了安全邊際以後，即使出現預期之外的逆境條件，你也能守住本金的價值。投資者應該花時間調查與評估一項投資潛在的收益，如果你沒先查資料或隨興投資，那這筆投資就更偏向投機的性質。葛拉漢另外補充道，借錢買股份必然屬於投機行為。作為資本家，你眼前擺著極端的風險光譜，一端是審慎小心的投資，另一端則是魯莽胡亂的賭博，而投機就介於這兩個極端之間。

　　現代經濟理論主張「效率市場」，意思是股價會反映公司的內在價值，投機者不過是理性的經濟個體，目標就是把自己的財富最大化。如果從現代經濟理論的觀點來看，投機的歷史十分沉悶無趣。效率市場上不存在動物本能、不存在從眾行為、不存在貪婪或恐懼等情緒、不存在追隨趨勢的投機者，也不存在「不理性」的投機泡沫。但是在我看來，過去到今天的投機者都有著豐富的活動、多元的動機與預期之外的成果，比經濟學家描述的狀況精

3　美國經濟學家亨利・埃默里（Henry C. Emery）所言：「在賭博時，一方必須輸掉另一方贏得的金額。在投機時則不一定是如此……賭博是將錢押在某個偶然事件的人造風險之上，投機是承擔價值變化這無可避免的經濟風險。」而根據作家詹姆斯・格蘭特（James Grant）的說法，「投機者和賭徒之間主要的差異是，投機者所承擔的風險本就存在，和他們的決定無關。」

采許多。我自己的看法比較接近查爾斯・麥凱（Charles Mackay），他是查爾斯・狄更斯（Charles Dickens）的朋友，也是《異常流行幻象與群眾瘋狂》（*Extraordinary Popular Delusions and the Madness of Crowds*）的作者，最初就是他為我們講述了鬱金香狂熱、密西西比與南海泡沫事件的故事。對麥凱而言，投機狂熱體現出了社會偶爾陷入妄想與群眾瘋狂的傾向：「俗話說得好，人以群為單位思考。你會看到他們集體發狂，然後再慢慢一個一個恢復理智。」

　　從過去流傳至今的投機狂熱歷史故事不多，我們能輕易取得的只有麥凱這本書。我雖認為是時候重新檢視投機這個主題，但我並沒有打算記錄歷史上所有的投機事件，否則只會寫出一本又臭又長、反覆嘮叨的厚書，而且永遠寫不到最後一頁。因此，我選擇把焦點放在當今幾個經濟強權的投機事件上，從17世紀的荷蘭共和國寫到1980年代的日本，中間偶爾穿插現今投機行為的故事。在我看來，只有在了解當時社會時空背景之後，才能夠理解當時的投機行為。所以，既然要寫投機史，就不能只描述各種經濟事件，還必須補充社會歷史。政治人物對於投機的行為與態度更是無比重要，畢竟管理市場的法規都是由政府制定，也由政府執行。綜觀歷史，就會多次看到政客為了自身利益，刻意引起投機狂潮。[4]最終，我希望自己能保有些許麥凱的熱忱，讓讀者在讀完

4　就如凱因斯之師阿爾佛瑞德・馬歇爾（Alfred Marshall）所寫：「公眾輿論與個人道德確立了一句格言──如果政治家將自己的政策當成股票投機交易，那麼不久後，他將會把投機作為政策的基礎。」1720年南海泡沫事件與1980年代日本的「泡沫經濟」，起因就是政客的這類行為。

這本書之後認同他的觀察：「（投機）這個主題能夠引起連小說家都難以企望的興趣……當一群人擺脫理性的拘束，瘋狂追尋發財致富的幻象，還固執地拒絕相信這並非現實，直到最後他們如受鬼火[5]吸引，陷入泥沼而無可脫身——你說，這難道是一幅沉悶或無教育意義的景象嗎？」

5　鬼火（ignis fatuus）：沼氣燃燒產生的火光，容易引領旅人陷入危險境地。比喻任何引人誤入歧途的虛妄理想。

第 1 章

泡沫世界——
投機的起源及 1630 年代
鬱金香狂熱

在夜幕低垂時，夢境迷惑我們矇矓的雙眼，而在
白晝日光下，鏟除土壤亮出了黃金；我們貪婪的
雙手觸摸著戰利品、搶奪著財寶，汗水淌下我們
的臉龐，一股深深的恐懼揪住了我們的心，害怕
也許有人知曉黃金隱藏之處，欲奪取我們懷中之
物；不久之後，當喜悅從腦中離去，當事物恢復
真實，我們的心積極追尋失去之物，竭力在過往
的陰影下活動……

——佩托尼奧（Petronius Arbiter），《愛情神話》
（*Satyricon*）

以物易物和交易是人類的天性，而占卜預測未來也是人類根深柢固的渴望，這兩者合併起來就成了金融投機行為。19世紀美國著名交易人詹姆斯·R·基恩（James R. Keene）表示：「所有生命皆為投機，投機精神與人類一同誕生。」想了解歷史上最早的投機活動，我們得回溯到公元前2世紀，共和時期的古羅馬。在這個時期，羅馬金融系統已經具有現代資本主義的許多元素了：羅馬律法允許資產自由轉移，所以市場十分繁榮；人們借款時必須支付利息、貨幣兌換商能協助換外國貨幣，而羅馬領土內都能用銀行匯票付款。此時羅馬共和國內，大部分資本都集中在羅馬，就像是日後的阿姆斯特丹、倫敦與紐約。除此之外，當時人們已經發展出賒帳與信貸的概念，以及一種原始型態的保險，主要是針對船隻等財產的保險用。羅馬人顯然對聚斂財富很有興趣，熱衷於炫富與消費，而賭博就是當時的主流消遣娛樂之一。

▍始於羅馬共和國

在拉丁文中，「投機者」（speculator）一詞是指負責「留意」（speculare）附近有沒有發生事端的衛兵。古羅馬的金融投機者則稱為「財務官」（quaestor），是尋找者的意思。投機者群體有時被稱為「希臘仔」（Graeci），或是指「希臘人」。[1] 這些投機者會在卡斯托爾神廟附近的廣場集結，「成群人們買賣稅務公司的股票與債券，用現金或賒帳方式買賣各種貨品，如義大利與各行省的農場

---

1   這可能是因為許多投機者屬於希臘民族，不過羅馬人用「希臘人」，尤其是「小希臘人」（graeculus）稱呼他人也有羞辱意味。

及莊園、羅馬與外地的房屋與店鋪，船隻與倉庫、奴隸與牛隻。」[2]
根據羅馬喜劇作家普勞圖斯（Plautus）對廣場的描述，廣場上滿是
妓女、店家、放債人與富人。他指出其中特別不討喜的兩群人，
第一是「不斷吹噓的人」，第二則是「無恥、多話且不懷好意的傢
伙，毫無理由地大肆誹謗他人」。從他的描述中，我們可以看出日
後股市中牛與熊的原形。

　　羅馬政府把許多工作都外包給資本家群體完成，這些叫做
「Publicani」的群體會替政府包辦收稅、建神廟等任務。Publicani
和現代的股份有限公司一樣，是獨立於成員的法人，分成多個
「parte」——也就是股份——被不同人持有。它們有高層管理，會
發布公開的財政報告（tabulae），還偶爾召開股東會議。許多
Publicani的規模都相當龐大，僱用了數以萬計的奴隸。Publicani
的股份分為兩種：「socii」是大資本家持有的大額股權，「particulae」
則是較小的股份。人們多以非正式程序買賣particulae股份，和現
代的場外交易很相似。Publicani利用信差網路在羅馬各個領土蒐
集情報，以便計算在拍賣會上標案的開價，以及計算各個活躍企
業的股份價值。

　　現在已經不存在當時股份價格相關的史料了，也沒有人描述
當時股市行為，但我們已知股份價格會上下浮動。羅馬執政官瓦
提尼烏斯（Vatinius）被控貪汙時，指控者問道：「你是否在**價格最**

2　這是俄羅斯古典史學者米哈伊爾・羅斯托夫采夫（Mikhail Rostovtzeff）的描述，他將廣
　　場形容為原始的股票市場；但也有一些經濟歷史學者不認同這番描述。羅斯托夫采夫
　　引用了坎寧安（Cunningham）的《論西方文明》（*Essay on Western Civilization*）：「巨大
　　的長方形會堂廣場，可以視為巨大的股票交易所，各種金錢投機都在此進行。」

高之時強搶了他人股份⋯⋯？」西塞羅（Cicero）也曾提及「股王」的概念（partes carissimas，最昂貴股份），並指稱購買上市公司的股份是種賭博，保守的人都會避免這類買賣。購買publicani股份的人不只有政治人物與大資本家，根據希臘編年史家波利比烏斯（Polybius）的記載，一般大眾對購買與持有股份也非常感興趣：「在全義大利，監察員給出了無數份公共建築的建設與修繕合約，以及在可航行河川、港口、園子、礦場、土地收稅的合約——簡而言之，所有受羅馬政府控制的交易，都交由外包處理。這些活動都由人民進行，**可以說幾乎沒有人和這些契約、這些收益毫無利害關係。**」佩托尼奧在描述羅馬共和國最後幾年時寫道：「骯髒的高利貸與金錢操作使平民百姓陷進了雙重漩渦，葬身其中⋯⋯癲狂擴散到他們的四肢百骸，種種問題如附骨之蛆般糾纏他們。」也許這是對於第一場投機「狂熱」的敘述，不過相關資料實在太少，不足以證實這個說法。[3]

羅馬的Publicani在帝國體制下凋零了，但資產、物資與貨幣的投機交易延續了下去。[4]在公元3世紀，法定貨幣問世後，這種政府律令下創造的金錢，沒有內在價值，價值取決於大眾對它的信心，此後貨幣危機也變得頻繁許多。卡里亞地區米拉斯（位於當今

3　卡利（M. Cary）與斯庫拉（H. H. Scullard）在《羅馬史》（*A History of Rome*）寫道：「這突如其來的金融投機狂潮，堪比18世紀早期席捲英國的投機狂熱。」（指1720年的南海泡沫事件）

4　根據羅斯托夫采夫的說法，在帝國時期的羅馬，大部分新聚斂的財富都是透過投機獲得。另一位史學家熱羅姆・卡爾科皮諾（Jérôme Carcopino）寫道，在帝國時期人們「工作仍然能確保溫飽，但無法再得到帝國恩惠或投機賭注可能帶來的財富⋯⋯在生產力逐日下降、重商主義侵略一切的經濟系統中，投機就是系統的命脈。」

土耳其境內）的市議會不滿地表示，在囤積硬幣的投機行為作用下，「城市安全受少數人的惡意與歹念動搖，他們攻擊並搶劫了整個社會。投機行為透過他們進入我們的市場，城市無法取得足量的生活必需品，以致許多市民與整體社會受物資稀缺所苦。」這在現代倒是屢見不鮮的怨言。

▍中世紀的金融投機

中世紀時期，歐洲社會十分不利於金融投機，包含了實務與思想方面的因素。在封建體制下，現金交易被實物支付取而代之，羅馬時代許多金融交易都失去了存在的必要。在聖多瑪斯・阿奎那（St. Thomas Aquinas）的率領下，中世紀學者復甦了亞里斯多德的「公道價格」（just price）觀念。阿奎那認為，「一件物品賣得比實際價值貴，或買得更便宜」都是不公道且不合法的行為。[5]高利貸也同樣受到了譴責。在那個時代，追求利益被視為道德敗壞且危及公益之舉。聖奧古斯丁（St. Augustine）認為，人們對於財富的無盡欲望是三大罪之一，另外兩種罪則是對權力的貪婪，以及淫亂猥褻。聖奧古斯丁的「上帝之城」可容不下投機者的存在。中世紀發生飢荒時，往往由政府插手供應糧食，投機囤物則受法律禁止。這些反對牟利與投機的指責也持續影響後續時代，就連現代政客譴責投機者的惡性行為時，也是下意識地延續了中世紀修道士經院哲學派（Scholasticism）的偏見。

5　阿奎那指稱：「不為滿足生活所需，而是以獲取利益為目的，用金錢交易金錢或用物品交易金錢……應受譴責。」

　　到了中世紀晚期，許多義大利城邦開始發售有價政府債券。13世紀中期，威尼斯人可以到里阿爾托（Rialto）區域交易政府債券，投機行為似乎走上了正軌；1351年，為了應對意圖使政府基金價格大跌的流言蜚語，政府立法阻止了這些流言；後來在1390、1404與1410年，政府多次想防止延期販售政府債務（也就是債券期貨，bond futures）的行為；威尼斯總督與總督議會成員也試圖立法禁止「內線交易」。14世紀，佛羅倫斯、比薩、維洛納與熱那亞也開始有人交易公債。義大利城邦紛紛將收稅工作外包給「monti」，monti是一種公司，它們的資本分成了可交易的股份（luoghi）。這些早期的股份有限公司，是否和羅馬時期的Publicani十分相似？[6]

　　中世紀社會文化雖然對貿易與金融有許多限制，但在北歐的大集市卻是例外。這些集市起源於古羅馬的議事廣場與酒神節，後來流傳到北歐，基本上成了股市原型。15世紀的萊比錫集市裡，人們可以交易日耳曼多個礦場的股份；在巴黎附近，大齋期過後開業的聖日耳曼集市裡，人們會交易市政債券、匯票與彩券。安特衛普市每年春秋舉辦兩場長時間的集市，也全年允許自由貿易，因此被人形容為「不間斷的集市」。到了16世紀中葉，安特衛普建了史上第一間固定的交易所（bourse），名稱取自鄰近布魯日市的布爾斯飯店（Hôtel des Bourses），許多商人集會都聚集在此。

　　16世紀中葉以降，關於投機市場條件的記載就詳細了許多。

6　史學家費爾南・布勞岱爾（Fernand Braudel）提出：「所有證據指出，地中海是股市的搖籃。」我們在這裡還可以補充一句：如果說地中海是股市的「搖籃」，那麼股市的父親就是古羅馬了。

金融市場整體發展出了信貸的觀念（所謂交易所的意見〔ditta di borsa〕），債券價格反映出了人們對於債務不履行等未來事件的預期。市場操縱情形在 1530 年代出現了，當時佛羅倫斯金融家加斯帕・杜奇（Gaspar Ducci）組織了財團，財團帶頭試圖壓低里昂市場的價格（也就是我們後來所謂的「空頭襲擊」）。到了 1550 年代中期，安特衛普與里昂市場上突然出現皇室債券的投機風潮，後來法王亨利二世（Henri II）在 1557 年暫緩還債時，這股投機風潮才戛然而止。[7]

　　至於個人層面的記載，安特衛普商品交易者克利斯托夫・克茲（Christoph Kurz）曾經思考過市場上資金緊繃和鬆弛的循環。他相信未來價格是由上帝決定，能透過占星方法得知，而人們之所以在價格最高時買入，是因為「上天的影響，喜好或欲望蒙蔽了本能的理性」。克茲和現代技術分析師一樣早起，「就如泡在海中身邊盡是水一般，周身盡是工作，因為我們的占星師之前寫了許多，文字卻是毫無條理；因此我不相信他們的信條，而是尋找屬於我自己的規則，找到之後，我在歷史紀錄中驗證規則的對錯……」後來克茲棄市場而去，成為成就卓越的政治占星師，甚至

7　從魯比斯（Claude de Rubys）在《里昂史》（*Histoire véntable de la vire de Lyon*）中的記載可以看出，1555 年亨利二世在里昂復活節集市發起「大借款」（Grand Parti）時，大眾反應熱絡：「天曉得在 don gratuit（法文，「贈禮」）掩飾下，對這些額外利益的貪婪是如何迷惑了人心。所有人爭先恐後地用自己的錢投資大借款，就連僕人也帶了存款前來。女人賣了首飾，寡婦賣了年金，就只為獲得大借款的股份。簡而言之，人們直奔而去，彷彿去圍觀大火。」大借款的年利率是 16%，其中包括每季貢獻給償債基金的 1%，這個方案據說吸引了來自瑞士、日耳曼，甚至是土耳其的投資者。後來大借款跌到了 85% 折現率──考慮到 16 世紀君主不牢靠的信用品質，上述事件也許可以形容為史上第一場「垃圾債券狂熱」。

道出了教廷即將消滅的預言。

　　資本市場在法國與法蘭德斯逐漸發展，卻在16世紀後半被法國宗教戰爭、荷蘭起義以及一連串的政府破產事件擾亂。1557年後，里昂失去了金融中心的地位，而1585年西班牙軍攻陷安特衛普，導致安特衛普的交易所一蹶不振。隨著安特衛普殞落，數千名新教徒與猶太難民逃離西班牙軍，將資本與貿易技術帶到了荷蘭，使得阿姆斯特丹這顆金融新星開始崛起。這些移民刺激了荷蘭經濟，造就了歷史學者所謂1590年代的荷蘭「經濟奇蹟」。到了17世紀早期，荷蘭共和國成了歐洲最進步、最繁榮的經濟體，荷蘭商人在全球各地做生意，在挪威買木材、在西印度群島買糖、在馬里蘭買菸草、投資威爾斯的鐵工廠與瑞典的莊園、承攬俄羅斯沙皇的出口壟斷收稅工作，以及為西班牙美洲殖民地供應奴隸。

　　銀行業、複式簿記、股份有限公司、匯票與股市等金融資本主義的機構與慣例雖然不是荷蘭人發明的，但荷蘭人建立了商業經濟，並且以高度進步的利潤動機為商業經濟的核心，進而在穩固的基礎上集結了上述機構與慣例，讓它們成長茁壯。在1602年，第一間正式獲得政府特許的股份有限公司「聯合東印度公司」成立，而後壟斷了東方貿易。十九年後，荷蘭西印度公司成立了，目標是開發美洲的商業機會。1609年成立的阿姆斯特丹銀行（Amsterdam Wisselbank）成為歐洲第一間中央銀行，它的範本則是熱那亞的聖喬治銀行（Casa San Giorgio）。阿姆斯特丹銀行在經營方面非常保守，它不支付存款的利息，只依照銀行的黃金持有

量發行鈔票，也不提供借款服務。儘管如此，有了這間中央銀行，全球各地的荷蘭商人都能用世界通用的貨幣收付款了。荷蘭各城市的政府透過發行債券與彩券的方式籌資，引起了大眾的興趣。到 17 世紀早期，歐洲各地都有人將資本投資在荷蘭的各種金融資產上了，投資方式包括買房地產、年金、市政債券、匯票與中期貸款。這個時期的阿姆斯特丹不只是大型貿易中心，更是全世界的金融首府。

　　人們在阿姆斯特丹證券交易所（新交易所成立於 1610 年）交易形形色色的金融商品與服務：「貨品、外匯、持股、海上保險……（它是）金錢市場、金融市場，（也是）股票市場。」證券交易所自然成了投機活動的大熔爐，經常有人簽訂期貨合約，也就是在未來某日以固定價格交付或收取貨品的約定。從上一個世紀就開始有人交易多種貨品的期貨了，其中包括穀類、鯡魚、香料、鯨魚油、糖、銅、硝石與義大利絲織品。17 世紀初期，東印度公司的「股權」期貨交易也出現了。投機者還能以抵押股權的方式借貸，借到市場價值五分之四的款項（這等同日後被美國人稱為「保證金貸款」的借貸方式）。除此之外，交易所還有人買賣股票選擇權──在選擇權合約期限內，買家有權利以固定價格買入或賣出股份，但這和買期貨的不同之處在於，你沒有一定要買賣股份的義務。同樣在 17 世紀，東印度公司推出了「ducaton」股票，價格是一般高價股票的十分之一，如此一來較不富有的投機者也能加入市場了。期貨、選擇權與 ducaton 股票都算是我們所謂的衍生性金融商品，也就是價值**衍生自**某個基本資產（例如股票）的金融合約。衍生性金融商品與證券借貸創造了資金槓桿的機會，股票價格只要稍微

上漲，投機者就能獲得更高百分比的利潤（反之亦然，只要價格稍微下跌，投機者虧損的百分比也會更高）。[8]

▊ 投機是愚者的遊戲

　　第一篇關於西歐股市活動的敘述，出自商人約瑟夫・德拉維加（Joseph Penso de la Vega）的《混亂中的混亂》（*Confusion de Confusiones*），這本書的原文是西班牙文（德拉維加是瑪拉諾猶太人），1688年出版於阿姆斯特丹。他透過商人與股東之間一系列的對話，將股市形容為充滿古怪迷信、奇特慣例與深深吸引力的瘋人院。《混亂中的混亂》清楚描寫了投機的心理。

　　德拉維加提出，「（投機）遊戲是愚者的活動」，參與者展現出了儀式般玩鬧的傾向：

　　交易所一名成員張開手，另一人握住他的手，於是以定價成交了一些股份，並以第二次握手確認交易。再次握手，出示了又一件商品，接著出價。手因拍擊而發紅（我相信，以毆打般下流的方式交易，即使是最受景仰的人做生意也會感到恥辱）。握手過後是叫喊，叫喊過後是辱罵，辱罵過後是鄙視與更多的辱罵、叫喊、

8　股票衍生性金融商品的資金槓桿，可以用股票選擇權來說明。我們假設一個股份的交易價格是100元，以100元價格買入股份的選擇權要價5元，那這時候如果股份價格漲了10%（漲到110元），選擇權的價值也會跟著漲到10元。換句話說，以選擇權的買價而言，它漲了整整100%。

推擠與握手，直到交易結束為止。[9]

　　1674 年，詩人查爾斯・卡頓（Charles Cotton）的作品《全能遊戲家》（Compleat Gamester）在倫敦出版。在這本書中，賭博被形容為「勾人心魄的巫術，在怠惰與罪惡之間形成；令人發癢的疾病，使得一些人搔頭，一些人彷彿被捕鳥蛛咬而大笑致死；或者它是令人麻痺的心病，當它深入手臂時，人除了甩動手肘以外動彈不得……它使人無法採取任何嚴肅的行動，使人永遠對自身條件不滿足。他只會因成功的狂喜而飄飄然，或者因不幸而墜入絕望深淵；總是極端，總是狂暴……而就如他得勝時的大喜，失敗時，他在滔天的巨浪中翻騰，直到失去理智。」阿姆斯特丹交易所也可找到懷有這種心態的人。在描述投機者憑運氣行事的強迫行為時，德拉維加寫道：「在獲利的最佳方法上，他猶豫不決。咬著指甲，拉著手指，閉上眼睛，走了四步並對自己說了四次話，牙痛一般抬手撫摸臉頰，擺出若有所思的神態，伸出手指，揉著額頭，過程中不停神祕地咳嗽，彷彿能迫使命運之神插手。」一些投機者據說「狀態緊張」，他們行為執著而坐立難安，「即使到了臨終，他們最後掛念的也是股票」。許多投機者甚至出現人格分裂的徵兆，德拉維加記述道：「在很多時候，每個投機者似乎都有兩副

9　我們拿德拉維加在《混亂中的混亂》中關於投機者的敘述，和近代關於美國一間證券交易所之中交易人的一段描述做比較：「交易人緊密圍成一圈，在彼此面前搖晃著拳頭，臉面緊緊扭曲……叫喊聲變得更加激烈，在鋪了吸音瓷磚的空間中仍然震耳欲聾、回音不斷，分貝的浪潮鋪天蓋地，雙耳因噪音而發疼。手指揮舞、手臂推擠，那圈人糾纏、集結、旋轉……一名高挑的旁觀者揮動兩隻手指，三隻，搖了搖頭，點了點頭，手在頭頂上方搖晃。」

身軀，旁觀者驚詫地看著自己和另一人相鬥。」

　　17世紀的阿姆斯特丹交易所和日後的股市一樣，受牛與熊之間永恆的角力主宰。[10]德拉維加在書中比較牛與熊，其中liefhebbers（抬高者，指牛）「天不怕地不怕」，而contremines（打壓者，指熊）「完全受恐懼、不安與緊張操控」。他表示，打壓者會集結形成空頭基金，以便壓低價格。在德拉維加那個時代的阿姆斯特丹證券交易所，下跌時投機其實不是什麼新鮮事。早在1609年，佛拉蒙出身的商人以撒‧勒梅爾（Isaac Le Maire）就組織了對交易所的空頭襲擊，目的是壓低東印度公司的股價。[11]雖然他的操縱最後以失敗告終，卻導致政府發布禁令，禁止投機者賣出自己當下未持有的股票，並在日後以低價買回——也就是所謂的「空頭回補」。結果呢，這條禁令就和後續大多數反投機法令一樣，被人們徹底忽視了。

10　《牛津英語詞典》（*Oxford English Dictionary*）中，英文的「熊」（bear）一詞是指「下跌的投機者」，源自英文俗語「在捕獲熊之前先賣熊皮」，意思是承諾售出你當下還未擁有的東西。在1719年出版的《交易巷解剖學》（*Anatomy of Exchange Alley*）中，笛福（Defoe）曾提到「買熊皮之人」。與熊相對的「牛」（bull）一詞則源自德文büllen，意思是「吼叫」，這個詞語出現得較晚，也許是對應「熊」而出現的用法。最早將牛描述為「意圖透過投機購買或其他行為提升股價的人」的文字，出自查爾斯‧強森（Charles Johnson）的《鄉村少女》（*Country Lasses*）：「你做的是熊與牛的交易。」

11　麥爾早先參與了東印度公司的創辦工作，後來據稱為了養育家中24個小孩，不得不投入投機事業。在組織空頭襲擊時，他從東印度公司的財政祕書獲得了情報——據作者所知，這是第一樁個體在股市「內線交易」的案例。1621年，荷蘭人進一步嘗試立法禁止賣空與股票期貨交易。

　　德拉維加筆下的股市完全稱不上理性調整價格的場所，照他的說法，投機者「充滿不穩定性、瘋狂、傲慢與愚蠢，他們會在不知動機的情況下賣出，在毫無理由的情況下買入」。這些人的行為使股價發生無根據的變動：「相較於事件本身，人們對於事件的預期，會對交易所造成更深的影響。」只有眼光犀利的觀察者，「認真地注意這些事情，且不帶盲目的熱情或惱人的固執，才能夠多次做出正確的選擇，但也不是每一次都能成功」。儘管市場有諸多問題，它在德拉維加眼裡還是有種邪惡的吸引力：「（一旦）進入交易所那（令人著迷）的圈子，就會陷入永遠的煩亂、困入獄中，牢房鑰匙沉到了海裡，門扉永不會開啟……」

　　德拉維加筆下的投機者，展現了許多躁鬱症[12]行為。躁鬱症患者會體驗到暴亂且不受控的情緒擺盪，在躁期，患者精力充沛、浮誇、貪心、性欲旺盛、容易分心、有說服力，散發出魅力與吸引他人的領袖氣質，而且最重要的是，躁期的患者會十分樂觀。當期望變得越來越不切實際，躁期患者會變得粗心草率，導致失敗。患者的情緒會在躁與鬱之間循環，到了鬱期，他們會變得膽小、焦慮、無精打采、羞赧、優柔寡斷，並且缺乏自信。這時候，患者無法看清大局，而會執著於一些不重要的細節。

　　股市本身和湯瑪斯・霍布斯（Thomas Hobbes）書中的巨靈利維坦（Leviathan）一樣，是由個別投機者的行動組合而成，所以無論是牛市或熊市的群眾心理都會出現這些神經質的特性。[13]在牛

12　譯註：manic depression，現今更名為「雙相情緒障礙症」（bipolar disorder）。

13　《投資者文選》（The Investor's Anthology）中記者麥克・洛伊科（Mike Royko）就曾把股市形容為躁鬱症患者：「**市場**，你看看頭條或聽聽每日廣播，就會以為這是某人最新的

市，也就是「躁期」，市場上的活動十分狂熱，人們會開始懷有不切實際的期待。[14] 反過來說，當市場進入「鬱期」，活動會變得遲緩（我們可以從股市交易額評量市場活絡程度），不切實際的樂觀態度會被全體的悲觀態度取代。套句《智慧型股票投資人》（*The Intelligent Investor*）作者葛拉漢的話：「市場先生會讓他的興奮或恐懼隨他起舞。」葛拉漢的弟子投資者華倫‧巴菲特（Warren Buffett），也如此形容市場先生的不穩定性：「他有時興高采烈，只看得見影響生意的有利因子……其他時候他感到憂鬱，只看得見前方對生意、對世界的種種困境。」葛拉漢和巴菲特都建議，投資時可以無視市場極端的擺盪。不過這種擺盪也可以形成投機的基礎，19世紀經濟學家大衛‧李嘉圖（David Ricardo）就是用這種方式得到了成功。李嘉圖之所以能賺錢，是因為他「觀察到人們往往會誇大事件的重要性，因此在他買賣股票時，如果有小小前進的理由他就會買入，因為他確信這不理智的進取會使他獲利；而當股價下跌時他會賣出，因為他確信驚懼與恐慌會造成不符合情境的大跌」。

▌荷蘭共和國的鬱金香狂熱

　　在1630年代的荷蘭共和國，條件十分有利於突然爆發的投機

診察報告，覺得這人應該做心理諮商、服用鎮定劑，或者被醫護人員固定在床上。聽起來完全就是患了躁鬱症的精神病人。」

14　根據格蘭特《留心市場先生》（*Minding Mr. Market*）：「在牛市中，進步與虛幻之間沒有清楚的界線。」

狂潮。西班牙的軍事威脅終於消失，三十年戰爭初期中歐局勢動盪不安，導致荷蘭紡織品貿易繁盛發展，商業樂觀態度蒸蒸日上。阿姆斯特丹交易所在 1631 年搬遷到新建築，東印度公司在巴達維亞的聚落發展得很好，在公司獲利的同時，股價上漲速率也達到了這個世紀最高峰。除此之外，房價也在急遽上漲，近郊宅第的建造業興盛了起來。隨著人民收入達到歐洲最高，荷蘭共和國成了消費者的國度，也多少擺脫了過往喀爾文主義（Calvinism）下的樸實與艱苦。在消費主義的推動下，人們找到了可以同時滿足他們展示與致富欲望的物品——鬱金香。

　　荷蘭人對花朵強烈的感情，一部分出自荷蘭的地理環境：在這片平坦又肥沃的土地，栽種鬱金香球莖再適合不過了。而在空間有限的情況下，人們只能擁有一格格花壇組成的小花園，在花壇中間種植最受人喜愛的花朵，用豔麗的色彩彌補鄉村景色的單調。荷蘭人最珍視的花是鬱金香，在 16 世紀中葉，蘇里曼一世（Suleiman the Magnificent）時期的駐鄂圖曼帝國大使，布斯貝克（Ogier Ghislaine de Busbecq）最先將鬱金香球莖從土耳其引入歐洲。鬱金香的英文名稱 tulip 就是源自土耳其文的 tulipan，是纏頭巾的意思。剛引進西歐那幾年，只有貴族與特殊專長的植物學家才會在花園裡種植鬱金香。在布斯貝克返歐過後數年，鬱金香出現在了歐洲最富裕的銀行世家——福格（Fugger）家族位於奧格斯堡（Augsburg）的花園裡，為園子添了幾分異國風情。1573 年，布斯貝克送給知名荷蘭植物學家克卡洛魯斯・盧修斯（Carolus Clusius）一些鬱金香球莖，克盧修斯把球莖分別賣了出去，並在《珍稀植物史》（*Rariorum plantarum historia*）書中記述了這種花卉

的種種特性。據說克盧修斯售出鬱金香球莖時開了天價，後來便有人趁夜偷偷挖走他的球莖，他就這麼成了稀有植物狂潮的第一個受害者。

　　收藏家用花色來區分鬱金香品種，還為它們取了帶著軍國主義色彩的名稱，彰顯它們在園藝階級中的地位。鬱金香大軍之首是「永遠的奧古斯都」（Semper Augustus），花瓣帶有帝王般貴氣的紫色條紋；接著分別是「總督」（Viceroy）、「提督」（Admiral）與「將軍」（General）。從來到歐洲的最初，鬱金香就成了財富的象徵，而在17世紀初那二十多年，一些人開始以高價買賣奇異品種鬱金香。1624年，一株「永遠的奧古斯都」以1,200弗羅林（florin）的天價售出，這筆錢完全足夠在阿姆斯特丹買一小間連棟屋了。而在這十年前，羅默爾‧維舍爾（Roemer Visscher）出版了一部徽章書，其中一個徽章是兩朵鬱金香的雕刻，以及一句頗有先見之明的格言：「愚人將在不久後和他的錢財別離。」

　　鬱金香是相當適合投機的商品，因為它變種的不確定性，商人得以展開一場運氣的遊戲。（當時人們不知道，其實鬱金香變種是因為球莖遭病毒攻擊）一株尋常的栽培型鬱金香，可能會突然開出極其珍貴的「永遠的奧古斯都」花朵。鬱金香球莖栽種起來相對簡單，不需要太多土地空間，也沒有商會限制一般人入行。有些人買不起大型股份有限公司昂貴的股份，卻可以將錢財押在一顆球莖上，如果賭贏了就有機會致富。在過去，鬱金香市場的活動都發生在夏季，那是土裡的球莖發芽的時節，後來隨著大眾對鬱金香的興趣增長，四季都有人交易鬱金香了。種植鬱金香的人會為一整排球莖做標記，每顆球莖都會標上一串數字，記錄它的

品種與栽種時的重量，也會在別處寫下每顆球莖的交易紀錄。珍貴的品種以株計價，重量單位是 aas（或 ace，〔艾斯〕，等於 0.05 公克），尋常品種則是以花床為單位買賣。鬱金香變得無差別且標準化了，堪比阿姆斯特丹銀行的鈔票，或是東印度公司的股票。

維多利亞時代的人們用「tulpenwoerde」（鬱金香炒作風潮）稱呼我們所謂的鬱金香狂熱，而一般認為狂熱起始於 1634 年左右，當時一些外來者看見巴黎與法國北部的鬱金香球莖價格逐漸上漲，也決定加入鬱金香市場。荷蘭植物學家後來不屑地稱呼這些新加入市場的人為「新來的業餘人士」，這些新來者包括織布工、紡紗工、鞋匠、麵包師、雜貨商與農人。雖然大部分社會階層都參與了鬱金香狂熱，卻有兩群人缺席。他們剛好是能讓鬱金香貿易變得穩定許多的族群，第一是富有的業餘球莖收藏家，他們向來樂意花大筆錢財買罕見品種，但隨著價格高漲，這些人選擇退出市場；另一個族群是阿姆斯特丹的富商，他們照常用貿易的獲利投資連棟屋、東印度公司的股票或匯票，對他們來說，鬱金香不過是展示財力的一種方式罷了，而不是牟利的途徑。

隨著交易量提升，鬱金香市場的性質也跟著改變了。個人之間私下議價越來越少見，開始有人在旅社房間舉行非正式會議，交易人與投機者可以在這類「會所」（College）歡樂自在的環境談生意。當時一份供鬱金香投機新手參考的小手冊上，寫著投機者「貪貨」與朋友「真話」之間的三段對話：

你得去旅社（貪貨說道），我會列出幾間，就我所知，幾乎沒有任何一家旅社沒有會所。到那裡之後，你得問問有沒有花商，如果你進到他們的房間，一些人看見你是新人就會像鴨子似地嘎嘎亂叫。一些人會說「又有新的姑娘進妓院了」諸如此類的話，但你不必在意他們，事情本就是如此。你的名字會被寫在石板上。接著他們會開始傳盤子，在場所有人都必須提供盤子，從寫在石板上的第一個人開始傳。拿著盤子的人必須向其他人提出買貨的要求。你不得將自己的商品提出來拍賣，但如果你在對話中暗示別人，且有人感興趣，幾乎一定會有人對你出價，或者你幾乎必定會拿到他的盤子。

交易的方法有兩種：雙方直接協商，還有公開拍賣。前者稱為「盤內」（也就是上面描述的方法），買家與賣家會在會所提供的木盤上，刻下雙方認同的球莖價格。至於拍賣則被稱為「圈內」，賣家在石板中央寫下起始價，然後畫圓圈起那個數字。買家會付給會所 3 荷蘭盾（guilder）的佣金，名義上是「酒錢」，這筆錢會花在香菸、酒、燈光與暖氣上。除了賺錢以外，他們也注重享樂，貪貨說道：「我去過幾趟，帶回家的錢比我最初帶到旅社的錢來得多。而且我可是吃飽喝足，喝了葡萄酒、啤酒、抽了菸，吃了水煮魚或烤魚、肉，甚至是禽類和兔肉，最後還吃了甜點，從一早享樂到深夜三四點……還大賺了一筆。」投機者如果獲取了利潤，或確信之後會拿到錢，就會將賺來的錢用來買新的馬車與馬。「一切的奢華都是虛妄，沒有人知道自己究竟能爬得多高。」

♆

　　在 1636 年底到 1637 年初，鬱金香市場最興旺的時期，並沒有人真正交貨或收貨，因為冬季鬱金香球莖仍在土裡，不會發芽。於是鬱金香期貨市場便成形了，當時人稱期貨買賣為「windhandel」（風交易）：賣家承諾在春季出貨，將特定品種與重量的球莖送到買家那裡，買家則買下了收貨的權利。而在這段期間的市場價差則會用現金清算。大部分交易都是用個人折讓單代替付款，等到春季球莖出土、貨品送出時，也到了買家付款的期限。貪貨得意地表示自己憑鬱金香投機賺了 6 萬荷蘭盾，但也承認他只收到了「別人寫的字據」。到鬱金香狂熱後期階段，風交易與紙本折讓單結合形成了最完美的虛幻交易：大部分的人都在買賣不存在、也不可能真正出貨的鬱金香球莖，然後這些買家自己也沒有足夠的錢，所以抵帳用的折讓單根本不可能兌現。

　　荷蘭人的年均薪資大約在 200 到 400 荷蘭盾之間，一間小型連棟屋要價約 300 荷蘭盾，最上乘的花卉畫作售價不超過 1,000 荷蘭盾。[15] 我們可以把這些金額作為基準，衡量鬱金香的天價：根據《對話錄》（Dialogues）的紀錄，一顆 4 艾斯重的高達（Gouda）球莖，價格竟從 20 荷蘭盾漲到了 225 荷蘭盾；一顆 10 艾斯的大元帥（Generalissimo）球莖過去賣 95 荷蘭盾，如今卻能賣到 900 荷蘭盾；一磅的黃色克羅南（Croenen）球莖原本售價 20 荷蘭盾，結果在短

15　保羅・泰勒（Paul Taylor）在《荷蘭花卉畫》（Dutch Flower Painting）中表示，寫真用的花價格高昂，使藝術家不得不共用同一束花。

短數周內漲到超過1,200荷蘭盾（換句話說，價格從一般人一個月的薪資，暴漲到了五年分的薪資）。

　　貪貨坦承，「是啊，事情已經發展得太誇張，過去被當雜草拔掉、整籃丟到糞堆的東西，現在居然能換得重金。」永遠的奧古斯都仍舊是最尊貴的球莖，貪貨表示：「大概三年前，它的售價是2,000荷蘭盾，且會立刻轉入銀行」，但是在鬱金香狂熱的最高峰，它可能賣到「6,000甚至更高，即使是只有200艾斯重的植株也一樣」。總督鬱金香之前的售價是3,000荷蘭盾，它的價格也翻了一倍。根據當時一名小手冊作家的計算，一顆球莖要價2,500荷蘭盾，而這筆錢可以用來買下27噸小麥、50噸黑麥、4頭肥牛、8頭肥豬、12頭肥羊、2大桶葡萄酒、4大桶啤酒、2噸奶油、3噸起司、1張床與亞麻被單、滿衣櫥的衣物，以及1個銀杯。[16]沒多少人試圖將這些價錢合理化——大部分投機者立下交易合約，都是為了快速以更高的價錢出手。在建議「真話」做投機買賣時，貪貨對他說：「你不必馬上付錢，直到夏季才需要付款，而那時候你早就把所有東西都出手了。」真話問起這段狂熱會持續多久，貪貨回答道：「就算只維持兩、三年，對我來說也足夠了……」儘管如此，也有人匿名在一本小手冊中提出異議：「考慮到參與買賣的人數，很可能會在某天出現賣家多於買家的情形，到時這股狂熱的瓦解之刻就迫在眉睫了。」

　　1637年2月3日，鬱金香市場忽然崩潰了。這股恐慌來得沒頭

16　有時人們會以部分以物易物的方式交易。貪貨描述的一次買賣當中，「一顆370艾斯的布蘭班森斯布（Branbanson Spoor）球莖以700荷蘭盾價格售出，買家支付200荷蘭盾、一個含多片玻璃門的烏木櫥櫃，以及一大幅花盆圖畫」。

沒腦，沒有人知道確切原因，只知道春季即將到來，出貨的時間到了，一切也都玩完了。在花卉貿易中心哈倫市，街坊流傳著沒有人要買鬱金香的流言，結果隔天賣家不論把價格壓得多低，都再也賣不出鬱金香了。人們沒有履行契約，形成了連鎖反應，專業花商想盡辦法要求不履行合約的投機者付錢，卻徒勞無功。[17]鬱金香狂熱雖然崩解了，卻沒有造成全國經濟危機。記錄鬱金香狂熱的史學家波蘇穆斯（N. W. Posthumus）提到，只有「共和國整個西部動盪不安」。荷蘭經濟仰賴的是大商賈的信譽，而這些商人大多未受影響。富商巨賈沒受影響，但下層的人就沒那麼好受了。有些人為了快速圖利而拿資產去抵押、變賣了家財，他們想必永遠失去了一大部分的財產。我們可以找到一些個戶破產的紀錄，其中包括風景畫家揚・范霍延（Jan van Goyen），他在鬱金香市場崩解前夕用 900 荷蘭盾與兩幅畫換了一批球莖——范霍延後來在十九年後死去，去世時身無分文。

　　鬱金香市場的官司持續延燒了下去，直到 1638 年 5 月，政府委員會宣布：人們若支付約定價格的 3.5%，即可廢除鬱金香相關合約。這時業餘球莖收藏家紛紛回到了市場，以低廉的價格買下稀有球莖，然後在短短幾年後，「永遠的奧古斯都」等珍貴鬱金香的價格又恢復了狂熱之前的水準。至於那些較平凡的栽培型球莖，人稱 gemeene goed（俗貨）與 vodderij（破布），雖然在狂熱期間吸引了許多小投機者，後來卻再也沒能回到曾經的輝煌了。

17　後來在那年夏季，哈倫市 6 名花商向律師控訴道：「自己做了無數筆買賣，花了數千進貨，但最後許多人沒有出貨也沒有付款，只有少數幾個老實人妥協，100 個當中付給我 1、2、3、4……是啊，頂多就只有 5 個了。」

▍勿忘黑色鬱金香寓言

　　危機過後，鬱金香狂熱轉變為鬱金香恐懼，堪比1929年股災過後，大眾對一般股票的嫌惡態度。萊頓（Leyden）的植物學教授埃弗拉德・福斯提斯（Evrard Forstius）據說對這種花恨之入骨，一見鬱金香就會用手杖對它暴打一頓。這股投機狂熱打的是不勞而獲的旗號，違背了喀爾文主義職業道德。就如真話在《對話錄》中的提問：

　　如果人有能力賺取這般的利潤，那商人何必開發各類型商品、何必冒著商品受損的風險出海，孩子何必學手藝，農人何必播種、何必辛勤耕地，船長何必在危險又恐怖的海上航行，士兵何必為了少少利益賭上性命？

　　除此之外，一些人因為投機致富，一些人卻傾家蕩產，各個社會階級之間的關係遭到了衝擊。貪貨表示，「（投機者）一個比一個自大。」[18]在過去，鬱金香很適合作為金融投機商品，而到了此時，它成了享樂、邪惡與奢侈的代表物，地位等同荷蘭虛空派（Vanitas）畫作中的骷髏頭、沙漏與書本。還記得維舍爾書中的鬱金香徽章嗎？就如那枚徽章的格言所述，鬱金香也成為愚昧的象

18　根據西蒙・沙瑪（Simon Schama）在《富人的窘境：荷蘭黃金時代的解讀》（*The Embarrassment of Riches: An Interpretation of Dutch Culture in the Golden Age*）的記載，在鬱金香狂熱崩解後，荷蘭官方「不得不發起教訓民眾的行動，透過短文、布道與印刷品譴責這件事的愚蠢，因為它憑藉特殊的邪惡令人誤入歧途」。

徵，短暫綻放的美麗花朵被視為誘人的幻象，吸引不夠警惕的人們靠近。虛空派畫作中還有「泡沫」這個常見的代表物，它象徵人生的短暫。就像羅馬歷史學家瓦羅（Varro）所說，「homo bulla est」——人生是泡沫。泡泡能快速膨脹、反射周遭的光華，為人們帶來歡欣，但泡泡也會在一瞬間消失。

　　只有空氣或風能維持泡泡的存在，17 世紀的荷蘭人也認同這一點，因此用「風交易」形容期貨交易。在當代一份關於鬱金香炒作風潮的印刷品中，寓言角色花之女神（Flora）乘著風輪車，被風吹著前進。而後來股票經紀人發展出「哄抬股價」的惡性行為，也沿用了此形象。[19] 但一直到 1720 年的南海泡沫事件，才有人用泡沫象徵無節制的投機。在那之前，鬱金香扮演了相同的角色：它會突然綻放出豔麗的色彩，花瓣卻也會突如其來地散落、植株凋零，直到大自然的下一個循環開始為止。

　　許多關於鬱金香狂熱的傳奇流傳了開來，其中最知名的一則故事，成了大仲馬（Alexandre Dumas）筆下小說《黑色鬱金香》（*The Black Tulip*）的靈感來源：

　　哈倫市花商財團得知海牙（The Hague）一名鞋匠成功種出了

19　沙瑪描述了范德帕斯（Crispijn van de Pas）的寓言圖畫印刷品，這幅圖畫標題為《花神的愚者之車》（*Floraes Mallewagen*）。在印刷品中，芙蘿拉斜倚著風輪車（風輪車是虛空派的象徵，同時也是對風交易的諷刺），身旁幾個同伴分別是 Lekkebard（甜鬍子）、Graagryk（欲發財）與 Leegwagen（旅行之光），只見甜鬍子把酒瓶舉到嘴邊，對著天真的欲發財與旅行之光乾杯。風輪車上還坐著兩個女孩子，其中一人在秤量球莖的重量，另一人（名為閒散希望）則解放了一隻鳥，象徵失去的無辜。有許多人跟在風輪車後面，爭先恐後想爬上車。路面鋪滿了破碎的鬱金香，而我們注意圖畫的背景，就會看到跑在前頭的另一架風輪車沉到浪濤之下。

黑色鬱金香，於是他們前去拜訪他，討價還價後以 1,500 弗羅林的價格買下了球莖。得到球莖的瞬間，他們將它丟到地上踩爛。當鞋匠驚駭地抗議時，花商其中一人高呼道：「傻子！我們也有一朵黑色鬱金香，幸運之神再也不會賜福予你了。你剛才若開出 10,000 弗羅林的價格，我們也會跟你買。」可憐的鞋匠想到自己本可能得到的財富，悲痛欲絕地病倒，就此一命嗚呼。

　　這自然是虛構故事，畢竟人是不可能真正栽培出黑色鬱金香的，最接近的顏色也是深棕色——不過故事反映了鬱金香狂熱引起的貪財與腐敗。除了黑色鬱金香以外，許多較晚期出現的傳奇故事，後來也都成了大眾投機史的一部分。密西西比泡沫事件（Mississippi Bubble）也成了許多故事的背景，故事中常出現僕人一夕暴富的情節，他們拿賺到的錢去買新馬車，結果一時間忘了自己的新身分，跳上坐慣了的左馬車夫座位。同一時期還有另一則故事，故事中一位醫師一面替老婦人把脈，一面喃喃自語：「噢，老天啊，跌了，跌了。」老太太被他嚇得半死，後來得知醫師指的不是她的心跳而是密西西比公司股票時，她才恢復狀態。[20] 至於南海泡沫事件與 1929 年股災，則造就了許多關於投資者輕生的誇張故事。

20　1830 年代芝加哥土地投機狂熱也同樣造就了許多類似的故事，這股狂潮圍繞著伊利諾運河與芝加哥運河附近的土地買賣：一位醫師忙著售出城鎮土地時，被叫去探望一位生病的女士，他不情願地前去、匆匆寫下處方之後便準備離去。「醫師啊，」女士喊住他，「你沒寫服藥方式呢。」「喔。」醫師回頭喊道，「比照運河條例。先下四分之一，剩下的在一、二、三年後用完。」

　　這些故事構成了金融市場的民間傳說，而在流言漫天飛的金融市場上，傳說更是如魚得水般滋長。這些傳奇類似中世紀的勸喻故事，含有七宗罪（傲慢、憤怒、嫉妒、色欲、暴食、貪婪與怠惰）的元素，以及人類過度天真所造成的蠢事。它們反映了大眾對投機的懷疑態度：在人們眼中，投機會使人道德敗壞。大眾認為金融狂熱顛覆了社會秩序（例如僕人自己買馬車），弱化了職業道德（因此出現了醫師失職的故事），並且讓人身敗名裂。直到今天，泡沫傳說仍然有警世的作用，告誡人們別掉進投機的陷阱。1996 年 7 月 19 日，英國記者克利斯托弗・費德斯（Christopher Fildes）提醒《旁觀者》雜誌（*Spectator*）讀者：1980 年代晚期，一些人在市場最高峰購屋，結果這些人「學到了殘酷的教訓，發現房市景氣不過是危險的幻象，而他們似乎很快就會忘記這一切。其實在任何市場上，失寵之物都再也不會恢復地位了。即使在今天的荷蘭，也不存在對黑色鬱金香的廣大需求」。無論古今中外的投機者，都能從這些傳奇故事學到相同的道理：勿忘黑色鬱金香！勿忘埋在摩天大樓之下的屍骸！好自為之！

█ 鬱金香傳奇與後世的投機活動

　　多部大眾歷史書與金融書都提到了關於鬱金香的傳奇故事──包括湯瑪斯・巴賓頓・麥考利（Thomas Babington Macaulay）的《英格蘭歷史》（*History of England*）、沃特・白芝浩（Walter Bagehot）的《倫巴底街》（*Lombard Street*），以及麥凱的投機狂熱題材暢銷書《異常流行幻象與群眾瘋狂》。在這種情況下，一些人

開始懷疑歷史上鬱金香「狂熱」的真偽。美國經濟學者彼得・賈博
（Peter Garber）指稱，鬱金香傳奇的虛構面向，有損鬱金香狂熱的
可信度。他另外辯稱，包括「貪貨與真話的對話」（Dialogues of
Waermondt and Gaergoedt）在內，當時關於狂熱事件的原始資料
應該被視為政府宣傳，不可全信。根據他的說法，鬱金香投機不
是狂熱，而是理性的活動。

　　從另個角度看來，稀有花種賣得貴也很合理，因為母球莖會
長出分枝，彌補之後下降的價格。賈博也表示，鬱金香價格變化
並不算特例，其實鬱金香就和其他珍貴花種的球莖一樣，按照相
同的規律漲價與降價。剛推出時尚的新品種時，這個品種的球莖
自然是價格高昂，但隨著品種普及化，或者隨著新品種出現、開
始和它競爭，價格也會快速降下來。在18世紀，風信子也曾在荷
蘭風靡一時，價格同樣漲得非常高。照賈博的論述看來看，所謂
鬱金香狂熱不過是反映了人們對流行商品的需求走勢，而且鬱金
香這種商品的價格本就容易變動。

　　這套改寫歷史的理論雖然大膽，卻經不起檢驗。賈博提出這
套論述是為了支持經濟學中的「效率市場」學派。根據效率市場理
論，無論商品是股票或鬱金香，市場價格總是會反映商品的內在
價值，所以泡沫或狂熱不可能存在。[21]但我們參考《對話錄》，就會
發現它相當忠實地記述並分析了1630年代鬱金香市場的情勢。《對
話錄》是以兩個虛構角色談話的形式呈現內容，當時許多人都以
這種形式記錄事件，而雖然文中帶有反投機的道德寓意，卻沒有

21　賈博的論文發表於1987年10月的黑色星期一股災過後不久，他之所以想改寫鬱金香狂
　　熱的歷史，是為了阻止政府下達對股票期貨市場的管制。

提到麥凱等人喜歡講述的鬱金香傳奇故事。就算你認為《對話錄》是宣傳文書，那我們反過來想想看，為什麼會有印製宣傳書的必要呢？不正是因為當時人們處於投機後的危機之中嗎？

此外，鬱金香球莖的高價也無法反映投資者「理性的預期」，因為直到20世紀，人們才發現鬱金香花瓣的雜色變異是病毒感染造成的。一顆永遠的奧古斯都球莖即使長出分枝，分枝球莖也得等到好幾年後才會開花或長出更多分枝，而新球莖也可能會恢復為普通的栽培型鬱金香，你無法保證新植株能保有母球莖的特殊性質。而且，鬱金香甚至不會每年產生現金收益（或股息），因為當時人們並不會交易和球莖分離的切花。另外，賈博雖然找到了風信子等其他花卉價格大幅漲跌的規律，那也無法證明鬱金香泡沫不存在。我們反而可以從後來這些「泡沫」的存在，主張荷蘭花卉市場和股市一樣，特別容易爆發投機狂潮。就連賈博也承認，普通栽培型球莖在狂熱末期漲到了最初價格的20倍，可以說是漲到了「無可解釋」的高峰（他認為這是因為當時爆發了鼠疫，人們因此產生末世心態，結果刺激了一波短暫的投機風潮，而這波風潮並不符合「市場法則」）。

我們可以進一步提出，在1636年冬季發生的任何鬱金香球莖買賣，無論交易的是雜色或純色鬱金香，都不是出自理性的市場預期，這些人之所以買球莖，全因為他們**希望能以更高的價錢快速賣給下一個「更蠢的傢伙」**。簡而言之，1630年代中期的荷蘭鬱金香市場條件，用「投機狂熱」一詞來形容再貼切不過。

　　對許多參與鬱金香交易的人來說，鬱金香買賣就和公司股票的投機交易差不多。鬱金香市場和股市有許多共同點：鬱金香球莖有多種變化，類似股市上後來出現的多種股票，其中高價位雜色球莖就像股市上的藍籌股（blue chip）[22]（類似1970年代早期美股所謂的「漂亮50」〔nifty fifty stock〕），而尋常栽培型球莖則像是仙股（penny stock）[23]，吸引資金有限的投機者。鬱金香的風交易就等同阿姆斯特丹證券交易所的期貨買賣（麥凱主張人們在證券交易所交易鬱金香，但這並不符合史實），而鬱金香會所的交易風格很類似19世紀初期紐約股市上的股票拍賣。

　　鬱金香狂熱的軌跡，和後來許多場股市狂熱十分相近。在一開始，珍貴球莖價格上漲，吸引新投機者投入市場，進而刺激了鬱金香狂熱。股市上的狂熱也是一樣，往往是某產業的股價急遽攀升造成的，隨著股價上漲，圈外人開始受吸引、加入投機的行列；1840年代的鐵路股票，以及1920年代的汽車業股票都是如此。牛市另一個常見的特性是，隨著狂熱發展下去，投機者就越來越容易受低品質的股票吸引——這就是水漲船高的道理，在漲潮之時，再怎麼經不起風浪的船隻也會跟著浮上去。鬱金香炒作風潮也是一樣：人們先是開始用永遠的奧古斯都球莖做投機交易，結果連帶著栽培型球莖的交易也被炒作了起來。除此之外，鬱金香狂熱和日後的多次股市狂熱還有許多共同點：各種傳聞驅動了狂熱，越來越多人透過期貨與有價證券信貸做資金槓桿，投機者大

22　譯註：又稱績優股、權值股。「藍籌股」一詞源自蒙地卡羅賭場裡價值最高的藍色籌碼。
23　譯註：股價低於1美元的低價股。在台灣也被稱為「雞蛋水餃股」。

肆消費，價格急遽上漲後突然沒來由地發生恐慌，以及政府最初反應消極、最後才進行遲來的干預，這些方面都十分相似。

　　奧地利經濟學家熊彼得觀察到，投機狂熱普遍發生在新產業或新科技誕生之時，人們會高估這個產業或科技的潛在利益，結果有太多資本被吸引進去、投入新企業。也許 1630 年代的投機者對鬱金香這種新鮮的花種起了興趣，預期荷蘭花業會逐漸興盛。而他們的預期並沒有錯，今天荷蘭花業的確是全球之冠。但即使他們真的預期了花業的興盛，這份遠見也沒有化為金融報酬，帶給他們財富。就如歷史學家詹姆斯・巴肯（James Buchan）的觀察，投機者雖然有遠見，但這份見解被他們虛妄的時間感給混淆了：「股市之牛盼望能將未來濃縮成少少幾天，將歷史的長河打上折扣，企圖捕捉未來的一切在現今的價值。」但未來往往沒有投機者期望的那般順遂。

　　和鬱金香狂熱最接近的事件，也許是 1980 年代早期發生在科威特的露天市場（Souq Al-Manakh）泡沫事件，科威特股災同樣顯現出了在投機市場上有價證券信貸氾濫的後果。在科威特股市上，人們會用遠期支票（postdated cheque）等個人信用方式買賣當地「海灣企業」（Gulf companies）的股票，這些遠期支票就類似鬱金香投機者使用的折讓單。海灣企業的業務種類十分多樣，從不動產到禽類養殖都有。1982 年前八個月，35 億多美元的海灣企業股份轉了手，市場價值大約是 60 億美元，不過它們的股本淨值只有 2 億美元。儘管利率不停攀升到超過 300％，延期支票的未清帳款還是超過了 900 億美元。過去人們在做鬱金香投機時，會推遲到春季再清償折讓單款項，而科威特當時的支票也是等年底才必須清

帳。在1982年的科威特，股價每小時翻倍成了常態，人們不惜花重金買股份。但是到那年8月，一位女性投機者提出提早將支票兌現的請求，結果魔法破滅、股市崩盤。科威特政府不得不介入，花了數十億美元恢復市場秩序，而狂熱時期的合約全數廢除，市場也就這麼關閉了。

▎嘉年華的精神不滅

　　鬱金香狂熱結束過後不久，荷蘭藝術家彼得·諾普（Pieter Nolpe）發表了名為《花之女神的愚者之帽》（*Flora's Cap of Fools*）的版畫，畫的是鬱金香交易人在巨大的小丑帽裡頭討價還價。而在1990年代的美國牛市，最熱門的線上投資論壇取名為「萬里富」（The Motley Fool，原意為穿著彩衣的小丑）：論壇的創辦者是一對年輕兄弟，他們出席公眾場合時都會戴著小丑帽，並宣稱他們的「愚蠢行為」可以取代華爾街的「智慧」，開闢一條在股市發財的蹊徑。人們再次開始用愚者、弄臣、小丑作為投機者的形象了，這可不是什麼吉利的象徵。在文藝復興時期，投機行為是出自熱鬧的集市與嘉年華，而到了17世紀，嘉年華逐漸消失、集市也被永久的證券交易所取代，但嘉年華的精神卻還留存在市場上。

　　過去的人們經常在嘉年華與集市上賭博，這是低俗又反階級制度的嘉年華活動：面對命運的安排，人人都變得平等，社會階級失去了意義。俄羅斯文學評論家米哈伊爾·巴赫金（Mikhail Bakhtin）表示，嘉年華往往伴隨著所謂「醜惡的現實主義」，所有神聖、靈性的事物都轉化到了物質層次，各種價值都遭到諷刺與

降格，而說到諷刺文學，人們就經常提到《賭徒的禮拜》(*Liturgy of the Gamblers*)等著作。參加嘉年華時，人們常使用不敬且淫穢的言語，類似倫敦比林斯蓋特海鮮市場（Billingsgate）的通俗用語，而就算到了今天，股市上依舊經常出現這些詞語。另外，嘉年華的「平等」精神也滲透到了證券交易所之中，德拉維加在《混亂中的混亂》（這書名本身也是帶諷刺意味的嘉年華風格）書中寫道：「機智男人觀察到交易所的生意，以及在那地方刻意為之的失禮，說道：『交易所的博弈就如臨死亡，使人人得到了平等。』」

　　嘉年華精神在今日的股市延續了下去，而投機狂熱則是嘉年華本身的延伸。[24]無論是嘉年華或投機狂熱，都造成了「世界上下顛倒」的效果。中世紀的社會制度相當刻板，還有許多宗教規則，人們能在嘉年華稍微擺脫秩序、顛倒傳統社會階級，讓村裡的傻子成為嘉年華之王。現代市場經濟雖然比中世紀的前身自由許多，卻也創造出了新的張力。嘉年華刻意顛覆了教會的權威，投機狂熱則逆轉了資本主義的萬靈丹──對專業的熱忱與奉獻、誠實、節儉，以及辛勤的精神等等，都被投機狂熱全盤否定了。投機狂熱就和嘉年華一樣，是曇花一現的狂歡，你只能短暫拋下素來的規矩，畢竟在狂熱崩解時，這些價值觀又會更進一步受到強化了。

　　中世紀嘉年華是一種定期舉行的活動，這段特殊時期和日常的現實生活兩者切割得很乾淨；法國史學家埃曼紐・勒華拉杜里（Emmanuel LeRoy Ladurie）就把嘉年華稱作「高潮般的過渡期」。

24　「嘉年華投機」（carnival speculation）一詞被用以形容 1860 年代的紐約金市，以及 1920 年代的華爾街牛市。

投機狂熱也同樣會循環發生，也是異於日常生活的一段時期，等到狂熱結束後，它就會成為投機者回憶中一段夢幻且不真實的時光。對巴赫金來說，嘉年華「和危機時刻、自然循環的斷點，或社會與人循環的斷點相關。死亡與復甦、更迭與更新的時候，總是會使人從喜慶的觀點看世界」。這也符合熊彼得對投機狂熱的觀察，狂熱一般出現在經濟嚴重動盪的時期。

過去的嘉年華就如酒神節的狂歡，而現在的投機者大肆消費與尋歡作樂，也算是延續了嘉年華的精神。到最後，嘉年華與投機狂熱都會以類似的方式結束：在嘉年華的最後，嘉年華之王的肖像會被燒毀、眾人也會恢復秩序；在投機狂熱過後，領頭的投機者，例如1720年密西西比公司的約翰・羅（John Law），以及1990年的垃圾債券之王麥可・米爾肯（Michael Milken），會成為笑柄、財富遭到剝奪，最後失去人身自由。他們就像昔日的嘉年華之王，成為集眾人罪孽於一身的代罪羔羊，人們選擇犧牲他們、換回正常的現實生活。

投機的精神是無秩序、無禮儀與反階級，它熱愛自由、厭惡虛偽言語，也對各種限制深惡痛絕。從17世紀的鬱金香會所到20世紀晚期的網路投資社團，投機成了最大眾、最通俗的一種經濟活動。投機雖然世俗，它的重點卻不只有「貪婪」這麼簡單，投機的本質仍舊是一種對自由與平等的烏托邦式嚮往。現代經濟系統必然會導致財富不均，社會上瀰漫著枯燥又理性的物質主義，這時人們自然會嚮往自由與平等。無論在過去或今天，無論它以什麼形式出現，投機狂熱一直都是資本主義的嘉年華，一直都是「愚者的盛宴」。

第 2 章

交易巷的股票買賣——
1690 年代的歷史重演

論歷史重複的頻繁程度與一致性，沒有任何一處
比得過華爾街。當你閱讀當代狂熱或恐慌的紀錄，
便會感受到極為強勁的衝擊，意識到今昔股票投
機活動與股票投機者的差異是如此微小。

——埃德溫・勒菲弗（Edwin Lefèvre），《股票作手
回憶錄》（*Reminiscences of a Stock Operator*）

你隨便找一位當代的投資銀行家，幫他戴上假髮，穿上禮服大衣、馬褲、長襪與鈕環鞋，把他送到1690年代的交易巷內。這是倫敦市一條蜿蜒的窄街，連接了康希爾與朗伯德街，有許多商人在此擺攤，販售魚肉蔬果。攤販的推車擋住了這位銀行家的路，蔬菜腐爛的氣味也熏得他很不舒服，於是他朝交易巷旁成排的理髮店、書店與酒館走去，躲進一家咖啡館。銀行家點了杯茶，開始認識周遭環境：他看見牆上貼著幾張海報，張貼者表示願意用獎金換回「掉」在附近的鑽石與匯票，還有幾張裱了金框的告示，向顧客推銷「金藥、熱賣藥丸、美容水、滴藥與錠劑，全數藥品都和教宗同樣可靠」。咖啡館一角，有人在辦葡萄酒的「寸燭式拍賣」（一英寸長的蠟燭燒盡時，就會停止競標）；另一個角落，有幾個男人在討論法蘭德斯某個城鎮的圍城戰役，並且對戰事的結果下注。

就在時空旅人開始感到困惑與迷茫時，一個穿著體面的男人走進了強納森咖啡館。「今天的股票如何？」他向一名猶太紳士詢問道。猶太男子原本和一群身穿樸素清教徒服裝的男人聚在一起，這才走來對體面男人打招呼。「你有什麼股票要賣嗎？洛夫廷（Loftings）或藍紙（Blue Paper）賣多少？東印度公司股票出售權是多少？」剛才意興闌珊的銀行家忽然打起了精神，他至少聽得懂他們一部分的對話，聽到了利率、折現率、轉讓、記帳、債券、股票與投資案等等關鍵字。他邀請那位股票經紀人過來，請對方說明情勢。現代銀行家聽經紀人說了一段相當耳熟的故事，說是有一波令人期待的新科技公司進入市場，股價上漲、股票周轉率達到新高，市場上出現各種新奇的衍生性金融商品，人們瘋狂擴

大信用，股市上充滿了各種傳聞與不法操作，還有許多天真的投資者爭先恐後地搶購股票。最後，股票經紀人興奮地說，他打算從這熱鬧的局勢中大撈一筆。時空旅人會意地微微一笑，他開始覺得自己回到了舒適圈，他在這舊時代的世界也能混得如魚得水。

1690 年代的倫敦股市才剛成立十年，形式上還相當原始，經紀人和客戶會在交易巷的咖啡館裡舉行非正式會議，或者在皇家交易所（Royal Exchange）頂棚下的走道見面。儘管如此，任何在現代金融市場打滾過的人，都能清楚辨認出當時股市熱潮的走向與特徵。在這之前不過短短幾年，「經紀人」（broker）一詞指的還是皮條客或仲介，而股票經紀人、董事、認股、承銷、股票賣權與買權這些用詞都還沒問世。忽然間，這些詞語成了金融業行話，每個人都將它們掛在嘴邊。股市沒有經歷一段平靜的演變，沒有逐漸發展成熟，沒有學習過程，而是像希臘的雅典娜女神那般，突然以完整的型態出現在世界上。市場沒有在剛出生時號啕大哭，而是發出了繁榮的隆隆吼聲。

▌信用就是金錢的時代

1688 年光榮革命（Glorious Revolution）中，荷蘭省督奧蘭治親王威廉（William of Orange）從他信奉天主教的岳父詹姆士二世（James II）手裡奪走了王位，成為英格蘭國王威廉三世（William III）。而同樣在 17 世紀晚期的英格蘭，發生了倫敦股市成立等一系列創新，統稱「金融革命」（Financial Revolution）。金融革命是許多事件集合而成：1693 年，國會為政府借款做了保證，創造後來所

謂的「國債」(National Debt)；1694年，英格蘭銀行(Bank of England)成立，獲准通行紙幣；1696年，政府推出國庫券(Exchequer bills)；後來政府通過《一七○四本票法案》(*Promissory Notes Act of 1704*)，讓人得以協商與轉讓任何債務。這些創新舉措深受荷蘭人的慣例影響，所以也稱為「荷蘭金融」。政府之所以施行這些政策，是為了汲取英格蘭的資源，將金錢投入英格蘭和法王路易十四之間昂貴的戰爭。

　　在1642年開始、1651年結束的英格蘭內戰(English Civil War)之後，英格蘭金匠也開始提供類似銀行家的服務了，除了借款以外，他們還創造供商人交易匯票(折讓單)的市場。到了1690年代，市面上流通的匯票總價值可能已經超過了全英格蘭王國的貨幣總額。[1] 多位作家觀察到，這種新型態的信用工具在流通方面和金錢有許多共同點，差別在信用工具可以創造與銷毀，黃金則不行。信用票據沒有實際功用，它就如其名，價值完全仰賴人們對它的信念(信用的英文是credit，拉丁文根源是credere與creditum，意思是「相信」)。信用會時時變動，難以捉摸、獨立且無可控制，當代人將它比擬為捉摸不定的少女。它「絕無法被強迫」。當代經濟學者查爾斯‧戴夫南特(Charles Davenant)寫道：「它取決於人意，仰賴我們熱切的希望與恐懼；它多次不請自來，也經常無故離去，一旦失去它，就很難再恢復了。」信用和投機可說是一對連體嬰，它們在同時誕生，性質也相同，兩者之間存在

---

[1]　根據查爾斯‧戴夫南特的估計，到了17世紀末，市面上流通的可讓渡信用工具總價值是1,500萬英鎊，比貨幣總額多出足足四分之一。

密不可分的連結。

　　一個新族群在1690年代出現了，這是一群無原則且自私自利的人物，也就是所謂的「有錢人」（moneyed men），他們將當時的金融創新措施轉為己用，藉此獲利。有錢人族群的領頭羊包括銀行家與英國東印度公司股東蔡爾德爵士（Sir Josiah Child），他主張所有人都「受他們的利益引領」；錢多斯伯爵布里吉斯（James Brydges, Earl of Chandos，後來爵位晉升為公爵）則作為英軍主計長發了財，成為有錢人的一員。至於出沒在交易所附近的商人，他們名聲就沒那麼好了，這類人包括文具商湯瑪斯・蓋伊（Thomas Guy）與商人約翰，「禿鷹」・霍普金斯（John "Vulture" Hopkins），兩人都是出了名的吝嗇鬼。這些人體現了新的自由派理念，以利己主義取代貴族義務，而過去被視為罪惡的貪欲與消費主義，現在卻被視為帶來經濟效益的事物。[2]這個現象在股市上十分明顯，股票經紀人與他們的客戶紛紛不顧一切地追求個人利益。

　　在《現代輝格黨員的真面貌》（*The True Picture of a Modern Whig*）中，戴夫南特以諷刺的文字描寫新興的有錢人族群：湯姆・道伯（Tom Double）經常出入交易巷的蓋拉維咖啡館（Garraway's），

2　根據經濟史學家喬伊絲・艾普比（Joyce Appleby）在《十七世紀英國的經濟理論與意識形態》（*Economic Thought and Ideology in Seventeenth Century England*）的論述，17世紀晚期的有錢人族群「引進了經濟成長的理論，除了為競爭背書以外，還將虛榮、野心與競賽讚揚為新市場情勢的一部分」。她以約翰・霍頓（John Houghton）為例：霍頓是當時的記者與商人，他提出，傳統上受人詬病的種種消費行為——浪費、傲慢、虛榮與奢侈，其實都對國家有益。在這方面，霍頓與後來伯納德・曼德維爾（Bernard Mandeville）在《蜜蜂的寓言》（*Fable of the Bees*）中提出的論點十分相近，曼德維爾認為奢侈品的消費能刺激經濟活動。

並在咖啡館進行股票交易；這個角色將無關道德的利己主義發揮得淋漓盡致。「這是我們現代輝格黨員的原則，」他宣稱道，「不擇手段地盡可能得到一切。」道伯這類人都是白手起家的暴發戶，因此瞧不起生來就擁有優勢的人們。[3]道伯懷著暴發戶的自傲，炫富道：「我有一棟鄉村別墅，我的情婦在那兒過著皇后般奢華的生活……我有個法國廚師和許多蠟燭；我除了艾米達吉紅酒、香檳和勃根地紅酒以外什麼都不喝；卡奧爾黑酒幾乎沒資格擺上我的酒櫃；就連我的男僕也嫌棄法國波爾多粉紅酒……」道伯坐擁馬車、美酒與情婦，堪稱他那個年代的雅痞，簡直能和湯姆·沃爾夫（Tom Wolfe）作品《名利之火》（*The Bonfire of the Vanities*）中的債券交易人謝爾曼·麥奎（Sherman McCoy）同樣稱為「宇宙之主」。《名利之火》故事發生在1980年代，這段時期與1690年代有許多共同之處，兩者同樣是「天上下著金銀雨」的時代。[4]

▌初期的股市及吹噓的公司

　　將資本分割成股份的商業組織——股份有限公司，從16世紀

3　湯姆·道伯誇耀道：「我口袋裡多得是錢，擁有金錢之人將被尊敬、人人都想巴結他，他的出身再怎麼卑賤、他再怎麼惡名昭彰也無所謂……多虧了我的勤勉，我現在身價5萬鎊，十四年前我可是連一雙鞋都沒有……我可以列舉五十個朋友，他們和我同樣出身卑微，卻在革命過後獲得了遠勝於我的財富。」

4　現代英格蘭劇作家凱洛·邱吉爾（Caryl Churchill）也觀察到了兩個時代的相似處，她以托瑪斯·沙德韋爾（Thomas Shadwell）的《志願者》（*The Volunteers: or the Stock-Jobbers*）中關於股票經紀人的橋段，當作自己戲劇作品《一本萬利》（*Serious Money*）的序幕，並在劇中諷刺柴契爾主義下的「金融大改革」（Big Bang，或譯金融大爆炸）——政府對金融服務的許多管制突然廢除，以及當時英國的金錢文化。

就出現在了英格蘭，不過在 1690 年代以前，一直沒有交易這些股份的常態性市場，過去人們通常在拍賣會上購買英國東印度公司的商品與股份。1690 年代之前不存在「完美市場」的必要條件：流動性，以及股份的自由轉讓。在之前，外國人禁止持有股份，如果你想將股份轉讓給別人，就必須獲得特別委員會的許可，委員會還有權向圈外人徵收「罰金」，這才允許他們加入公司。英國東印度公司、皇家非洲公司（Royal African）、哈德遜灣公司（Hudson's Bay）等等特許公司的股份都集中在少數富人手裡，股票周轉率低得誇張，股價變動甚至出現許多斷點，無法畫成連續的圖形。在 1690 年代之前，人們想進行投機交易，那就只能在皇家交易所買賣商品，而這種交易對一般大眾並沒有吸引力。

「國家富裕，貿易順遂得驚人，紙通貨高漲，朗伯德街的金匠等人左右了巨額金錢……」英國小說家丹尼爾・笛福（Daniel Defoe）在回憶 1680 年代時寫道。光榮革命是歷史上唯一發生在繁榮時期的革命，而那個時代的繁榮源自接連數年的豐收、外貿的利潤，以及荷蘭與胡格諾派移民帶來的新技術和資本。在全國富強的趨勢下，特許股份有限公司也是生意興隆，1682 年到 1692 年間，英國東印度公司發配的股息竟等同公司額定資本（nominal capital，又稱資本總額）的 4 倍。一個「出資者」如果在 1660 年買進東印度公司的股票，然後在 1688 年售出，就能得到超過一般利率 1,200% 的超高報酬率。到了 1680 年代的末尾，特許公司的股票價格已經遠遠超出公司資產淨值（net asset value）了。交易巷成立常態性股市時，股票周轉率大幅提升，蔡爾德爵士因此寫道：「有一種自然親善、持續改變的動態，使得（東印度公司）全股價值在

兩年左右易主。」

　　根據17世紀統計學家桂葛瑞·金恩（Gregory King）的計算，從1660年代到1688年這二十多年，市場的經濟剩餘翻了一倍。在經濟剩餘提升的情況下，新一群公司發起人——當時人稱「計畫者」（projector），又有了更多資本可使用。在奧蘭治親王威廉來到英格蘭以前，英國的創業精神也已經開始蓬勃發展，人們創立了許多間股份有限公司，其中包括1684年成立的凸面燈公司（Convex Lights Company），專門生產新型路燈。一直到1687年，創立新公司的狂潮才終於步上軌道，也就是笛福所謂的「幽默計畫」（projecting humor）正式啟動。那一年，新英格蘭海船船長威廉·菲普斯（William Phipps）回到英格蘭，他先前在伊斯帕尼奧拉島附近打撈一艘沉沒的西班牙平板船，尋獲32噸白銀與一些珠寶，這些財寶也都被他帶回英格蘭。在國王、菲普斯船長與水手都分到一部分後，剩餘將近19萬英鎊的財寶以10,000％股息的形式，分配給了資助這次遠航的合伙人。

　　作家約翰·伊夫林（John Evelyn）在日記中記錄道，「他們獲得了遠超期望的財富」。菲普斯船長此行的大豐收轟動了全國，曾經是牧羊男孩的菲普斯，歸國不到三周便被封為爵士，還獲得一面紀念勛章。其他人見狀也都躍躍欲試，但他們並沒有照著菲普斯遠航的模式招募合伙人，而是計畫成立專門尋寶的新股份有限公司。過去在伊莉莎白女王統治下，人們秉持冒險精神乘著私掠船出海，在此時風向一轉，冒險時代忽然搖身變成了投機時代。

🔱

　　菲普斯尋寶成功後，人們紛紛成立「潛水」公司。潛水公司分成兩種，一種需要政府的「專利書」（patent），給予公司在特定位置「捕撈」沉船的壟斷權。鑄幣局局長（Master of the Mint）尼爾（Thomas Neal）同時也是當時領頭的計畫者，他投資了三間專利打撈公司，三家公司分別在牙買加、百慕達與葡萄牙附近海域打撈沉船。多巴哥公司（Tobago Company）的波因茨船長（Captain John Poyntz）也申請了專利，希望能在西印度群島「打撈海中沉船、珍珠與龍涎香」。另一種潛水公司則是憑著技術專利而成立，持有近期發明的潛水引擎專利。隨著「引擎產生新的引擎，計畫產生新的計畫」，十多間新潛水引擎公司如雨後春筍般成立，其中包括以皇家天文學家（Astronomer Royal）愛德蒙・哈雷（Edmund Halley）的「潛水鐘」專利創立的英格蘭沉船打撈公司（Company for Raising Wrecks in England，這間公司早期在股票列表上的名稱是「潛水哈雷」〔Diving Halley〕）[5]。《魯賓遜漂流記》（*Robinson Crusoe*）作者當時自稱丹尼爾・笛福[6]，他作為財務長受僱於另一間潛水鐘公司，這間公司則是康瓦耳人約瑟夫・威廉斯（Joseph Williams）創立的。

　　潛水公司計畫者希望能引起大眾的興趣，吸引人們入手他們的股票。「從海中取得的財富被宣揚到了世界各地」，人們在泰晤

5　哈雷的潛水鐘是個圓錐形桶子，可以平放於海床，它底部有開口，裡頭有固定的小長凳，「讓人感到冷時可以坐下，無論在何等深度，人在內都能穿著衣物並保持乾燥」。潛水夫配備一套皮革服裝，以及透過空氣管和潛水鐘相連的「帽子」。哈雷另外發明了量測深度的氣壓計、水下照明燈，以及「水下炸船用的工具」。

6　譯註：本名丹尼爾・福（Daniel Foe）。

士河公開示範潛水引擎的操作方式，一些股票免費贈予了「重要與知名人士，以便加強事業的聲譽，而這些大人物的名字扮演誘餌的角色，用甜言蜜語誘惑人上鉤；甜頭與金錢給了窮人和騙子，讓他們帶朋友與熟人來觀賞引擎……」在創辦計畫書中，波因茨船長的潛水公司承諾給投資者100％利潤。種種鼓吹使得股價高漲，遠遠超出了發行價，笛福記錄道，他「看見股份有限公司、專利、引擎與事業的股份，**被吹噓得連連上漲**」，其中一間潛水公司的股價甚至漲了500％。然而，潛水器械與尋寶公司只撈上「少少幾把鐵槍、煙道調節板與船的滑車組」，除此之外別無所獲，因此這波狂潮很快就平息了下來。前面提到一間公司的股價漲了5倍，結果這間公司的股價開始「漸漸下跌，被殺到一股只剩12、10、9、8英鎊，最後完全沒有買家願意出價了……」笛福寫的是他自己的慘痛經驗，他就是投資威廉斯的潛水公司，結果賠了200英鎊。他在多年後寫道：「我能講述一段非常離奇的歷史，故事中一個專利商人騙了一個傻子，而這個傻子就是我本人。」[7]

　　1689年，法國爆發戰爭，法王路易十四試圖推翻威廉三世篡奪而來的王位。戰爭非但沒有造成商業危機，反而促進了當時未成熟的英格蘭股市——法國有一句俗語「Achétez aux canons, vendez aux clairons」，意思是「在大砲怒吼時買進，勝利號角響起

7　1680年代，笛福在西班牙經商，後來在1692年買了70隻生產香水用的麝香貓，並投資了皇家非洲公司800英鎊。他因為這些與其他投機交易損失慘重，結果在1694年宣告破產，欠款多達17,000英鎊。從那天開始，他就改以寫作為生。

時賣出」，這句話恰巧符合英格蘭當時的情勢。國會通過了新法案，禁止進口法國貨，既然外貿受阻礙，商人就不得不尋找其他資本出口。[8] 發起人出資成立了新一批公司，生產平時從法國進口的商品。[9] 這些新興企業中的典型是皇家光亮薄絹公司（Royal Lustring Company），該公司在 1692 年出售股份募得了 6 萬 2,000 英鎊，目標是生產當時流行的法國「阿拉莫薄絹」（alamode）布料，又稱光亮薄絹（Lustring），人們對這種布料的形容是「細緻、輕薄、光滑的黑絲布」。

　　這些新興企業和過去的潛水公司一樣，最初在股市上表現得很好。白紙公司（White Paper Company）股份在 1690 年以 50 英鎊的價格發行，然後在接下來四年內漲了 3 倍，至於尼古拉斯杜平亞麻公司（Nicholas Dupin's Linen Company）的股價，則在短短三年內從 1690 年的 10 英鎊漲到 45 英鎊（1691 年 6 月，杜平順著當時的風潮，決定發展其他領域的事業，提出了在英格蘭南岸打撈沉船的申請，「以求亞麻業不在創始之初因缺乏支援而沉沒」）。個別計畫者為了分散風險，往往會投資許多不同的計畫，像是托馬斯‧尼爾就持有 39 間公司的股份，事業領域遍及潛水專利，以及水、紙、鋼與礦業公司等等。尼爾和約翰‧提札克（John Tyzack）合夥投資了多項計畫，提札克除了持有潛水機器的專利之外，還得

8　霍頓《農牧工商進步紀要》（*A Collection for the Improvement of Husbandry and Trade*）回憶起 1694 年 6 月的股市漲勢，宣稱道：「海上貿易受阻，很少擁有錢財的人願意將錢白白放著……」他們不希望資金長期套牢，所以選擇投資股票。

9　這些新公司生產的商品包含「沾料、塗漆、玻璃瓶、百葉窗、皮革、亞麻……白紙、藍紙……印刷掛布、珍珠、硝石、劍刃……起重引擎、拖曳引擎……」。

到成立公司、生產「仿俄羅斯皮革」的專利。而剛才提到的尼古拉斯‧杜平除了在英格蘭、蘇格蘭與愛爾蘭經營三家「白紙」公司以外，還經營了蘇格蘭一家礦業公司。

　　許多新公司都是憑藉新發明物的專利成立的，1691年6月到1693年10月這段時期，政府總共核發了61項專利（其中11項是潛水引擎專利）。憑這些專利創建的公司，包括約翰‧洛夫廷先生的吸蚯蚓引擎公司（Company for the Sucking-Worm Engines of Mr. John Loftingh），這間公司持有「本王國前所未見之滅火引擎」的專利。另一間專利公司，夜引擎公司（Night Engine Company）專門製造防盜警報，並宣稱這種警報「可置於任何房屋內便利的所在，防止盜賊闖入」。這類新公司從成立最初就被人用懷疑的眼光看待，當時一位作家表示，它們大多「不過是一時興起的產物，對世界少有或完全沒有貢獻，但他們（計畫者）大聲宣揚公司的價值與好處，並僱用代理人吹噓他們的發明，以花言巧語誘騙無辜與無知的人們；人們受新鮮事物蒙騙（而這些新事物可能不過是重現了舊有的物品，或是從異國借來的東西），因而買進股票，結果被騙了錢財；這比公路搶劫來得糟糕……」

　　桂冠詩人托馬斯‧沙德韋爾在他的劇作《志願者：或股票經紀人》中諷刺出現在股市上的專利公司，在劇中一幕，股票經紀人提起一家新公司，公司生產的是「捕鼠器，它會邀請所有情願與不情願的小鼠或大鼠入內；在獲得專利前，完整股份要價15鎊；獲得專利後你出價60鎊他們也不收：全英格蘭沒有任何一家人不用他們的捕鼠器」。某個富有投機者的太太提到她有興趣投資潛水公司時，丈夫溫和地責備她的天真心態：「小羊啊，我告訴妳，它最

後有沒有用都無所謂，主要目的就是憑股票買賣賺一筆，僅此而已。」1690 年代雖然是艾薩克・牛頓（Isaac Newton）爵士與皇家學會（Royal Society）崛起的「科學時代」，當代專利公司卻沒有認真把科學領域的進步應用在商業上──人們登記專利時，不會有人檢視新發明物的功能與效果，發起人只將專利當作方便的道具，用來省略設立商業公司的時間與金錢，直接創立公司、讓新公司加入股市。

賭場裡的賭徒，股市中的投機者

從 1692 年開始，藥材與咖啡商人約翰・霍頓（John Houghton）就在每周兩期的《改善管理與貿易之紀錄》（*A Collection for the Improvement of Husbandry and Trade*）期刊中列出股市上的價格。隨著市場景氣繁榮，霍頓列出的股票從 10 檔增加到了 57 檔（1694 年 5 月），新成立的公司則用它們在市場上的暱稱記錄下來（例如「夜」「洛夫廷」「潛水 W」等等）。為了方便股份轉讓，人們印了制式化的售予合約，並且從阿姆斯特丹引進了股票選擇權與期貨（當時稱為「定期交易」）等較進步的投機工具。霍頓甚至分別提供東印度公司股票與期貨的價格，並說明股東利用「股票出售權」（購買以特定價格售出股票的選擇權）避險或避免價格突然下跌的方法。他另外指出，選擇權可能會導致直接的投機買賣：「有了這種方法，許多人就願意買進不確定能不能成功的新股票……」

隨著股票買賣流行起來，霍頓也試著對讀者介紹這門學問的種種神祕之處：「交易方式是這樣的，有錢人前去找**經紀人**（他們

主要出沒在交易所、強納森咖啡館，有時出現在蓋拉維咖啡館，或其他咖啡館），詢問**股票**的狀況。在收獲情報後，請經紀人以這個或那個價格買或賣股票：然後他會試著和持有股票或有權售出股票之人交涉，盡量談成交易。」霍頓指稱，小公司的股票容易「受同盟少數人的手段」操作，這些人數不多的群體「意圖掌握所有的股份」（也就是我們所謂「壟斷」股票的操縱方法）。我們可以看出，早期股市上除了金融家引人懷疑的「手段」以外，還有人用選擇權與期貨避險，應用了一些較先進的投機技巧，可見早期股市已經相當進步了。

　　股市泡沫不停膨脹的同時，威廉三世政府決定利用英格蘭人的賭性，籌募對法戰爭的資金。對各領域都感興趣的托馬斯·尼爾參考荷蘭人的前例，在1694年第一次推出了不列顛政府的彩券，取了「百萬冒險」（The Million Adventure）這個誘人的名稱。一張彩券要價10英鎊，頭獎贏家每年可獲得1,000英鎊獎金，持續十六年，而即使你輸了或買了「空白券」（blank），也可以每年獲得1英鎊，同樣持續十六年。十萬張彩券很快就銷售一空，百萬冒險還帶起了彩券風潮，許多私營彩券在報上登廣告。尼爾也急著賺一把，於是用自己的帳戶安排了三場「幸運者的發財冒險」（Profitable Adventure to the Fortunate）彩券。較大的彩券推出後，緊接著是「便士彩券」（Penny Lotteries），甚至有股票經紀人將10英鎊彩券細分為更小的部分，賣給手頭比較拮据的人。到1690年代中期，彩券成了像折讓單一樣在市面上流通的一種貨幣。[10]

10　在現代日本，人們仍然將彩券視為有價證券，在法律上和股票與債券地位相當，必須由銀行處理。

　　股市上的計畫者很快就想到靠彩券狂熱牟利的方法，礦業冒險者公司（Company of Mine Adventurers）就是結合了彩券賭博與股市投機的案例。該公司成立於 1693 年，原本目的是在威爾斯採銀礦，結果公司隔年就被不講道德的冒險投機者麥克沃思爵士（Sir Humphrey Mackworth）接管。麥克沃思接管公司以後，很快就宣布要將 20 英鎊的普通股份轉變為支付利息的債券。為了鼓勵人們換購債券，每張債券同時也會有彩券的功能，十張當中有一張中獎，頭獎贏家可獲得一套股票與債券，有機會每年賺進 2,000 英鎊。700 名股東參與了換購活動，超過五分之四的股份都換成了彩券債券。[11] 根據麥考利的記述，皇家學院公司（Royal Academies Company）找到了彩券的另一種用途，公司經營者宣稱他們「請了所有知識領域最傑出的大師，準備發行每張 20 先令的兩萬張彩券。他們將會辦一場摸彩，抽出 2,000 份獎項，幸運的得獎者將會由公司負責教導拉丁文、希臘文、希伯來文、法文、西班牙文、圓錐曲線、三角函數、紋章學、塗漆、築城、簿記與彈奏低音大魯特琴（theorbo）的技藝」。[12]

11　史考特（W. Scott）表示這其實是「澆了詐欺之蜜」的騙局。麥克沃思悉心為他的公司建立良好的口碑：里茲公爵（Duke of Leeds）被選為總裁，公司不時做慈善捐款，並印製傳單吹捧它的展望。直到後來才有人發現，公司的財政紀錄被麥克沃思竄改過，他謊報了公司的白銀產量、用借款支付債券利息、未經授權就售出股份，還將賣股票賺得的錢留作己用。他因為詐欺行為被揭發，最後離開了公司。

12　麥考利在《英格蘭歷史》中表示此活動是在 1692 年推出，不過這場活動不太可能發生在百萬冒險之前。史考特的作品中並沒有相關紀錄。

　　一位專精金融革命的史學家在近年提出，17世紀晚期人們對於賭博的熱忱是一股「矛盾趨勢」，和當時的金融發展走向截然相反。但實際上，若要說賭博精神和金融發展的趨勢互相矛盾，那前提是資本主義和現代世界理性主義的發展之間存在一定的關係。最早將資本主義視為啟蒙運動分支的人，是社會學者韋伯（Max Weber），他在《新教倫理與資本主義精神》（*The Protestant Ethic and the Spirit of Capitalism*）中提出：「資本主義精神的發展，可以視為理性主義整體發展的一部分，從理性主義在人生日常問題中所占據的根本地位，可得出此推論。」對韋伯而言，資本主義系統進步不只是理性運動的一部分，還和清教嚴謹的道德息息相關，結合了簡樸精神與喀爾文主義當中的天職觀念。[13] 整體系統和無盡的利欲是對立關係，他斷言道：「資本主義，**可能**等同對於這非理性衝動的克制，或至少等同對非理性衝動的理性調和。」

　　在「理性」量化風險這方面，17世紀晚期的確出現了一些顯著的進步。除了發明潛水鐘以外，愛德蒙・哈雷還在1693年參考普魯士布雷斯勞市（Breslau）的統計數據，做出了第一張死亡統計表。哈雷利用死亡統計表估算死亡機率，奠定了精算學的發展基礎，而精算學也成了壽險業的基礎。當時人們熱衷於賭博，因此對機率十分敏感，英國作家山繆・皮普斯（Samuel Pepys）與牛頓在1693年多次書信往來，談論擲骰子、機率與賭注等議題。而造

13　在當代人眼裡，清教徒將生意與信仰混為一談，是令人不齒的虛偽之人。在《志願者》中，沙德韋爾寫到一群清教徒股票經紀人，他們在爭論將中國繩舞者引入不列顛，於他們教義是否「合法」。最後，他們得到一個結論：如果「我們自己不以觀看的方式參與虛榮或邪惡的消遣，只用它賺錢，並為教導目的的使用它，時時考慮到它被接受的程度，且股票能賣得很好；那麼無論前面提到的舞者是否來不列顛，對我們都無所謂。」

就密西西比泡沫事件,同時也是下一代領銜投機者的約翰‧羅,
在 1690 年代就是以賭博為生,他在玩危險雙骰(hazard,類似「花
旗骰」的骰子遊戲)時用上進階機率理論,賺了不少錢。[14] 那個年
代應該不少有錢人像羅這般,從賭徒轉型成為投機者,戴夫南特
故事中虛構的道伯也是從聖詹姆士廣場的賭桌起家,這才前往交
易巷開創不光彩的事業。

　　交易巷的咖啡館裡,經常有人對公開與非公開活動下賭注。
根據笛福的記載,在 1690 年代,打賭不再是單純的賭博,而是成
了「保險的一種」,這也是皇家交易所與咖啡館裡越來越常見的一
門生意,而且也逐漸被股票經紀人接管。賭博帶動了保險業的成
長,當愛德華‧勞埃德(Edward Lloyd)在 1691 年將咖啡館遷到
朗伯德街時 [15],股票經紀人已經在承銷各式各樣的保險了,從公路
搶劫的保險到「女性貞節的保證」樣樣都有。你如果看到商人賭戰
爭爆發、賭威廉三世的壽命長短,或拿圍城戰的結果下賭注,那
可能不是因為他賭性難改,他其實是希望兩面下注、躲避商業上
的風險。

　　用獎勵抵銷風險的觀念,在股市上再顯而易見不過了。當時
人們談到菲普斯船長的寶藏時,往往會提及機率:笛福主張那次
打撈成功是「十萬比一的賭注」,作家艾倫‧希爾(Aaron Hill)則
表示贊助菲普斯的人賺錢的機率低於百萬分之一,「但儘管機率極

14　一位傳記作家指稱,約翰‧羅在玩危險雙骰時用上了進階機率計算法,比紙牌遊戲規
　　則奠基者埃德蒙‧霍伊爾(Edmund Hoyle)還早想出這一套計算方法。

15　編按:勞埃德開設的咖啡館在日後發展成為世界著名的保險公司──勞合社。

低他們仍然成功了，因意外而飛黃騰達」。[16]賭博與投機使得人們時時刻刻分析風險與機率，這可以視為理性主義的延伸，但這和韋伯的看法無關，無法證明資本主義是喀爾文主義持慎重態度的實例。

　　賭博雖然造就了機率理論的進步，卻還是保有一些非理性特質。就如作家理查・斯蒂爾爵士（Sir Richard Steele）在選樂透號碼時的觀察，「妄想經常代替理性採取行動，也在缺乏真實與實質動機之時，為自己形成某個無根據的虛構動機」。後來，亞當・斯密以購買彩券的人為例，表示他心目中全人類共同的特徵：「對風險的藐視與不切實際的幻想成功」。[17]這雖然是對賭徒的觀察，或許也同樣適用於1690年代投資專利公司的投機者。賭博心理充斥了新金融世界的所有面向，而這狂賭漩渦的中心，就是交易股票、彩券與賭注的股票經紀人。新誕生的股市並沒有讓嚴謹的喀爾文主義資本家致富，也沒有宣揚清教的簡樸精神，而是參考菲普斯船長那種彩券中獎般的大成功，走上了賭博與冒險之路。考慮到這些因素與背景，股市投機與彩券賭博的觀念合而為一、衍生出礦業冒險者公司，那也是理所當然。

　　賭博和金融創新之間不存在矛盾關係，因為股市的精髓就是賭博，或套句笛福的話：「股票買賣是遊戲——一個盒子和一把骰

16　希爾的分析沒有錯，投資者獲得了本金百倍的獎勵，不過這場生意的成功率遠低於1％，因此以理性推理的方式來看，投資菲普斯的冒險十分不划算。

17　亞當・斯密在《國富論》中寫道，「大多數人都高估了自身能力，這是古今哲學家與道德家都提過的古老罪惡。然而，少有人提及一點：他們也荒謬地相信自己的好運。這可能是更加普遍的現象，在健康與精神狀態尚可時，無人不抱有此心態。每個人多少都高估了獲利的機會，低估了損失的機會，極少有人高估損失的機會。」

子也許較不危險，但兩者的本質相近，都是危險的遊戲。」韋伯錯了，貪欲與非理性的賭博衝動非但不是和資本主義對立的存在，反而是有助於推進資本主義的種種制度。凱因斯主張，投資的遊戲：

　　對全然免於賭博本能的人而言，無聊至極且過度艱苦；而擁有賭博本能之人，則必須為這份傾向付出相應的代價。

　　這不僅適用於 17 世紀，也同樣符合 20 世紀的情況。股市與股份有限公司的體制之所以能成功建立起來，是因為相較於其他形式的資本組織，股市與股份有限公司本身結合了賭場的元素。我們追溯金融資本主義的根源，就會發現理性主義其實是十分次要的元素。

▌頭飾高低與裙襬長短的象徵

　　17 世紀的投資者不會比現代投資者單純，我們可以看看年金與彩券在當時人們心目中的價值：兩者都會在特定年限內產生收入，卻不會歸還本金，也就表示你在計算年金與彩券的價值時，必須考慮到未來現金流的折現。[18] 早在過去，約翰・羅就提到了我

18　折現的原則是「一鳥在手，勝於百鳥在林」，你必須計算未來收入的價值，並考慮到折現率，折現率一般和當時主流的利率相關，我們在計算未來收入時計入折現率，就能將未來這筆錢縮減成它現在或目前的價值。更多現金流折現法相關的討論，請見本書第 7 章。

們現在所謂「金錢的時間價值」:「預期必然會打上**折扣**……現在支付的100英鎊,價值高於分成100年、每年支付10英鎊的共1,000英鎊。」[19]

　　早期股市玩家也都了解基本或「內在」價值的觀念,只不過當時出現了許多誤導性的創辦計畫書、股價操縱,股市也掀起了狂潮,因此人們發現事物內在價值的過程比較坎坷。笛福表示,1690年代的股市狂熱過後,許多股票被哄抬到超過它們的「內在價值」,英國東印度公司的股票以超過票面價值300%、400%的高價買賣,而前後「**內在價值無任何實質差異**」。當代土地銀行計畫者意圖創造以土地價值為後盾的新貨幣,取代原有的金本位貨幣,但就連他們也意識到「內在價值」其實是一種矛盾,畢竟「內在」是內含的特質,而「價值」必然是外在的條件。舉例來說,經濟學家尼古拉斯・巴彭(Nicholas Barbon)提出:「物品本身沒有價值,是人云與風潮給了它們用處,並賦予它們價值。」同樣當過土地銀行計畫者的約翰・羅進一步主張,價格不過是供給與需求互動的結果而已。如果把羅的想法套用在股市,就表示股價受流動性(供應到市場上的新資金)影響,而不是反映股票本身的內在價值。

　　土地銀行家認為價值是外在性質,會受「人云與風潮」的變化影響——這套觀念和股市息息相關,因為從潛水公司前仆後繼地創立開始,市場就接二連三掉進了「流行」的陷阱。1690年代早期,股市呈現蒸蒸日上的情勢,而隨著經濟景氣成長,女士的頭飾也變得越來越浮誇了。頭飾從1690年代初期開始做得越來越高,最

19　羅在舉例時想必也明白,這個例子成立的前提是,未來收入的折現率超過10%。

後在1695年達到了七英尺的高峰（這也是股市崩盤的那一年）。斯蒂爾爵士見狀表示：「股價和頭飾的漲跌呈正向關係。」──他可說是預料到了1920年代股市行情與女性裙襬長度的關係（這是我們後來所謂的「裙襬理論」〔hemline theory of stock prices〕）。[20]我們可以用幾種不同的方式詮釋斯蒂爾這句話：流行服裝變得大膽又華麗，可能表示人們將股市利潤花在浮誇的展示上，畢竟每一場投機狂熱都伴隨大肆消費而來；另一方面而言，有錢人的情婦頭飾越做越高（以及1920年代裙子越做越短的飛來波女郎〔flappers〕，又譯輕佻女子），可能代表投機時期的道德放縱，表示景氣時期利己主義成了主流，一些比較嚴格、保守的美德則受到鄙視。不過最有可能的解釋是，斯蒂爾想告訴我們，市場價值轉瞬即逝、曇花一現且奢侈浮誇，而這些價值就和女性衣著同樣反映了瞬息萬變的流行風潮。時尚風格就和投機運動一樣，受大眾共識左右，而且會遵循趨勢，直到它達到進無可進、只能撤退的浮誇地步為止。[21]

20　在《時尚的經濟》（*The Economics of Fashion*）一書中，哥倫比亞商學院（Columbia Business School）的保羅・尼斯壯教授（Professor Paul H. Nystrom）寫道，在1919年，裙襬和地面之間的長度，大約是女性身高的10%。到1920年的戰後復甦時代，裙襬變短了，和地面之間的距離是女性身高的20%。後來在1921年經濟衰退期，距離又恢復10%。當牛市在1924年起飛時，裙子變得越來越短，直到在1927年達到和地面距離身高的25%，成了及膝裙。及膝裙長流行到1929年，而後在華爾街股災過後隨著美國陷入經濟大蕭條，裙襬也不斷加長，最後碰到了地面。

21　我們可以拿時尚設計師和投機者做比較，前者引領大眾品味，後者試圖預期市場心理的變化。欲從較近期的作品詳加了解股價與時尚之間的關聯，請參閱耶魯大學（Yale University）羅伯・席勒教授（Professor Robert Shiller）的著作，尤其是他的文章〈金融市場上的時尚、流行與泡沫〉（*Fashion, Fads, and Bubbles in the Financial Markets*），刊登於《騎士、暴民與目標》（*Knights, Raiders, and Targets*）。

幾年後，斯蒂爾或許成了最早提出逆勢投資理論的人（逆勢理論指的是和主流觀點相衝突的理論），他寫道：

現在的年輕人可以閱讀股票的歷史，了解它們在同一日突然漲跌的祕密根源，有比這更好的時間利用方式嗎？他可以閱讀交易巷專家的專著，有比這更好的致富與生命之路嗎？**最實用的是深入了解他自己的希望與恐懼；在他人亢奮時保持懦怯，在他人認為應賣出之時，懷著祕密的喜悅買入。**

凱因斯提出，由於人無法肯定未來，股市價值終究仰賴人們的信心狀態，而信心本身是「大量無知個人的群眾心理」。在凱因斯提出這番論述的兩百年前，斯蒂爾就觀察到市場漲跌與時時變動的信用狀態，提出了後來所謂的「空中樓閣」（Castles in the Air）價值理論。[22] 在《旁觀者》雜誌中，斯蒂爾描述走進虛榮之宮的畫面，宮殿的拱型天花板「模樣和泡泡極其相似」，虛榮高坐在宮殿主位，由虛飾、自負、諂媚、做作與流行在旁侍候。毀壞的信用隨著愚行出現時（他們象徵投機的不理性層面），他們驚愕不已，訪客「清楚察覺到整幢建築微微懸浮在空中，沒有任何真實的地基……但他們心中開始下沉時，宮殿似乎隨著一同沉了下去，直到來到他們設下的自尊底線；然後他們所在的那一部分建築也碰到了地

22　「空中樓閣」價值理論是，股票並沒有內在價值，股價不過是投資者心理的產物罷了。最早指出「空中樓閣」與投資之間關聯的人是作家強納森・史威夫特（Jonathan Swift），他在南海公司崩潰後的1720年寫了《泡沫》（*The Bubble*）這首詩。在詩中，史威夫特抨擊了南海公司的騙子董事與天真的股東：「有些人建造空中樓閣，董事則將它們建在海裡；認購者清楚看見這些建設，因為愚者所見必合智者之意。」

面」。金融革命創造了新的經濟系統，系統中不再存在實質的經濟現實：群眾心理淺薄又容易受驚嚇，而價值是群眾心理的產物，交易仰賴短暫的信心狀態，公司則隨著投機狂熱的浪潮「水漲船高」。

▍政客的醜聞與腐敗

　　1690 年代的股市上，令人敬佩的利己主義與徹頭徹尾的詐欺之間僅隔一線，而經常有人跨越這條界線：計畫者為了自己致富而成立假公司，股價受人操縱，不實傳聞到處流傳。沙德韋爾在《志願者》中，將股市形容為不法之徒與騙子的世界，人們為了利益互相「泡沫」（在當時，「泡沫」是詐欺的意思）。[23] 戴夫南特寫道，有錢人在追求財富的路上，會出現各種「欺騙、敲詐、詐欺、賄賂與腐敗」的行徑。「stockjobbing」一詞意思等同投機與股票交易，但也有人用這個詞語形容將股票哄抬得超過真實價值，同時摧毀公司真實前途的行為。[24] 在這個折讓單與彩券被當成金錢流通的世

23　舉例而言，在《志願者》中，名叫飯桶（Nickum）的「騙子」提到了「英格蘭一個泡沫欠我的債」。不過斯蒂爾描述虛榮之宮的拱形屋頂時提到了「泡泡」，可見開始有人連結投機與泡泡、泡沫的象徵意義。

24　《守衛英格蘭》（*Angliae Tutamen*）的匿名作者描述了礦業公司計畫者誘惑無辜投資者用的「伎倆與策略」：首先，計畫者假裝找到金礦脈，然後買下至少 21 年的土地租賃權，並「依照規章設置公司，通常分成 400 股，選出委員會、記帳員與過戶帳，接著假裝為所有經營者的利益持續這份工作；起初經營者以低價購入股份，例如 10 席令、20 席令，或 1 幾尼（Guinea），然後他們突然將股價哄抬到 3、5、10，甚至每股 15 英鎊；接著他們開始股票買賣，這必然會毀掉這些與其他所有計畫；主要計畫者售出股份、完全退出事業，以這種及其他不正當手段互相欺騙與詐騙，事業將會頹然倒地並被眾人拋棄」。

界，公司股票也成了腐敗的貨幣，人們暗中將股票作為禮物餽贈給著名人士，除了吸引其他投資者以外，另一個目的是封口——沙德韋爾筆下的哈克維上校（Colonel Hackwell）就誇耀道：「某些（公司的）股票我得來不花一分一毫，便是為了防止我下達警告送給我的。」

此外，也有人用股票換取政治影響力，例如在英國東印度公司的賄賂醜聞中，長年的政治腐敗就接觸到了新興的金融投機勢力。醜聞起源於1693年3月，英國東印度公司沒能繳納依據股票價值而課的特殊稅負，結果技術上來說公司喪失了特許，不巧這段時期另一個財團正蠢蠢欲動，試圖從這間老公司手裡搶奪東方貿易的壟斷權。兩個集團都大肆賄賂了法庭與國會成員，希望能取得新的特許，結果還是歷史悠久的英國東印度公司得勝，不過它也損失不少，支出了超過20萬英鎊的「祕密服務金」。在用選擇權與股票賄賂官員這方面，他們的手段相對高明：舉例來說，國會議員貝西爾·費布拉斯爵士（Sir Basil Firebras）和英國東印度公司簽了選擇權合約，一旦公司獲得新特許，他就能以高出市場行情價50％的價格，將6萬英鎊的東印度公司股票升水回售給公司。費布拉斯後來憑著這場交易，獲利3萬英鎊。除了他以外，許多國會議員也收到了英國東印度公司的買入選擇權，得到以固定價格買入該公司股票的權利，他們因此有了確保公司前途順遂的動機，因為只要公司股價上漲，他們就能夠獲利。

1695年，這場醜事的國會調查報告出爐，導致下議院議長被除名、樞密院議長被彈劾，英國東印度公司的總裁甚至為此入獄。這場風波似乎印證了國會議員約翰·普勒斯芬（John Pollexfen）

一句當時人津津樂道的名言:「公司有實體,但據說它們沒有靈魂;沒有靈魂,則沒有道德心。」我們可以從中看出,有錢人的道德觀已經傳染給了一般大眾,對那些和股票經紀人同樣自私自利的政客而言,股市也可能成為危險的陷阱。這一切都預示了後續投機時期政治人物系統性的腐敗——就如二十多年後,笛福在南海泡沫事件前夕那句警告:「當政治家變為經紀人時,國家被買賣也不足為奇了。」[25]

投機狂潮及金融危機

1694 年 6 月 21 日,認購名冊上多了一間新法人組織,名為英格蘭銀行(Governor and Company of the Bank of England)。這個新組織是當時各種金融奇蹟的縮影,只要借 120 萬英鎊給政府,它就能得到皇家特許,得以壟斷銀行業。雖說要借 120 萬英鎊給政府,但銀行可以自己發行無內在價值的鈔票(換句話說,這些鈔票背後並沒有黃金的支持),以鈔票的形式借款給政府,並獲得政府每年支付的 10 英鎊利息。金融資本主義的賢者之石——紙貨幣,就是在這時候得到了政府的初步認可。英格蘭銀行草創的過程十分順利,短短幾天內它的認購登記簿就寫滿了,投資者包括威廉三世的親信波特蘭伯爵(Earl of Portland),以及形形色色的藥草

25　我們可以從國會議員詹姆斯‧克拉格斯(James Craggs)身上,找到1695年英國東印度公司醜聞和1720年南海公司醜聞之間的連結:克拉格斯因為收取東印度公司的賄賂,在1695年被關入倫敦塔,後來他在二十多年後作為郵政大臣(Postmaster General)收取南海公司的免費股票。南海泡沫破滅後,克拉格斯自殺身亡。

商、搬運工、紡織業者、刺繡工、農人、水手與碼頭管理員。英格蘭銀行股份頓時漲了20％，股市熱潮進入最終階段。人們紛紛提出各式各樣的土地銀行計畫並試圖籌資，卻沒有任何一項計畫真正起飛，甚至有人提議將倫敦市孤兒基金（Orphans' Fund）收入作為資本，成立孤兒銀行。（某個匿名宣傳冊作家反對道：「即使在這慈善與虔誠計畫的最底部，也存在根深柢固的利己主義與私利。」）

　　那個時代最後成立的大公司，源自離交易巷十分遙遠的愛丁堡。英格蘭銀行創辦人之一，蘇格蘭人威廉・佩特森（William Patterson），成立了達連公司（Darien Company），目標是殖民巴拿馬地峽，他認為那個地區有潛力成為全世界的貨物集散地。達連公司的贊助者相信，如果能殖民巴拿馬地峽，他們就有機會奠定基礎、建立蘇格蘭帝國，和鄰國英格蘭一較高下。在國族主義精神的驅使下，蘇格蘭大眾對達連公司深感興趣，1695年6月底公司開放30萬英鎊的認股證時，人們反應相當熱絡。根據蘇格蘭國務大臣（Secretary of State）達林普爵士（Sir John Dalrymple）的紀錄，「蘇格蘭民族簽署神聖盟約（Solemn League and Covenant）的踴躍度，完全比不上他們爭先認購達連公司股份的速度……年輕女性將她們少少的積蓄投入了股票，寡婦也變賣財產做相同的事情」。

　　達連公司成立過程中，出現了一些前所未見的特殊狀況：依照當時的規定，公司只能在蘇格蘭募得一半的資本，於是佩特森試著在倫敦售出餘下的股票，後來到阿姆斯特丹甚至是漢堡出售20萬英鎊股票，達連也因此成為第一家國際籌資的公司。達連公

司還有了令人懷疑的動作：董事決定發行鈔票作為給股東的借款，當作股票的保險。同樣是蘇格蘭人的羅就是受佩特森啟發，他也在數十年後以密西西比公司股份的保證金為本，發行了數百萬鈔票。

達連公司在蘇格蘭民眾的期待下成立了（他們很快就會因為公司經營失敗而大失所望），但就在這時，金融危機已經逼近國境南方。這場危機和後來許多類似的事件一樣，起源於財政困難與人們對投機的強烈反感。「荷蘭金融」雖然在英格蘭掀起了創新風潮，對法戰爭的代價終究超過了國家稅收，政府轉而用貨幣貶值這個陳年療方來解決財政問題。在「格雷欣法則」（Gresham's Law）（源自伊莉莎白一世時期財政顧問托馬斯・格雷欣的名言：劣幣驅逐良幣）的作用下，人們開始私藏未貶值的錢幣。1696 年夏季，約翰・伊夫林在日記中提到，「現有金錢的缺乏，不僅難以完成最小的事務，就連共同市場上的日常供應也出了問題」。英格蘭北部爆發暴動，倫敦市已沒了信用的蹤影，政府短期公債（tallies）貶損到了40％折現率，而一場 140 萬英鎊的彩券借貸只募得了不到 1 萬 8,000英鎊，企業股票也受到了衝擊。「領頭羊」東印度公司股價從 1692年的 200 英鎊，跌到了 1697 年的 37 英鎊，而在同一時期，哈德遜灣公司股價跌了 70％，亞麻公司股價跌了 90％。大部分新公司直接消失了，所有潛水與專利公司都不復存在。1693 年英格蘭與蘇格蘭共有 140 間公司，結果只有 40 間熬過了災難，存活到 1697年──倒閉率高達 70％。

受計畫者欺騙的「傻子」笛福認為，這場危機是交易巷股票經紀人的活動造成的：

　　任何人都可能預料到，我們兩家互相競爭的東印度公司之間的衝突與紛爭，會造就某種異乎尋常的效果，而**各類股票上漲到遠超內在的價值，想必存在某種致命的問題，最終會跌得全交易群體都能感受到。**

　　這是經濟危機和投機之間第一次出現的連結。1696年，某匿名作家出版了標題為《守衛英格蘭》的宣傳冊，作家希望「公平且清楚地發現許多精明騙術，以及惡意的無賴行徑，為大眾帶來偌大的益處」。他認為許多好公司的崩潰，是機會主義計畫者造成的。當時的官方交易官員也抱持這樣的想法，在1696年底發表了關於經濟危機的報告。[26]官員另外指控經紀人「組成同盟」操控價格，於是國會在1697年通過新法案，「限制經紀人與交易人的數量及惡劣行徑」，股票經紀人的數量限制在100人，這些人必須得到倫敦市參事會的許可證才可交易股票。政府在1708年更新法規後，經紀人還得每年繳一筆登記費，且猶太經紀人的人數限制在12人以內。此外，股票經紀人禁止為自己交易股票，佣金也不得超過1.25％。然而這就和早期荷蘭對投機交易的管制一樣，新法規並沒有太大效果，大部分經紀人就算沒有官方許可也還是照常做他們的交易。[27]

26　官員指控道，計畫者創立新公司是為了「有技巧地散布關於股票優良狀態的不實消息，提高公司聲譽，將股票高價賣給無知之人」。售出股票、大賺一筆後，計畫者據稱對公司事務棄之不顧，使得公司逐漸走下坡，最後倒閉。

27　1697年的管制，符合大部分股市危機過後的反投機法規律。南海泡沫破滅後，為了禁止「罪大惡極的股票買賣行為」而通過的《一七三四年約翰‧巴納德爵士法案》(*Sir John Barnard's Act of 1734*)，以及1929年股災過後，美國政府成立證券交易委員會，都符合這套規律。

投機人性亙古不變

　　金融史學家查爾斯・金德伯格（Charles Kindleberger）在《瘋狂、恐慌與崩盤》（*Manias, Panics, and Crashes*）書中提出，投機狂熱一般發生在某種**變革**引起大眾投機的興趣之時。變革可能是全新的投資對象，也可能是既有投資物的收益增長。變革發生後，市場上會出現**正回饋**現象，缺乏經驗的投資者看到股價上漲，開始投入股市，導致**亢奮**（euphoria）——這表示投資者的理性減弱了。在狂熱期間，投機行為會散布到不同類型的資產，人們想趁著亢奮時期獲利，於是推出新公司、為公司籌資，投資者用衍生性金融商品或證券借貸做資金槓桿，人們開始透支信用，詐騙與騙局越來越普遍，經濟也進入財務困境，緊接著經濟危機就要降臨了。

　　根據金德伯格的說法，歷史上雖不會出現兩次完全相同的投機狂熱，但每一次狂熱都會依照類似的路徑走下去：「細節有多種變化；架構遵守原樣」。19 世紀中葉，經濟學家約翰・密爾（John Stuart Mill）也在《經濟學原理》（*Principles of Economics*）中提到類似的觀察結果：

　　某個意外事件發生，激起價格上漲的預期……使投機者展開行動……在大眾心理一些特定狀態下，財富如此快速增長的案例，會吸引無數仿效者，然後投機行動不僅遠遠超出原本預期上漲的理由，甚至延伸到不曾存在任何預期上漲理由的物件；然而，一旦投機開始，這些物件也會同樣上漲。在這種時期，人們會大規

模擴張信用。

17世紀晚期的不列顛，主體上還是由貴族統治的農業社會，但1690年代的股市盛況似乎符合這種投機範式。[28] 包括菲普斯船長成功的冒險在內，幾場潛在變革成了計畫時代（Projecting Age）的開端，而這些變革鼓舞了後續成立的潛水引擎公司、帶動了東印度公司等大型貿易公司在1680年代驚人的收益、促進了金融革命與戰爭時期的種種創新，進而產生出可以投入股市的資本盈餘。另外，我們也能看到市場上的正回饋現象。根據詩人艾倫・希爾的記載，菲普斯歸國後，全國展現出「凌駕於判斷力之上追名逐利的整體偏見」。在那之後，上漲的股價吸引了所有社會階層的新投資者，就如《守衛英格蘭》作者的觀察：

溫和與簡樸、明智與不明智，各種特質的人們都受到吸引及傷害；還真有一些地位崇高、家世顯赫之人落入，他們希望能以此方法獲取大量財富，因而被誘惑……

公司發起人藉著投資者這份「亢奮」來為新事業籌資，其中許多新公司據稱是以新科技為基礎，但實際上不過是一場騙局，唯一目的是讓發起人與股票操作者得利。經營者還將股票贈予大人物，提升公司的聲譽。從股價操縱與對立法機關的賄賂行為可以

28　麥考利將1690年代的繁榮經濟，和1720年、1825年與1845年的投機狂熱做比較。在每一段狂熱時期，「不耐煩的致富欲望、對勤奮工作及緩慢但穩定的收益的嫌惡、對耐性與節儉的嫌惡，會擴散至全社會」。

看出，當時有明顯的貪汙腐敗現象。金融詐欺與投機發展出密不可分的關係，許多人幾乎說不出兩者之間的差別。1690 年代的狂熱，和後來多次股市狂熱（包括 1990 年代）一樣，以一系列迷你泡沫的形式發生，最開始是潛水計畫，最後是銀行業。投機者利用衍生性金融商品（股票選擇權與期貨）和紙通貨哄抬股價，使價格遠遠超出股票的內在價值。後來人們樂觀的期望破滅，可疑的企業一個個倒閉，熱潮也就逐漸消退，股價崩盤等因素造就了嚴重的經濟危機。

我們一般只會從經濟學角度檢視金德伯格提出的投機狂熱模型，但其實社會與政治態度也同樣重要，同樣會影響狂熱的進程。根據金融記者亞歷山大・諾耶斯（Alexander Dana Noyes）的論述，美國 20 世紀初的股市狂熱「不僅是金融事件，還是社會與心理現象」。這句話同樣適用於其他的投機亢奮時期。我們可以幫經濟學的投機模型補上兩項條件：一是**社會**，二是**政治**。第一個條件是，利己主義必須是主要經濟動機，因為當社會上存在其他優先顧慮的重點時，比較不容易興起狂熱。1690 年代的公司計畫者、股票經紀人（笛福指控他們「貪得無厭」）與其他有錢人，就是受「利益精神」指引。匿名作者在《守衛英格蘭》中提出，突然爆發的投機狂潮是英格蘭民族性格造成的，這個民族：

　　瘋狂追求新發明、一時興起的想法與計畫；而我親愛的同胞性情中摻有不安分的因子，他們相當激烈，會積極從事他們的計

畫，一段時間後若未成功，就會放棄，並拋下任何成功的希望。

　　同樣的投機性情也出現在過去的荷蘭共和國，日後也會出現在美國，可見特別有事業心與冒險精神的國族，容易傾向投機行為。

　　第二個造就投機狂熱的條件是政治，也就是投機不受政府干預。我們回顧1690年代的經濟理念，可以找到自由市場思想的初步構思，這不僅和後來亞當·斯密的作品有相同之處，更是亞當·斯密的靈感來源。威廉三世雖然不認同這種新潮的自由派思想，但他欠擁護自由派思想的有錢人群體一份人情。無論如何，對法戰爭消耗了政府大部分精力，政府沒能扮演經濟調節者的傳統角色。當時一位經濟史學家描述道，英國官方遵從「無秩序政體的負面放任主義政策」。政府沒有管制或監督新興的股市，甚至刺激了彩券「熱潮」，這都是造就與助長1690年代股市大漲的關鍵因素。另外，國會議員貪贓枉法也是促成經濟繁榮的次要因素之一，議員們希望從股市得到私利，而沒有反對市場的無節制發展。

　　我們之後會看到，放任主義與政治腐敗也是後續狂熱事件中常見的元素——其中最值得一提的就是日本1980年代的「泡沫經濟」。景氣時期結束後，緊接著是經濟危機，政治局勢也會跟著改變。從股票經紀人與公司發起人自私自利且缺乏遠見的行為可以看出，利己主義在經濟領域扮演的角色有某種限制，於是放任主義被種種對於貿易與股市的管制取而代之。其他投機狂熱也和1690年代一樣，結束後引起一波對「貪婪」的反感，大眾這種心態或許可以說是雙重標準吧。1696年經濟危機過後，股票經紀人在整體社會上成了貪欲的象徵，就像1930年代被人唾棄的「金主」

（moneylender，美國羅斯福總統的說法）一樣。

　　我們可以輕易觀察到1690年代投機狂熱和後續類似事件的共同特性，卻無法簡單說明投機狂熱的規律為什麼出現得這麼早、為什麼過了數百年還幾乎沒有改變。金德伯格雖然提出了頗有說服力的模型，描述投機狂熱「堅強的反覆性」，卻沒有試圖解釋投機行為從最早出現至今，為什麼只發生了少少變化。人們雖然大肆鼓吹20世紀晚期金融系統的精密性，可是實際上，我們在金融領域的認知並沒有比前人多多少。

　　早在17世紀的阿姆斯特丹與倫敦，就有人用衍生性金融商品做風險管理與投機了，當時人們對於現金流「折現法」與現值等價值觀念也相當進步。他們透過賭博與機率理論了解到，在特定情況下，風險報酬比是可以計算出來的。笛福勸人別買價格高過內在價值的股票，斯蒂爾爵士則提出了逆勢投資策略，要人壓抑希望與恐懼的情緒。我們結合笛福與斯蒂爾的建議，基本上就可得出20世紀「證券分析之父」葛拉漢的「價值投資」策略了。既然三百年來投資者的觀念與行為都沒有顯著改變，那投機觀念與行為自然也會保有過去的特質。現代投資者就和過去計畫時代的潛水引擎「傻子」一樣，容易被推出新科技的公司刺激得進入狂熱狀態。根據金融記者與史學家格蘭特的說法，「科學與工程的進步可以層層累積，金融的進步卻是一種循環」。

　　常有人說投機永遠不會改變，因為人性永恆不變。「貪欲——對利益的欲望，是全人類共同的熱情，它隨時隨地對所有人作用著。」哲學家、經濟學家與歷史學家大衛‧休謨（David Hume）在18世紀寫道。我們可以在此補充，全人類的共同點另外包括：失

去事物的恐懼、對鄰人的模仿、群眾的天真,以及賭博心理。早期股市和後來的市場一樣,受希望與恐懼驅動,這些情緒都會在投機亢奮時刻解放出來,順著阻力最小的路徑行進,不顧歷史背景地將每一次狂熱塑造成共同的型態。這就是為什麼大型投機事件似乎會一再重演,也是為什麼我們看見1690年代人們的經歷,會感到如此熟悉。

第 **3** 章

南海泡沫——
1720 年英國破碎的計畫

人性當中必然存在源源不絕的愚笨基金，否則人們不會千度落入相同的陷阱；他們雖記得過往的不幸，卻仍然追尋與鼓勵不幸的根源，而再次重蹈覆轍。

——《加圖來信》（*Cato's Letters*）

「全歐洲以及這些王國，都將在英國武力與勸說的影響下得到解脫……我慎重預期此次國會會議，必須齊心建立長久穩固的基礎，促進全歐洲的和平，以及這些王國的光榮與貿易。我認為所有人都能看見我們辛勤努力的成果：我只期許各位成為強盛且繁榮的子民。」1719年11月23日英國國會開幕時的御座致詞如此寫道。國王會這麼樂觀也是情有可原，「老僭王」（Old Pretender）詹姆士二世之子入侵的軍隊不久前在蘇格蘭高地的格倫希爾（Glenshiel）被擊潰，舊保守黨領導人物被流放到了巴黎，英王喬治一世（George I）和他的輝格黨手下終於能夠想像嶄新的未來，一個無人能挑戰他們權勢的未來。漢諾威王朝（Hanoverian dynasty）在1714年入主不列顛，在那之後英法恢復和平，富人群體對時局十分滿意，又開始積極投入貿易了。當時利率低，國王期待人民「強盛且繁榮」似乎也不是空談。只有《魯賓遜漂流記》（1719年出版）的作者沒這麼樂觀，笛福在《交易巷解剖學》中警告大眾小心「遍地的苦難，所有病恙都會被災厄般的瘟疫吞噬，使得敵人化為朋友，小小的不滿被大洪水淹沒」。但笛福不過是個債務纏身、身無分文的傢伙，他的幾句牢騷怎麼可能比法庭、國會與倫敦市來得有智慧呢？

　　不到一年過後，笛福的讖語成真了。一場災厄深深撼動了整個王國，大眾認為這就是笛福在書中提到的大苦難。不久前還充盈全國的繁榮與富庶消失了，取而代之的是破產與自殺事件。政府陷入混亂，國會一片狼藉，嗜血、暴亂的群眾聚集在西敏對官員冷嘲熱諷，新王朝受到了震撼。一位國會議員表示，老僭王如果選擇在此時此刻入侵，想必能一帆風順地入主西敏。英國歷史

上雖然頻頻發生內戰與篡權，卻從未見過如此戲劇化的政治與商業革命。所有人都知道這場**大動盪**的原因，這是耳熟能詳的兩個字，也是淹沒了整個國家的滔天巨浪：**南海**。

這場泡沫的開端

1690 年代以降，金融革命就順勢發展了下去，帶來許多重要的革新。1710 年代，第一家保險公司「陽火」（Sun Fire）成功籌資後，市場又出現了一陣短暫的景氣。一年後，南海公司成立了，它接下 1,000 萬英鎊的政府債務，「轉換」成了自己的股份。作為回報，政府每年支付利息給南海公司，並授權公司壟斷和南美洲西班牙殖民地的貿易。沒過幾年，公司又獲得了在南美洲販賣奴隸的獨家授權。南海公司的貿易活動雖然一直處於赤字狀態，作為金融機構它卻相當成功。1719 年年初，它以年金形式進一步接下了 170 萬英鎊的政府債務，又將這筆債轉換為南海公司的股票。[1]

1690 年代中期的經濟危機過後，利己主義一直飽受批評，而到了此時，人們開始重拾利己思想了。在這方面，曼德維爾在《蜜

---

[1]　年金共須支付 24 年，政府每年為支付年金花費 13 萬 5,000 英鎊。根據協議，年金可以轉換為 11.5 年收益的資本（換句話說，用南海公司股票換取年金時，股票的票面價值會等同領年金者年度收入的 11.5 倍），其中由政府支付 5%。由於南海公司股份的票面價值超過 100 英鎊，領年金者將年金轉換成股票就會有資本利得。公司另外同意借政府 52 萬英鎊現金，公司籌款的方式，是以 114 英鎊的價格在市場上售出股份。南海公司以這種方式籌到了 59 萬 2,800 英鎊，公司「賺到」了超過 7 萬 6,000 英鎊。公司與領年金者能夠成功獲利，全仰賴南海公司股份以超過面值（par value）（100 英鎊）的價格進行買賣。

蜂的寓言》中提出了著名的論述：貪欲、浪費、傲慢與奢侈這些
個人的罪孽，會對大眾產生效益。[2]即使到了這個時期，交易巷各家
咖啡館還是貪欲最為濃厚的所在。劇作家與皇家廚師之妻——蘇
珊娜・森特利維（Susannah Centlivre），在1718年《追妻大膽行》（*A
Bold Stroke for a Wife*）這部戲劇中，將交易巷描繪成「牛」與「熊」
互相爭鬥、經紀人「敲詐」客戶、人們刻意傳播不實消息的所在。
在這之前幾年，1714年1月，坊間傳出「安妮女王（Queen Anne）
已死」的傳聞，導致股價下滑（但幾個月過後，女王實際去世時，
市場反而沒發生大動盪）。

　　1719年是整體繁榮且充滿信心的一年。[3]在法國，當代大金融
家——蘇格蘭人約翰・羅，正在完善他的「系統」，他的密西西比
公司控制了法屬路易斯安那（包括美國大半領土）、法國東印度公
司與中國公司、菸草專賣、薄荷、稅款承包商、國家銀行（王家銀
行〔La Banque Royale〕）。在1719年8月，密西西比公司還接下了
法國政府15億里弗爾的債務。「系統」另外包括用紙貨幣替代黃金
的業務，整體而言，是俄國革命（Russian Revolution）以前影響最
深遠的一場經濟實驗。羅是愛丁堡金匠的兒子，在他的認知中，
金錢並不是儲存內在價值的物品，而是交易媒介。他有著創新且
廣泛的金錢觀，紙貨幣、債券、折讓單與**公司股票**等等都被他當
作了金錢。羅的銀行效法1690年代的達連公司，發行越來越多紙

2　第一次出版時，這段飽含挪揄與褻瀆意味的言論並沒有引起太大的反應，但《蜜蜂的
　　寓言》在1723年（南海泡沫事件過後）再版時引起了公憤。

3　在南海泡沫事件前夕，迪克森（P. G. M. Dickson）在《金融革命》（*Financial Revolution*）
　　中寫道，英國「比過去所有時代大膽且自信得多」。

幣，以便放貸讓人購入股票。隨著密西西比公司股票價值上升，印製的紙鈔也多了起來，造成通貨膨脹的循環，使得系統推出時價格才 500 里弗爾的股票，在 1719 年年底漲到了超過 2 萬里弗爾。[4]羅這番策畫的結果是，法國爆發了前所未見的投機風潮，人們突然爆富，開始有人使用「百萬富翁」一詞。來自歐洲各個角落的投資者紛紛聚集到位於崗康帕街（rue Quincampoix）的巴黎股市；日內瓦居民透過密西西比公司賺得一筆錢後，房價開始上漲；幾間新的保險公司開始在漢堡籌資；奧地利有人提出成立東方貿易公司的計畫。歐洲進入史上第一段國際牛市時期。

　　到了秋季，投機狂熱已經擴散到倫敦，新公司如雨後春筍般出現在交易巷。隨著投機資金從倫敦流往巴黎，輝格派政府開始為羅成功的事業感到苦惱，政府擔心這會使法國成為歐陸最強盛的國家，最終導向英法戰爭。他們不能對此放任不管。法國最大公司的名稱取自密西西比河，那又如何？英國可是有一間以海洋為名的公司，政府打算讓南海公司成為英國自己的密西西比公司。

▎成為英國的密西西比公司

　　和法國的密西西比公司相比，南海計畫其實規模不大。南海公司董事提議接管不列顛國債——債務「私有化」，將多個年金組

4　羅的敗筆在於，他混淆了股票與金錢。股價上漲導致銀行印製更多紙鈔，人們接著又用這些紙幣買更多股票，所以隨之而來的是理論上完全不受限的資產膨脹。1980 年代日本的「泡沫經濟」也存在相同的循環，資產價格上漲使得日本各家銀行的資本增加，銀行得以提供更多貸款（請見本書第 9 章）。這兩個案例的一大重點是，在信用創造仰賴資產價值的現代金融系統中，必然會存在這種循環。

成的國債轉變為南海公司自己的股份，而政府會支付債款的利息給公司。這項計畫稱不上新穎，以前就有幾間公司做過類似的事情，只不過這回的計畫規模龐大，根據政府的估計，這些年金的價值超過3,000萬英鎊。

南海公司不能誘騙政府年金持有者，把資產轉變成南海公司的股票，所以必須對他們提出有吸引力的新方案——南海公司的股票已經在溢價交易，如果能再膨脹股票價值，就能對領年金者開出好價錢了。公司獲准發行面值3,150萬英鎊的股票（既然股票的票面價值是100英鎊，就表示公司最多會發行31萬5,000股的新股）。公司被授權發行這麼多股票，不過並不是所有股份都會用來做年金轉換，所以未參與轉換的股份可以在市場上售出，賺來的錢則用來支付750萬英鎊費用給政府——這是公司獲得接下政府債務這份殊榮的謝禮。如果那之後還有剩餘收益，就可以視為公司的「利潤」。[5] 如此說來，這項計畫若要成功，公司就必須在年金轉換之前，先讓南海公司股票的價值膨脹起來，以便用較少的股份換取較多的年金。

看到這項複雜的計畫，不僅現代讀者覺得一頭霧水，當時人

5　依照現代會計標準，當公司發行售價高於票面價值的新股時，資本盈餘應存入不可擅動的「股本溢價帳戶」（share premium account，換言之，這筆錢被視為公司不可分配的資本儲備）。但18世紀早期和現代的作法截然不同：新股份的市場溢價被視為公司增加的「利潤」，可以分配給股東。密西西比泡沫與南海泡沫之所以破滅，和這個基本會計觀念的錯誤脫不了關係。

們也是莫名其妙。如果要說明計畫的安排，我們可以假設南海公司的股價在幾個不同的價位，藉此說明年金轉換的作法。南海公司股票的票面價值是 100 英鎊，現在假設股價正好等於 100 英鎊，且所有領年金者都接受了轉換方案，那麼南海公司就會創造出 31 萬 5,000 股新股。領年金者的收入會減少（因為在和南海公司談成的協議中，其中一個條件是政府會減少為債務支付的利息，總共減少 50 萬英鎊），而至少這些人將持有可流通的證券，且證券會產生 5%的獲利。但是在這種情況下，公司就不會有任何資本盈餘，拿不出給政府的 750 萬英鎊禮金，也不會有任何剩餘的股份可賣，無法以售出股份的方式獲利了。那現在，假設股價是 200 英鎊，而且所有領年金者都願意把年金轉換成股份。這麼一來，公司只需要拿一半的授權股份來做年金轉換，剩下都能在市場上售出，賺得 3,100 萬英鎊。這 3,100 萬英鎊扣除給政府的費用後，剩下一大筆現金盈餘都能分配給公司的股東了。這項計畫的原則其實很簡單：**股價越高，公司就賺得越多**。

　　至於公司實際上做了什麼，那就複雜許多了。南海公司對領年金者開出了轉換條件，說好用多少價值的股份換多少價值的年金，接著公司抬高股價，提議拿市值高於原始轉換條件的股份換取年金（但領年金者收到的股份，票面價值其實比原始轉換條件中的價值來得低）。這時候，領年金者如果接受轉換，就能快速得到資本收益。我們很難記住南海計畫的所有細節，為了方便起見，我們幫讀者整理出兩條重點：（一）南海股價越**高**，用來轉換年金的股份就越**少**，公司與政府分得的利潤就越**多**。（二）南海股價越**高**，領年金者用年金換取股份後，領到的股份市值就越**高**。如此

一來，無論是領年金者、政府、現有股東或潛在股東，所有人都希望股價膨脹了。

　　財政大臣約翰・艾斯拉比爵士（Sir John Aislabie）在1720年1月21日對國會說明這項計畫後，南海公司股價立刻開始上漲，那年年初的股價還在128英鎊，到2月中已經漲到了187英鎊。笛福在《霧日報》（*Mist's Journal*）中記錄道，全城的人都擠進了交易巷，南海公司還真的成了「英國自己的密西西比公司」。「這最終會跌到何處呢？」他懷著一如往常的先見之明，如此發問道。「如果公司為此次購買（年金）而創造新股份，股份可以用內在價值的兩倍價出售，那麼當價格降低時它會跌到何處呢？當過去用200英鎊買入的股份只能以票面價值出手又會如何呢？」在南海公司從國會那裡得到轉換年金的許可**之前**，在公司對領年金者宣布轉換條件**之前**，大眾就已經開始積極購買南海公司的股票了。

　　詩人亞歷山大・波普（Alexander Pope）在2月21日寄了封信給他的股票經紀人詹姆斯・埃克索（James Eckersall），我們可以在信中清楚看見南海投機者無憂無慮的心態：

　　我天天聽人說起股票如此這般計畫的種種好處，因而有了兩倍的熱忱，希望我們都能發財。我告訴你，我對自己擁有的馬車與六匹馬的在乎，不會勝過我之後看見埃克索太太坐上馬車的喜悅。開始說正事吧，希望你已經售出彩券訂單，如此一來我們就不會因為手頭沒錢而無法買入股票了，之前那真是太過不幸。我聽聞南海公司在那之後跌了，我們如果能加入就太好了；我另外耳聞，認購新非洲股票可以賺到不少，希望我們能做到些什麼，

由你來判斷最划算的買賣、我適合哪檔股票，照你喜歡的方式去做吧。只要命運眷顧我們，全世界必然會對我們的精明欽慕不已。倘若我們失敗了，那就別將這場災難說出去；但（在這希望與黃金山的時代）不冒險就太可恥了。我對尊夫人與你獻上祝福，你最感激且謙卑的僕人波普敬上。[6]

　　一個月後，當南海股價飆破 300 英鎊時，下議院針對年金轉換股份的條件進行了一場辯論。包括沃波爾爵士、斯蒂爾爵士與阿奇博‧哈奇森（Archebald Hutcheson）在內，幾個議員主張在轉換條件中，應該固定南海公司股票的價值。內閣反對了他們的提案，原因並沒有對外公開。其實，許多政府與法庭成員──包括財政大臣艾斯拉比、郵政大臣克拉格斯、財政部祕書斯坦厄普（Charles Stanhope）、國王的德國情婦們，都暗中收了南海公司董事贈送的股份。這些股份以稍高於主流市價的價格發行，且不需要任何保證金。由於這些股份並不真的存在，南海董事對官員的賄賂，其實類似現代的高階主管股票選擇權方案：如果股價上漲，選擇權持有者可以用股份兌取現金，得到利潤。在收到虛構的股份或選擇權後，這些大人物就有動機確保南海股價上漲，甚至為了讓股價上漲而對國家造成傷害也在所不惜了。貪得無厭的艾斯拉比除了收賄以外，自己也在市場上買了南海公司的股票，於是他大力反對沃波爾等人的意見。1720 年 3 月 23 日，政府的意志壓過了沃波爾等人的異議，南海公司得以自由設定年金轉換股份的條件。

6　譯註：表示尊敬的信末署名。

　　國會對於轉換條件的辯論，揭露了一個問題：包括政府、公司、領年金者與既存股東在內，所有人似乎都因南海股價持續上漲而得利。南海計畫的循環特性，讓人難以理性計算股份的合理價值。一些人認為股價漲得越高，實際價值也就越高，這也是一名通訊記者4月9日在《飛翔郵報》（*Flying Post*）中發表的意見，記者聲稱「給南海股票的價格越高，購買者得到的好處越多；在300英鎊時它的內在價值是480鎊，而在600鎊時它價值880鎊。」對金融頗有想法的哈奇森見到這看似有理實則荒謬的計算方法，感到怒不可遏，於是著手出版一系列反南海冊子。

　　哈奇森堅稱，以較高價格買入剩餘南海股票的人，一定是「被剝奪了所有常識與知識」，因為他們這是將錢白白送給了原始股東與領年金者。他寫道，「從世界初始到1720年4月9日，首次有人試圖對不列顛國民加諸這般妄想……根據這計算方式，沒有以過高價格買入這回事，因為收益會隨著他給出的價格等比例成長。」哈奇森清楚看見了南海計畫的真相，除了蒙騙領年金者，讓他們將證券轉換成較少股份以外，南海公司還得蒙騙金錢認股的購買者（從南海公司手裡買下剩餘股份的人）。他提醒讀者，國會只會支付5％的利息，且南海公司的貿易展望並不佳。最後，哈奇森總結道：「可以肯定，損失最終必定會有著落。」斯蒂爾爵士在他的《劇院》期刊（*The Theatre*）中提出類似的論點，他警告道：「倘若此事業不以貿易為基礎，沒有可見的獲益方式，沒有考慮到偶然事件，那它必然會有所損失；它不過是外強中乾的碩大幻影。」[7]

7　斯蒂爾在3月19日寫道，他雖然不了解這些數值，「但我對數字已經有這樣的認識，它

▌南海計畫的內部操作

至於南海公司內部，可沒有人為這些事情操心。公司受約翰・布倫特（John Blunt）為首的小集團控制，公司出納員羅伯特・奈特（Robert Knight）則是他們的得力助手。布倫特是南海公司的創始董事之一，也是年金轉換計畫背後的主要推力。布倫特是鞋匠的兒子，信仰基督教浸信宗，職業是代書；他是個非常不討喜的人，在後來出版的南海泡沫事件史書中，他被描述為「魁梧而專橫，油嘴滑舌，工於心計且想方設法要出人頭地」。有人匿名出版了一份標題為〈南海計畫密史〉（*The Secret History of the South-Sea Scheme*）的傳單，以圈內人的身分揭露布倫特在1720年的活動。[8]根據匿名作者的敘述，布倫特的首要目標如下：

他重複了千次的格言是：不擇手段推進股價，是使公司獲益的唯一方法。[9]

─────────

們是密碼與數值組成的；沒有比這項計畫更需要評判數值的事物了，而泡沫不過是為詐欺者賺得大量錢財用的密碼」。根據斯蒂爾的估計，南海公司股份的內在價值大約是140英鎊，哈奇森則堅稱南海股票的轉換估值應該是150英鎊。

8　〈南海計畫密史〉最早收錄在《杜蘭先生收藏錄：包含他的人生回憶錄與著作》（*A Collection of Several Pieces of Mr. Toland: With Some Memoirs of His Life and Writing*），和約翰・杜蘭（John Toland）其他一些稿件一同被發現。傳單作者可能是杜蘭的友人西奧多・詹森爵士（Sir Theodore Jannsen），不屬於布倫特小集團的南海公司董事之一。詹森在1720年協助杜蘭認購股票，後來在杜蘭病危時提供幫助。南海計畫崩潰後，杜蘭在信中對詹森寫道：「自從國會接管這件事，我就對你百般催促，希望你盡早證明自己的清白，我相信你沒有犯罪，不過是不夠謹慎罷了。」《南海計畫密史》的作者也坦承，不習慣「在帳房外」寫書。

9　布倫特在4月21日對普通法院表示：「公司的利潤……主要仰賴買賣當下的股價。」

　　為了達成目標，他考慮了千百種方法。公司最初打算在轉換年金後，售出任何「剩餘」股份；然而布倫特決定先吸引利潤再說。《南海法案》（*South Sea Bill*）在1720年4月7日獲得御准（Royal Assent）後，布倫特立刻開放大眾認購南海股份——這是公司那年四次「金錢認股」中的第一次。4月14日，公司開放大眾購買共200萬英鎊的南海公司股票，每股賣300英鎊（售價是票面價值的3倍）。大眾反應熱絡，認股在一小時內銷售一空。公司還沒將年金轉換成股份，就推出了金錢認股——你如果想計算股票的內在價值，一定會感到莫名其妙，因為在轉換之前沒有人知道轉換所帶來的利潤是多少。這是布倫特故意為之，根據〈南海計畫密史〉，布倫特的第二格言是：

　　越混亂越好；不能讓人意識到他們在做什麼，如此一來，他們會更加積極進入我們的圈套；執行計畫是我們的生意；全歐洲都正注視著我們。

　　為了提升金錢認股的吸引力，布倫特故意模仿羅發行密西西比公司股份時的方法，對認購者開出容易達成的條件。認購者只需支付20%保證金，剩下則在接下來16個月內分8期繳清。南海公司另外效法羅，開始讓人抵押南海公司股份的保證金，然後借款給股東。[10]政府為公司提供的100萬英鎊借款被拿去貸款，公司還

10　公司為每股提供250英鎊貸款，每位股東最多可借貸5,000英鎊（事實上公司無視了貸款限額）。

另外將售出股份賺得的錢貸款給股東──錢剛從一道門進來，就馬上從另一道門出去了。結果就是人們對股票的需求增加（使用信貸後，投機者又能購買更多股份了），市場上股票的供給又減少（被抵押的股份由公司持有），因此股價哄抬得更高了。布倫特另外延後將南海股份交付給接受轉換條件的領年金者，使得股票供給減少的狀況更加嚴重。南海公司再次發行了要價300英鎊的股份，接著在4月30日宣布將股息調漲到10%。貪贓枉法的布倫特想必早就預期股息會調漲了，我們可以從紀錄中看出，他早在1月就買了仲夏股息股票的買入選擇權。

　　1720年4月28日，南海公司為頭等領年金者開列帳目（這一批人又稱為「不可贖回者」，irredeemables），這些是公司還未提供確切轉換條件時，就爭先恐後認購股票的領年金者。那年7月，認股擴大開放給其他持有政府債權的人（他們稱為「可贖回者」，redeemables），這次公司仍舊沒有說明轉換條件。[11] 最終，80%的不可贖回者與85%的可贖回者接受了轉換。盲目投入南海計畫的政府債權持有者，包括英格蘭銀行與百萬銀行（Million Bank，持有一些政府與公司證券的組織，經營模式類似現代的投資信託）等專業機構。南海公司最初提議接下價值3,100萬英鎊的政府年金，最後有2,600萬英鎊的年金交給了南海公司，轉換成票面價值僅850萬英鎊的股票。[12] 如此一來，公司還剩餘17萬5,000股可以賣給

11　根據迪克森教授的說法，領年金者「帶著格拉森鎮驅魔事件中豬群（譯註：傳說中耶穌展現的神跡，耶穌將附身人類的魔鬼驅趕到豬群中，迫使豬群跳下山崖、溺死在海中。）那般盲目的熱忱」，接受了公司的年金轉換方案。

12　政府當初提出的長期年金方案是20年，南海公司則提出了32年的方案，但其中超過一

大眾。

▍別成為跑最後的一個

　　雖然有不少人受南海股票的漲勢吸引，還是有人抱持懷疑心態。蓋伊是奇薔的文具商，之前以極低價買入水手票（sailor's tickets，海軍發行的折讓單，水手薪資的替代品）致富，而在1720年4月22日，南海公司宣布要開放抵押股票借貸的隔天，蓋伊就開始售出他持有的南海股票。他在接下來六周內，以23萬4,000英鎊的價格，售出票面價值共5萬4,000英鎊的股份（他在日後為自己貪婪的一生懺悔，將一部分收益捐給了倫敦一間醫院，命名為蓋伊醫院）。大約在同一時期，鑄幣局局長牛頓爵士也開始售出自己持有的7,000英鎊南海股份（別人問起市場走向時，據說他的回答是：「我可以計算天體的運行，卻無法計算人類的瘋狂。」）。銀行家與經濟學家理察·坎蒂隆（Richard Cantillon）看清了事態，他知道這個泡沫不可能永遠維持下去。他在1720年4月29日寫信給客戶瑪莉·赫伯特女爵（Lady Mary Herbert），在信中預測股票的高價格可以維持「一段時間，也許可以維持幾年……但留到最後的人將會面對憂鬱的後果」。

　　曾在南海公司當出納員的亞當·安德森（Adam Anderson）後

半的金額是以股票（估價375英鎊）形式交付，剩餘金額則是以現金與債券形式交付。只有當股價維持在146.5英鎊以上時，領年金者才能夠獲利。南海公司給短期年金持有者的方案就更差了，只有在南海公司股價到237.5英鎊時，這些人才能達到不賺不賠的狀態。

來表示，許多人明知南海公司的長期展望不佳，卻還是購入股份與其他促銷品，這是因為他們打算「在擁擠的巷子裡，將這些甩給比自己更好騙的人」。1720 年 5 月，都柏林大主教（Archbishop of Dublin）威廉·金恩（William King）也得出了結論：「大部分加入（南海）事業的人都明白它不會（成功），但他們希望在價格下跌前脫手。」一位匿名小冊作家說明了投資者所面對的局勢：

　　這檔股票超過真正資本的額外上漲，不過是虛妄；無論以任何通俗的數理規則來看，一加一永遠不可能等於三又二分之一；因此這所有虛構的價值必然出自某人的損失——也許是第一人，也許是最後一人。唯一避免自身損失的方法，就是及時售出，讓跑在最後的人落入魔鬼之手。

　　在南海之年，你不會看到投資者在理性預期的引導下，冷靜地計算出最佳策略。就如諷刺作家愛德華·瓦德（Edward Ward）在〈南海之歌〉（*A South Sea Ballad*）中所說：

　　少數人遵循理性的原則，
　　在南海中飽食一頓，
　　唯有不成熟與愚昧之人，
　　成為他們的盤中飧。

光是南海公司膨脹的股價，還不足以代表當時投資者的不理

性心態。南海計畫是在那年1月宣布執行，而在那之前也有幾間新興股份有限公司成立，這些企業稱為「泡沫公司」（bubble companies），到了夏季它們出現得越來越頻繁了。[13]它們的籌資方式很簡單：報上會出現一份公告，推廣這間新公司，並開放在倫敦市某一間咖啡館讓民眾認股。這些公司的業務五花八門，有些提供金融服務，例如馬修・韋斯特（Matthew West）的「買賣南海股票與其他所有上市股票的公司」；也有些做海外殖民工作，例如威比船長（Captain Welbe）的「倫敦冒險家在未知南方大陸貿易與殖民的公司」——後者可是貨真價實的投機事業，因為它成立過後半個多世紀，庫克船長（Captain Cook）才會發現澳洲大陸。[14]有幾間公司以新科技作為基礎，其中包括「帕克爾的機械槍」（Puckle's Machine Gun）與斯蒂爾爵士的魚池公司——魚池公司持有船隻的專利，可以將活魚運入倫敦市場。[15]

泡沫公司在股市上表現不錯，為首的兩間保險泡沫公司——皇家交易所與倫敦保險公司（London Assurance）——巔峰時期股價分別是實收資本的25倍與64倍。斯蒂爾的魚池公司一路漲到了160英鎊，這時甚至還沒有任何人提出購買股份的要求。全球許可

13　新「泡沫」公司的創立頻率如下：3間在1月成立、23間在2月成立、27間在4月成立、19間在5月成立，而6月則有足足87間新公司成立。

14　安德森將新泡沫公司分成以下幾類：保險（10間）、漁業（12間）、鹽業（4間）、土地與建築開發（15間）、油菜、罌粟與向日葵油（6間）、礦業與金屬業（15間），以及超過80間「雜類」。

15　斯蒂爾在1718年6月10日獲得了一份專利，內容是「造船的新方式或方法……可運輸與保存（在偏遠處捕獲的）活魚，使魚保持如在海中的健康與鮮活狀態……」可惜海上風暴使得池中活魚互相碰撞與死亡，魚池計畫以失敗告終。

公司（Globe Permits）開放大眾認購未來帆布計畫的股份，結果公司都還未正式成立，認購權就已經以70英鎊的價格售出了。不只是新公司欣欣向榮，老公司的股份也在牛市上水漲船高：東印度公司股價從100英鎊高漲到445英鎊，皇家非洲公司股價從23英鎊漲到200英鎊，百萬銀行股價則從100英鎊漲到了440英鎊。倫敦股市的總資本額不斷提升，1720年夏季漲到了5億英鎊的高峰，大約是1695年總資本額的100倍。

　　「我們觀察到，」1720年5月7日的《每周包裹》（*The Weekly Packet*）寫道，「這些計畫當中不乏荒謬與怪誕者，實在不知最令人驚奇的是提案者的厚臉皮，還是認購者的愚昧；不過我們雖認為任何人只要有半隻眼，都能看出這是場騙局，仍有許多易上當之人進了漁網。」有幾間泡沫公司的目的相當離奇：其中一間提出要清空全英格蘭所有「必須屋」（廁所），用以存放硝石；還有一間公司承諾為全國各地民眾提供喪禮服務。這些計畫荒謬無比，投資者也天真無比，結果一些傳奇公司的故事就此誕生，還被收錄在了史書中。《泡沫者之鏡》（*The Bubbler's Mirror*）傳單以金融煉金術與投資者的不理性為題材，同時列出幾間真實存在的公司與一些天馬行空的計畫，後者包括從鉛萃取銀、使水銀變質、建造引擎將南海府（South Sea House）搬到摩菲兒（Moorfields，也就是一般稱為「Bedlam」的精神病院），以及為大腦打氣的氣泵。[16]

16　史考特（W. R. Scott）並沒有試圖區分真實存在的泡沫公司與諷刺性的傳奇公司，在他《股份公司》（*Stock Companies*）的紀錄中，一間公司的目的是「從鉛與其他礦石提煉金和銀」，還有一間公司欲「將水銀的液態汞變質為可塑的固體⋯⋯根據公平的計算，每位認購者可得800%的報酬率」。

　　其他可能只存在傳奇故事之中的計畫，包括「更有效治癒性病」「人類毛髮交易」與「永動輪，輪子因自身重量之力而移動」的公司。傳奇泡沫公司當中，最知名的是「從事無人知曉之大利益事業」的公司。[17]泡沫傳奇的諷刺對象包括腐敗的計畫者、金融煉金術，以及投資者的天真、不理性，甚至是瘋狂，以嘉年華諷刺的風格揭露了事實：當時許多人對投機計畫懷有深深的擔憂。泡沫破滅後，這些故事加入了早先鬱金香傳奇的行列，成了對後世投機者的警世故事。

　　近年，一位南海泡沫史學家從同情泡沫公司的角度出發，將這些公司詮釋為走在時代尖端、試圖實現物質與科技進步的願景。且不論這些事情的好壞，後來還真有人完成了機關槍的設計，也還真有人發現了澳洲大陸。確實，斯蒂爾的魚池等特定泡沫公司雖然有瑕疵，卻是貨真價實的提案，不過大多數泡沫公司都僅是藉由投機狂熱獲利的騙局，創辦人八成不打算創建真正的事業。1720年成立的190間泡沫公司當中，只有4間公司存活了下來，其中2間是保險公司——皇家交易所與倫敦保險公司，它們在日後發展得相當興旺。大多數泡沫公司計畫者都在利用他人的天真與憤世嫉俗，誘使這些人買入公司股票。投機者購入泡沫公司的股票

17　這間傳奇公司可能和1720年1月初記錄在《霧日報》中的諷刺計畫相關。馬爾科姆（J. P. Malcolm）在《十八世紀倫敦的風土人情軼事》（*Anecdotes of the Manners and Customs of London during the Eighteenth Century*）也記錄了類似的計畫：「共同合伙從事對相關者有利之事務」的公司。約翰・卡斯維爾（John Carswell）引用了1720年5月21日《每日郵報》一篇廣告：「計畫籌資600萬英鎊從事……超越目前為止任何事業，造就更多整體利益與更多特定利益……之設計。」格蘭特指出，這間公司也許可視為第一個投機「盲池」（blind pool）。

時，並不是懷著長期投資的想法，而是打算將股票轉賣給比自己更蠢的人。然而，這些投機者很快就會發現，市場上沒有比自己更蠢的人了。

▌失控的野心摧毀了計畫

　　1720 年 6 月 15 日，南海公司推出第三波金錢認股，發行的股份數量沒有上限。財政部祕書斯坦厄普那年稍早收了布倫特贈送的股份選擇權，而他在第三波認股開始的前三天暗中將手中的股份兌現，賺得了 24 萬 9,000 英鎊（這筆巨款直接從南海公司的資金支出，完全是對公司股東的一場詐欺）。同樣在這一天，財政大臣艾斯拉比勸喬治一世售出南海股票，但國王不顧他的勸說，只售出幾股，並將這筆現金用來參與第三波認股，認購更多股份。

　　國民自然是跟隨國王的腳步參與認股，即使這次新發行股票的價格是 1,000 英鎊，比時下 750 英鎊的市場價格貴了三分之一，價值 5,000 萬英鎊的南海股票還是在短短幾小時內被認購一空。認購者受簡單的付款計畫吸引，他們只需支付 10% 保證金，一年後再繳下一期款項，剩下則在四年內慢慢繳清即可。人們可以抵押股票保證金向公司貸款，而保證金又會立刻被借貸出去，南海公司在一天內就放給了股東 300 萬英鎊貸款。到了 8 月 24 日第四波金錢認股時，南海公司已經發行初始市場價值超過 7,500 萬英鎊的股份，並讓人抵押股票保證金，放了超過 1,200 萬英鎊貸款。從這些動作，我們可以看出布倫特與其他董事的魯莽作風。財政大臣艾斯拉比後來聲稱，事情已經超出了公司與政府的控制：

它變得很難控管；那些開啟水閘門的人可以盡情為隨之而來的洪流感到驚奇，從世界被洪水捲走的情況看來，這並不是一個人或一整個政府阻攔得了的。

然而布倫特等公司董事卻故意開啟了水閘門，那年夏季他們似乎也沒有要控制投機洪流的意思，他們和泡沫一樣，因計畫表面上的成功與榮耀而自我膨脹了。根據〈南海計畫密史〉，布倫特在來自四面八方的逢迎諂媚作用下，已經到了無人能觸及的高度[18]：

他明顯擺出了先知的風範，在發言時多了分言之鑿鑿、異乎尋常的激動；並擺出居高臨下的姿態，任何斗膽反對他言論的人都會遭到非難，他也一再重複言語，彷彿他是受驅使而發言，重複著與這些類似的說詞：**各位，別氣餒，你們行動時必須堅定、堅毅且勇敢。我告訴你們，你們面對的可不是尋常的問題，而是全世界最偉大之事。全歐洲的金錢將匯聚在你們之間，全世界所有國家將對你們致敬。**

布倫特展現出了浮誇的先知姿態，並自以為手握無盡權勢——〈南海計畫密史〉對他的描述是：「認為自己不再受限於任何規矩……他以為自己完全控制住了世界。」——這是投機狂熱期間領頭

---

18 〈南海計畫密史〉作者主張：「斗膽和他（布倫特）作對，或者揭發他虛假一面之人，會被眾人詆毀為嫉妒他之人、計畫的敵人……此人不太可能全身而退，而會遭受來自不只一方的惡劣待遇。」

金融家常見的謬誤。密西西比泡沫時期的羅、鐵路狂熱時期的喬治・哈德遜（George Hudson）、1920 年代的伊瓦爾・克羅格（Ivar Kreuger），以及 1980 年代的麥可・米爾肯，也都有類似的症狀。大金融家的計畫有可能催化投機狂熱，而金融家也無法置身事外，他的野心會無限膨脹，他對外展現成功的表象、受萬人景仰，暗地裡對事務的管理方式變得越來越模糊，甚至踏入詐欺的領域。

　　我們如果想深入了解布倫特的行為，可以參考安東尼・特洛勒普（Anthony Trollope）的小說《當今世道》（*The Way We Live Now*），小說中有個角色是腐敗的鐵路金融家奧古斯都・梅爾默（Augustus Melmotte），而這個角色的其中一個原形就是 1840 年代鐵路之王（Railway King）喬治・哈德遜。到了寫作生涯最末，特洛勒普在描述梅爾默時，主張「瘋狂的野心將他驅離了寄託之處」：

　　我們不能說他一開始就打定了主意玩風險如此高的遊戲，只能說他決定玩的這場遊戲獨自提高了風險。人不可能時時刻刻克制自己的行為，確保行為在他為自己設定的界線之內，它們會經常無法達到他懷著野心設下的期望，也有時會節節高升、超出他的想像……他考慮了遠大的事物，但他所成就的事物超出了他的考量。

　　布倫特當初制定南海計畫，完全是為了自己得利。因為他買了夏季股息股票的選擇權，打算設法抬高股價；他看見早期金錢認股的成功，於是暗中多發行了一些股票給自己與朋友。他竭盡所能迫使股價上漲，等價格漲到最高峰時售出，開始用收益購置

地產。他售出的股份甚至多於他實際持有的股份，因為他確信再過不久就能以較低價將它們買回來了（即是「空頭回補」）。南海公司在8月中宣布第四次——也是最後一次的金錢認股時，布倫特意識到遊戲即將結束，於是他指示其他董事各購入價值3,000英鎊的股份，自己卻只認購了500英鎊的股份。

倘若南海計畫從一開始就以合理的方式執行，照著斯蒂爾爵士等人的要求，以固定價值的股份轉換年金……倘若布倫特的野心沒那麼大，不強求股價漲到1,000英鎊，而滿足於150英鎊的價格……倘若布倫特克制住自己致富的欲望，在成為國民英雄時仍保持理智……那也許年金轉換計畫可以成功執行，為所有人帶來助益。然而，布倫特貪婪又愛慕虛榮，和狂野的投機者一樣魯莽行事，最後他無窮無盡的野心毀了這項計畫成功的機會。就如牛頓爵士所說，金融煉金術不大可能將賤金屬質變為黃金，反倒可能毀損術士的理智。

▌南海投機者群像

到了夏季，波普對時下流行的投機局勢感到相當困惑，他一方面希望自己能從中獲利，另一方面又對舉國上下利欲薰心的狀態百般嫌惡。6月24日，他在給友人威廉・福特斯克（William Fortescue）的信中表示：「我對股票十分不滿，因此我現在停止了所有的交易與友誼，恐怕連所有信譽也都失去了。」一周過後，波普心情稍微好轉，他在信中告訴福特斯克，他和詩人約翰・蓋伊（John Gay）打算用股市收益在德文郡置產，還考慮在國會擔任德

文郡的代表。不久後，他收到羅伯特・迪比（Robert Digby）從南海寄來的兩封信，波普回信時建議朋友別在意「這悽慘貪財的時期。懷著對這些瑪門（Mammon）[19]之子的輕蔑，將注意力轉向書籍、花園與婚姻」。可是在 8 月 22 日，波普卻又寫信給瑪麗・蒙塔古女爵（Lady Mary Wortley Montagu），熱切地建議她多買股票。

在和波普書信往來時，迪比揭露了全國深深沉浸在南海的現狀：「雖然我只離開了三、四個月，但我發現從我離開之後，倫敦的語言與對話都變了不少，」迪比寫道，「真實世界劇烈的變化再怎麼令哲學家驚訝，也比不過我此時的驚詫。」荷蘭海牙的《水星歷史與政治期刊》（Mercure historique et politique）在 7 月寫道：

> 南海公司總是令人驚奇，英國唯一的話題就是這間公司的股票，許多人因南海股票一夕致富。另外值得一提的是，貿易活動完全緩了下來，停泊在泰晤士河畔的船隻當中超過一百艘待售，資本持有者不願從事平時的事業，而是偏好做股票的投機。

南海公司在 1711 年成立時，其中一位創辦人是前保守黨官員羅伯特・哈利（Robert Harley），而在 1720 年 7 月的前幾周，羅伯特的弟弟愛德華・哈利（Edward Harley）觀察道：「這地方的精神是股票買賣之惡魔，它充斥所有人的心、舌與思想，當前氛圍像極了瘋人院，所有黨派——輝格黨、保守黨、詹姆士黨、教皇派等等都被掌控。即使是極高的利益也無法令任何人滿足，所有人

19　譯註：聖經中財富的邪神。

都渴望更多，而這一切都構築在紙通貨的系統之上，系統則構築在純粹的幻想之上……」那同一個月，同樣請蓋伊代理投資事務的史威夫特在一封信中寫道：「我問了一些來自倫敦的人，那裡的宗教信仰是什麼？他們告訴我，倫敦人信仰南海股票。那英國的政策是什麼？他們的答案不變。那貿易呢？仍然是南海。那生意呢？非南海莫屬。」

南海投機者來自社會上到下所有階級，為首的就是英王喬治一世。喬治一世很可能在南海計畫發起最初，就收到了一些虛構的股份，而他的長子威爾斯親王同樣握有南海股份，同時也是威爾斯銅公司（Welsh Copper Company）的董事（這一般稱為「威爾斯親王泡沫」）。除了國王與王儲之外，許多公爵、侯爵、伯爵與男爵也都參與了股票買賣。

在第三次金錢認股活動中認購股份的人，包括100多位貴族與300位國會議員。道路上擠滿了前往倫敦購股的鄉紳與富有農人[20]，城裡的金融家也將重金投入了早期認股活動，交易巷裡甚至有大量外國投機者，其中荷蘭人占多數。[21]但是到第四次金錢認股時，國內外金融家開始懷疑南海公司命不久矣了，許多荷蘭投機者售出南海股票，回國將錢投入發展興旺的阿姆斯特丹股市，至於倫敦銀行家則沒有參與這最後一次認股。較有經驗的市場操作

20　《霧日報》（1720年3月26日）記錄道：「來自我們王國多個地區的大量鄉紳與富有農人紛紛上路；所有人都期待之後乘著六馬馬車衣錦還鄉……」

21　請見威爾森（C. Wilson）《十八世紀的英荷貿易與金融》（*Anglo-Dutch Commerce and Finance in the Eighteenth Century*）。數十艘小漁船維持著倫敦與阿姆斯特丹之間的溝通，將南海公司相關的最新消息捎往阿姆斯特丹的卡弗街（Kalverstraat）。

者在泡沫高峰期或接近高峰期時抽身，其實是投機熱潮常見的現象。布倫特也清楚意識到了這個問題，但他仍然抱持讓股價持續上漲的欲望，於是他主張公司偏好的股票抵押借貸對象不是專業人士，而是「來自城鎮其他區域、懷有賭博精神的女士與年輕男士：因為根據他的說詞，這些人最有可能推進股價」。

女性投機者文化

女性在投機史上扮演了重要的角色，當人們呼籲保護無辜者、不讓他們接觸投機的危險時，保護對象向來是「孤兒寡母」（金德伯格甚至在公元前3000年美索不達米亞的紀錄中，找到了保護寡婦與孤兒的說法）。人們認為寡婦投資者缺乏金融能力，容易受騙上當，因此需要被保護。而和寡婦投資者相反的存在，則是18世紀早期最先出現在法國與不列顛的女性投機者。

在法國，不少女性對羅獻殷勤，希望能得到密西西比公司的股份（攝政王的母親以露骨的言語說道：「既然公爵夫人都願意親吻羅的手了，那其他女士是否會對他其他部位做出什麼動作？」）。女性貴族投機者當中的領頭羊，是曾經當過修女的亞歷桑德琳・德・唐森（Alexandrine de Tencin），她不僅是法國首席部長杜布瓦神父（Abbé Dubois）的情婦，還可能是羅的情人，她後來生了個兒子，就是日後的哲學家讓・勒朗・達朗貝爾（Jean le Rond D'Alembert）。唐森建立了自己的「投機辦公室」，進行投機買賣。另一位所謂「密西西比人」是彭布羅克伯爵（Earl of Pembroke）之女赫伯特女爵，她後來不顧她的銀行家朋友坎蒂隆的建議，執意買了南海股票。

從事南海股票投機的女性投機者有多少呢？巽德蘭勳爵（Lord Sunderland）的第二次金錢認股名冊上，88人當中有35人是女性。將天花疫苗引入英國的著名旅行者——蒙塔古女爵，在1720年買了南海股票。她先前寫了一些有失慎重的信給名叫雷蒙（Rémond）的法國人，結果被對方勒索，所以打算用股票收益打發他。在威爾斯親王妃的里奇蒙宮廷，許多貴族女性都積極從事投機買賣，其中包括拉特蘭公爵夫人（Duchess of Rutland）與馬爾博羅公爵夫人（Duchess of Marlborough）。不只是貴族女性，就連社會下層的女性也不乏投機者。據說在比林斯蓋特海鮮市場，女性也會「喝著清爽的琴酒，歡快地談論南海買賣」。

據說西區有些女性在倫敦市租了一間店鋪，改裝成喝茶與玩股票的俱樂部；「在休閒時間，她們的經紀人在外時，她們拿瓷器作賭注」。1720年4月20日的《每日郵報》宣布道，一間新公司正在籌資，「數名女士等人提議從事英格蘭白棉布的製作、印花、彩繪以及染色，並用不列顛亞麻製作堪比荷蘭布料的麻布……她們決議不接受任何男人加入，但她們自己會開放認購股份以從事此事業。（認購者必須是穿著白棉布的女性）有意認股之人，請洽聖馬丁的瓷器店，店鋪位於聖保羅左近。」[22] 瓦德在〈南海之歌〉中描述了出入交易巷的人們：

我們最高貴的女士，

22　這應該是一則傳奇故事。史考特在《股份公司》諷刺地表示：「就我的想像，白棉布服裝對4月19日的天氣而言薄了些。」

日日乘馬車而至，

不時典當珠寶換取錢財，

以便在巷中行投機之事。

德魯里巷的年輕妓女，

也乘馬車接近交易巷，

將她們淫穢放蕩所得積蓄，

以愚蠢手段揮霍精光。

女人投機的理由五花八門，在 18 世紀的英格蘭，大部分地產都限定男性繼承，在持有股份這方面卻沒有相關限制。貴族女性必須維持不必工作維生的表象，這也是她們受股市吸引的原因之一，因為在股市上，人們絲毫不在意性別、階級與種族。[23] 在《華爾街十年》（*Ten Years on Wall Street*）中，威廉・福勒（William Fowler）主張女性性格十分適合投機生活，這種生活以刺激為食糧、以幻想為本源，也需要耐性與堅忍。但即使投機事業真的比較適合女性，也沒有證據顯示女性投機者表現得比男性更佳或更差。異常精明的馬爾博羅公爵夫人薩拉（Sarah）在 1720 年 5 月底售出了手中的南海股票，淨賺將近 10 萬英鎊。[24] 至於赫伯特女爵、

23　1960 年代的華裔美國人基金經理蔡至勇（Gerry Tsai）表示：「如果你買了 40 美元的通用汽車（General Motors），然後股票漲到 50 美元，那你不論是東方人、韓國人或佛教徒都無所謂了。」

24　公爵夫人在給友人的信中寫道：「每個有常識或對數值有一點見解的凡人都明白，無論憑何種技藝或手段，都無法用 1,500 萬英鎊硬幣支持 4 億英鎊紙幣。我因此認為，此計畫必然會在一段時間後破滅、墜入虛無。」她的後代溫斯頓・邱吉爾（Winston

蒙塔古女爵就沒有那份先見之明了。話雖如此，成功的投機還是有機會扭轉性別之間的不平等，1720 年 8 月初，在給《蘋果蜂日報》（*Applebee's Journal*）的讀者來函中，一名女性投機者宣布要購買「一位南海丈夫……我已下定了決心要與獵錢的性別平起平坐，當我拿出錢來，就要有十足把握讓他成為我的囊中物……」

▌ 失序混亂的一場鬧劇

　　當我們考慮這些異常事件，城裡女性成為股票交易人，被好心紳士解僱的男侍從、男僕與腳夫（以及商人、手藝人與扒手）出入交易所並乘坐馬車；計畫者成功用所有計畫敲詐大眾；不法之徒離開了柯芬園的賭桌，投入強納森咖啡館較有利的生意；甚至連詩人也當起股票經紀人，那就是時候宣布，交易巷已成為**鬧劇**。

　　投機行為打破了不同社會階級之間的隔閡。[25] 史威夫特哀嘆道，「我們看見，國家一大部分的金錢進入某些人手裡，而這些人無論是出身、教育或功績，都只配穿上我們僕役的制服。」在南海之年，道伯這類人強勢回歸了，這些被斯蒂爾稱為「忙於計算的倫敦佬」的人，到處大肆炫耀他們新賺得的財富，為自己購買房屋、馬車與刺繡外衣，還為妻子與情婦買金錶。隨著人們爭先購置房地產，地價一時漲到了租價的 50 倍。「我們的南海裝備與日俱增，」《蘋果蜂日報》在 8 月寫道：「城市女性購買南海珠寶；僱用南海女僕；

　　Churchill）提到，她擁有「近乎令人反感的常識」，在股災來臨前見好就收。

25　安德森主張，泡沫破滅導致「許多地位崇高與過去富裕的家族毀於一旦，許多地位低下且沒沒無聞的人與家族得以藉機進取」。

買下新的南海鄉村別墅；男士們裝點南海馬車，購買南海房地
產……」

　　伴隨大肆消費而來的，是種種狂歡。那年 5 月底，國王在聖詹
姆士宮舉辦慶生活動，供應一百多箱粉紅酒，肯德爾女公爵
（Duchess of Kendal）[26]甚至穿著繡了珠寶、要價 5,000 英鎊的華裙
出席盛會。7 月底，貴族與仕紳階級成群聚集到漢普斯特德社區的
一幢房屋，享受每晚的賭博與一周一次的化妝舞會。交易巷附近
的咖啡館與酒館擠滿了狂飲作樂的投機者。[27] 8 月 22 日星期一，當
南海公司為第四次（也是最後一次）金錢認股活動開帳時，大批人
潮聚集在了南海府周圍。這次發行的 1 萬股份每股要價 1,000 英鎊，
結果到下午一點鐘，股份就全數售罄了。

　　歷史學者約翰·卡斯維爾（John Carswell）在描述倫敦市的氛
圍時寫道：「城鎮幾乎陷入巴塞洛繆集市（Bartholomew Fair）年度
大嘉年華……工人拆下史密斯菲爾德街上的鋪路石，釘入攤販和
表演棚的木樁。倫敦市已經滿是奇形怪狀之人、劍術家、演員與
江湖醫生。這一周下來，街上日日夜夜擠滿了喧鬧的群眾，忙著
飲酒、賭博與目瞪口呆地盯著別人。」8 月 24 日星期三，「兩個同樣
姓康尼（Corney）的富有猶太人」在主教門皮革商大廳
（Leatherseller's Hall）慶祝新婚，威爾斯親王夫婦也聯袂出席，在
場還有「此種活動有史以來最大的貴族群集」。宴會上的菜肴足足
有兩百道之多，公開的盛宴持續了三天。這段時期，無論是上流

26　譯註：喬治一世的王室情婦。

27　安德森回憶道：「交易巷附近的酒館、咖啡館，甚至是餐館都時時人滿為患，成了無比
　　奢侈的場面。」

社會或社會底層的人民，都隨著股市狂熱的節奏起舞。

▋ 大夢初醒後的社會

　　到了仲夏，交易巷幾乎天天都會出現新的「泡沫公司」，南海公司董事擔心有了這些新公司的競爭，南海的股價就會下跌。為了獨攬投機熱潮，布倫特說服交好的政府官員通過《泡沫法案》（*Bubble Act*），禁止未獲得國會許可的人成立新公司，同時禁止既存公司從事特許狀中沒有明列的活動。這條法案在6月9日得到了御准（布倫特在同一天獲得了從男爵爵位），但它起初效果不佳，沒能減少市場上對於泡沫公司股票的需求，這些新公司的股價仍然居高不下。南海公司董事們可不會甘拜下風，他們要求檢察總長（Attorney General）發布名為「告知令狀」（Scire Facias）的起訴令狀，起訴三間將資金分投到特許之外領域的泡沫公司。十二天後，南海公司宣布當年會發配30％的股息（換言之，票面價值100英鎊的股份，可以分配到30英鎊的股息），並保證接下來十二年的股息都將提升到50％。

　　《泡沫法案》、告知令狀與提升股息這三大措施，目的是讓逐漸下滑的南海股價維持在高點——南海股價在6月底達到了1,050英鎊的高峰（價格在不到6個月內漲了8倍），卻在8月跌到了850英鎊。沒想到董事這些處心積慮的動作起了反效果，告知令狀公布後，股市陷入恐慌。約克建築公司（York Buildings）本是水資源公司，卻將業務延伸到特許狀明訂的範圍以外，從事房地產開發，而在告知令狀下達後，該公司的股價從305英鎊慘跌到30英

鎊。規模最大的保險公司——倫敦保險公司與皇家交易所也不好過，它們的股價跌了超過75％。借錢購買泡沫公司股份的投機者，現在被迫售出南海公司股份，彌補其他地方的損失。甚至當南海公司宣布要發配高額股息時，也沒能成功吸引投資者，畢竟這些人大多對資本利得比較感興趣。況且，沒有人真心相信公司付得出50％的股息。

　　使南海股價下跌的因素還不只這些。那年6、7月，外國人開始將南海持股脫手，收益改而投入漢堡與阿姆斯特丹股市中新興的泡沫公司。瑞士伯恩州售出了手上的南海股票，並將收益用來投資本土事業。此外，投機行為已經將國內信用拉伸到了極限（到1720年夏季，利率已經超過20％），無論是南海公司或倫敦市銀行業者手頭都一點資金也不剩了，即使有人想抵押南海股票，他們也借不出錢來。上面提到的這些因素，都稱不上決定性因素，就算沒有任何觸發事件，南海公司也會自行崩潰；到了夏末，南海公司已經變不出什麼新花招，無法維持股價上漲的動力了。少了這份動力，股價下跌也是在所難免。

　　9月初，南海股價跌到800英鎊以下。下跌的趨勢在9月第二周加劇，股價跌破了600英鎊支撐點；許多銀行家讓人抵押股票借款，前提都是股價超過600英鎊。再到9月中，南海董事放棄了防止公司崩潰的念頭，開始售出被抵押的股票，並打算之後以較低價格將這些股票買回來。幾天過後，為南海公司扮演莊家角色、以南海股票為抵押品放出高額貸款的劍刃銀行（Sword Blade

Bank）倒閉了。到了9月底，南海股價已經低於200英鎊，短短四週內跌了75％。在南海公司一場會議上，一名股東宣稱傾家蕩產已經是普遍現象，「不破產反而顯得你跟不上流行了」。10月1日，《蘋果蜂日報》報導道：「我們的股票突然大跌，卻找不到明顯的理由，令全世界驚愕不已。」作者接著記述股票衰落的經過：最初下跌使得「大量賣家進入市場，一人售出使另一人感到惶恐，他也跟著售出，結果股票不知不覺地下跌，直到所有人都陷入驚慌；而恐慌極其嚴重，還帶來了巨大的謎團……」換句話說，當初使泡沫膨脹的回饋循環，現在反過來使泡沫迅速消退下來了。

泡沫破滅得太快，大多數人都摸不著頭腦。「我以為他們這場騙局會再持續一段時間……」國會議員詹姆斯·米爾納（James Milner）寫道。「我的確說過，我們不久後將會失去一切，但我承認，事情來得比我預期中早了兩個月。」波普在9月23日致信阿特伯里主教（Bishop Atterbury）時終於得出了結論，在信中寫下他對南海計畫的想法。剛過年時那個興致勃勃的投機者已經不見蹤影，秋季的波普成了道德家，用古典那一套說法否定當代的種種罪孽：

聽了你說的這些，南海計畫的命運來得比我想像中快了許多。多數人都認為這天遲早會來，卻沒有人為此做準備；沒有人以為它會來得**像夜裡的盜賊**，就和悄悄逼近的死亡無異。我認為上帝以素來懲罰罪人的方式，懲罰了這些貪得無厭之人，以他們本身的罪惡降下懲罰：他們犯下的罪是渴望利益，於是這份渴望延續了下去，成為對他們的懲罰與禍因。至於運氣好的少數人，保下

了他們原先想像自己擁有的財富的一半（其中包括你謙遜的僕人），我認為他們該充分體會這份幸福……**他們作完了這場夢，大夢初醒時發現自己手裡什麼也沒有**。全面性的貪欲造就了全面性的貧窮，而這貧窮將會對最無辜、最勤苦的人造成最嚴重的打擊，這確實是令人難過的事情。這和過去的大洪水不同，南海的大洪水淹溺了所有人，只留下幾個**不正直**的人：儘管我存活下來並以此警惕世人，但我並不是他們其中之一，我為此感到些許安慰。

　　波普將投機狂熱比喻為黃粱一夢，人們在夢中幻想自己得到了財富，夢醒時卻發現自己一無所有。這樣的譬喻並不稀奇，歷史學家愛德華・吉朋（Edward Gibbon）也稱呼南海為一場「黃金美夢」，另外也有人以類似的方式談論密西西比泡沫、1845 年鐵路狂熱、1982 年科威特露天市場景氣時期，以及 1980 年代的垃圾債券市場。[28] 在人們看來，作夢的投機者為了追求虛幻的巨款，捨棄了理性與財富。[29] 大夢初醒時，他意識到了自己的損失，因而對自

28　南海泡沫破滅過後數年，《工匠》（*Craftsman*）寫道：「人們從他們的黃金美夢中甦醒了過來。」歌德（Goethe）在《浮士德》（*Faust*）中描述了羅那場計畫如夢幻般的特質。詹姆斯・斯圖爾特爵士（Sir James Steuart）將密西西比泡沫稱為「黃金之夢，法國與歐洲一部分在 506 天內短暫墜入了那場夢」。華盛頓・歐文（Washington Irving）在談論密西西比泡沫時，主張投機者「彷彿大夢初醒，回到了最初的貧困狀態，因之前轉瞬即逝的富裕而更加難堪、更加羞恥」。約翰・法蘭西斯（John Francis）在描述鐵路狂熱的崩潰時，觀察道：「人們從夢中甦醒，瑟瑟發抖。」在 1982 年的科威特，一份宗教報紙的編輯寫道：「露天市場是一場噩夢，或者是一千零一夜的一場夢；隔天一早，人們一覺醒來，發現自己經歷的奢華幻象也不過是一場夢。」

29　羅伯特・海爾布隆納（Robert Heilbroner）在《追逐財富》（*The Quest for Wealth*）中寫道：「投機者……墜入了上漲的市場，除了唾手可得的富裕以外別無他想。他以追求一場夢般的方式行事。」

己的愚昧與貪婪深惡痛絕。佛洛伊德（Freud）在評論夢的傳奇故事時寫道，「我們知道，魔鬼贈予情人的黃金，會在他離去後化為糞土。」

就如波普所說，投機者之所以夢醒後為那些黃金美夢感到羞愧，是因為他們覺得金錢損失是上帝降下的懲罰，懲罰他們犯下貪財之罪。《蘋果蜂日報》報導道，「這場瘟疫，是一場神罰；**南海**是上天的審判，我們不該憐憫受上帝毀滅之人嗎？」[30]1720年8月，馬賽爆發鼠疫，疫情緩緩擴散致全法國，開始有人擔心瘟疫跨過英吉利海峽，傳播到不列顛。英政府下令全國同過「恥辱日」（Day of Humiliation），「乞求萬能的上帝守護這些王國，讓我們免於感染」。不用直說，全國都知道特別需要贖罪的是哪些罪孽，甚至有些人認為瘟疫早就侵襲不列顛了。根據笛福的說法，南海府外的群眾看似「行屍走肉，（彷彿）所有人都染上了瘟疫；從沒有人看起來如此可憐……我到死都會記住頂著**南海臉**的男人」。[31]

30　1720年10月15日，《蘋果蜂日報》報導了一位牧師關於「股票買賣之罪」的說教，牧師布道的主軸是：貪欲是罪，將財富用於奢靡之事是罪，因喪失財富而悲痛不已也同樣是罪。

31　8月13日，《蘋果蜂日報》報導道：「交易巷的瘟疫逐漸升溫，馬賽的瘟疫則在降溫；前者貨真價實，人們卻希望後者僅有名無實。」投機災難和瘟疫有不少共同點：兩者都會製造恐懼與不確定性、具傳染力、散播恐慌、造成死亡（例如投機者自盡），兩者都被詮釋為天譴的表現，且兩者都會導致經濟麻痺狀態。後人對投機災難的描寫中，也出現了「瘟疫」這種譬喻。舉例而言，詹姆斯・梅德貝里（James Medbery）在描述1853年紐約的股災時寫道：「華爾街如被瘟疫侵襲的城市般氣氛凝重，經紀人如惶惶不安的幽魂似地來來去去。」而較近代，1997年8月泰國股市崩盤，導致亞洲各個經濟圈受到金融「感染」的情形，也被比擬為「鼠疫」。

　　南海股票的虧損據說將不少人逼瘋，以負面形式延伸了那年稍早狂歡的不理性心態，關於投機者自盡的誇張故事一則則傳了開來（南海董事布倫特的姪子查爾斯・布倫特〔Charles Blunt〕在股市上損失慘重，結果在 9 月初自殺了）[32]。自殺已經是很慘的結局了，但還有一種結局幾乎更加悲慘，那就是社會上普遍對商業失去了信心。笛福深切明白，貿易（和信用與投機一樣）仰賴信心，他寫了一篇真切的文章呼籲人們恢復平靜，這篇文章令人聯想到美國羅斯福總統 1933 年的就職演說（「我們唯一需要恐懼的事物，就是恐懼本身」）。[33] 笛福在 1720 年 12 月 17 日的《蘋果蜂日報》中，建議眾人讓狂熱的餘波自行結束，別多加干涉：

　　在患病的身體裡，整體血液腐敗，身體組成遭到破壞，精神的動態停滯之時，藥物不能給病人任何益處，必須將他交給大自然處置，由自然的奧妙來決定生或死。

　　南海人的身體似乎在此時陷入了險境；他們精神極度紊亂，他們已經淪陷，對他們講道理或辯論都是徒勞：病人必須留給大

---

[32]　1721 年 1 月底，《蘋果蜂日報》報導道：「過去幾個月，因為南海潰堤與其他泡沫控制的作用，人們的財運與家族大起大落，身心失常的人數詭異地增加了，以致城鎮各處的私人伯利恆——也就是瘋人院，空間不足……」瘋狂的結局可能是自殺，而根據當時報紙的說法，這是遠離投機虧損痛苦的常見之道。

[33]　笛福寫道：「為了上帝，為了我們的國家，考慮考慮我們所做的一切吧！我們這是在和自己作對！將刀舉到了自己頸邊！放火燒我們自己的房子！摧毀自己的財產，我們自己的事業，我們自己的希望！我們只是在自我傷害而已；只是在讓自己的家庭窮困受苦；只是在摧殘自己的家庭；只是在毀滅大不列顛。」

自然處置，以及他自身瘋狂的認知……[34]

時間會治癒一切創傷。

綜觀英國歷史，你再也找不到南海計畫崩潰後那般普遍而癲狂的公憤了。憤怒的矛頭主要指向公司董事，他們誤導了民眾，自己卻在股市崩盤前售出股票而獲利。第二個受人憎恨的群體是政治人物，他們私下收受了布倫特贈送的南海股票選擇權，因此獲利，接著又允許布倫特「詐欺」人民。群眾聚集到了西敏，要求官員接受懲罰，也要求政府補償他們的損失。國會下議院成立了祕密委員會，負責調查南海董事們的商業往來。下議院出現了一些不可思議的場面，只見來自愛爾蘭的議員莫爾斯沃勳爵（Lord Molesworth）宣稱：「非比尋常的罪行，需要非比尋常的補救措施。羅馬立法者當初沒預見弒親罪的存在，但第一個禽獸出現時，他立刻被縫入布袋、拋入河川；我也很樂意以相同方式對待我們這場災禍的始作俑者。」國務大臣克拉格斯的父親曾收受布倫特的賄賂，克拉格斯在下議院憤然起身，揚言要和任何質疑他信譽的人決鬥。四位同為國會議員的南海公司董事被逐出了下議院，財政大臣艾斯拉比等南海董事甚至被逮捕，關入了倫敦塔。

國會通過一條法案，沒收南海公司董事在1720年賺得的所有利潤，結果政府沒收了超過200萬英鎊，其中包括吉朋名下的9萬6,000英鎊。吉朋的史學家孫子對這條回溯法規表示譴責，他認為

34　1929年股災過後，美國財政部長安德魯・梅隆（Andrew Mellon）用類似的詞語提出了相同的建議。他主張股災會「洗淨體制的腐朽，居高不下的生活費用與奢侈的生活都會消弭，人們會更努力工作，過更道德的生活。價值將重新調整，有事業心的人會從能力較差的人身邊拾起殘物，重新開始。」請見本書第7章。

這是「對自由的惡性侵害」。以法律角度而言，吉朋說的沒有錯，但面對大眾的盛怒，政府不得不推出比嘉年華人像更實在的替罪羔羊。南海泡沫事件過後的新法規不止於《南海公司受害者法案》（*South Sea Sufferers Act*）一條，1720 年 11 月，立法者提出「避免未來惡名昭彰之股票買賣行為，改善大眾信用的建設」的法案，但這條法案並沒有通過。十四年後，國會通過了《一七三四年約翰·巴納德爵士法案》這條新規定，名稱取自它的倡議者。該法案禁止賣空，同時禁止期貨與選擇權交易。該法案一直記載在法典之中，直到 19 世紀中葉才被廢除。

理性與非理性的泡沫

一些投機者損失了驚人的金額：英格蘭銀行董事賈斯特·貝克爵士（Sir Justus Beck）背著 34 萬 7,000 英鎊的債務宣告破產，錢多斯公爵則無奈地失去了 70 萬英鎊的紙幣。牛頓爵士太早將持股脫手，然後又在高峰期再次投入市場，結果損失了 2 萬英鎊，據說他下半輩子每聽人提起南海公司就臉色發白。先前跟著玩股票的文人墨客也損失不少──散文家約瑟夫·艾迪生（Joseph Addison）的外甥尤斯塔斯·巴傑爾（Eustace Budgell）幾年前才剛在《旁觀者》發表一篇標題為「致富的藝術」的文章，結果他在南海事件中損失慘重，最後以自殺結束一生。蒙塔古女爵先前聽從友人波普的建議買賣股票，結果她沒能在市場高峰售出股票，多年後仍受勒索者雷蒙糾纏。蓋伊的損失成了一則神話傳奇，他先前拿出版詩集的預付款當玩股票的賭注，後來他只能在詩句中哀嘆這場投

機遊戲的虧損：

> 為何浪費你珍貴的時光，
> 和期盼黃金雨的傻子同處交易巷？
> 難怪，如果詩人出現在那處，
> 他們以幻想維生，以空氣果腹；
> 難怪，他們受困於南海之計，
> 只在夢中享受過幾尼在手之喜……[35]

　　儘管輸家怨聲載道，南海泡沫破滅造成的憂鬱並不深，也沒有持續太久。也許是因為商人大多沒參加第四次金錢認股，也在股價崩盤前脫手了，所以商人損失不多。南海股票雖然跌得只剩高峰期價格的15％（英格蘭銀行與東印度公司股價跌了將近三分之二），和1720年相比，1721年的商業破產個數沒有顯著增加，經濟很快就復原了。[36]

　　亞當・斯密在他的《法學講義》（*Lectures on Jurisprudence*）中以相當輕蔑的口吻談論南海事件，他認為此事件影響不大，不

35　節錄自《給史諾先生的一封讚書》（*A Panegyrical Epistle to Mr. Thomas Snow*）。強森博士（Dr. Johnson）主張，蓋伊被「強求售出可換取下半生每年100英鎊之數量的（南海股票），芬頓（Fenton）說這會確保你每天有乾淨衣裳與羊肩肉可吃。蓋伊否決了這份建議；最後失去了利潤與本金，蓋伊深陷災難之中，有了生命危險」。近期撰寫蓋伊傳記的大衛・諾克斯（David Nokes）主張強森說得太誇張了，蓋伊最初投資1,000英鎊，最終也只虧損600英鎊而已。

36　歷史學家朱利安・霍彼特（Julian Hoppit）在〈18世紀英格蘭金融危機〉（*Financial Crises in 18th century England*）一文中總結道，「對全英格蘭整體商業界而言，泡沫事件稱不上災厄」。

過是妄圖模仿密西西比泡沫,「結果僅僅是一場騙局罷了」。斯密
的評語並不公道,南海計畫不只是模仿密西西比系統那麼簡單,
其實在那段時期英法雙方都有互相模仿:羅將法國國債轉換成公
司股份時,就是借用了英國一些公司(包含南海公司在內)現成的
方法。至於南海公司董事則是見到羅初步的成果,才決定用英國
前所未有的大膽方式做債務與股份的轉換。南海公司與密西西比
公司的關係遠不只有模仿,從這兩大泡沫的距離看來,投機熱潮
完全可以在國與國之間傳染——不只是從法國傳到英國,還傳遍
了歐洲,範圍遍及阿姆斯特丹、漢堡,甚至是里斯本。

　　亞當‧斯密雖認為 1720 年這些事件沒有造成什麼影響,但其
實它們影響深遠。斯密在 1776 年出版《國富論》時,阻礙公司成
立(要求新公司獲得國會許可)的《泡沫法案》與禁止許多投機技
巧的《一七三四年約翰‧巴納德爵士法案》都仍在施用中。落實《泡
沫法案》等法規的結果是,18 世紀金融資本主義發展遲緩,股份
有限公司對不列顛工業革命的貢獻也有限(不過股份有限公司受
限,互助公司〔mutual company〕等其他類型的組織卻興盛了起
來)。1720 年泡沫事件過後,大眾對公司與投機行為抱持嫌惡的態
度,這點在斯密的作品裡也十分明顯。斯密認為,股份有限公司
因經營權與持有權分離而受到致命的局限(這是現代經濟學者所謂
的「代理問題」),他總結道:「在管理此種公司的事務時,疏忽與
浪費,必然會構成或大或小的問題。」[37] 結果就是,斯密沒有發展出

37　斯密主張,考慮到「(南海公司)龐大的所有者人數……在管理整體事務時,自然會發
　　生愚惑、疏忽與浪費的情形。他們股票交易計畫的狡詐與鋪張已是眾所周知,不必在
　　此說明這些計畫」。

投機理論。[38]

　　我們在分析1720年泡沫時，如果不計入政府所扮演的角色，那就會大大限縮我們對事情的認知。南海公司系統性地賄賂了宮廷與國會，其中一部分是公然而為（為了得到轉換年金的特權，南海公司給了政府750萬英鎊），也有一部分是暗中行賄（違法將股票選擇權贈予廷臣與官員）。[39]後來布倫特還讓國會議員優先登記金錢認股，國會裡許多人為自己與親友投資了大量錢財。只要股價上漲，這些政治人物就能獲得雙倍的利益，所以雖然理性的作法是要求南海公司用固定價格的股份轉換年金，卻少有政治人物提出這個要求，後來國會被財政大臣艾斯拉比說服，允許南海公司自己設定轉換條件。在另一位國會議員眼中，艾斯拉比「陰沉且精

38　根據斯密的說法，投機者的交易結果沒有規律：「大膽的冒險者有時可以透過兩三次成功的投機，累積一筆可觀的財富；但他同樣可能因兩三次失敗的投機而失去財富。」身為從小受長老宗教義薰陶的蘇格蘭人，斯密總結道：「大財富」一般是「一生辛勤、節儉與專注所帶來的結果」。

39　布倫特分發南海公司股票選擇權的動作，類似1990年代美國企業的行為，美國許多公司也大肆發送股票選擇權給他人。投機泡沫之所以膨脹起來，其中一個原因很可能就是股票選擇權被過度發送出去：公司不會在收支報表中記錄選擇權的成本，而是舉債重購選擇權計畫中的股份，並利用會計操作得出看似正常的營收成長。有些時候，股份選擇權的回購行動和龐氏騙局（Ponzi scheme）十分相似。舉例而言，電腦製造商捷威科技（Gateway 2000）在1997年6月宣布以35美元價格，回購20個月前以14.5美元發行的股份。消費者器具生產商日光公司（Sunbeam）與行銷公司勝騰（Cendant）的高階主管股票選擇權都給得特別慷慨，而這兩間公司都虛報了1997年的營收。布倫特爵士可說是走在時代的尖端，他若來到今天的世界，想必會被譽為「股東價值」的最大擁護者。

明，使得所有人懷疑他人格卑鄙……（且）執意擴增自己的財富」。
我們可以想見，艾斯拉比等高層官員想必知道南海公司會竭盡所
能使股價膨脹，即使損害領年金者的利益也在所不惜。哈奇森對
國會提問道：「不列顛議院難道不該採取所有必要的措施，避免數
千個家庭傾家蕩產嗎？」但在場議員人人懷有私心，沒有人將他
這句話聽進去。

　　1720 年的不列顛政府不僅沒盡到保護既存債權人的責任，還
支持了南海計畫，使投機者以為南海公司股票穩定可靠。既然國
王都願意加入每股 1,000 英鎊的第三次金錢認股了，那他的子民應
該也能安全地投資南海股票吧？人們相信政府會設法支持股價，
讓價格維持在內在價值以上——這種心態並不稀奇。我們之後也
會看到，在 1980 年代的日本，也有人主張財務省不會讓股價下跌。
堪稱大災難的南海泡沫事件中，人們學到了最重要的一則教訓：
人民陷入投機的圈套時，政府沒能保護國家。曾經擔任南海公司
出納員的安德森表示，他希望 1720 年「能成為我們國家立法者與
官員的永恆回憶，希望他們未來再也不會讓任何人擁有這般欺詐
人類的權力，再也不讓任何人如此無恥、惡毒地利用人民的天真，
誘騙人們偏離他們合法的事業」。

　　熊彼得連結了 1720 年南海事件與前三十年的金融創新：「1719
到 1720 年的狂熱，和之後同類型的狂熱相同，在事發前是一段時
期的創新，創新改變了經濟結構、顛覆了事物原先的狀態。」近年，
美國經濟學者拉里‧尼爾（Larry Neal）進一步完善了熊彼得的詮

釋，尼爾認為泡沫事件「比起展現人類永恆不變的愚蠢，更是展示了市場在各式創新後的適應困難」。南海計畫的主軸，是將無法流動的政府年金轉換成可交易的公司股份。在尼爾看來，泡沫正是這轉換過程造成的：「南海泡沫不該單純被視為狂熱或大規模詐欺。」他總結道，「這些雖然也有貢獻，但推動泡沫形成的力量，是將政府戰爭國債轉換成易於交易、低利率之長期證券的技術問題。」[40]尼爾主張，南海股價在計畫早期上漲，反映了投資者願意花大錢轉換年金的態度──而他們之所以願意多花些錢將年金轉換成「流動性」較高的南海股票，是因為年金價格昂貴且難以轉移。根據尼爾的說法，到了1720年5月底，「理性的泡沫」成形了，投資者意識到公司董事在刻意操作股價上漲，認為自己不妨也跟上這有利無害的趨勢。[41]泡沫最後會破滅，是因為董事們弄巧成拙，南海公司實在無法實現它的種種承諾了。

　　尼爾的論點有幾個破綻，我們可以從這些面向否定他的說法。將年金轉換成公司股份的流動性溢價（liquidity premium），不可能真的那麼高：我們回頭看1720年前的投資者，他們如果想買有價

40　尼爾認為泡沫有前後三個階段：（一）在1720年5月中以前，南海股票因為經濟基本面改善而漲價。（二）5月中到6月22日，公司關了轉換股份的帳本，投機者發現南海股票是一場穩賺不賠的賭博。（三）6月底到8月底，轉換帳本已經關帳，所有股票交易都是遠期交割（forward delivery）性質。根據尼爾的說法，遠期交割的價格高漲，顯示信用市場正在收緊。

41　最早詳細說明「理性的泡沫」觀念的是奧利佛・布朗夏爾（Oliver J. Blanchard）與馬克・華生（Mark W. Watson），他們主張，考慮到資本利得的立即性，投資者購買超過基本價值的股份，實際上可能是理性的行為。布朗夏爾與華生這套論說最具爭議的部分是，兩人之所以受「理性的泡沫」觀念吸引，是因為這從方法論觀點而言比較容易處理：「分析理性的泡沫很難，分析非理性的泡沫是難上加難。」

證券，那也不必持有年金；他們完全可以購買英格蘭銀行、百萬
銀行或其他特許公司的股票。南海公司 1720 年的轉換計畫稱不上
前所未聞，其實以前就有將政府債務轉換成企業股票的例子了：
英格蘭銀行在 1697 年將政府債務嫁接到了自己的股份，南海公司
過去也在 1711 年與 1719 年做過同樣的事情。南海公司前兩次做債
務轉換時，嫁接行動反而使股價**下跌**到了票面價值以下。南海公
司雖然取了「南海」這遠大的名稱，在南美洲的貿易卻不順遂，股
票價值完全出自公司從政府獲得的收入。在這種情況下，我們可
以異常精準地計算南海股票的「內在」價值（換作是其他公司，它
們未來的營收大部分都是未知數，所以很難準確計算股票的內在
價值）。

　　1720 年春季，哈奇森與斯蒂爾主張，南海公司從政府得到固
定的收入，而用這些固定金額的收入來計算的話，南海股票的公
平價值大約是 150 英鎊。哈奇森與斯蒂爾的結論是，只要股價漲到
公平價值以上，就會導致領年金者與南海股票認購者的損失。南
海股票在 1720 年秋季跌回公平價值時，正好證明了兩人的見解。
如果投資者不聽取哈奇森與斯蒂爾的警告，而是說服自己南海股
票有無限上漲的潛力，那這些人就是為了追求短期利益，而決定
採取不理性的行為。

　　當代大量的紀錄中，都找得到關於南海之年投資者「不理性」
的記載。荷蘭銀行家克雷柳斯（Crellius）表示，1720 年 4 月，交
易巷的情狀簡直像是「所有瘋子同時逃出了瘋人院」。[42] 尼爾關於南

42　數年後，《工匠》回憶起泡沫期間理性消失無蹤的情景：「這兒有許多人，他們在其他

海泡沫事件的論述，在某些方面和賈博對於鬱金香狂熱的敘述一樣，兩者的目的都是強化現代關於效率市場與理性投資者的理論。[43]如果將這個理論延伸到極端，那就等同否定了非理性投機泡沫存在的可能性，同時也主張投資者的行為十分理性——即使投資者購買價格高於公平市場價值的股票，並預期價格會在短期內持續上漲，這也是理性的行為。然而，真正理性的投資者會盡量用報酬抵銷風險，並有效利用所有公開的情報，以這種方法將自己的財富最大化。那麼，投資者以1,000英鎊的價格購入南海股票，真的能稱作理性行為嗎？答案是，這並不理性。首先，從當時公開的情報可以看出，股價嚴重過高了；第二，投資者如果在泡沫高度發展後加入市場，就會面對相當不利的風險與報酬比——他這是為了可能獲得的小利益，冒著更大、更實際的風險；第三，「基本面」（也就是公司的長期展望）並沒有在1720年間發生顯著變化，因為公司未來的收入仍然是固定的，南海股價沒有合理的理由大幅度變動。

「理性泡沫」理論似乎只是以更繁複的文字，重述了「更傻的人」投資策略——投機者明知股價超過了內在價值，卻還是買下了股份，滿心希望之後會有「更傻的人」花更多錢買下股票。「理性泡沫」的倡導者似乎忽略了一件事：「更傻的人」策略成功的前提是流動性夠高（換言之，市場必須時時存在買家與賣家），而在恐

方面看似理性之人，但一提起**南海股票**這幾個字，他們便會瞬間失去所有深思熟慮……」

43　彼得・賈博主張，南海泡沫「可以輕鬆地理解為投機者以當時最佳的經濟分析法看待事態，基於他們對市場基本面的看法變化而推動價格」。

慌發生時,「理性泡沫」投機者正打算將手中的股票脫手,市場上的買家卻已經全數被嚇跑了。「更傻的人」投資方法在1990年代的美國牛市相當熱門,當時人將這種策略改名為「動能投資」(momentum investing),使用動能投資法的投機者會故意找漲幅大於市場的股票,買入股票,然後當漲勢逐漸消失時,他們會快速售出股票。[44]我們看看倫敦銀行家約翰・馬丁(John Martin)在1720年的下場,就能看出抱持這種輕浮心態從事投資的危險性了。1720年夏季,馬丁喜孜孜地表示「世上其他人都瘋了時,我們必須在某種程度上模仿他們」,但他沒能在股市崩盤前售出持股,結果虧了好一筆錢,最後可憐兮兮地怨自己「被他人的建議蒙了眼」。

44　動能投資者是推動電腦連線公司──高升通訊公司(Ascend Communications)股價上漲的力量之一,該公司在1995年的發行價是1.4美元,結果股價在一年後漲到超過80美元。這間被交易人戲稱為「白痴末路」(Ass-end)的公司,後來迅速殞落了。1997年初,高升通訊公司的營收成長率稍微緩了下來,這時動能投資者紛紛轉而看跌,在每日股票周轉率超過2,000萬股的情況下,股價被壓到只剩40美元。

第 **4** 章

愚人金——
1820 年代的
新興市場投資熱

◦┄┄┄┄┄┄┄┄┄┄┄┄┄◦

「……她丈夫心全碎了——親愛的，妳之前說她丈
夫是如何心碎的？」

「他在秘魯的礦場抽水。」托斯小姐（Miss Tox）說。

「當然，他本人並不是抽水工。」奇克太太（Mrs.
Chick）說道。她瞥了兄弟一眼，總感覺該對兄弟
說明當時的狀況，否則聽托斯小姐的說詞，他也
許會以為那男人在抽水時死去。「他把錢投資到這
場投機事業，結果投資失敗了。」

——查爾斯・狄更斯，《董貝父子》（*Dombey and
Son*）

1821年底，波亞斯（Poyais）——位於現今尼加拉瓜邊境一小塊土地的部落首領葛瑞格（Gregor）來到了倫敦。葛瑞格意圖對不列顛人民販售土地所有權、軍銜與貴族頭銜，並鼓勵人們移民到他的國家。

這位部落首領發現倫敦市對國外貸款的需求越來越大，於是他透過前倫敦市市長約翰‧佩林爵士（Sir John Pering）的辦公室，代表波亞斯安排籌集60萬英鎊貸款，股息設定在6％。葛瑞格發行的債券十分成功，債券價格在市場上速速飆升（但也有人認為，這主要是交易所一些可疑的操作行為所致）。1823年初，200名殖民者被送到了波亞斯首都聖約瑟夫（St. Joseph），200人當中包括一名銀行經理、一名珠寶商、一名細木工匠，以及一名近侍。結果他們左看右看都沒見到葛瑞格口中的巴洛克風格豪華都城，只看見幾棟泥土小屋、周遭的沼澤地，以及附近虎視眈眈的印第安人。殖民者又熱又餓，還患病發燒，結果好幾人在試圖逃往鄰近的貝里斯途中溺水而死。一名蘇格蘭鞋匠被指派為波亞斯公主官方鞋匠，他後來選擇舉槍自盡。200個殖民者當中，只有50人成功回到了不列顛，而這時波亞斯的部落首領已經帶著家眷與發行債券的錢財逃到了法國——他的真名其實是葛瑞格‧麥葛瑞格爵士（Sir Gregor Macgregor），他是來自蘇格蘭的冒險家，也是從西蒙‧玻利瓦（Simón Bolívar）軍隊叛逃的將領，先前喝醉酒和米斯基托族（Miskito Indians）酋長談成交易、開始自稱波亞斯「王國」的部落首領。

然而，人們並沒有因這次上當而學乖，金融市場上仍舊萌生了源源不絕的希望。半個世紀過後，股票交易所「交易巷人」

（Alley-men）厚實的錢包裡，還是找得到波亞斯地契與債務證明書，除此之外還有已破產公司的債券與股票。時至今日，波亞斯貸款仍然是倫敦證券交易所唯一一次由虛構國家發行的債券。

政府債券投機風潮

英國政府債券又稱為「金邊債券」（Consols，英文名稱取自1750年代政府貸款的「合併」〔consolidation〕行動），在1720年南海泡沫事件過後，金邊債券就取代了股票，成為市場上主要的投機物件。由於投機風氣與政府管制格格不入，而且在《一七三四年約翰・巴納德爵士法案》下政府禁止期貨與選擇權交易，人們更是想方設法鑽法律漏洞。既然期貨交易被禁止，人們改而在久遠後的交割日再結帳，於是季度結帳成了1730年代的常態，後來又在1780年代被六周交割周期取而代之。多頭操作者可以在結帳日售出（這是他們當初購買股票時約定的付款日），然後幾乎是立刻在新的交割周期重新將股票買回來——這種作法稱為「延期交割」。另外，政府股票的投機者也能輕鬆貸款。人們經常無視法規，證券交易所的選擇權交易絲毫不受禁令影響；儘管選擇權合約無法以法律途徑強制執行，人們還是相信證券經紀人的誓言：「我言出必行。」1821年，一名經紀人抱怨，選擇權交易「現在頻繁到成了場內生意的大宗」。然而，證券交易所的委員會卻沒有禁止選擇權交易，反而在幾個經紀人威脅要成立新的交易所和他們競爭時，委員會選擇默默退讓。

拿破崙戰爭（Napoleonic Wars）時期，英國政府發行了超過4

億英鎊的債券，不少人靠債券投機賺了大錢。證券經紀人李嘉圖賺了超過50萬英鎊之後決定提前退休，接著作為經濟學者與國會議員開始了第二事業（李嘉圖據說提出了投機的「黃金法則」：「迅速停損」，以及「利滾利」）。英法恢復和平後，不列顛政府不再像過去那般大規模借款，投資者也就不得不到國外尋找其他機會。法國在1817年由霸菱兄弟（Baring Brothers）提供了戰敗賠款的貸款，英國投資者正好藉此快速賺入資本利得，這也刺激了投資者對外國貸款的興趣。隔年，內森・羅斯柴爾德（Nathan Rothschild）為普魯士推出了5萬英鎊貸款計畫，這是第一檔以英鎊計算的外國債券（同時也是現代國際債券市場的前身）。不久後，一位下議院委員會成員問羅斯柴爾德，人們對外國股票「高漲的熱忱」究竟是投資還是投機的徵象呢？羅斯柴爾德的回答是：「一半一半，不過當價格上漲時，所有購買行為都屬於投機行為。」

　　對英國民眾的外國貸款當中，出現了比較浪漫的物件——南美債券。數年來，南美洲好幾個轄區在玻利瓦的鼓舞與領導下，忙著為獨立而戰。英國一向對信奉天主教的西班牙懷有偏見，又受較現代的自由派思想影響而崇尚獨立，因此大力支持解放南美洲的運動。人們認為，在西班牙人被逐出南美後，南美洲大陸將會迎來快速的經濟成長：「我們能為這些南方共和國懷揣最明亮的希望。」《新時代》報紙（*New Times*）宣稱道。「它們開始從事了無限進步的事業，並且……很快就會如歐洲最幸福的國家，獲得知識、自由與文明。」而在南美洲持續進步之時，英國的科技與藝術

將會成為它進步的一大助力。這項提案相當吸引人，而且當時的金邊債券供應量越來越少，投資民眾深深落入了第一個「新興市場」景氣時期的陷阱。

1822 年 3 月，玻利瓦為新成立的哥倫比亞共和國派出使節，使節和倫敦市商賈赫林（Herring）、葛拉漢（Graham）與鮑爾斯（Powles）一同安排了 200 萬英鎊的貸款計畫。他們發行計畫書，在計畫書中提到哥倫比亞「無窮無盡」的資源與礦場，並由倫敦最大印刷商雕刻繁複的證券證明書，利息則設定超過 7％，相當於金邊債券利息的兩倍。其他拉丁美洲國家見狀，也快速加入市場，意圖好好利用這次良機。兩個月後，智利推出了債券認購計畫，債券持有人可以只支付 10％的金額，購買 5 份 100 英鎊的債券。這些貸款計畫立刻就見效了，到 10 月中，智利債券的價值已經漲了超過四分之一，購買「認購臨時收據」（英文「scrip」是認購「subscription」的簡稱，指的是部分付款的股票或債券）的人獲利超過 150％。英國人對秘魯債券的需求量大得不可思議，皇家交易所甚至差點發生暴動。《新時代》評論道，「假如可敬的萊繆爾・格列佛（Lemuel Gulliver）先生[1] 再次登場，並且發行飛島共和國的債券，他或許會被爭先登記姓名的認購者擠得活活悶死。」[2]《新時代》報紙彷彿預知了未來，不久過後，波亞斯債券就來到了倫敦市場。

1　譯註：小說《格列佛遊記》的主角。

2　《新時代》也較嚴肅地警告道，秘魯「是位於地球另一側的國家，我們對它幾乎一無所知，只知道它目前或近期才剛發生兩方競爭的嚴重衝突」。在此時，證券交易所決定另外建造國際證券交易所（Foreign Stock Exchange），讓人在此發行外國證券。

　　人們對外國貸款的亢奮態度並不僅止於南美債券，大眾更是關切希臘與土耳其之間的衝突。1824年2月底，倫敦市市長在市政廳舉辦宴會，推出了希臘債券，倫敦市一個名聲不佳的人物——赫爾曼‧亨德利克（Herman Hendriks）被指派為對希臘叛亂政府的代理人。80萬英鎊、6％利息的希臘債券發行後人們反應熱烈，債券嚴重超額認購，收益寄給了身在希臘的英格蘭愛希臘者（Philhellene）團體，詩人拜倫勳爵（Lord Byron）就是愛希臘者團體的成員。[3]幾個月前，有人在倫敦市發布了一份計畫書，目的是為耶路撒冷聖約翰榮譽團（Order of St. John of Jerusalem）籌募資金，以便將土耳其人驅逐出羅德島。然而，這項用現代金融推動中世紀聖戰的行動沒能引起投資者的興趣，貸款計畫最後取消了。

　　除了激發自由主義情操以外，外國貸款也刻意設計得對投資者具吸引力。它們的利率設定得極高，以致南美債券不得不在巴黎承辦，以免觸犯英國的高利貸禁令——英國法律禁止超過5％的貸款利息，這可以視為用「海外」金融規避政府管制的早期案例。這些債券是以遠低於票面價值的價格發行，因此市場殖利率甚至比利率更高。此外，認購者只須支付小額保證金，剩餘金額可以長時間分期付款，所以對認購臨時收據持有者來說，只要債券的市場價值稍微上漲，他們就能獲得更高的利潤。發行債券募得的錢財有很大一部分留在了英國承包人手裡，被他們用以支付股息，後續發行債券的收益則用以償還先前的債務了。用資本支付利息

---

[3]　1825年，票面價值200萬英鎊的第二次希臘債券推出，200萬英鎊當中卻只有25萬7,000英鎊送到了希臘，剩下不是被希臘的特派員盜取，就是被用以在不景氣的市場上支持債券股（loan stock），以及彌補領頭愛希臘者的損失。

這種作法稱為「龐氏金融」（Ponzi finance）——儘管南美洲從沒有寄錢到英國償還債務（而且借款的國家也只收到了約定金額的一小部分），只要資本被用以支付利息，就能營造債券能繼續有效運作下去的幻象。

▍膨脹的南美礦業公司

　　投資者可不接受這種狀態長期持續下去，他們等著南美洲國家在獨立戰爭的混亂過後恢復經濟穩定，然後籌錢償還債務。債券的計畫書中言之鑿鑿地寫道，南美洲有豐沛的金礦，可以用來支持這些貸款。[4] 拉丁美洲黃金礦場的產出在戰爭期間嚴重受干擾，1822 年初，哥倫比亞債券承包人之一，鮑爾斯成立了礦業股份有限公司，目標是恢復黃金生產。沒過多久，新成立的幾間南美洲礦業公司在市場上大受歡迎，取代外國貸款成了最熱門的投機物件。大眾希望在投入英國資本、使用現代採礦技術後，他們能更有效率地開採南美洲礦物資源，比之前那些落後的西班牙人取得更多財富。一名抱持極端愛國主義的股東在給《約翰牛》雜誌（John Bull）[5] 的信中寫道：「英國人深諳機械的使用之道，西班牙人則相對不懂得應用機械，那英國人不是更有可能將事情做得更好嗎？」股東對全世界最強盛的工業國家提出了這個問題，答案自然是不言而喻。

4　哥倫比亞第一次貸款的計畫書承諾道：「礦場不久後將會完全恢復正常工作狀態，屆時收益將十分可觀。」

5　譯註：約翰牛是英國的擬人化形象。

　　南美洲這些礦業公司的創辦人紛紛在計畫書中寫滿天馬行空的故事，其中一份計畫書宣稱「一塊塊2到50磅重的純金被完全忽視了」，而這間公司的礦場可以產出「遠多於供給全世界所需之量」。銀之河礦業協會（Rio Plata Mining Association）的計畫書聲稱，在公司的特許用地內，金粒「會在雨水洗去表面灰塵時出現在眼前。一場大雨過後，一個女人踏出了小屋，在離家門幾碼處找到了一塊重20盎司的黃金……這些事件發生得十分頻繁，全寫出來得花上大量時間」。這些計畫書上大言不慚地宣稱南美洲礦場將產出大量黃金，量多到超越全歐洲的黃金需求量——而面對新興公司這些誇張的宣言，大眾深信不疑。人們擔心16世紀的狀況會重演，從南美洲進入歐洲的黃金將會造成嚴重的通貨膨脹。而根據俄羅斯商人托馬斯・圖克（Thomas Tooke）在《價格的歷史》（*History of Prices*）中的記載，一些人「相信大量黃金與白銀將被開採出來，因此金銀價值會減少，他們也採取了相應的舉動」。[6]

　　礦業狂熱在1824年起飛，而這正好是英國全國富裕安康的一段時期。「國家的貿易與製造，」圖克回憶道，「從未如1821到1824年那段期間一般穩定、健全與令人滿意。」根據《世界年度大事紀》（*Annual Register*）的紀錄，全國洋溢著安樂的情緒，「就連所有階級當中最愛發牢騷的鄉紳階級……也沒得抱怨了」。商品市

6　另一位作家約翰・法蘭西斯（John Francis）在《英格蘭銀行史》（*History of the Bank of England*）主張：「大地將產出巨量貴金屬，開始有人擔心它們幾乎完全失去價值。」

場上突然發起了投機風潮：最先漲價的是棉花與絲綢，使得圈外人產生加入市場的興趣；其他商品的價格接著也漲了上去，靛藍染料、稻米、橡膠、肉豆蔻、咖啡與胡椒紛紛漲價。圖克表示，到了1824年年底，「早期成功的投機成了榜樣，風潮傳了開來」。

　　前些年的拿破崙戰爭過後，英國在1817年陷入嚴重的戰後蕭條，製造業者與商人的商品存貨量都不多，而現在英國恢復繁榮，人們需要補充貨品，這時市場上對商品的需求開始增加了。人們預期商品會出口到不久前剛獨立的國家，因此大眾擔心國內會發生原物料稀缺的問題。「**新興市場**」這套說法復甦了英國人心中一場舊夢，想當初在1711年，南海公司剛成立時，出口商準備了絲絹手帕、柴郡起司等五花八門的商品，準備出口到南美洲──現在，英國人又打起了對南美洲出口商品的如意算盤。1824年，大量英國商品運到了南美洲，供應量不僅遠遠超過當地需求，當地連倉庫也都全滿了，商品只能丟在里約熱內盧的海灘上爛著。社會學家哈莉特・馬蒂諾（Harriet Martineau）寫道，「消息明確指出，暴露在那片天空與烈日下的物件，包括來自伯明罕的暖床爐；商人甚至對從未見過冰這種東西的人，兜售來自雪菲爾的溜冰鞋。」更詭異的是，一批英國酪農場女工還千里迢迢去了布宜諾斯艾利斯，準備到河床區擠牛奶，為全城供應奶油。問題是，比起奶油，當地人偏好用植物油做菜，結果女工製作的奶油很快就在熱帶氣溫下變質了，整場生意以失敗告終。

　　1825年的元旦前夕，作為對法國軍隊入侵西班牙的回應，英國外交大臣喬治・坎寧（George Canning）無預警地宣布，英國將正式承認南美洲獨立──套句坎寧的名言，「他的呼喚使新世界得

以存在，恢復了舊世界的平衡」。坎寧的宣言振奮了南美洲礦業市場，盎格魯墨西哥礦業協會（Anglo-Mexican）的股東當初買股票時只支付了10英鎊，該公司股價在1824年12月原本只有33英鎊，結果在短短一個月後漲到了150英鎊。礦山公司（Real del Monte），最初在1525年產出白銀的墨西哥礦廠，股價從550英鎊漲到了1,350英鎊。由於投機者只付了70英鎊買這些股票，他們的紙上利潤（paper profit，又譯假想利潤、未實現利潤）可是超過了2,000％。

面對股市上的風潮，一個原先對礦業股票抱持負面態度的年輕人突然改變想法，開始看漲了。班傑明·迪斯雷利（Benjamin Disraeli）在1824年仍是十多歲的少年，他除了年輕人的狂放以外，還懷有深沉、躁動的野心。迪斯雷利的父親是猶太人，是個傑出的文學評論家（迪斯雷利的祖父在過去是少數幾個「猶太經紀人」之一）。年輕時，迪斯雷利深深意識到，自己因為缺乏財富而無法影響他人[7]，父親安排他到格雷律師學院（Gray's Inn）一間初級律師辦公室工作，但迪斯雷利絲毫不想從事法律工作。他寫道：「為了成為高級律師以有所成就，我必須先成為偉大的律師，而為了成為偉大的律師，我必須放棄成為偉人的機會。」反觀金融投機，這倒是一條更快、更振奮人心的路線，他順著這條路走下去便能

7　這些特質同樣出現在了他在1826年撰寫的第一部小說——《維維安·格雷》（*Vivian Grey*）主角身上。迪斯雷利寫道：「我若是百萬富翁或貴族，也許能擁有一切。我詛咒我的命運，我不過是少了幾個錢、少了一點混蛋的血，前程就因此受阻。」他得到的結論是，他必須以融入人群的方式前進：「是，我們必須混入群眾；我們必須進入他們的感受；我們必須遷就他們的弱點；我們必須同情我們自己沒感受到的悲傷；並同享愚者的娛樂。是啊！為了統治人，我們必須先成為人……因此，人類是我偉大的遊戲。」

得到財富與權力。「我赫然意識到，」他回憶1824年年底狂熱的氛圍時寫道，「如果要發財，就必須趁現在，於是我放了許多心思在美洲事務上。」

礦業公司創辦人鮑爾斯委託了迪斯雷利，請他寫文章支持南美洲的礦業公司。[8]迪斯雷利興致沖沖地投入這份任務，很快就寫出一份百頁小冊，在冊子中重申了礦業多頭者耳熟能詳的論點：南美洲的財富即將大增；礦場開採的黃金將會使南美洲大陸復甦；不列顛投資了南美且生產了許多出口商品，想必會成為這場經濟革命的主要受益者。迪斯雷利雖然在小冊中謊稱自己「意見不受私利左右也不受黨派影響」，他至少遵循了自己的建議，沒有口是心非。他向富有證券經紀人之子羅伯特·梅瑟（Robert Messer）借了2,000多英鎊，在1824年11月開始買入礦業公司的股票，到了隔年也繼續從事投機交易。1825年的愚人節，迪斯雷利寫信給同樣是投機者的出版商約翰·默里（John Murray），表示礦業市場「即將發生永久性的大漲」。他同樣在4月對梅瑟誇耀道：

現在從美洲收到的所有消息都經過了我的手……我細看了甚至連許多董事都還沒看過的機密報告，我讀了相關的每一本書，也和我感興趣的公司的祕密代理人談話。我相信，有幾間墨西哥礦業公司的100英鎊股份將會在短短幾年內價值1,000英鎊。

8　迪斯雷利的僱主是斯溫梅普爾斯公司（Swain, Maples & Co.），鮑爾斯則是該事務所的客戶，事務所先前為鮑爾斯的盎格魯墨西哥礦業協會與哥倫比亞礦業協會（Colombian Mining Association）草擬了計畫書。

　　迪斯雷利成天投機與寫小冊子，被野心沖昏了頭。他對梅瑟表示：「我真的感到頭暈目眩。這當真是為生命而做的工作……我將最後的希望押在了墨西哥礦場上。」他還真是昏了頭呢！

▍天花亂墜的新型事業

　　不是所有人都有辦法或願意對南美洲礦場下注，而這時英國出現大量股份有限公司，造就了南海時期過後前所未見的盛況。1824年3月，羅斯柴爾德創立了聯盟火災與保險公司（Alliance Fire and Insurance Company）——據說他成立新公司的契機，是某個親戚因為宗教信仰緣故，而被一間已成立的公司拒絕聘用。聯盟公司成功籌資成立後（公司後來表現極佳），一些沒那麼實在的新公司也紛紛成立，其中好幾間和當代的都市時尚相關。都會沐浴公司（Metropolitan Bath Company）成立的目的是將海水從海岸輸送到倫敦，讓沒錢去海邊度假的人享受海水浴。另一間新創公司——倫敦雨傘公司（London Umbrella Company）承諾要使民眾解放，讓人免於「在好天氣攜帶雨傘，以及在雨天沒傘的不便」。它的具體計畫是在倫敦市與西區設立幾個「雨傘站」，讓人花一筆小錢租用雨傘。

　　而幾間新公司還宣稱要替未來的顧客做慈善，例如都會魚公司（Metropolitan Fish Company）就承諾要低價將魚賣給倫敦貧民，讓此前只買得起「黍鯡與鯡魚」的人享用其他魚種。倫敦典當公司（London Pawnbroking Company）聲稱會和高利貸當鋪削價競爭，並「以有利的方式使用資本，無絲毫損失的風險」，用這種

方式幫助窮人。倫敦死者安全墓地協會（London Cemetery Association for the Security of the Dead）成立的目的是終結盜屍行為，確保「死者安全地永眠，並且有效解決各種長久以來令人困擾的邪惡，同時為投資者產出高額收益」。該公司的利潤源自葬禮費用與售出墓穴的收入，而「考慮到死亡人數，利潤會多得幾乎超出計算能力」。

這個時代和1720年一樣，一則則天馬行空的故事圍繞著容易受騙的投資者，等著他們上當。一份在證券交易所發表的計畫書寫道，他們希望籌資成立公司「抽乾紅海，找尋埃及人追著以色列人過海時留下的金銀珠寶」。一份報紙報導道，高漲的鐵價使得多名商人與銀行家成立復甦金屬公司（Resurrection Metal Company），到特拉法加海域等英國海上勝仗的位置，打撈海底重達數噸的砲彈。報紙寫道，這些砲彈並不屬於政府，因為「依照砲彈法，王室在授權狀況下發射彈藥，就等同認可放棄了這些砲彈的所有權」。

至於南美洲礦場，據說有了英國的科技後，礦場將會產生高額利潤。在1825年初，一位匿名小冊作家觀察到「一股朦朧、不明且狂熱的期待，人們期待科學進步與現代研究的敏銳產生宏大的結果」。英格蘭首次出現了鐵路。「現在除了鐵路的消息之外什麼都聽不見了，」一篇日報文章抱怨道，「每日報紙上寫滿了通往四面八方的新鐵路的消息；宣傳小冊與報刊短評對著大眾大膽建議在全王國各處建造鐵路……」而在國會，貿易委員會主席威廉·赫斯基森（William Huskisson）發言支持倫敦與伯明罕鐵路（London and Birmingham Railway）的五年後，倫敦與伯明罕線正

式通車時，赫斯基森被喬治・史蒂芬生（George Stephenson）發明的「火箭號」（Rocket）列車輾死，成了第一位鐵路事故受害者。

　　這段時期和過去的投機時期十分相似，大部分新成立的公司都沒有正經目的，純粹是發起人牟利的手段。[9]當時一部小說中虛構的公司創辦人主張：「我們需要做的事，就只有讓股價高漲，哄騙大眾買股票，然後讓整場事業荒廢掉。」他們是如何「哄騙」大眾的呢？新公司的創辦人用了形形色色的方法：人們只須付一小筆保證金就能購買新發行的股票；關於投機者財富的傳聞被刻意傳開，吸引新的玩家加入市場；經紀人被僱來操作股價；記者收了錢為近期出現在「財金市場」專欄的新公司說好話。《晨間紀事報》（*Morning Chronicle*）編輯指控同行捨棄身為記者的原則，收了許多新公司的股份——然而在一場關於《晨間紀事報》的官司中，法官的結論是「報紙管理人並沒有將弊端告知大眾的使命規範」，這場官司也是使報社編輯對揭發騙局不感興趣的因素之一。

▌ 經濟自由的政府難題

　　意圖創立公司的計畫者，經常會請國會議員與貴族擔任「實驗鼠」或「虛位」董事。在1825年2月由《泰晤士報》（*Times*）出版的第一份「董事名錄」中，記錄了將近30位國會議員的姓名，南美洲礦業公司的董事會上也不乏國會議員。[10]為了在太平洋潛水捕

9　當代一名證券經紀人——亨利・英格利許（Henry English）指稱，典型的公司計畫者「不是律師……就是純粹受金錢利潤驅動的無原則之人」。

10　鮑爾斯請4位國會議員擔任盎格魯墨西哥公司董事。1825年3月成立的秘魯礦業與貿易

撈牡蠣而成立的哥倫比亞珍珠漁業協會（Colombian Pearl Fishery Association），董事會就包括 2 位伯爵與 1 位國會議員。威靈頓公爵（Duke of Wellington）雖然私下提出了對市場狂熱的憂慮，還是和約克公爵（Duke of York）一同擔任美洲殖民地蒸氣航運公司（American Colonial Steam Navigation Company）的董事。當時的首相利物浦勳爵（Lord Liverpool）同 3 位內閣成員接受了一間公司的董事職位，這間公司的計畫是投資 100 英鎊栽植桑樹，在大不列顛與愛爾蘭養殖桑蠶——這項計畫最終以失敗告終。

　　將名字賣給可疑企業的這些國會議員與貴族，自然是逃不過大眾的譴責。《泰晤士報》控訴道，他們是出於「瘋瘋病般的貪婪病」，接下了董事之位。馬蒂諾後來也將這場投機狂熱歸咎於「下議院品格的衰落，其中太多成員在面對（股份有限公司的）這些法案時魯莽行事，使他們陷入他們自己與其他人都已忘卻的疑雲，並犧牲了立法者的良心謀求自己與友人的利益」。國會不僅沒有平衡貪得無厭的投機風潮，反而還主動刺激這波潮流，顯然完全忘了 105 年前南海事件的教訓。

　　英國統治階級展露出了十足的安逸，甚至是輕蔑的自傲態度。1825 年 2 月初，國會開幕大典上，政治人物全都沐浴在國家經濟富庶的光輝之下，由大法官代行的御座致詞誇耀道：「這個國家的歷史上，從沒有過當今這般的時期，國家所有大利益同時處於如此欣欣向榮的狀態，不列顛人民所有階級都一致感到心滿意足。」

協會（Peruvian Mining and Trading Association）董事會包括 1 位貴族、1 位國會議員與 1 位海軍上將。亞歷山大・霸菱（Alexander Baring）在國會下議院批判該公司的法案，主張它「比起公平貿易，更像是國會採礦之例」。

在預算咨文中，財政大臣佛列德里克·「繁榮」·羅賓遜（Frederick "Prosperity" Robinson）為當時的情境向議院賀喜：「我們可以大膽地宣稱，考慮經濟榮景的和諧，以及基礎的穩固，這一切十分可貴。」

　　儘管他們言之鑿鑿，一些國會議員還是擔心投機風潮發展得太超過了。那年3月中，拜倫勳爵曾經的旅伴約翰·坎姆·霍布豪斯（John Cam Hobhouse）對下議院抱怨道，股價受計畫者操縱，且計畫者「作業的狂妄假設是，聽他們發言的傻子有著無止境的天真」。銀行業家族的霸菱宣稱，「貴族在聖詹姆士街上賭博，和商人在皇家交易所賭博毫無差異，只不過相較於前者，後者早出早歸且和較正派的人物來往」。霸菱對下議院表示，他相信所有礦業投機最終都會化為泡影，許多無辜的人將會受害。在他看來，礦業投機大錯特錯，錯在人們相信使用英國資本、勞力與科技以後，能夠更有效率地開採南美洲礦產。

　　幾天過後，利物浦勳爵在上議院起身發言，對投機者下達嚴厲的警告。他表示，他明白商業國家無法避免大量投機行為，而這份投機精神如果維持在特定限制內，可以造就不少優勢。他也明白，和平時代的利率較低，所以投機交易自然會成為市場上的主流：「儘管如此，他希望眾人清楚意識到一件事，現在參與股份有限公司或其他事業的人，必須冒著危險與風險從事投機活動。他認為自己有責任發布此宣言：他絕不會提倡任何救濟他們的法案，且若有此種措施的提案，他將會表示反對，他也希望國會能否定任何那類型的措施。」這份警告背後藏著的，是不確定的心情——他不確定政府在處理過度投機現象時，該扮演什麼角色。

　　內閣深受新興的自由貿易運動影響，甚至視自由貿易為信條，而自由貿易與資本的自由轉移有著密不可分的關係——人們認為自由轉移資本不僅是民權，還是造就英國製造業與貿易霸權的成因。就如利物浦勳爵所說，在現代商業社會上，投機是不可避免的現象。市場上的經濟活動受「看不見的手」引導，這幾乎像是全知全能的上帝旨意，政府如果試圖控制投機行為，就會阻礙到「看不見的手」。除此之外，政府也承認股份有限公司在社會上的角色越來越重要了，它們為資本密集型事業提供了資金，如銀行、保險公司、運河、鐵路、煤氣廠與水廠都需要股份有限公司的資本。

　　話雖這麼說，政府還是明確地將投機視為「邪惡」，不僅腐壞人心，從詞源角度來看還有專橫且過分的元素。投機行為可能會招致普遍的危機，使無辜者和有罪者一同受苦。政府起初承諾立新法阻止投機行為，甚至威脅要基於過去的《一七二〇年泡沫法案》提起訴訟。面對政府的威脅，迪斯雷利又受委託快速寫了一本小冊子，反對政府的管制：「人類的愚蠢，」他以一如往常輕快又中肯的文字寫道，「恐怕不是法令管得著的。」政府最終也得到了相同的結論，赫斯基森在 3 月中對下議院表示不會立新法，他確信「從事此類投機的人們心懷高漲的希望，這些人的希望最終將會消失無蹤，徒留懊悔與失望。與此同時……看不出國會現下能如何插手。」那年 6 月，多年來形同虛設的《一七二〇年泡沫法案》終於被廢除了。

　　政府的本能是維持經濟自由，道德上卻又厭惡投機，結果政府終究沒能找到兩者之間的平衡點。投機狂熱引出了幾個重要的問題，面對這些問題，政府仍舊找不到答案。「過度投機」和「合

法貿易」之間差在哪裡呢？該如何在不局限後者的情況下，有效控制前者呢？霸菱言簡意賅地說明了這個兩難局面：

> （投機的）邪惡絕對應受制衡；但人們並不知該如何制衡。假如在阻止邪惡的同時，卻扼殺了冒險進取的精神，那療方就會造成比疾病更嚴重的後果。那份冒險精神對社會產生了諸多益處，實在不願意看見任何人在公平事業與鋪張投機之間畫清界線。[11]

　　政府終究沒有以立法的方式解決問題，而是放著讓邪惡的投機自行找出解方。

▋ 股市恐慌與經濟危機

　　1825年1月，包括5條鐵路在內，籌資創立的新公司有將近70間。商品、貸款與股票的投機行為熱烈地進行了下去，這樣的活動維持了好幾個月，但在春季，市場上的亢奮氣氛逐漸消弭了。南美洲債券價格開始下跌，整個夏季都呈跌勢。到了8月底，有人為中美洲聯合省（United Provinces of Central America）的一小筆借貸籌資，卻沒能吸引任何資金，結果它的認購臨時收據立即貶損了。同樣在8月，巴西貸款雖然宣布會持續支付利息，認購臨時收據卻也跌了下去，可見投資者受夠了資本被當股息發給他們的

11　坎寧後來對下議院表示：「先生，我還真不知道在此情況下，究竟有什麼立法干預能夠見效。我不知道能用什麼措施處理非理性貪欲的投資，畢竟此種措施會在同時對合法產業與理性創業造成沉重負擔，比起益處，它更有可能帶來損害。」

情形。隨著懶洋洋的夏季到來，股市上的交易活動減少了，投資者開始無視部分付款股份的債務召回，使得好幾間公司接二連三申請解散。[12] 礦業狂熱時期最熱門的是礦山公司的股票，而礦山股價在狂熱消停時從巔峰時期的1,550英鎊跌到連200英鎊也不剩。

　　危機近在眼前──在狂熱期間，銀行肆無忌憚地放貸，除了將商品投機商人手裡的匯票貼現以外，還讓人抵押膨脹的債券與股票後借貸。到了8月底，英格蘭銀行見內部黃金儲備量減少，開始感到恐慌，當時流通的英格蘭銀行鈔票超過1,900萬英鎊，但銀行能用以支持紙幣的黃金卻不到400萬英鎊。為了避免倒閉，銀行快速減少各種借款活動，甚至拒絕將霸菱與羅斯柴爾德的匯票貼現（也就是收取匯票利息後放款）。即使赫斯基森強烈反對，英格蘭銀行還是在1825年秋季持續增加金條庫存。

　　英格蘭銀行收緊信貸的情況下，整體金融系統都間接受到了影響。影響最嚴重的是鄉村銀行，這些機構不受管制也不專業──如利物浦勳爵所說：「任何小商人、任何雜貨店老闆或起司販，無論再怎麼貧窮，都能在任何一處設立銀行。」英國雖然在1819年正式回歸金本位制了，但在1832年以前，政府仍然准許鄉村銀行發行無黃金儲備支持的紙幣。在市場景氣時期，鄉村銀行發行了雙倍的紙幣，除了放貸給股市投機者以外，它們還將長期匯票貼現，刺激了資產價格膨脹。當大眾的信心消散、信貸乾涸時，鄉下銀行的弱點全暴露了出來，全國各處的鄉村銀行都受地方恐慌

12　在扣除對董事、律師以及多位在國會與新聞媒體界的朋友的支出後，股東只能拿回初始資本支出的一部分。

或「擠兌」（run）所苦。英國西南部在10月初就有兩間鄉村銀行倒閉，不久後普利茅斯銀行（Plymouth Bank）也不支崩潰了。隨著危機加劇，《晨間紀事報》警告道：「（英格蘭）銀行必須在自己破產與投機者破產之間做選擇，而由於當前，銀行**不可能在考慮到自身安危的情況下，對他們伸出友善之手**，那麼我們就能輕易預知後果了。」換句話說，英格蘭銀行已經是泥菩薩過江了，自然不可能擔任最後貸款者。

到了12月，倫敦市已經進入混亂狀態。12月初，倫敦的波爾銀行（Pole & Co.）發生擠兌事件，英格蘭銀行同意緊急借款讓波爾銀行免於倒閉，但這時約克郡一間大銀行——溫特沃斯銀行（Wentworth & Co.）倒閉了，鬧得人心惶惶。12月14日，波爾銀行停止付款，仰賴它的40多間鄉村銀行跟著被拖下水。在那同一天，倫敦市商人紛紛聚集到市政廳，試圖提振大眾的信心，他們宣稱自己「深信國家政府信用（public credit）的穩定性」。然而，英格蘭銀行一位董事私底下直截了當地表示：「這是前所未有的緊張時期，假使情勢持續下去，我們不能再問誰消失了，而是該問還有誰留了下來？除非有人採取釋放壓力、恢復信心的措施，否則少有人能抵抗如此排山倒海的不信任急流。」股市上價格慘跌，一些股票甚至跌了80％，還有一些股票根本毫無行情。英格蘭銀行的黃金儲備少到只剩不到100萬英鎊，激動的群眾聚集到了銀行門口，政府甚至得派軍隊到針線街處理民眾暴亂問題。英國原本正處於有史以來最繁榮的時代，這時所有經濟活動卻戛然而止，店鋪裡雖然滿滿都是商品、食物也十分充足，信貸卻不知所蹤了。這時人們只願意承認黃金的價值，問題是，儘管之前關於南美洲

金礦的故事傳得沸沸揚揚，實際上流通的黃金並不夠。赫斯基森評論道：「再過48小時，這個國家就要淪陷到以物易物的交易方式了。」

霸菱日後對下議院表示，「人們失去了所有信心，沒有人願意相信他的鄰人，所有人都試圖節儉地將資源用在自己身上。這等恐慌狀態幾乎不曾存在於此。」面對這種危急狀態，英格蘭銀行必須盡快恢復貼現作業才行。內閣開了場緊急會議，決定准許英格蘭銀行發行小額紙鈔（政府過去禁止銀行發行面額小於5英鎊的紙鈔）。英格蘭銀行在庫房裡找到了一箱未發行的1英鎊紙鈔，趕緊將這些紙貨幣發放了出去。皇家鑄幣廠開始以每日15萬枚的速率鑄造1英鎊金幣，羅斯柴爾德則從法國帶來30萬枚1英鎊金幣，存入了英格蘭銀行。這些緊急措施成功救下了英格蘭銀行，到那年平安夜，儘管已經有大約70間銀行倒閉，英格蘭銀行卻脫離了險境，又開始將信用品質較高的銀行與商人的匯票貼現。

股市**恐慌**結束了，但經濟**危機**時期才剛拉開序幕。在危機中受害的人包括小說家華特・司各特爵士（Sir Walter Scott），他的出版商康斯坦伯（Constable）與出版經紀人詹姆斯・巴蘭坦（James Ballantyne）常往來的倫敦銀行先前參與了商品投機，結果他們因為銀行倒閉而跟著大虧了一筆。身為巴蘭坦的合作者，司各特也攤上了部分債務，必須依法為4萬6,000英鎊的債款負責。這位55歲的作家決定直接面對債權人：

我會一生為他們做牛做馬，從想像力之中挖掘出鑽石……不是為了自己致富，而是為了清償債務。

司各特的想像力顯然比南美洲礦場豐沛許多，因為後來他成功還清了債務。1826年2月，幾年前承辦了墨西哥債券、從中賺得25萬英鎊的B‧A‧歌德史密銀行（B. A. Goldschmidt & Co.）倒閉了，不久過後，銀行的主要合伙人L‧A‧歌德史密（L. A. Goldschmidt）因為壓力太大而中風死去。同樣在2月，倫敦商賈要求政府效法1793年金融危機時期的作法，發行國庫券（Exchequer notes）讓他們抵押貨品借貸。[13]

然而，利物浦勳爵對商人的懇求聽而不聞，還對國會表示他先前已經警告過投機者了。利物浦提起了「道德風險原則」（moral hazard）：衝動與魯莽的人就應該受苦，因為一旦救濟了他們，就只會刺激投機的復甦，導致災難在未來重演。就如赫斯基森在下議院的發言，假如各方「總是指望政府的庇護，那就等同是鼓勵投機——正如濟貧法鼓勵了流浪者、勸阻了老實勤懇之人」。不少人認為，為邪惡的投機行為受苦，是一種淨化罪孽的過程：「異乎尋常的利欲若置之不理，必然會自己因失望而找到解藥。」外交大臣坎寧宣稱道。「在這種情況下，」他又補充為政府辯駁道，「即使政府在採用任何的療方前稍微猶豫，也不能解讀為對現存邪惡的本質或程度的遲鈍反應。」

13　霸菱支持商人們的請願，他主張「如果總結這個國家過去所有的痛苦煩憂，那也遠遠不及國家目前所受的偌大苦楚」。

可惜被坎寧小心翼翼地稱為「現存邪惡」的經濟危機，並不是只降罰在有罪的投機者身上。1826年大部分時間，英國都處於嚴重的蕭條狀態，前半年宣告破產的人數是原本的3倍，製造業者減少產出，全國各地都爆發了勞工動亂，諾維奇地區的織布工在年初暴動不斷。國內有太多人失業，甚至有殖民地大臣提議調查「鼓勵人們速速自英聯合王國移民出去的辦法」。抱持這種想法的不只是這位官員，一群失業的蘇格蘭織布工也支持這項提案，乞求政府將他們流放到外國。

▌南美事業幻夢的破滅

到了1826年年底，《晨間紀事報》報導道，聖尼古拉巷一名火腿販「因為一些西班牙債券跌價了……而在暫時的瘋癲中毀了自己」，不幸身亡。幾個月前的夏季，面值2,500萬英鎊的南美債券，市值跌到了不到1,200萬英鎊。這些債券起初是用發行時特別留存的儲備金支付股息，但儲備金用盡了，而且除了巴西以外沒有一個南美洲國家履行債務。結果呢，受害的不只是債券持有者，就連南美民眾也跟著受苦──貸款承辦人只將一小部分金額匯寄到南美國家，結果各國將這為數不多的錢用以購置軍備和鄰國打仗，不然就是用來壓制國內的叛亂，早就一點也不剩了。[14] 貸款狂熱另外衍生了「第一次拉丁美洲債務危機」（The First Latin American

---

14　根據金融史學家詹克斯（L. H. Jenks）在《英國資本的遷徙》（*The Migration of British Capital*）的說法：「19世紀大半時期，南美各個共和國的暴力、貪腐、不穩定與金融方面的輕率態度，很大一部分歸因於倫敦金融市場早期的放縱。」

Debt Crisis），這個事件的名稱取得十分貼切：由於南美積欠貸款的利息，不列顛與南美洲之間的貿易受阻礙，結果各國花了大半世紀重新安排債務與不履行債務，令各方都相當痛苦。

1826年2月，《晨間紀事報》的金融市場專欄作家寫道，「至於股票，沒有人想到要提到這個名稱，還有數千人希望自己沒有股票可言。」狂熱期間籌資成立的許多新公司之中，有上百家在1826年被業主拋棄。《每月評論》（*Monthly Review*）輕蔑地表示：「它們是一大批流產的怪物——建立於對天真者的欺瞞之上！」礦山公司的股價從400英鎊跌到115英鎊，為了從解放者玻利瓦家傳土地開採銅礦而成立的玻利瓦礦業協會（Bolivar Mining Association），則從28英鎊跌到只剩1英鎊。眼見礦業市場崩盤，迪斯雷利青春的夢想也跟著破碎了，這位未來的首相年紀輕輕就背上數千英鎊債務，直到二十多年後才完全清償債款。在市場碰壁的他轉而開始寫小說，用自身經驗寫了第一部小說——《維維安‧格雷》（*Vivian Grey*），然後身心俱疲的他精神崩潰了，只得出國休養一段時間。[15]

礦業股票之所以崩潰，一大因素是銀之河礦業協會主席工程師海德上校（Captain F. B. Head）在1826年初出版的一份文書，文中記載了南美洲礦場的相關資料。海德在南美洲大陸遠行了三千多英里，得到了「奔走海德」（Galloping Head）的稱號。銀之河礦業協會的計畫書聲稱公司特許用地內金礦充足，只需要把泥

15　迪斯雷利在剛開始發展事業時，海外投機以災難收場，結果他最後以成功的海外交易結束了事業。1875年，他代表不列顛政府，用400萬英鎊買下了蘇伊士運河一半的股份。半個世紀過後，這些蘇伊士運河公司股份價值4,000萬英鎊。詹克斯寫道：「以投資而論，購買（蘇伊士）股票可說是英國人有史以來最幸運的一次投資。」

巴洗淨就能取得黃金了，但根據海德的說法，其實事情並非如此。
銀之河礦業協會的特許用地不是有土地爭議，就是被奴工開採一
空了，而英國礦工根本無法模仿奴工的工作方式。在那極端嚴酷
的開採條件下，不列顛的科技絲毫沒有用武之地，而且西班牙人
在南美留下的痕跡也無法輕易抹滅：海德上校發現，南美洲人「毫
無合約、準時或時間價值的觀念」。

　　海德寫道，礦業公司接連倒閉，「原因只有一個──我們無視
了成為投機場域的國家」。英國人投資南美債券，尤其是波亞斯債
券失敗，也是這個原因造成的。債權人對拉丁美洲國家一無所知，
沒意識到這些混亂、動盪又貧困的國家根本無法還債。人們普遍
對礦業公司了解得極少，甚至有人說，大家對採礦地點知道得越
少，它的股價就能漲得越高。

　　投機者沒有蒐集可靠的情報後採取行動，而是受奇幻故事驅
使。從德瑞克（Drake）繞地球航行，又在1580年帶著從西班牙人
得來的戰利品歸國後，英格蘭人就一直對南美洲懷有某種特殊的
憧憬。然而，英格蘭人並不是單純受貪欲驅使，他們投資南美洲
時，心中也懷有浪漫與政治的理想──在英格蘭人眼中，南美洲
人長年來飽受西班牙人剝削、排擠，還受困於西班牙人落後的思
想，而英格蘭人投資南美洲，也是在為這個長期受苦的大陸買下
自由。礦業投機者不只是為了私利而投入可疑的事業，他們可是
在做大事；套句迪斯雷利的話，他們是在「贊助新生的自由與自由
的原則」。[16] 簡而言之，南美狂熱象徵了理性金融計算的落敗，以及

16　迪斯雷利於《調查》（*Inquiry*）寫道，在人們眼中，購買礦業公司的股票比其他投機行

天馬行空幻想的勝利。馬蒂諾日後回憶道：

　　它的魅力是這份雀躍——同情大事業的喜悅，以及它們貿易場域延伸到彭巴草原與安地斯山之外、超越最遙遠的海洋、到達冰岩與極地時，想像力與構想的澎湃情緒。當頭髮灰白的商人在他的火爐邊，滔滔不絕地說起山脈的裂隙、礦工手中閃爍的貴金屬時，令商人眼中燃起火光、語速加快的並不只是預期的利益；更是因為日常生活中太少使用的想像能力，這下得到了滿足。

　　1822年到1825年間的事件，不過是一長串「新興市場」景氣時期的開端。19世紀大部分時期，英國投資者也將美國視為新興市場，把資本投入美國的國家債券與鐵路公司，結果頻頻虧錢。快到世紀末時，南美洲吸引了新一波投機活動，結果霸菱家族的銀行無法將手裡的阿根廷公用事業債券（utility bond）脫手，投機熱潮以銀行倒閉告終。1920年代的美國牛市，和一個世紀前英國景氣的市場很像，都是以對南美洲國家的投機借貸開始，結果在後來的蕭條時期，這些國家都沒能履行債務。1930年代早期，美國的外國貸款緊縮，加劇了國際經濟蕭條。

　　再看更近期的例子：1990年代的美國牛市時期，南美洲、遠

　　為來得正派：「看著礦業市場的變化，並沒有任何不體面之處；它視同購買房地產，且……承接瓦倫西亞人與西班牙統治者的所有物，有種華麗而高貴的感覺……」

東與前蘇聯國家這些新興市場上，出現了投機借貸與投資熱潮。[17]
美國人投資外國的動力，類似1820年代驅使英國投資者投入南美
的動力：南美洲各國擺脫西班牙統治的陰影後，英國人迫不及待
要用英國的商品、資金與技術讓南美洲現代化；而在1990年代，
美國人也迫不及待要用美國商品與資金，取代國有社會主義的僵
化體制。新興市場中的現代投資者們亢奮不已，即使這些人投資
的國家和美國之間存在深深的政經文化差異，他們也對此視若無
睹，就和1920年代的英國人一樣。[18]

　　1990年代出現了人們前所未見的現象，智利、孟加拉等偏遠
地區紛紛發展出股市泡沫。根據一名投資策略家的說法：「對（新
興市場中的）投資者而言，最大的挑戰是如何抓準進出泡沫市場
的時機——你得在市場中待得夠久、得到充分的利益，然後趁泡
沫破滅前抽身。」投資者希望能透過外國股票與貸款獲得高報酬，
可是一旦市場上出現不安的跡象，他們就會驚慌逃逸。有人擔心
市場會出現「骨牌效應」，投機者逃出一個國家時，鄰近國家的信

17　「新興市場」（emerging market）一詞最先出現在1986年，是由世界銀行（World Bank）
　　附屬機構國際金融公司（International Finance Corporation）一名公務員提出。比起「第
　　三世界」或「較未開發的國家」，「新興市場」在投資者聽來更有吸引力。1991年到
　　1995年間，美國年金與共同基金新興市場的投資額從不到2,000億美元，成長到超過
　　5,000億美元。

18　1998年10月6日《金融時報》（Financial Times）一篇文章提出了與海德上校相似的評
　　論，主張新興市場不適合西方投資者，因為這些市場大多缺乏必要的體制、法律治理、
　　破產程序、可靠的會計工作、不腐敗的管理監督、可預測的稅制、穩定的貨幣、存款
　　保險、良好的金融管制，以及獨立的中央銀行——除了獨立以外，中央銀行還必須有
　　能力擔任最後貸款者。文章的作者總結道：「在金融領域，『無知便是福』的效果極其
　　短暫。」

心也會受損，而正是因為人們害怕骨牌效應，世界上出現了國際不穩定時代，頻頻發生競爭性貨幣貶值（competitive currency devaluation）的情形，令人聯想到1930年代的經濟狀況。1998年年中的新興市場債券造就了熊市的發展，市場上的餘波和早期蕭條時代十分相似，著實令人憂鬱。[19]這些市場很快就被人改口稱為「下沉市場」（submerging markets），它們的股市狀況和借貸市場同樣慘淡，又跌回到1990年代初期的水準。這和1820年代的狀況相似，投機熱潮最可能造成的結果，就是開發中國家與西方國家之間關係惡化，同時也令人懷疑自由市場模型——畢竟人們親眼看見堆積如山的錢財從前門推進來，卻也眼睜睜看著財富以加倍的速度從後門離去。

▌交易、信貸與投機循環

　　新興市場投機活動往往出現在經濟循環當中特定的節骨眼：經濟循環到了這個階段，國內債券的收益往往開始下降，再加上人們手裡掌握了多餘的資本，這時他們特別容易受外國投資機會吸引。1822年到1825年的狂熱可說是一個開端，它開啟了投機與商業循環之間密切的關聯。最初觀察到經濟循環的人，是17世紀的威廉·配第爵士（Sir William Petty），他將這個循環描述為「匱

19　舉例而言，1997年9月，委內瑞拉發行了93元的債券，一年後債券的交易價格跌到了45元。新興市場債券超過美國國庫長期債券（US Treasury bonds）的平均收益（也就是借貸給新興市場的風險溢酬），在1998年7月還不到4％，結果短短六周後就漲到了超過16％。這表示，相對美國國庫長期債券，新興市場債券跌了大約75％。

乏與豐盈」的連續。在一開始，經濟循環在人們眼中和作物歉收、戰爭與公共財政問題相關，而不是和過度投機相關。舉例來說，最原始的 1745 年 12 月 6 日黑色星期五，是詹姆士黨入侵與「小王位覬覦者」（The Young Pretender）進軍德比造成的。18 世紀後半，隨著經濟逐漸進步，經濟循環中的農業與財政性質開始被新的循環取而代之，而這個新循環則建立在信貸的擴大與緊縮之上。[20]山繆·泰勒·柯勒律治（Samuel Taylor Coleridge）在 1817 年的《世俗布道》（*Lay Sermon*）中寫道：

過去六十年內，每十二或十三年就會發生特定的信貸循環。有一小段時間，這伊卡洛斯[21]般的信貸——或者說是信心的私生子，似乎因墜落而錯愕地倒地，然後驚懼與懷疑逐漸消弭，轉變為慎重小心；但後來慎重小心一點一滴被欲望與**做生意**的模仿與野心取代；直到急躁與粗心一邊浮現，冒險、無原則與虛假的信用則在另一邊，同時誘惑與鼓勵，使得交易動態每年變得更加放蕩輕浮，一段時間後在希望與危險、蒙眼的熱情與盲目的行為之漩渦中終結。

20　1772 年金融危機發生前，人們普遍從事運河與收費公路（私營收費路段）的投機活動，並且大肆發行匯票。擁有蘇格蘭血統的亞歷山大·福戴斯（Alexander Fordyce）曾經是襪商，後來做了東印度公司股票的投機卻沒能成功，結果他經營的銀行倒閉，遭受池魚之殃的艾爾銀行（Ayr Bank）跟著倒閉，進而造就了 1772 年金融危機。1793 年又發生了一次類似的金融危機，這回是運河投機與大肆放貸造成的。

21　譯註：Icarus，希臘神話中試圖用飛行翼逃獄的人物，因為飛得太高，蠟翼因太陽的溫度而融化，最後墜海溺死。

　　他寫下這些想法時，正是拿破崙戰爭結束後嚴重的蕭條時期。沒過幾年，信貸與信心又恢復了，經濟循環順著柯勒律治預測的路徑發展下去，直到爆發大規模投機狂熱。我們可以將1822年到1825年的景氣時期，理解為授信條件（credit condition）容易達成所造就的結果。南美各國的債券之所以能吸引英國投資者，是因為金邊債券的供應逐漸消失、產生的收益也越來越少了。此外，鄉村銀行也是造就經濟景氣的因素之一，它們發行的大量紙鈔流通到了全國各地（霸菱表示：「這虛構的盈餘，是大火所啃食的燃料。」）在景氣時期，信貸成長不受限制，使得資產價格上漲，刺激了進一步的信用創造。情勢在1825年春季來到了轉折點，這時資產價格開始下跌，侵蝕了人們的信心，導致信貸收縮，並在最終造成了金融危機。[22]

　　1825年金融危機過後，銀行家與重金主義者（Bullionist）S・J・羅伊德（S. J. Loyd，也就是日後的歐福斯通勳爵〔Lord Overstone〕）也描述了一種循環，和前面柯勒律治提到的循環十分相似：

　　　　我們先是看見它處於靜態——接著開始改善——信心增加——繁榮——興奮——過度交易——動盪失控——壓力——停滯——困苦——最後回到靜態，以靜止狀態結束。

　　在歐福斯通的敘述中，交易、信貸與投機的循環之間都存在

22　圖克主張，股票投機的損失「成為了後續銀行業與商業危機的原因」。

關聯性。在1822年到1825年狂熱時期，人們除了做股票、債券與商品的投機活動以外，也對本國與南美洲的出口貿易心懷期望，同時也有許多人抵押股票與股份向銀行貸款，銀行從事了危險的借貸行動。歐福斯通從心理學角度詮釋經濟循環，後來《經濟學人》編輯白芝浩套用了歐福斯通的理論，並加以解說。白芝浩解釋道，「穩當投資的過量累積」造成了「危險的」投機，而這「過量累積」的情形往往發生在繁盛時期：

　　事實就是，存款持有者沒有找到穩定充分的正常投資標的，因此匆匆投入任何許下華而不實之承諾的物件，當他們發現這些華而不實的投資能高價脫手時，他們更是越發急著投入。他們最先嘗到的甜頭是高利息，但這很快就成了次要考量。他們產生了第二個胃口，急於售出產生利息的本金、賺得大利。只要這類買賣能持續成交，狂熱便會持續下去；當人們不再能做這種買賣時，毀滅便會開始。

　　白芝浩認為，在循環向上的階段，人們相信繁華勝景會永遠維持下去，商家紛紛開始過度投機。但與此同時，越來越多投資者開始被詐騙，而騙局只會在金融危機結束後才水落石出：「所有人在最幸福時都最容易受騙。」

　　1825年過後，大約每十年發生了一次景氣與危機的循環。到19世紀末，法國經濟學者克里門特‧朱格拉（Clément Juglar）分析了這些經濟循環，命名為每十年一次的「朱格拉周期」（Juglar cycle）。[23] 19世紀多位經濟學家在談論十年循環時，另外提到了循環和其他各種因素的關聯，其中包括信貸的擴張與收縮、製造商存庫的多寡，甚至是太陽黑子出現的周期。[24] 根據約翰・密爾的說法，每一次景氣時期的種子，早在上一回危機時期就播下了：金融危機期間，信貸清算（liquidation）導致資產價格急遽下跌，這時就真有機會買到物美價廉的資產了。那之後，價格會從低谷急遽上漲，使投機活動復甦。每一次危機過後，金融市場總是一下子忘了過去的愚蠢與損失，重新懷著樂觀又天真的態度面對未來。套句白芝浩的話，資本會在這時變得「盲目」，而忘卻了過往的投資者只能一再讓歷史重演。

23　朱格拉基本上是從財政角度分析金融危機：當銀行系統的貨幣儲備面對無可接受的壓力，因而開始收縮信貸時，就會終結長時間的通貨膨脹與信貸擴大。

24　最初提出太陽黑子理論的人是 W・S・傑文斯（W. S. Jevons）。

第 **5** 章

蓄勢待發的運輸革命——1845 年的鐵路狂熱

人們有一種模模糊糊的想法，總覺得他們只要堅持投資合資公司的股票，用鐵鏈子不停地挖下去，一段時間後必然會絲毫不費成本地抵達某處；但雖然湧入火車站的人潮十分洶湧，當列車長大喊「請上車！」、煙霧被吹散、水氣凝結後，你會發現只有少少幾人上了車，其餘人全都被輾了過去——而這會被稱作，也確實是一場「可悲的意外」。

——亨利·大衛·梭羅（Henry David Thoreau），《湖濱散記》（*Walden*）

熊彼得寫道:「革新,是資本主義社會的經濟史當中,最重要的一件事。」我們檢視資本主義的過程,就會發現投機者是這一切的先鋒部隊,一旦某個創新事物成功奠定基礎,開始產生穩定收益,投機活動就會轉變為投資——比起資本利得,投資者更注重固定收入與本金的安全性。投資者不同於投機者,他們主要關心事務的現況,即使他們對未來有任何預期,那也只是期望當前狀態可以平順地延展到未來。

新發明與新事物向來令投機者心潮澎湃,投機者對科技進步十分關切,1690年代的潛水機械、救火機與防盜警報公司,1720年的機械槍與「永動輪」,都可以視作連結科技進步與投機活動的早期例子。話雖如此,在工業革命以前,吸引投機者的創新事物不是應用層面有限,就是想趁景氣時期賺一筆的騙局。但是從18世紀晚期開始,通訊領域就出現了許多貨真價實的創新發明,對社會造成了深遠的影響。社會最先迎來了運河,緊接著是鐵路、汽車、無線電、飛機、電腦,以及更近期的網際網路。每一次通訊進步都吸引了投機者的目光,而新發明能夠成功在社會上立足,也是多虧了投機者。

▍從運河熱到鐵路熱

英國的運河時代從1767年拉開了序幕,那年布里奇沃特公爵(Duke of Bridgewater)的運河竣工,從曼徹斯特西北方、公爵在沃斯利的礦場為起點,跨越大約三十英里,連接到了西南方的朗科恩市,也就是當時幾間新紡織工廠所在的地點。接下來二十年,

英國境內興建了總長一千多英里的運河網路。最早開挖的幾條運河產生了龐大的資本報酬，支付了大額股息，股價也高漲不下。它們不僅在財政方面很成功，還為大眾提供了不少益處，減少了運輸煤炭、製造商品與農產品的成本，這些益處似乎有機會使舊世界轉型，大眾自然為此興奮不已。1790 年代早期，大眾首次從事運河投機，這段時期國會通過了五十多條興建新運河的法案——比那之前五十年的數量多了不止一倍。運河認購者的會議在田裡、旅社，甚至是教堂舉行，運河公司記帳員、律師與旅店老闆經常兼任地方運河投機業者，他們成立了「航運辦公室」，定位類似1630 年代的鬱金香會所。

　　運河投機活動在 1792 年到 1793 年的冬季到達了巔峰，大部分運河計畫所在的英格蘭中部地區，報紙上刊滿了證券經紀人的廣告、股東會議會場擠得水洩不通的報導，以及運河股票驚人的價格。萊斯特航運運河（Leicester Navigation Canal）認購者將賀拉斯（Horace）的詩句當作公司格言：「Liquidus Fortuna Rivus Inauret」（願你在財富之流中被黃金淹沒）。然而，這終究只是認購者的一廂情願罷了。法國的幾次革命戰爭引發了 1793 年商業危機，運河狂熱也戛然而止，運河股價崩盤了。早期那幾條運河之所以成功，是因為興建者是當地地主與商人，他們非常清楚興建運河的利弊，但後來較新的運河就不同了，它們的投資報酬率相對低。[1]到了世紀交替時，投資運河的整體資本報酬已經從狂熱開始前的

1　建造運河的成本大幅上漲，而且最主要的航線都已經被占走了。此外，許多第二代運河的施工時間非常長（利茲和利物浦運河花了整整 46 年才完工）。

50％，跌到了5％左右。即使在二十多年後，五條運河當中還是有一條運河的公司付不出股息。而如果以投入的資本作為分母，計算總股息的投資報酬率，就會發現報酬率和無風險政府債券相差無幾。

開通新運河能連結不同城鎮、製造廠與市場，引起了地方人士的興趣，但其實建造運河的科技本身並不新穎——畢竟早在羅馬時代人們就懂得建溝渠了，運河不過是將水運的優點延伸到了過去沒能使用水運的地區。相較於運河，鐵路對人類生活造成的改變就顯著得多。這些影響十分深遠，以致於1820年代蒸汽引擎被發明出來時，人們對這新發明抱持懷疑又驚恐的態度。有人預期火車會妨礙牛吃草、阻止母雞生蛋，它們排出的有毒氣體會使鳥類死亡、將羊身上的毛染黑，甚至有人認為火車的高速（時速15英里）會使乘客炸裂，除了一堆原子之外什麼都不剩。

此外，鐵路還面臨了其他勢力的反對，反對者包括運河業主、長途公車業者，以及擔心火車擾了他們安寧、害他們無法獵狐的地主。興建大西部鐵路（Great Western Railway）連接倫敦與英格蘭西部的提案剛出爐時，牛津大學（University of Oxford）與伊頓公學（Eton College）起初都拒絕和鐵路扯上關係。

儘管許多人對鐵路建設懷有敵意，鐵路的早期歷史卻出現了兩次投機熱潮。第一次「鐵路狂熱」發生在1825年，第一條蒸汽鐵路——斯托克頓與達靈頓鐵路（Stockton and Darlington）在這年正式開通，不久過後，國會就通過了六條新的鐵路法案。這次的

鐵路狂熱來得快也去得快，在1825年年底的經濟危機中平息了下來。六年後，利物浦和曼徹斯特鐵路（Liverpool and Manchester Railway）開通了。在此之前，人們認為固定式蒸汽引擎與馬力牽引就足夠了，但在利物浦和曼徹斯特鐵路開通後，大眾終於見識到了火車的優勢勝過馬車。不久之後，利物浦與曼徹斯特鐵路開始支付10%股息，股票的市場價值也翻了一倍，這份成功激發了第二波「鐵路狂熱」。這第二波狂熱發生在人們普遍從事投機活動的時期（1825年金融危機過後，市場又循環到了經濟復甦階段），投機物件包括西班牙債券與股份有限銀行等。市場盛況在1837年破滅時，鐵路自然也受到危機的波及。[2]接下來五年，少有人提出建設新鐵路的計畫案。到了1840年代早期，大部分鐵路公司的股份都是以低於發行價的價格被人買賣，畢竟這時國內營運中的鐵路已經將近兩千英里，許多人都認為國內鐵路系統已足夠完善了。[3]

　　然而，差不多在同個時間點，大眾開始意識到了鐵路造就的深遠變化。1842年夏季，年輕的維多利亞女王（Queen Victoria）在阿爾伯特親王（Prince Albert）的勸說下首次搭火車出行（她從斯勞搭到派丁頓，據稱這段較短的路程上沒有塵土與人群，也不會太炎熱，令她相當滿意）。原先反對興建鐵路的地主們，如今發現鐵路旁的土地有漲價的趨勢，他們的反對聲音也就漸漸消了下

2　大西部鐵路的支票開始跳票了，而另一家鐵路公司當初售出股票時買家只支付了部分款項，結果公司竟以高價賣給了買家（其實股份被視為債務，因為股東必須依法繼續支付購買股份的款項，這又稱「贖回」）。

3　這時搭蒸汽火車從倫敦到格拉斯哥，只需要24小時了。「明理的人哪還會再要求更多？」《鐵路時報》（Railway Times）問道。

去。全國上下，記者與宣傳手冊都將鐵路譽為有史以來最具開創性的進步，除了談論鐵道運輸的經濟利益之外，他們還說起了鐵路對人類文明更廣泛的作用。據說「鐵路時間」將永遠改變人類生活的步調：「就連我們使用的語言也開始受它影響了，」當時有人寫道，「人們提起『上蒸汽』『鐵路速率』，還開始以小時與分鐘衡量距離。」一位鐵路公司董事在股東會議上宣布道：「除了宗教信仰以外，沒有任何事物比蓄勢待發的交通來得重要。」一份報紙興高采烈地宣稱：

以取得資訊的力量與傳播的力量而論，我們生命的長度將會多上一倍，我們甚至可以指望全世界化為一個大家族，說著單一語言，受相似的法律共同統治，並且敬愛單一的上帝。

人們對鐵路的革新做了無限想像，甚至有人預期鐵路會使「大不列顛人遠近馳名的冷淡消融」。[4] 從投資的角度而言，有人主張鐵路股份「即使在恐慌時也會保持安穩」。

大眾受鐵路風潮深深吸引，狄更斯也在1846年《董貝父子》中諷刺當代的流行，指稱當時流行「鐵路飯店、辦公屋、宿舍、寄宿屋；鐵路計畫、地圖、風景、包裝紙、瓶瓶罐罐、三明治盒與

4　這位作者威爾森（H. Wilson）在《鐵路投機客剖析》（*Hints to Railway Speculators*）進一步揣測道：「同一國家中，不同地區受偏見與錯誤的利害關係相隔，而這些偏見與利害關係將會被這樣崇高的發明拆解；隨著仁善的天意使我們理智增長，各地人民將產生相同的文明精神，最終所有人都將情同手足，同為偉大之父的子民……而且最重要的是，知識與智慧無疑會被傳播至各個城鎮，最終成就社會『大益』。」

時刻表；鐵路出租馬車與計程車招呼站；鐵路公車、鐵路街道與建築……」。當時的鐵路相關報社也在迅速拓展版圖，更是激發了大眾對鐵路的興趣。1840年代初期的鐵路報社有三家，其中最權威的是《鐵路時報》，而到了1845「狂熱」之年，幾乎每周都有新的鐵路報紙問世，其中包括14份周報（在鐵路熱潮的高峰，它們每周發行2份報紙）、2份日報，以及1份早報、1份晚報。

▌ 鐵路之王哈德遜

　　鐵路狂熱之中，有一個人懂得以最有效的方式，將大眾對鐵路的興趣轉為己用。約克和英格蘭中部北區鐵路（York and North Midland Railway）董事長喬治・哈德遜出身約克郡，是個神采奕奕、身材過胖又容易惹惱別人的男人。他父親是東約克郡的農人，他自己起初也是作為亞麻布商起家，後來多虧舅公留下的龐大遺產，他一躍成了約克市市長。哈德遜一開始是在1834年對鐵路產生興趣，他在那年認識了「鐵路之父」──工程師史蒂芬生。據傳說，哈德遜說服史蒂芬生將約克當作東北鐵路系統的中心；或者套句哈德遜用約克郡口音說出的名言：「讓所有鐵路來我約克。」

　　約克與英格蘭中部北區鐵路在1842年通車後，哈德遜接著規畫新的路線與分支，並且買下或租借既存的公司。他提議建設新的路線，連接約克與愛丁堡，還透過一系列公司合併行動，將他的鐵路系統延伸到了伯明罕、布里斯托，最後連到了倫敦。到了1844年，他手裡掌控了超過一千英里的鐵路，超過當時營運中路線的三分之一。哈德遜就是在這年得到了「鐵路之王」的稱號──

據說這是當代大才子西德尼・史密斯牧師（Reverend Sydney Smith）幫他取的。此外，也有人因為他的口腹之欲與寬大的身材，稱他為「約克郡氣球」。但這兩個稱號都不夠貼切，真正貼切的是「鐵路拿破崙」——哈德遜成功將自己的命運與鐵路時代相繫，真稱得上是鐵路界的拿破崙。

　　哈德遜想方設法將自己的事業與鐵路進步連結在一起，刻意煽動了大眾心中的熱火，甚至小心翼翼地安排了新路線的開幕典禮，達到最鼓舞人心的效果。「所有鐵路都仍在嬰兒階段，它們的資源會每日、每周、每月增加。」他在1841年初宣布新路線開通時，對觀眾說道。哈德遜在1845年8月當選桑德蘭的國會議員，他特意安排快速列車從倫敦將一早發售的《泰晤士報》送到桑德蘭，搶在選民接獲消息前宣布自己當選：「看這才智的進步！看這蒸汽的力量！」他一面將報紙發送給群眾，一面大喊道。幾天後，哈德遜在慶祝晚宴上頌揚幻想的美德：「各位男士，想像力存在某種力量。我沒說人應該被想像力主宰；但在下了判斷之後，我們可以讓想像力稍微放縱一下……」

　　哈德遜在經營鐵路時，用上了虛勢、扭曲了規定，還處處錙銖必較。他宣稱繁文縟節是他過去在店外院子裡銷售的商品，不該出現在他的鐵路帝國。身為多間鐵路公司的董事長，他的行事風格相當神祕，其他董事往往不清楚他的計畫，公司帳務被他自己收藏了起來，他也不願意舉行財政委員會議。他在1842年加入米德蘭鐵路（Midland Railway）董事會時，立刻改變了公司的會計方法，並宣布：「我的鐵路可容不下統計學！」（據說還有一次，哈德遜宣布：「我們在商務上不介意原則！」）哈德遜本人雖然喜

歡鋪張奢華，對於商業成本卻控制得十分密切，他的鐵路收費也都非常高。1840 年 11 月，約克和英格蘭中部北區鐵路發生了死亡事故。事故之所以發生，是因為哈德遜為了省工資，僱用了一個視力有問題的年老列車駕駛人。哈德遜的鐵路頻頻發生類似的意外，批評者指控他為了利益而犧牲大眾安全，但哈德遜自然希望節省成本，省下的這些錢能用來高價收購對立的鐵路公司，並發放更高的股息給股東。

早在約克和英格蘭中部北區鐵路建成前，哈德遜的經營團隊就宣布要發給股東 9％的股息，用高得出奇的股息換得股東的支持——哈德遜直截了當地承認約克與英格蘭中部北區鐵路是用本金支付股息，股東卻沒有絲毫異議。被哈德遜合併的那些公司，往往在正式宣布合併前股價高漲——這明顯是內線交易的徵兆，卻也沒有股東抗議。1844 年 10 月，哈德遜沒對股東宣布他接下來的計畫，卻成功從米德蘭鐵路股東那裡籌得了 250 萬英鎊。他得意洋洋地說道：「好啊，我說服了他們，我拿到了錢，而且我都沒對任何人說過要拿這些錢做什麼呢！」當時的股東會議總是瀰漫著雀躍與狂喜的氛圍，鐵路成了他們的新宗教，而哈德遜則是他們的先知。

▋ 鐵路法案的考驗

1836 年鐵路狂熱期間，一些人提議要政府調查境內土地，選擇最合適的路線做鐵路開發。但由於政治上的意見衝突，再加上盛行的放任主義，不列顛鐵路系統最後還是零零碎碎地發展，政

府沒有做整體規畫。設置鐵路的過程並不複雜：先由幾個地方顯貴組成委員會，登記臨時公司（組織者被稱為臨時委員），打認購股票的廣告、向大眾籌資，聘請工程師探勘路線，然後向國會提出鐵路法案的申請。人們可以先支付價格的十分之一買下認購臨時收據（等到開始建設鐵路時，公司會再「召回」〔call〕剩餘的款項），當臨時公司登記後，認購臨時收據就能在市場上被人交易了。上述過程中，就只有國會會做檢查，其他步驟政府都管不著。

　　在鐵路剛建立起來時，人們認為只要付使用費給鐵路業主，任何人的列車都能在那條軌道上行駛，各條鐵路都將自行產生競爭。[5]但是到1840年代早期，人們明顯看出鐵路會自然形成壟斷局面了。當時的鐵路系統即將進一步發展（國會在1844年初收到了66份鐵路法案的申請書），這個幾乎不受政府管制的領域，是時候走上新的方向了。1844年初，立新法管制鐵路建設的任務，落到了新上任的貿易委員會主席——威廉・格萊斯頓（William Ewart Gladstone）身上。

　　格萊斯頓向鐵路關係人諮詢管制的議題，卻得到了幾種不同的答案。倫敦銀行家兼倫敦與伯明罕鐵路董事長喬治・卡爾・格林（George Carr Glyn）認為，如果不採取動作將鐵路相關法令系統化，鐵路資產將會貶值。哈德遜的見解又不同了，他大力反對政府管制，主張政府不可不正當地干涉私人財產。最後，是哈德遜贏了。在首相羅伯特・皮爾爵士（Sir Robert Peel）施壓下，格

5　實務上，鐵路公司只能在自己的路線提供列車服務，無法使用其他人的車站或加水站。在鐵路早期的歷史上，鐵路公司用自己的列車運載乘客或貨物時，可以任意定價格，不受任何限制。

萊斯頓不得不刪改原始的提案。雖然《鐵路法案》(*Railway Act*) 在 1844 年夏季通過，政府依法成立了鐵路局 (Railway Department)，專門審查新路線，但鐵路局的建議對國會並沒有法律效力，它的資源也不足以調查即將送到辦公室門口的大量新計畫。「我不認為《鐵路法案》的預防措施能妨礙或防止人們將私人資本用於鐵路。」秉持放任主義的首相主張道。格萊斯頓擔心首相說得沒錯，於是在 1844 年秋季將新鐵路計畫的保證金規定從 5％調到 10％，希望能勸退比較偏投機性質的公司提案。不久之後，他辭去了貿易委員會主席職位，理由是自己的官方立場和家族的鐵路投資有利益衝突。他私底下預期投機風潮會再次興起：「我覺得，」他在辭職前寫道，「以商業界目前的局勢，無疑會使現存法令很快受到嚴峻的考驗。」

▋ 狂熱的引燃與延燒

1844 年底，英國的經濟狀況十分樂觀：利率達到了將近百年來的新低，而在接二連三的豐收過後，穀物產量充足、價格低廉。鐵路建設成本下降了，營收則在快速增長，規模最大的三間鐵路公司都對股東支付 10％的股息（是當時通行利率的 4 倍），大眾對「鐵路革命」的興趣持續升溫。哈德遜感覺到投機風潮將至，於是在 1844 年冬季自己買了大量鐵道建設用的鐵材。他對局勢的預測非常準，短短三個月內，鐵材料的價格已經漲到原本的 3 倍了。

1845 年 1 月，又有 16 項新的鐵路計畫被推出。到那年 4 月，隨著鐵路收入快速成長，又有 50 多間新公司登記成立，報上刊滿

了鐵路計畫書廣告，吸引大眾認購股份。一般的公告除了列出臨時委員以外，還會用一段文字讚頌新路線提案的種種好處，大部分時候新公司還會給出承諾，答應在最後會發放至少10％的股息。假如認購行動成功了，委員自己和朋友們手裡會掌握一大部分的股票，只將少少股份釋出到市場上，以人為手段創造出股票稀缺的狀態。先前一些投機者已經先將股票賣空了，他們預計之後以較低的價格將股票買回來，結果在股票稀缺狀態下，這些投機者都遇上了被套牢的危機。[6] 新鐵路公司會接著請鐵路報社的朋友幫他們打廣告，再由股市上的代理人抬高股價，當股票開始溢價交易時，公司創辦人就會將先前保留的股份售出，大賺一筆。[7] 一些公司甚至僱用特殊的「股份委員會」，負責確保這些操作順利進行。

　　新鐵路公司的創辦人當中，許多人似乎都只對一己私利感興趣，而這些人擔任了無數間新鐵路公司的委員，有些時候甚至一人代表好幾項互相競爭的鐵路計畫。公眾人物接下委員的工作，換得了優惠價買入的股份，還有一些委員是身無分文的冒名者，以虛假的頭銜與地位建構虛假的體面形象。[8] 除此之外，公開的董事

6　《晨間紀事報》（1845年10月24日）指稱，很多時候，新計畫的股份當中只有不到四分之一會發售出去，剩下則保留起來，不是用以換得那條鐵路路線上的地產，就是由委員會自己留著。

7　根據那年《泰晤士報》10月底的報導，一群創辦人推出了新鐵路公司，以高價售股的方式賺了2萬5,000英鎊，那之後立刻申請清盤、退回保證金、扣除支出，但溢價收益卻由創辦人自己留著。

8　給《泰晤士報》的一封讀者投書抱怨道，許多人在鐵路計畫書中自稱皇家學會院士（Fellows of the Royal Society），實際上卻和該機構毫無瓜葛。另一封信則寫道，大部分委員是「最惡名昭彰的流氓與假冒他人的騙子，他們不曾擁有過一分錢財，且永遠不可能也不願意用正當手段賺錢，只願意透過『短期投機』的非法活動，以罪大惡極的手段剝削大眾」。

名單上，偶爾還會出現離奇的現象：有些地方權貴被列為公司董事，權貴本人卻絲毫不知，更沒有同意此事。雖然根據法規，委員必須為公司債務負責，但有許多人悄悄地不簽署合約，避過了這份責任。《泰晤士報》一篇社論宣稱道：「如果一頭黑羊能將整群羊染黑，那幾乎沒有任何一條投機鐵路路線未受臨時委員的汙染。」

話雖如此，鐵路報社自然是大力支持鐵路計畫，不會出言批評它們。這些公司做計畫書宣傳時每周支出數十萬英鎊，報紙在社論版面「鼓吹」可疑的新鐵路公司，也能夠獲得部分廣告費。「鐵路廣告的狂熱是如此嚴重，」《泰晤士報》表示，「甚至有人發行報紙不是為了賣出去或給人閱讀，而只是為了留心公司為初步公告與計畫書每日丟棄錢財時，捕捉其中的一部分錢財。」《泰晤士報》總結道，鐵路狂熱之中最可憎的角色，就是「報社中的短期投機者」。

越來越多民眾參與新鐵路計畫，然而面對這個情勢，政府卻沒什麼反應。那年 4 月，霸菱（他在這時的爵位是阿什伯頓勳爵〔Lord Ashburton〕）對上議院表示：「國會應注意的要事當中，沒有一件比得過現今鐵路相關的狂熱賭博事件。這和其他許多事情一樣，指出問題點很容易，提出解決方法卻很難。」一些人主張政府該發布禁令，在國會通過成立某家新鐵路公司的法案前，那間公司的認購臨時收據不得被人買賣──倡議者認為，如此一來政府就能控制投機活動了。可是政府無視了這份建議，允許鐵路公司不受限制地接觸立法機關，結果到 8 月，國會第一次會議結束時，國會已經通過了上百條鐵路法案，授權興建大約三千英里的鐵道。

✦

　　首相皮爾爵士因為廢除《穀物法》(*Corn Laws*) 和黨內起了衝突,而面對鐵路狂熱可能造成的危險,他起初沒表露出焦慮的態度,仍然秉持他的放任主義。在前一年,《銀行法》(*Bank Act*) 才剛在皮爾的提倡下通過,將英格蘭銀行發行的紙鈔限制在一定的額度以下;這條法令的目的,是防止在經濟循環到向上階段時信貸突然擴張,進而終結景氣與破敗的周期。[9] 1845年初夏,皮爾滿意地表示,《銀行法》預防了「所有過度的投機」。但到了8月底,首相不禁擔憂了起來,他在給財政大臣亨利・古爾本(Henry Goulburn)的信中寫道:「我們似乎不可能直接干預鐵路投機狂熱,眼下唯一的問題是,該如何透過公眾報紙,讓大眾注意到近在眼前的危險。」除了發布非正式警告以外,皮爾不願意更進一步採取動作,他也聽從了英格蘭銀行的意見,相信若為了抑制鐵路投機而提升利率,那只會造成恐慌。《經濟學人》也支持這項政策,認為稍微調漲利率是不可能達到抑制狂熱的效果的:「若為了遏止或限制此種狂熱,為了這無望的目的而擾亂正當業務規律,那銀行董事會就太過愚蠢了。」

　　政府唯一的正向舉動,就是在7月初解散毫無作用的鐵路局。

9　在《銀行法》規定下(這條法案又稱為《皮爾法案》,名稱取自首相的姓氏),英格蘭銀行授權發行紙鈔的能力受到了限制,發行紙鈔的金額只能比金條儲備多1,400萬英鎊。重金主義者主張,只要貨幣牢牢與黃金相繫,就能明確定義出借貸的極限,讓魯莽的投機者在危機時期無所遁逃,因此能避免過度投機的情形。《銀行法》通過之後那一年,人們相信政府立法預防了金融危機,因此許多人心中懷有虛妄的安全感。

1845 年上半年，人們一直積極預期鐵路局關於新計畫的決策，而從官方公告發布前的股價變動看來，市場上多得是內線交易。鐵路局解散後，建設新鐵路的計畫直接送到了下議院，由特殊委員會做決斷。問題是，許多國會議員兼任鐵路公司委員或股東，以致索爾斯伯利勳爵（Lord Salisbury）無奈地抱怨道，他們根本不可能找到無利害關係的人來審核新計畫。一家鐵路公司誇耀道，它控制了下議院中一百票；甚至有一些國會議員在不同的鐵路辦公室之間走動，兜售支持新鐵路法案的選票。

　　鐵路狂熱在鄉間特別旺盛，表示鐵路網路已經延伸到都會中心以外的地區了。倫敦長久以來一直透過鐵路和其他主要貿易與製造業城鎮相連，倒是沒有同享這份建造新鐵路的亢奮心情。詩人威廉・華茲渥斯（William Wordsworth）在日記中記錄了鐵路狂熱的傳播，熱潮甚至傳到了蘇格蘭：

　　從愛丁堡到印威內斯，全蘇格蘭的人都為鐵路瘋狂不已，全國成了鐵路瘋子的瘋人院。印威內斯的病人有了從他們病院通往亞伯丁的鐵路，但他們還不滿足，堅持要建一條從珀斯順著高地路通來的路線。他們承認路上沒有城鎮、村子、居民，更沒有機會載多少乘客，不過他們會運送羊群，還有大群大群的公牛！

　　為北部地區投機活動推波助瀾的，是新成立的兌換銀行（Exchange Banks），人們可以抵押鐵路股票向銀行借貸。[10]格拉斯

10　第一家兌換銀行在 1845 年 5 月成立於格拉斯哥，同類型銀行很快就遍布北部區域，提

哥、愛丁堡、布里斯托、伯明罕與另外幾座較小的城鎮設置了新的證券交易所，讓人買賣鐵路股票。[11]里茲市就有三個互相競爭的證券交易所，每天有大約3,000名證券經紀人在交易所處理50萬筆交易。《里茲水星報》（*Leeds Mercury*）在7月底記述了市場熱絡的環境：

> 古今沒有任何事物比得過這座城鎮的生意量……街道沾了我們三間證券交易所的光，那些早晨簡直像熱鬧的集市。焦慮的經紀人與投機者成群擠在街上，經紀人急於省下寶貴的時間、匆忙地來來去去，著實配得上新創立的快速運輸公司。

而在鄰近的威克菲，有9名證券經紀人勤奮地做著買賣，每日有2班快車開往里茲，捎來最新的股價消息。

▍鐵路新股套利者

國會在1845年6月發表了一份報告，揭露兩萬名投機者的姓名，這兩萬人各認購了超過2,000英鎊的鐵路股份。名單上第一名是春園（Spring Gardens）新街（New Street）的法蘭西斯・米爾斯（Francis Mills），他認購了超過67萬英鎊的股份。哈德遜則是名單上第十一名，他認購了將近3萬英鎊的鐵路股份。名單上除了157

供高達鐵路股票價值80%的貸款。而兌換銀行在1847年金融危機中受到重創，沒有任何一間存活到1850年。

11　萊斯特、威克菲、布拉福、哈利法克斯與馬格斯菲特也都設立了交易所。

位國會議員（其中一人認購了15萬7,000英鎊股份）與257位教士以外，還包括「40個布朗（Brown）、28個瓊斯（Jones），還有兩頁半的史密斯（Smith）」。《泰晤士報》觀察到，鐵路投機者的出身有高有低，於是它宣稱：「我們是過多資本主義者組成的國族。」

可以想見，名單上許多人其實根本沒那麼多錢認購股份，其中一對兄弟共認購了價值3萬7,500英鎊的股份，結果卻被人發現他們的母親是女傭，一家人住在簡陋的小閣樓裡，家中一周開支只有1畿尼。[12] 這類人可不打算在鐵路公司「召回」股份債款時乖乖付款，他們之所以簽署認購文件，是希望能在市場上高價售出「認購臨時收據」（這種行為在法律上可能站不住腳，因為只有在公司獲得國會新通過的法案時，該公司的股份才能夠被人買賣）。這群人被稱為「鐵路新股套利者」（railway stag）[13]，成了股市動物園的一分子：

（《英國與外國鐵路評論》〔British and Foreign Railway Review〕中寫道）牛與熊，以及無能的鴨子已在此繁盛地生活許久；但近期有一整群雄鹿入侵，引起了彷彿無窮無盡的恐懼。在自然狀態下，雄鹿溫馴無害、只會吃草、胃口很小，也容易滿足；然而肉食性鐵路雄鹿的胃口簡直是無底洞；牠們時時刻刻尋找構成鐵路投機者血肉的溢價。鐵路雄鹿和頭頂鹿角的雄鹿只有一個共同點：

12　克蘭利卡勳爵（Lord Clanricarde）在上議院抱怨道，居住在芬斯伯里廣場附近的一名男士認購了2萬5,000英鎊的股份，但克蘭利卡勳爵透過可靠情報來源得知，那個住址根本沒有住人。

13　譯註：Stag又有雄鹿的意思。

害怕被看見，即使是經驗豐富的獵人也很難追蹤牠、找到牠的老巢。實際上，牠們比狐狸來得狡猾，我們應稱之為狐狸更貼切。

1845 年上半年，無論是通往荒郊野外的鐵路，或是國會拒絕通過法案的鐵路公司，所有新鐵路計畫都讓短期投機者賺到了利潤（又稱為「溢價」）。《經濟學人》對這不理性的狀況表示譴責：

（鐵路認購臨時收據的）市場價值……仰賴的不是事業最終成功與否的意見，而是情境能使大眾的投機胃口持續多久、或者能否增加大眾的胃口。最強而有力的證據是，我們看到九、十個建設同一條鐵路的計畫案，每一項計畫的股票都是溢價出售，但我們深知**只有**一項計畫能成功，剩下的必然會虧損。

《泰晤士報》刊登的一封讀者投書中，寫信者強調了投機客憤世嫉俗的心態：「任何認購臨時收據的人，全都打從心底相信——第一，市場崩盤不過是遲早的事；第二，他自己能逃過一劫。當機運翻轉，眾人進入『能自救就趕快自救』的狀態，或者說落後者被魔鬼抓去之時，沒有人認為自己會被駛離恐慌站的最後一班列車拋下。在各種方面，『人們總是相信大家都是凡人，只有他自己除外』。」在一篇社論中，《泰晤士報》自己提出，投機者不是憤世嫉俗，而是太過天真：「這不過是孩子的玩鬧，他們試圖同時將彼此舉到空中……想法較簡單的大眾就會受騙。」所有評論者都認同一件事：沒有任何一個投機客對鐵路長期的未來感興趣。《泰晤士報》寫道：「對人而言，一切都只活在此時此刻，他頂多關心兩周

後的未來，也就是那交割日。」

　　《經濟學人》在10月初刊登了一篇16頁的「永久」副刊，標題為「鐵路監測報」（The Railway Monitor）──雖然《經濟學人》與《泰晤士報》都刊登過鐵路廣告，他們卻還是秉持新聞記者的職業道德，將狂熱之中的腐敗情形報導出去，並警告大眾：市場勢必會崩盤。過去從沒有發生過這種情形，從沒有國內大報社用如此激烈的言詞，如此頻繁地預告金融危機的到來。報紙特別指出，如果要繼續輕率地拓展鐵路系統，那就需要大量資金，但沒有人付得出這麼多錢來。到了1845年6月，等著貿易委員會審查的鐵路計畫加總起來有超過八千英里──等同當時既存鐵路系統的4倍長，也是英格蘭國界長度的將近20倍。到了7月，新計畫仍如雨後春筍般出現，每周冒出十多項新計畫。

　　《泰晤士報》在11月初發表了標題為「英聯合王國鐵路利害關係」的副刊，其中清楚描述當下的鐵路投機狀態，以及這些投機活動對英國經濟造成的沉重負擔。副刊報導道，在10月底，鐵路公司創辦人提出的新計畫已經超過1,200條鐵路，估計費用超過5億6,000萬英鎊，而眾多鐵路公司的未清帳款總共將近6億英鎊，比英國的全國年收入來得高。英國的全國收入大約是5億5,000萬英鎊，如果要確保其他經濟領域的資金不被抽乾，那一年可以安全地用來建設鐵路的資金大約只有2,000萬英鎊而已。

　　報紙紛紛提問：建設鐵路所需的資本從何而來？它們也自己回答了這個問題：資金只可能有一個來源，那就是強行將國家的「流動資本」（floating capital，也就是用以支持正常商業運作的資本）轉變為未完工的鐵路，變成暫時無法賺錢的固定資本（fixed capital）。「就目前而言，」《環球報》（*Globe*）報導道，「這筆錢基本上是沉沒了，彷彿是要抽乾大海一樣。即使是這個國家，也完全有可能就這樣在一定時間內沉入過多成本。」那年夏季，在曼徹斯特出版的一部小冊子警告道，隨著商人將他們的資本投入鐵路股份，原本存在於正當商業管道的金錢會被抽空，使得危機步步逼近。再次有人出聲反對投機，認為投機讓人分心，使人無法專心從事他們合法的工作。[14]《經濟學人》擔心人們不會立刻感受到鐵路投機真正的後果，而是等到幾年過後，各家公司真正開始建設鐵路時，公司才會召回認購者的資本，吞噬全國的資金。「我們如果認為或幻想現今的狂熱能持續下去，不會引發本國經歷過最嚴重的一場災難，那就等同對過去所有的經驗視若無睹。」《經濟學人》在8月中寫道。

在忙亂的夏季月分，哈德遜達到了事業的巔峰。他反對不顧後果地拓展鐵路系統，因為這會影響他自己那幾條路線的營收，但只要是傳聞中和鐵路之王相關的新計畫，就能在股市上高價售出（其實在這段時期，哈德遜參與的新計畫就只有一項）。哈德遜在1845年夏季當上東部郡縣鐵路（Eastern Counties Railway）的董事長，接管這間即將倒閉的公司，結果公司股價居然大漲。在鐵路界，沒有任何人的聲望比得過哈德遜：「在當時的報上，人們總能讀到（哈德遜）絕妙的種種事蹟。」法蘭西斯在1850年的《鐵路

14　大衛‧莫里爾‧埃文斯（David Morier Evans）指稱，到那年夏末，「所有生意荒廢的情形已經是前所未見；多個月來無論是東、西、南、北，都沒有交易員坐鎮在櫃台中，也沒有商人在他的辦公室裡。如果你登門談生意，必定會得到『他進倫敦城了』的答覆。」

史》（*History of the Railways*）中回憶道。「報紙記錄了他的行蹤；製圖者描繪了他的五官……他在英格蘭握有無可匹敵、前所未見的影響力。貴族對認購臨時收據的分配者百般奉承，貴族女性對溢價股票的分配者搖尾乞憐。」[15]

　　只要狂熱持續下去，哈德遜就是大眾眼中的英雄。這位曾經的亞麻布商完美走過了「白手起家」的過程，成了全國心目中一夕致富的象徵人物，也成為全國人憧憬的對象。他在 8 月的桑德蘭選舉中當選後，為了慶祝這份成就，他花了將近 50 萬英鎊向德文郡公爵（Duke of Devonshire）買下 1 萬 2,000 英畝的地產。哈德遜也不忘安排自己在倫敦的住所，花 1 萬 5,000 英鎊買下了南肯辛頓區五層樓高的阿爾伯特門（Albert Gate）宅第——倫敦最大的私宅之一，然後又花費 1 萬 5,000 英鎊做室內布置。哈德遜其中一間鐵路公司的股東提議建一尊哈德遜雕像，以哈德遜豐腴的身姿褒揚他的豐功偉業。不久後，股東們就籌得了 2 萬英鎊，認購者包括作家艾蜜莉（Emily）與安妮・勃朗特（Anne Brontë），她們之前在 1842 年投資了約克和英格蘭中部北區鐵路，這回也貢獻了一些出書賺得的錢來建哈德遜像。然而她們的大姊夏綠蒂（Charlotte）認為泡沫即將破滅，因此建議兩個妹妹售出股票，也反對她們出錢建雕像。

15　確實也有人批評哈德遜，舉例而言，《泰晤士報》一名記者在 1845 年 10 月 24 日寫道：「那 10% 的好路線〔也就是約克和英格蘭中部北區鐵路〕一直是新計畫的核心或基礎，目標在愚惑大眾。此系統的大教唆犯是哈德遜先生，人們視他的姓名為一切優良之物的擔保。」這位記者另外指控哈德遜高價購買無價值的路線：「和好名聲公司的合併動作，創造了虛構的價值，等到鐵路熱潮消停後將會回歸它原本的水準。」

到了夏末，投機活動已經達到了高潮，一些鐵路認購臨時收據的利潤高達500％，抵押鐵路股票借貸的利率甚至高達80％。一些城鎮原本只能靠鐵路分支到達，這時人們開始提出連接這些城鎮的「直達」路線計畫，掀起了新一波風潮。計畫者提出在外國建造鐵路的案子，新鐵路計畫遍及全球，從英屬蓋亞那到孟加拉都有，計畫者還為愛爾蘭規畫了上百條鐵路。有人在倫敦西區成立了鐵路俱樂部（Railway Club），讓「受鐵路計畫相繫的各階級男士日日相聚，交換情報」。那年9月，新登記的鐵路計畫超過了450項，光是一期《鐵路時報》就包含八十多頁的計畫書廣告。在10月初的短短十天內，新公開的鐵路計畫就超過40項，所需資本高達5,000萬英鎊。

在如此亢奮的市場中，少有人注意到狂熱所造成的腐敗與詐騙活動，但是這類不法活動的足跡卻越來越多了。根據當時一名金融記者的說法：「所有規則與秩序都被（投機的）普遍流行病擾亂，就如倫敦瘟疫一般，所有血緣、榮譽與友誼的連結都被棄之不顧。」在負責審查新鐵路計畫的軍械委員會（Board of Ordinance）中，兩位委員參與認購臨時收據的投機活動，東窗事發後他們不得不辭職。那年8月，里茲市一些股份交易遭拒付——對方之所以不肯完成交易，是因為一間近期合併的公司售出大量股份，比實際發行的股份多了10倍。人們偽造了好幾間公司的認購臨時收據，在市面上流通，偽造對象包括肯特海岸鐵路（Kentish Coast Railway）的認購臨時收據——儘管該公司的計畫案被貿易委員會否決，董事會也投票清理業務、關閉公司了，它的股票卻仍在市

場上被人高價買賣。[16]

　　實際動工後，鐵路公司開始「召回」公司股份的部分剩餘資本，籌得建設所需的資金。到了 10 月初，投機者為了支付鐵路股份召回的款項，不得不減少自己手裡的持股，導致股價下滑。《泰晤士報》報導道，10 月 12 日星期二的清晨，居住在貝斯沃特區的艾利特先生（Mr. Elliot）在海德公園舉槍自盡，死者口袋裡放了和全國各地幾條鐵路相關的文件。這場悲劇過後兩天，英格蘭銀行董事會因為儲備減少而心生憂慮，決定將利率提升 0.5％（調漲到 3％）。雖然利率漲幅不大，卻還是象徵了鐵路狂歡節的終結。股市上，認購臨時收據的溢價消失無蹤，開始有人擔心鐵路「山崩」來襲。壞消息藉由鐵路，從倫敦快速傳播到了各個地方交易所，麻痺了各地市場。「此次轉變，」《紐卡索日報》（Newcastle Journal）宣稱道，「是從前所未見的好行情，轉變為絕望的蕭條──從不自然且不穩定的高升狀態，跌入懷疑與不信任的深淵。」在劇變之下，就連根基穩固、穩定支付股息的鐵路公司也失去了行情。從 8 月高峰期到 10 月底，大西部鐵路股票已經跌了 40％。「財富的大泡沫在我們眼前吹了起來，」《泰晤士報》有些得意地宣稱，「它就如每一顆被大人或小孩吹起的泡泡，空虛、短暫，與固態物質的法則互相矛盾，也容易被實際條件與情境駁倒。」

16　1845 年 12 月，一名投機者因為買到偽造的肯特海岸線認購臨時收據，決定發起訴訟。後來真相水落石出，偽造認購臨時收據的人是肯特海岸鐵路的律師，但法院判決表示售出股票的證券經紀人應為此負責（負起出售瑕疵商品的責任）。1846 年，人們陸續發現市面上還有另外幾間鐵路公司的偽造認購臨時收據，《鐵路時報》刊登了標題為「曝光之進展」的專欄。

失控的列車危機

　　地方股市的活絡時期雖然結束了，鐵路狂熱所引發的後續事件，卻直接導致1847年嚴重的金融危機。股市崩盤後，臨時委員忽然發現自己和股東的利害關係不一致了──假如鐵路計畫在還沒公開認股時中止，臨時委員就必須依法為所有成本負責，因此當投機者試圖撤回認購股份的申請時被臨時委員拒絕，投機者不得不依約支付後續的款項、乖乖贖回股份。那年稍早，股票在高溢價狀態時，投機者申請認股卻只拿到了一小部分的股份，不足他們申請的股數，但在恐慌發生後，認購臨時收據折價了，公司卻將他們申請的股份全數發了下去，命令他們速速繳款。

　　「驅動所有投機者的利欲，」《格拉斯哥全國廣告報》（*Glasgow National Advertiser*）報導道，「如今轉變成了恐怖暴政的殘酷，以及復仇的凶猛……投機世界轉型成了訴訟世界。」[17]打官司的人越來越多，以致政府在1846年5月通過一條法案，准許鐵路公司在四分之三股東的同意下解散。西部直達鐵路（Direct Western）原本在1845年1月發行12萬股的股份，收到了將近150萬份申請書，結果新法案上路後它成了第一間自我了斷的公司。到了1846年7月，已經有8間公司依照這條案，準備召開解散會議。

　　儘管《解散法案》（*Dissolution Act*）生效、儘管股價下跌，鐵路活動仍然熱絡地進行了下去。1846年間，發生了上百次鐵路公

17　《鐵路時報》報導道，「據傳聞，一些泡沫公司將它們手裡所有的申請信賣給了投機律師，律師立即發布了威脅告示，其中一些人甚至因此大豐收。」

司併購，國會也通過了 270 條鐵路案，授權各公司建造總長將近五千英里、成本超過 1 億 3,000 萬英鎊的鐵道──通過的鐵路案數目是前一年的 2 倍，新計畫的鐵道總長則比前一年多了兩千英里。見狀，一些評論者主張狂熱並沒有在 1845 年 10 月終止，而是持續到了下一年。但其實，國會在 1846 年通過的鐵路案當中，大部分都是在前一年發起的計畫案（其中最重要的一項計畫──大北部鐵路〔Great Northern〕最初則是在 1844 年年初提出的），而且大部分鐵路法案都是既存計畫的分支與延伸，這些鐵路公司為了和新路線競爭，才不得不繼續擴建。哈德遜在 5 月花了忙亂的三天，向自己手裡三間鐵路公司的股東提議申請 40 件提案，總開銷超過 1,000 萬英鎊，股東也都同意了。

　　既然鐵路活動沒有停歇，各家公司也就不得不繼續召回股份餘下的款項，這些餘款的總金額在 1846 年超過了 4,000 萬英鎊。鐵路開工後，平時投入一般商業管道的錢被挪用過來，支付土地、鐵、木材，以及最重要的勞力成本。1846 年 7 月，國會一個委員會的報告指出，接下來幾年，大約會有 20 萬名男丁受僱參與鐵路建設，其中大多是愛爾蘭人。[18] 這些成本都得由鐵路投機者負擔，投機者不得不減少家中僱用的僕役人數、少喝葡萄酒，並減少體育與狩獵活動，才有辦法支付接二連三的鐵路股份召回款項。

　　在 1846 年夏季作物歉收過後，英格蘭的經濟狀況一蹶不振。由於國內快速地轉而使用鐵路運輸，商家不必一次庫存太多貨物，

18　鐵路勞工被稱為「挖掘工」（navvies），這種稱呼源自上一個世紀的運河建設時期，運河挖掘工人過去被稱為「航運工」（navigators）。

使得市場需求一次性減少，導致經濟狀況繼續惡化。《經濟學人》將動盪不安的局面歸咎於「1845年秋季狂熱投機對社會所造成的巨額私人損失」。1846年10月，歷史學者湯瑪斯・卡萊爾（Thomas Carlyle）觀察到，鐵路認購臨時收據總價值在過去一年內跌了超過6,000萬英鎊，光是艾希特居民的總損失就超過約800萬英鎊。破產法院的庭期表也滿是「鐵路股票虧損」事件。法蘭西斯在數年後寫道，

　　消息靈通者認為，從沒有過對中產階級如此致命的經濟恐慌。它觸及了每一家人，令都市中每一顆心哀傷不已，摧毀了無數家庭。英格蘭幾乎每一座重要城鎮都有可憐人自殺，嬌生慣養的女兒只得外出找工作，兒子被從學院召回家。一些家庭破碎了，家園被法律的使者褻瀆。所有社會連結都受到擾亂。債務人監獄裡滿是計畫者；白十字街（Whitecross Street）上滿是投機者；皇座法庭人滿為患。

　　1847年1月，英格蘭銀行因為儲備減少，又將利率調漲到4％。那年年初所有的鐵路股份召回金額，平均每個月約500萬英鎊。那年初夏，眼見作物有豐收的跡象，小麥價格急遽跌了下來。結果到了8月，有13間穀物公司倒閉，其中包括英格蘭銀行行長羅賓森（W. R. Robinson）經營的公司。到了9月，將近40間大規模商家倒閉。迪斯雷利後來回想當時，表示那是「前所未見的嚴重商業危難──私募信貸（private credit）凍結，交易毫無生氣，將近死亡──王國內無論是最富裕、最高貴之人，或是中產階級最

卑微之人，幾乎所有人都為交易危難的情況所苦……」

　　到 1847 年 10 月初，英格蘭銀行的金條儲備量低得危險，銀行因此宣布停止有價證券的抵押貸款業務。10 月 17 日星期一，倫敦市進入「恐怖的一周」，人們只相信黃金的安全性與穩定性，使得金邊債券急遽跌價。星期二，利物浦皇家銀行（Royal Bank of Liverpool）倒閉了，另外 3 間股份有限銀行也接連倒閉。「所有人似乎都懼怕著鄰人。」英格蘭銀行的喬治・諾曼（George Norman）回憶道。證券交易所陷入混亂，債權人急得像熱鍋上的螞蟻，就連最優良的短期匯票（short bill）也以 10％的價格轉手。到了周末，英格蘭銀行持有的黃金只剩不到 50 萬英鎊，儲備的紙鈔也只剩 50 萬英鎊了。如果再發生擠兌事件，銀行就只剩關門大吉一條路可走了。

　　10 月 23 日星期六，倫敦市大銀行家的代表團前往唐寧街，和首相約翰・羅素勳爵（Lord John Russell）與財政大臣查爾斯・伍德爵士（Sir Charles Wood）會面，要求政府暫停執行《銀行法》。兩天後，唐寧街寄了封信到英格蘭銀行，授權銀行無視《銀行法》的規定，繼續貼現作業。回想三年前《銀行法》剛通過時，提倡者還口口聲聲承諾這會大大提升過度投機與金融危機的代價，就此終結過度投機與金融危機現象……結果現在，政府不得不暫停執行這條法案，拯救面臨經濟崩潰的不列顛。

　　《銀行法》暫停執行後，金融危機也畫上了句點，人們接著開始辯論危機的成因，當代評論者也都有了共識。歐福斯通勳爵雖

然責怪英格蘭銀行在金條越來越少的情況下減少儲備，但它認為
危機的深層原因是資金短缺，而資金之所以短缺，是因為「資金異
常地從貿易用途轉移至鐵路建設」。阿什伯頓勳爵同樣認為銀行管
理不當，卻將金融危機歸咎於「鐵路票券無度的流通，導致了我們
現今許多困難」。[19]《經濟學人》同樣將經濟危機歸因於過量的鐵路
支出，鐵路建設吞噬了原本用於一般貿易的信貸，迫使利率從
1845年的2.5％漲到1847年10月的10％左右。過了將近兩年，魯
莽的鐵路投機活動所造成的影響，最終衝擊了整體經濟。

▌光環盡失的鐵路之王

　　說了這麼多，我們可還沒說到鐵路狂熱的最後一幕呢。在革
命性的1848年，哈德遜對鐵路事業的態度沒有從前那麼樂觀了，
下議院常有人看到他喝得酩酊大醉，另一位國會議員建議他「加入
戒酒社團」時他還大發雷霆。1848年8月，一部標題為《時代的泡
沫；或稱鐵路投資謬論》（*The Bubble of the Age; or, the Fallacies of
Railway Investments*）的宣傳小冊出版了，小冊作者亞瑟・史密斯
（Arthur Smith）指控鐵路公司董事刻意操作帳目表，以及用本金支
付股息。作者還特別指名哈迪遜的其中兩間公司——約克和英格
蘭中部北區鐵路，以及東部郡縣鐵路。除此之外，史密斯也批評
哈德遜發起的慣例：哈德遜將他掌控的鐵路租借給他人，或者向

19　1847年5月26日，卡萊爾致信阿什伯頓，寫道：「我必須進一步表示，病症的診斷（鐵
　　路投機）符合我憑常識對此事的了解：你如果浪費你的資本，自然會失去你的『信用』，
　　因為你現在沒有任何可當成『信用』或可信任的事物啊！」

其他公司租借鐵路，代價是超過實收資本50％的股息——這種行為使股價膨脹，也鼓勵公司董事做內線交易。

　　史密斯的小冊出版後不久，鐵路股價就急遽下跌了。儘管乘客運載量提升了，但因為票價下降、路線選項增加，鐵路公司每英里鐵道的平均收入下滑了，從1845年的3,500英鎊，降到了1848年的2,500英鎊。結果呢，所有鐵路幹線的股息都被迫減少了。到了1848年8月，鐵路股票下跌的總金額大約是2億3,000萬英鎊（幾乎等同全國收入的一半）。從1845年高峰期到此時，約克和英格蘭中部北區鐵路的股價跌了三分之二，以低於實收資本的價格貼水交易。大西部鐵路的股價在鐵路狂熱時期高漲到236英鎊，而此時它的交易價格也低於票面價值，只剩65英鎊了。既然鐵路已失去魅力，那就是時候罷黜鐵路之王了。

　　早在史密斯指控鐵路董事偽造帳目以前，就有一些人暗中懷疑哈德遜從事了不光彩的商業活動。1845年8月，自由貿易倡議者與國會議員理查德・科布登（Richard Cobden）就曾提過哈德遜「**無可察覺**的腐敗」。只要哈德遜的種種行動表面上成功，批評他的人就一直保持低調；但隨著他名下公司的股息被削減，股價跌到票面價值以下，對哈德遜的攻擊聲浪就變得強勢許多了。1849年年初那幾個月，哈德遜對鐵路界的主宰突兀地結束了；在2月一場股東會議上，有人指控哈德遜將自己一間公司的股份以高於市場行情的價格賣給他的另一間公司（他自己是這第二間公司的董事長），並從中得利。沒過多久，哈德遜直接缺席西部郡縣鐵路的股東會議。「審判之日終將到來，」向來與哈德遜針鋒相對的《約克郡人》（*Yorkshireman*）得意地表示：「屆時炒作、投機與大不公之

作為，都將面對懲罰與報應。」

1849年4月，一支委員會在調查哈德遜經營東部郡縣鐵路的行為後，總結道：哈德遜誇示了公司的營收，還用本金支付了超過20萬英鎊的股息。針對約克和英格蘭中部北區鐵路的調查結果顯示，他用本金支付了80萬英鎊的股息。那年5月8日，和哈德遜同樣是鐵路公司董事的妻舅理查・尼克森（Richard Nicholson），選在哈德遜建造的火車站附近僅僅幾碼的位置，跳入烏茲河自盡身亡。接下來數個月，人們對哈德遜提出了形形色色的指控：公司併購前的內線交易、將鐵賣給自己的其中一間公司並從中獲得私利、握著本該用以購置土地的經費不放、暗中對自己發行股票並高價售入市場，以及經營賄賂國會用的「祕密服務」基金。甚至有人指稱，哈德遜盜用了向大眾募來建紀念雕像的款項，用以購置倫敦的宅第。根據估計，哈德遜總共侵占了將近60萬英鎊，這60萬還不包含用以對股東支付股息的本金。

哈德遜為自己辯稱道，他私人的錢財不幸和名下各間公司的帳務混雜在了一起（他幾度以個人名義為他的鐵路公司作擔保）。當時常有人用本金帳戶支付特定開銷，在鐵路公司經營成功的那段時期，大眾都接受了這樣的作法。《泰晤士報》斷言道，錯不在哈德遜一個人：「該被怪罪的是整體系統。這是沒有規則、沒有秩序，甚至沒有明確道德的系統。」然而，哈德遜確實利用了這缺乏管制的系統，他祕密行事，強逼其他董事臣服於他，並反對任何對公司帳務的外部監督，也反對政府對鐵路的整體管制。他的假帳與高額股息誤導了投機者，使投機者相信鐵路公司能賺得大量利潤，實際利潤卻沒有他們想像中多。

ψ

當代許多人都覺得，哈德遜不過是投機活動失敗的代罪羔羊。根據保守黨政治人物理查・蒙克頓・米爾尼斯（Richard Monckton Milnes）的說法，鐵路狂熱「不過是賭博；而股東賭輸後憤然踢翻賭桌，撲倒荷官」。不過在卡萊爾看來，投機失敗與哈德遜殞落，同樣象徵了神聖秩序的回歸，1849 年 5 月，他在日記中寫道：「這是什麼世界呢！充滿了報應，受到超凡存在宰制，內有地獄的叛亂，還存在舊時預言的災難。」這位史學家一直對哈德遜的紀念雕像感到火大，他在 1850 年夏季出版了一篇文章，在這篇以哈德遜雕像為主題的文章中，他將哈德遜比喻為懸在絞刑臺上的代罪羔羊：

宛如悲劇的鐘擺，以上天之名告誡人世──他不是無足輕重、卑微而窮困的棄兒，不是因極端的痛苦與黑暗而暴然偷了一條羊腿──他無疑是全國至高無上的惡棍，為了他那無可滿足的貪欲與無底限的殘暴而蒙騙了可憐的世界，然後自己帶著無數人走上人類鍍了金的卑鄙之路；他尋求短暫的利益（認購臨時收據、一流粉紅酒、社會榮耀，以及類似的小東西），卻只可能永遠失去一些事物；而現在他剝去了鍍金、去除了巧妙設計的華而不實表象，可恥的惡棍懸吊在那裡；對全世界宣明：「你們所有人，別當惡徒，甚至是鍍金惡徒也不行；因為王者並非魔鬼而是上帝，而如果這也能成為盡頭的話，這將是事情的結局！」

　　雖然哈德遜從沒有遭到刑事控告，但在他的真面目曝光時，鐵路狂熱所產生的種種腐敗行為也都水落石出了。受哈德遜控制的約克聯合銀行（York Union Bank）中，一名經理竊取了2萬英鎊做鐵路投機，結果馬上就將這筆錢虧損殆盡。這件事情被揭露時，《約克郡人》宣稱哈德遜「不只是自己腐敗，還腐化了身邊所有人」。1856年2月，也就是那件事的七年過後，有人在漢普斯特德荒野發現了約翰·薩德利爾（John Sadleir）的屍體，他是因為中毒而死。薩德利爾過去是愛爾蘭國會議員、銀行家兼鐵路計畫者，他擔任皇家瑞士鐵路（Royal Swedish Railway）董事長時發行了總面值15萬英鎊的偽造股票，並且從愛爾蘭一間銀行盜用了40萬英鎊。他之所以犯下這些詐欺行為，是為了用詐騙得來的錢彌補股市上的虧損。狄更斯在寫《小杜麗》（*Little Dorrit*）中狡詐的銀行家莫德爾（Merdle）時，就是以歷史上的哈德遜與薩德利爾為原形。故事中，莫德爾的罪行被揭發後，他和薩德利爾同樣自盡身亡。狄更斯為莫德爾寫下的評語，可說是精確地分析了投機亢奮時期，腐敗的金融家與大眾之間的關係。

　　下一個同樣有能力詐欺的人，也同樣會成功。真抱歉我需要這麼說，你似乎真不了解人類如蜂群，不知道隨便一個老錫壺敲響的聲音就能招來一大群人；這就是治理他們的法子。當你能說服他們，讓他們相信這水壺是貴金屬做的，那便是我們這位逝去之人所握有的人類之力。

　　哈德遜曾經是鐵路狂熱的吉祥物，後來卻成了受盡最多苦楚

的受害者。他之前從名下的公司取走了不少錢，這下不僅得全數歸還錢財，還必須長時間待在歐陸、想盡辦法躲避債主。哈德遜在 1859 年失去了國會席位，六年後因欠債被逮捕，當他在 1871 年冬季去世時，曾經身價數百萬的他，只留下了 200 英鎊的遺產。

▌似曾相識的鐵路與網路

狂熱時期的鐵路法令亂七八糟，缺乏整體方向與原則。[20]1847 年出版的一部宣傳小冊哀嘆道：

> 可惜政府犯下了大錯，以所謂「私營企業」為理由對全國的工程棄之不顧，但事實證明，這應當稱為個人狂想與貪財才對。倘若政府能從頭開始進行建設，建設不僅會對國家更便利、更經濟，還能為國家累積一大筆收益。

其他國家紛紛採取了各種措施，希望能避免鐵路投機不受控所導致的危險。1844 年年初，普魯士突然爆發鐵路狂熱時，政府迅速反應了過來，政府譴責投機行為、禁止選擇權買賣與價差清算（也就是期貨交易），並且拒絕批准任何新的鐵路路線。在法國則是由軍事工程師設計新的鐵路路線，再讓私人公司投標興建鐵路。比利時政府對鐵路建設干預得最多，也最極端，政府除了負

20　1846 年 3 月，《銀行家公告》（*Circular to Bankers*）批評政府「對國家力量與經濟實力的新元素——鐵路系統採用放任原則；此系統就如警察系統或郵局，明顯需要政府的介入與管制」。

責建設全國鐵路系統之外，還一手掌握了完工後的經營工作。但是在秉持放任精神的英國，鐵路開發完全交由私營企業處理，結果鐵路系統被幾乎稱得上罪犯的企業家掌控，不受控制地持續擴張下去，最後造出來的鐵道網路實在是雜亂無章。

　　舉例而言，到了1850年代，從利物浦通往里茲的獨立路線就有三條，從倫敦開往彼得波羅的不同路線也有三條，而且很多時候沒有任何一條是最佳路線。「我們現在必須為徒勞無功的國會競逐、不符經濟效益的分支路線，以及無用的競爭，付出浪費資本的代價。」鐵路歷史學家魯溫（T. H. Lewin）在1936年《鐵路狂熱與影響》（*The Railway Mania and Its Aftermath*）寫道。[21] 到了1850年1月，和高峰期的股價相比，鐵路股票已經平均跌了超過85％，所有鐵路股票的總價值只剩支出資本的一半不到。在過度建設鐵路與激烈的競爭下，每英里鐵道的平均收入和狂熱前相比，少了三分之一。平均來看，這時的鐵路股息也不到支出資本的2％。即使是五年過後，超過四分之一的鐵路公司付不出股息，絕大多數鐵路公司的股息則少於5％。而許多在1840年代建造的鐵路利潤極低，最終被新發明的汽車給擊垮了。

　　話雖如此，鐵路狂熱還是有造成一些正面結果。到了1855年，全英國營運中的鐵道共有八千多英里，鐵路密度是世界之冠，比法國或德國都高了7倍。這對維多利亞時期的經濟帶來不少益處，

21　更近期，另一位鐵路歷史學者蘭森（P. J. G. Ranson）也在1990年《維多利亞時代的鐵路與演化》（*The Victorian Railway and How It Evolved*）中主張鐵路狂熱造就了相互競爭的路線、不符經濟效益的路徑，以及資本被白白浪費：「這一切的後果，直到今日都還對鐵路地圖造成了負面影響。」

無論是乘客、原物料或商品都能較快、較便宜地載運到國內其他地區。在1840年代晚期的鐵路建設時期，即使國家面對嚴重的經濟危機，還是有超過50萬人靠鐵路相關工作維持溫飽──也就是受僱於英國各家工廠的人數（不過話說回來，當初造成經濟危機的也是鐵路狂熱）。愛爾蘭大飢荒那幾年，數萬愛爾蘭挖掘工還是能從事鐵路工作。從這個角度來看，鐵路狂熱象徵了收入的轉移，收入從中產階級投機者轉移到了窮困的勞工身上。而與此同時，鐵路狂熱也促成了許多基礎建設，為英國奠定了現代工業經濟的基礎。

　　後來汽車問世後，英國投機者在1890年代開始了汽車投機，美國投機者也在1920年代跟上，然而和鐵路狂熱最相似的事件，應該是較近期網際網路的發展。1990年代中期，這最新的「資訊革命」造就了種種變化，人們在形容這些變化時，也用了類似1840年代關於「鐵路革命」的詞語。1995年，美國學者與《數位革命》（*Being Digital*）作者尼古拉斯・尼葛洛龐帝（Nicholas Negroponte）主張，「數位生活」將減少人類對時間與空間的依賴、縮小代溝，並促進「世界統一」。微軟（Microsoft）首腦人物比爾・蓋茲（Bill Gates）在《擁抱未來》（*The Road Ahead*）中寫道：「資訊高速公路將使我們的文化發生戲劇化的改變，就如古騰堡的印刷機在中世紀造就的改變。」另一位資訊革命宣教者──喬治・季爾德（George Gilder）將網際網路比喻為「資本主義的中樞神經系統」。到了1996年年初，美國人陷入瘋狂，開始看與網際網路相關

的書籍、電影、展覽,甚至有小孩子交換與收藏網路卡片。當初的鐵路狂熱刺激了專門領域的報社迅速發展,這回網際網路興起,美國冒出了數十部新的全國雜誌,其中有一些專門刊登網際網路投資相關的資訊。

　　和鐵路不同的是,新網路公司不怎麼需要資金投資。在1995年夏季,網路軟體公司網景通訊(Netscape Communications)成功籌資成立後,人們首次意識到了網路公司的投機潛力。到了1996年春季,美國股市上滿滿都是新的網際網路股票。那年4月,那斯達克股票交易所(Nasdaq Stock Exchange)有3家網路瀏覽器服務公司開始籌資,其中最成功的是雅虎(Yahoo!)。雅虎公司在一年前創立,季度銷售額「只有」100萬美元,結果公司剛成立第一天股價就漲到了票面價值的153%(漲幅是史上第三高),公司市值高達8億5,000萬美元。電視製造商天頂電子(Zenith)原本在虧錢,但當它在月初宣布要開始生產能連接網路的電視機時,它的股價漲了3倍。一名分析師表示:「只要在股票周圍悄聲道出『網際網路』一詞,那麼任何事情都可能成真。」[22]

22　網際網路股票在1998年更是高漲不下,到那年年底,頂端的網路公司市值已經能媲美美國最大的幾間企業了。備有線上交易設施的折扣經紀商──嘉信理財集團(Charles Schwab)市值突飛猛進,超越了美林證券(Merrill Lynch);剛成立不久的線上拍賣屋eBay超越了蘇富比(Sotheby's);而網路服務供應商美國線上(AOL)的價值超越了迪士尼公司(Disney Corporation)。雅虎市值超過公司收益800倍,也超過銷售收入180倍,除下來就是每個員工3,500萬美元。亞馬遜(Amazon.com)線上書店的股價在1998年間漲了18倍(但公司其實虧得越來越嚴重了)。一名基金經理人將它描述為「全世界價格最誇張的股票」,卻還是建議大家購買亞馬遜股票。市場對首次公開募股(IPO)的反應更是熱烈無比:線上聊天服務網站theglobe.com在11月中開始籌資時,股價在開始交易的第一天就狂漲了866%,創下了全新的紀錄。1999年1月15日,市場觀察

　　在 1840 年代，維持投機狂熱的是聚集在地方交易所的群眾，而一個半世紀過後，滋養投機狂熱的則是網際網路本身。折扣經紀商供應了便宜的網路股票交易服務，「瓦可小子熱門股票論壇」（Waaco Kid Hot Stocks Forum）與「萬里富」等線上投資論壇，則成了網路上數一數二熱門的去處。鐵路景氣時期，許多新證券交易所在各地成立了；而在網際網路時代，網路本身成了股市，讓新公司在網際空間售股籌資。常有人說「媒介即是訊息」，但這時候媒介已經不僅僅是訊息了，它不但是投機的來源，更是投機的對象。比爾‧蓋茲在著作的結尾預言道，「淘金潮，往往會鼓勵人魯莽投資。其中一些會帶來好結果，但是當熱潮消退後，我們回頭望向創業失敗所留下的斷垣殘壁，便會驚愕地問道：『是誰為那些公司出資？他們腦子裡到底在想什麼？還是說，那不過是狂熱的作用而已？』」

（Marketwatch.com）開始籌資：它開給投資者的價格是每股 17 美元，結果成交價竟然飆到 97.5 美元。由於可交易的網際網路股份不多，又發生股票分割（stock split），人們也因「電子商務」的潛力而亢奮不已，因此網際網路股價持續漲了上去。

《高科技策略家》（High-Tech Strategist）編輯佛瑞德‧希基（Fred Hickey）將這波熱潮稱為「鬱金香球莖過後最大的投資狂熱」。1999 年 1 月底，美國聯邦準備系統（Federal Reserve）理事會主席艾倫‧葛林斯潘（Alan Greenspan）觀察到，網際網路估值是「天上的大餅」，投資者不過是在玩彩券罷了，畢竟大多數網際網路公司都必然會倒閉，它們的股票也將一文不值。

第 **6** 章

欺詐與癲狂——
鍍金時代的投機交易

◦- ◦

投機起初是一種心情，或者可說是一種滋味，但
接下來會成為習慣，然後成為熱情，再如艾倫之
蛇[1]般吞噬其他熱情而獲得力量。它最終變得比憤
怒更加猛烈，比嫉妒更加折磨人，比貪欲更加貪
婪，比愛戀更加醉人。股市可以比擬為一位乾瘦
年老的巫婆，她穿金戴銀、塗脂抹粉、穿上了最
新流行的衣裳，對著投機者連拋媚眼，舉手指著
黃金獎勵，但這一切卻如海市蜃樓般消散，徒留
斷垣殘壁。

——威廉・福勒，《華爾街十年》（*Ten Years of Wall
Street*）

1　譯註：《聖經》中摩西的兄長艾倫擁有能化為蛇的手杖，可
以吞食法老王手下法師的手杖所化成的蛇。

殖民運動本質上就是一種投機。哥倫布本人是投機者，北美洲是最豐厚的投機報酬，最初的美洲殖民地則是以「股份有限公司」的形式成立。華特・雷利爵士（Sir Walter Ralegh）的維吉尼亞公司（Virginia Company）在17世紀初重組時，它對投資者許下投資報酬率20％的承諾，並且合併了一間附屬公司，目的是「運送一百名未婚少女到維吉尼亞作為妻子」。幾年後，荷蘭東印度公司開始在新阿姆斯特丹（New Amsterdam，也就是日後的紐約）殖民，當時阿姆斯特丹交易所最主要的投機對象就是荷蘭東印度公司股票。到了17世紀中葉，荷蘭東印度公司的史岱文森總督（Governor Stuyvesant）下令築一座「牆」（Wall），這就是華爾街（Wall Street）名稱的由來[2]。到17世紀晚期，倫敦交易巷裡除了潛水鐘與滅火引擎公司的股票以外，還有人交易紐澤西（New Jersey）與賓夕法尼亞（Pennsylvania）兩間「公司」的股票。在羅的密西西比公司繁多的業務之中，就包括對於現今美國大半領土的投機活動。

▊ 美國夢與冒險精神

美國人的投機性情大半源自當初的殖民創業活動，美國夢的前提也是未來會持續進步、帶來種種益處。「美國人和其他人的差別在於，美國人對未來懷有期待，因為他知道那會是美好的所在。」

2　最初築牆的目的是將熊與搶劫殖民者的印第安人阻絕在外，並將公牛等牲口圍在牆內。到後來，華爾街可說是將「牛」與「熊」圈養在一起。

隆納・雷根（Ronald Reagan）這句話說得相當有道理，這句話揉合了充滿鄉土風味的情懷與深刻見解。美國的殖民者拋下祖國來到這個新國度，他們深信這個國家的疆界只受限於他們的想像力。19世紀金融作家福勒觀察到：「在這個國家，想像力不是生活在過去，而是存在於未來。」也只有在美國，才會有人宣稱歷史是空談。

　　美國是民主國家，在這裡人人都能求取較高的社會地位，人與人之間的終極區別只有財富，出身則沒那麼關鍵了。法國貴族亞歷克西・德・托克維爾（Alexis de Tocqueville）在1830年代於美國遊歷時，觀察到了鮮活的物質主義。「我在美國遇到的公民，」他寫道，「沒有任何一個人窮困潦倒到不敢以希望與羨慕的眼神注視富人的享受，他們仍想像與期待這些命運尚未賦予的事物……對美好人生的熱愛，如今成了該國主流的品味；人類熱情的河川流淌在這條渠道中，帶著其他一切同流。」

　　美國人不僅擁有對未來的期望與自我提升的動力，還願意為了自己的目的冒巨大風險。光是移民美國就已經很冒險了，開墾邊陲地區更是危險至極，畢竟除了印第安人以外，還得面對野生動物（19世紀許多大投機者都出身美國邊陲地區）。美國人這份冒

3　托克維爾之所以對美國產生這些看法，可能是因為他在美國旅遊期間，正是一場投機狂熱的初始。1834年，米歇爾・舍瓦利耶（Michael Chevalier）在1839年出版的《美國的社會、禮儀與政治》（*Society, Manners and Politics in the United States*）一書中記錄道：「所有人都在投機，一切都成了投機對象。最大膽的事業受到鼓舞；所有計畫都找得到認購者。從緬因到雷德河，全國都成了巨大的崗康帕街（指密西西比泡沫時期的法國股市）。目前為止，所有人都賺了錢，在投機的上升時期自然是如此……主流投機物件是精打細算的美國人主要記掛於心的事物，也就是棉花、土地、城市與城鎮的地皮、銀行與鐵路。」

險精神彷彿深深刻在基因之中，而且它非但沒隨時間削減，到今日也一直是這個國家蓬勃發展的動力。即使是富裕的美國人也不會滿足於現狀，願意為了更上一層樓而豪賭一把。在19世紀晚期的股市恐慌過後，倫敦《旁觀者》雜誌困惑地評論道：

　　美國的百萬富翁以破釜沉舟之勢壟斷市場，一些人則以理財自娛，彷彿這不過是代價高昂的遊戲。英國人再怎麼愛投機，也深深畏懼貧窮，法國人甚至為了躲避貧窮而朝自己開槍。而坐擁百萬財富的美國人會為了賺10塊錢而投機，即便輸了，也處之泰然。這份不畏失敗的精神相當可敬，卻也使全國人民成為世界最墮落的賭徒。

　　投機的精髓自然是風險，而投機最根本的經濟作用就是承擔風險。在承擔風險這方面，沒有人比得過美國投機者——有時，人們在股市上轉移風險的行為，甚至會超越商業活動無可避免的風險範疇，「轉移風險」這件事本身反倒成了他們的目的。在這種情況下，投機就變成了純粹的遊戲，它彷彿是美國的國民運動，人們以打仗般的凶狠參與遊戲，希望能像中彩券一樣奪得獎勵。[4]

　　美國人熱愛平等，在《獨立宣言》中將平等列為建國原則之一，但美國人也汲汲營營於創造國民之間的物質不平等，這似乎是一種矛盾。托克維爾寫道：「他們掃去了擋在前方者的特權與優

4　根據韋伯的說法，在美國，「對財富的追求失去了宗教與道德意義，往往和純粹凡俗的熱情相互連結，使它在性質上類似競技娛樂。」

待，然而他們開啟了全體競爭之門；路障所在的位置並沒有變，不過是形狀改變罷了。」在美國這樣的民主社會，財富是決定社會地位的終極因素，因此人們時時刻刻擔心自己在物質上落後於人。我們可以這麼說：美國社會的指導原則並不是在「絕對」層面上獲得更多財富，而是要避免「相對」上變得貧窮。那麼，最讓人感到貧窮的是什麼呢？當然是在牛市時期置身事外了。這麼說來，美國人其實是在股市上以激烈的競爭維持與恢復經濟平等，所有人都試圖揭露其他人的所作所為，並且預期其他人接下來的動作。凱因斯也懷著舊世界對新世界的鄙夷，高高在上地表示：「即使在金融領域之外，美國人也過分好奇地想得知一般人心目中的一般意見是什麼；這全國性的弱點在股市上遇到了勁敵。」

美國這個投機國度

　　美國廣大的荒野地域很適合投機，許多開國元勛都是土地投機者：喬治‧華盛頓（George Washington）自己也成立一間密西西比公司，購買西部的土地；班傑明‧富蘭克林（Benjamin Franklin）參與了伊利諾州6,300萬英畝土地的投機活動；熱情如火的革命者派翠克‧亨利（Patrick Henry）投資了「亞祖公司」（Yazoo Company），試圖在喬治亞州購置1,000萬英畝土地；就連湯瑪斯‧傑弗遜（Thomas Jefferson）與亞歷山大‧漢彌爾頓（Alexander Hamilton）也偶爾會扮演「土地交易人」（land-jobber）的角色。美國剛獨立那一百年，全國時時刻刻從事著土地投機，18世紀晚期，緬因、喬治亞與紐約州都不時發生動輒數百萬英畝

的土地買賣。開發中的城鎮與都市同樣成了投機對象——說來有趣，美國首都華府就是由土地投機者建設的都市。四十年後，芝加哥成了新的繁華都市。又過了一段時間，鐵路開啟了通往美國西部的大門，投機活動延伸到了西部地帶（聯邦政府授予1億7,000多萬英畝土地建鐵路，而鐵路本身也是土地投機的主要載體）。「若要我描述美國的特質，」英格蘭旅行者威廉‧普利斯特（William Priest）在18世紀晚期寫道，「我會稱之為投機國度。」

直到美國獨立後，紐約才設立股市。在1790年代，美國和一個世紀前的倫敦交易巷一樣，發生政府借貸與銀行股票的投機狂熱。然而，美國與英國的投機狂熱有個顯著差異：打從一開始，美國市場就受股票操作者控制，這些人的交易活動可是遠遠超出舊世界的規模。1791年年底，有伊頓公學學歷、曾在華盛頓軍中擔任上校的威廉‧杜爾（William Duer）組織了「普爾」（pool）[5]，目標是抬高美國銀行（Bank of the United States）股價。他自己發行據稱有3,000萬美元的折讓單，籌募這場投機行動的資金。杜爾後來投機失敗，造成美國第一次股市崩盤，也導致他日後入獄，最後葬身獄中。

從股市存在開始，市場上就出現「壟斷」行為，但到了19世紀，壟斷市場才成為美國投機活動的標誌。壟斷市場的目標是購入足量的股份，將股價抬高——這時候，先前將股票賣空、預期在日後以較低價格將股票買回來的空頭操作者，就會陷入左右兩難窘境。當股票被有效壟斷時，壟斷者可以任意對賣空者開價，

5　譯註：指由資本家組成的商業投機組織，其目的為借助聯合經濟力量壟斷、操縱證券價格。

賣空者必須依法回補他們的空頭部位。就如股票操作行家丹尼爾・
德魯（Daniel Drew）所說：

你若售出不屬於自己之物，不想坐牢就必須回補。

　　壟斷行動一般是由非正式投機合作者進行，這種團體稱為「普
爾」，往往會從事不光彩的市場操縱行動。這種遊戲十分緊張，也
經常以失敗告終。安排壟斷行動與操縱市場的人稱為股市操作者
（stock market operator），這些人在後來成了人們司空見慣的角色。
18 世紀中葉，一名評論者將典型操作者形容為「器量堪比拿破崙
的人物，他以彗星之速高升，在那一段時間勢如破竹，恣意抬高
或貶抑任何一檔或多檔股票」。操作者偏愛的股票稱為「足球」
（football），因為這些股票經常被多頭操作者與空頭操作者踢來踢
去（被操作的股票又稱為「空想」〔fancy〕）。股票被操作的公司往
往殘破不堪，沒什麼內在價值，它們的股票完全是被人當籌碼使
用（和美國今天一些場外交易的「仙股」一樣）。

　　大約在 19 世紀中葉，市場上出現「活期貸款」（call loan）系
統。[6]其實早在 17 世紀初期，阿姆斯特丹就有人以抵押股票的方式

6　華特・華納（Walter Werner）和史蒂芬・史密斯（Steven T. Smith）於 1991 年出版，描
　　寫華爾街近代史的作品《華爾街》（*Wall Street*）中主張，活期貸款刺激了華爾街金融區，
　　並「對紐約的成長十分關鍵……華爾街的活躍驅動了紐約的發展，使它成為美國的金
　　融首府」。

借貸（也就是美國所謂的「活期貸款」或「保證金貸款」），但這種貸款方式到19世紀初忽然成了紐約股市的主流，以前所未見的規模席捲市場。紐約各間銀行對證券經紀人提供證券借貸，經紀人將客戶的證券抵押給銀行、向銀行借錢。這種貸款模式之所以稱為「活期貸款」，是因為銀行隨時可以要求借方還錢，也就是「召回」債款。而之所以有「保證金貸款」（margin loan）一稱，是因為貸款金額與證券的市值之間有一段「安全邊際」，比較保守的安全邊際也許是20％，但有時安全邊際只有5％，甚至更低。如此看來，如果你抵押市場價值100美元的股份，就可以向銀行貸款80到95美元。假如那陣子市場波動率特別高，或者你抵押的股票是投機「足球」，那銀行通常會要求提升安全邊際。[7]當作為保證金的股票跌價時，證券經紀人會要求客戶提供更多現金（這份要求稱為「追加保證金通知」），如果這時候客戶不願繳錢，經紀人就會在市場上售出那些股票。股市上保證金借貸的供給相當穩定，這為經紀人帶來不少好處，因為有了這種借貸系統，小投機者就能貸款購買更多標的，刺激市場周轉。福勒在《華爾街十年》中寫道：「保證金一詞，包含了股票投機的精華。」

　　股市借貸雖然從1830年代就存在了，在接下來十年間，選擇權與期貨（又稱時間交易〔time transaction〕）還是比較常見。然而到了1850年代，開始有人抱怨活期貸款成長太快，使得合法的商業借貸無法生存下去。[8]在稱為「西方暴雪」（Western Blizzard）的

7　在這方面，保證金貸款和股票選擇權有些相似，選擇權價格同樣受市場波動率（market volatility）、利率與時間影響。

8　1872年11月，《銀行家雜誌》（*Banker's Magazine*）抱怨道：「目前存款放利這有害的行

1857年股災過後，時間交易逐漸沒落了。同樣在這段時期，一名股市評論者記錄道：「投機者用活期貸款使他們的投資步步上漲，他們在股票漲價後售出當前的持股，接著購入雙倍的股票。由於投機者可以輕鬆取得短期貸款，股市變得比平時更容易受貨幣情勢影響了。」[9]活期貸款來自銀行家在紐約的結存，而結存會隨農業循環變化：到了小麥東運的時節，金錢會流到國家內陸地區，導致紐約金融市場收緊，人們開始「召回」股市上的貸款。這種情形在10月特別嚴重；對美國投機者而言，傳統上10月不太能賺到錢。[10]到了年初，資金又會流回紐約，新的投機時節在此時拉開序幕。

　　股市波動率本就容易受持續不斷的市場操縱與壟斷活動影響，而活期貸款更會提升波動率。在股災期間，召回率會急遽上升，貸方紛紛收回貸款——但由於股市流動性下降，借方無法售出手中的證券，銀行經常收不回貸款。這種情況下，活期貸款系統使美國銀行特別容易受經濟恐慌衝擊，因為恐慌發生時，客戶會領出銀行存款、聚藏錢財，以這種方式保護自己。[11]更要命的是，證券

　　遜，推動並被用於同樣邪惡的活期貸款；對股票投機者的活期貸款往往魯莽且無原則，使我們的金融市場遭受劇烈擾亂，使商業界失去他們本該獲得的貸款，並且大大加長了倒閉公司名單……」

9　美國南北戰爭過後，聯邦法規要求鄉村銀行將四分之一存款保存在經認證的國家銀行（National Bank），而國家銀行的總部主要都設在紐約。紐約各家銀行收下這些隨時可能被召回的存款後，必須為存款支付利息，因此銀行需要將這些資金短期借貸出去並快速賺錢。紐約股市似乎就是絕佳的借貸市場，這裡利率高，每日抵押都相當可靠，而且活期貸款的流動性極高（股災期間除外）。

10　馬克・吐溫（Mark Twain）曾寫道：「10月。這是股票投機而言特別危險的月分之一，其他危險月分是7月、1月、9月、4月、11月、5月、3月、6月、12月、8月與2月。」

11　請見奧利佛・斯普拉格（Oliver M. Sprague）的作品《國家銀行系統下的危機史》（History of Crises Under the National Banking System），他的作品凸顯了保證金貸款對銀行系統造

經紀人在恐慌發生時售出客戶的保證金股票，以求自保，結果使情況惡化了。保證金貸款鼓勵投機者在市場上漲時買股票，到了市場下跌時又迫使人們售出持股，對1840年代到1929年美國股市造成的影響，類似1980年代投資組合保險（portfolio insurance）所造成的影響（請見本書第8章）。福勒寫道：「保證金，可以稱為用以創造危機與恐慌、讓市場保持動亂狀態的手段，使得經紀人賺錢，也使他們的客戶賠錢。」

▌南北戰爭與投機群像

　　1861年，美國爆發了南北戰爭，戰爭拉開了投機新時代的序幕。起初，股市對戰爭的態度是憂慮與恐懼，最大宗的股票在桑特堡（Fort Sumter）戰役過後急遽下跌。情勢在1862年年初發生變化，國會通過了《法定貨幣法》（*Legal Tender Act*），授權發行1億5,000萬美元的新「綠背紙幣」（greenback）。投機者漸漸發現，聯邦軍需要裝備、服裝與飲食，這份需求會刺激工業與農業生產，而綠背紙幣會造成金融系統通貨膨脹。《法定貨幣法》通過幾個月後，綠背紙幣對經濟的影響逐漸體現，股市也出現回升跡象，「彷彿童話故事裡中了睡眠魔咒的公主，被王子在臉頰上的一吻喚醒」。

　　戰爭的不確定性，造就了理想的投機環境。如股票操作者德魯所說：「除了尋常事件以外，我們華爾街眾人可以在戰爭運勢上做投機買賣，得以在股票交易所有一番大做為。畢竟混水中好摸

成的不穩定性，這部作品也是促使美國建立聯邦準備系統的幕後功臣。

魚。」黃金的價格成了軍事運勢的指標，每當聯邦軍獲勝時金價就會慘跌——這是因為人們擔心政府會停止供應綠背紙幣；而聯邦軍打敗仗時，市場預期政府會繼續發行綠背紙幣，因此金價上漲。黃金多頭操作者吹口哨時吹的都是〈迪克西〉（*Dixie*）[12]的旋律，黃金空頭操作者則高唱〈約翰·布朗之軀〉（*John Brown's Body*）[13、14]。華爾街的多頭操作者與空頭操作者進行著永無止盡的爭鬥，他們大膽進軍又巧妙佯攻，採用宏大的策略與機智的戰術，使華爾街戰況如南北戰場那般激烈。[15]

　　戰爭與投機的道德目的雖然大不相同，兩者卻有不少共同點。軍事理論家卡爾·馮·克勞塞維茨（Carl Von Clausewitz）將戰爭描述為「不確定之領域」，表示戰爭中容易發生意外事件或「摩擦」，而這種說法也同樣可以套用在股市投機上。索羅斯提出所謂的「反身性」（reflexivity），指主觀因素對結果造成的影響，而反身性除了用來詮釋戰場上的事件之外，同樣也可以詮釋股市中的

12　譯註：南北戰爭時期，〈迪克西〉被採納為邦聯國歌。

13　譯註：紀念廢奴主義者約翰·布朗的歌曲。

14　到了1862年年底，開始有人操縱黃金市場了。總統林肯（Abraham Lincoln）認為這應該是全國人自我犧牲之時，他極其厭惡黃金投機者的種種作為，於是他決定採取行動。1863年6月，國會通過禁止黃金期貨交易的新法令，但市場只將這條管制法令視為政府示弱的表現，結果金價反而狂漲超過三分之一。政府選擇退讓，廢除那條法令。這成了史上最無用、施行時間也最短的投機禁令。

15　詹姆士·梅伯利（James K. Medbery）在描述股市活動時，用了許多軍事譬喻，他在《華爾街的人物與謎團》（*Men and Mysteries of Wall Street*）一書中寫道：「潮湧般的進攻與防守、引起恐慌的流言蜚語、計策——所有投機戰事的力量都傾巢而出」。福勒則提到戰爭與股市投機活動之間的另一個共同點：在每一場戰役過後，報上會列出陣亡士兵的姓名；在股市每一次下跌過後，《公報》（*Gazette*）那一頁會「記錄輸家與金融喪生者的姓名」。

事件。無論是軍事或投機戰事，都可能受士氣影響——在投機戰役中，大膽的聰明人有機會贏得意料之外的勝利，而恐慌與混亂則會導致失敗。李（Lee）、格蘭特（Grant）與薛曼（Sherman）都是南北戰爭中赫赫有名的將領，而股市上也不乏類似的人物，一些大股票操作者賄賂軍人、軍中小販、政治人物與電報操作員，以便獲得前線的最新消息。[16] 華爾街的僱傭兵團隨時可能轉換陣營，當時的投機歷史也充滿背叛與兩面派的行為。話雖如此，股票操作者掌握的投機勢力，還是能短時間展現出職業軍隊的凝聚力與紀律。

　　市場上的著名操作者就如南北戰爭中的將領，吸引了大眾的青睞與奉承。馬修·約瑟松（Matthew Josephson）在《強盜男爵》（*The Robber Barons*）中寫道：「如果國家信條支持人人自由與平等的機會，那麼它目前的民俗傳說就是美化了自身力量及任何可行手段，為自己奪得權力，並以這份權力對公民的自由與權利罩下陰影。」吉姆·菲斯克（James Fisk）、傑伊·古爾德（Jay Gould）與康內留斯·范德比爾特（Cornelius Vanderbilt）成了鍍金時代的英雄人物，他們的金融操作令他們成為全國名人，他們的財富則令所有人稱羨。然而在恐慌時期，這些人因不擇手段而受人唾罵，而證券經紀人公會（Open Board）交易股票的地點——長室（Long Room）的牆上則滿是詛咒他們的塗鴉。

16　據說摩根在華爾街安裝了第一臺電報機，以便搶先接獲前線的新聞。

　　1860年代早期最知名、最受敬畏的股票操作者是丹尼爾·德魯，他因為偏好賣空股票而得了「大熊」（Great Bear）、「老熊」（Old Bear）與「大熊座」（Ursa Major）幾個稱號，有人因為他的高深莫測而稱他為「華爾街人面獅身獸」（Sphinx of Wall Street），有人因為他年紀大而稱他為「華爾街老翁」（Old Man of the Street），也有人暱稱他為「丹尼爾叔叔」（Uncle Daniel）。德魯生在1797年，出身於紐約州普特南縣一戶貧窮農家，他逃兵加入馬戲團，之後成為家畜販子，最終才在華爾街落腳。他雖然是虔誠的浸信宗教徒，曾經捐款給教會甚至是女子神學院，他卻能在信教的同時接受股市上的無道德感，自己成為惡名昭彰的操作者。[17]政治家查爾斯·法蘭西斯·亞當斯（Charles Francis Adams）對他的形容是：「精明、無恥且知識非常淺陋——奇異地結合了迷信與無信仰、大膽與怯弱——平時溫厚，有時大方。」

　　1850年代早期，德魯加入了伊利鐵路（Erie Railroad）董事會，因為操作伊利股票而臭名遠揚，得到「投機董事」的綽號，伊利鐵路則被人稱為「華爾街的妓女」。他操縱伊利股價的手法十分高明，華爾街甚至傳出這樣的說法：「丹尼爾說『上去』的時候，伊利就會漲上去；丹尼爾說『下去』時，伊利就會跌下去；丹尼爾說『搖搖晃晃』時，它就兩邊擺盪。」德魯喜歡讓他的「孩子們」（這是他對年輕投機者的稱呼）對他的意圖產生誤會，也老愛「削他們一

17　一份報紙寫道，德魯「在剝削其他人這份生意上出奇地走運時，便會捐助新的一間禮拜堂或參加禱告會，藉此平衡自己的良心」。證券經紀人亨利·克魯斯（Henry Clews）表示，德魯使宗教成了「投機的侍女」。

塊」。[18]德魯年輕時做過牲口買賣，習慣在帶牛進市場前餵牠們吃鹽，牛吃了鹽之後會多喝水，使得體重增加。他後來將「股票灌水」（watering stock）的手段引入華爾街，作法是利用自己的董事身分發行大量未授權的新股票，用這種方式壓低股價，阻撓試圖壟斷市場的操作者。[19]一名惱怒的投機者指控德魯「用他從前對待牛隻的方式對待股票。他圈養它們、讓它們在市場上上下下走動、壟斷它們；德魯甚至把股票稱作他的畜牲，也像虐待畜牲那樣濫用它們。他將它們灌水，全身上下塗滿泥土，使它們最後一文不值」。

　　當時另一位大操作者是范德比爾特，他和競爭對手德魯形成鮮明對比。[20]老牲口販子不修邊幅、容顏蒼老、身材結實；「海軍准將」范德比爾特則高挑、英俊且打扮體面，「面容如同羅馬元老院議員」。德魯的乾笑聲如同母雞叫聲；范德比爾特的笑聲十分宏亮。德魯絲毫不在乎鐵路經營管理，只致力於股市投機活動；范德比爾特成功建設了龐大的鐵路網路（當時人們常說「范德比爾特專門建造，丹尼爾專門破壞」）。德魯生性狡猾，常給人不實消息；范德比爾特大部分時候都是公開做生意，從不將自己的意圖告知他人。在遇到危機時，德魯會驚慌失措；范德比爾特則擁有鐵一般的意志，總是堅定地朝目標前進。

　　說了兩人之間這麼多的差異，其實他們也有不少共同點：他們都不識字、不擇手段又貪得無厭。范德比爾特據說會提拔華爾

18　德魯最愛用的伎倆是抵押股票借款，然後將借來的金錢全數投入市場、壓低股價，以賣空的方式獲利。

19　范德比爾特在1866年試圖壟斷伊利股票，德魯就是以「灌水」的方式逃過一劫。

20　范德比爾特比德魯小3歲，兩人之間的競爭關係從1830年代開始，那時他們都在哈德遜河經營蒸汽船事業。

街新秀，下一刻卻完全摧毀自己一手提拔的人。據說他從女婿霍勒斯・克拉克（Horace Clark）身上詐欺了數十萬美元，甚至誤導兒子威廉（William）售出某一檔股票後，自己則買入那檔股票。有一回，范德比爾特寄了封言簡意賅的信給曾經背叛他的合伙人，在信中寫道：「男士們，你們試圖欺騙我，但我不會告你們，因為走法律太花時間了。我會毀了你們。」他最後信守承諾，毀了曾經的同僚。

　　德魯與范德比爾特是股票操作者當中的巨擘，他們之下還有許多小操作者，這些人或許經歷過短暫的成功，後來終究消失在歷史洪流之中。1863 年，艾迪生・傑羅姆（Addison Jerome）一時間成了「公眾公會（Public Board）的拿破崙」，組織了幾場成功的壟斷行動。但是短短幾個月過後，傑羅姆壟斷密西根與南方鐵路（Michigan and Southern Railroad）的行動失敗，他因此破產，一年後因為工作壓力太大而心臟病發，不幸死去。他的弟弟倫納德・傑羅姆（Leonard Jerome）最初在 1850 年代預期了 1857 年的股災，賺到一大筆錢後成了股市名人。他操作股票的方式十分大膽，經常有著動物般的野性，即使在災難臨頭時他也總是保持好心情。倫納德並沒有像哥哥那樣戀棧華爾街，而是功成身退，選擇遠赴歐洲。他有個貌美的女兒名叫珍妮（Jennie），後來嫁給了精明的南海投機者──馬爾博羅公爵夫人薩拉的後代，藍道夫・邱吉爾勳爵（Lord Randolph Churchill）。他們的兒子──溫斯頓和習慣在股市打滾的外公一樣，擁有不屈不撓的心志與沉著。

　　亨利・基普（Henry Keep）過去在救濟院出生，當過一段時間的擦鞋童，後來在 1860 年代早期成了領頭的股票操作者之一。阻

礙傑羅姆壟斷南方鐵路股票的人就是基普，他以發行新股份的方式，毀了傑羅姆的壟斷行動。基普常被人稱為「沉默的亨利」，是操作者當中難得誠實又慎重的人物。他安排了史上第一次「盲池」──基普結合了多名投機者的資源，卻沒有將他使用這筆錢的計畫告訴投機者，以保持投機者「盲目」的方式，避免普爾的行動走漏風聲。

　　南北戰爭時代，最瀟灑的投機者無疑是安東尼・莫爾斯（Anthony Morse），他擁有鷹勾鼻與金融智慧，因此綽號是「英格蘭猶太人」（還有一個綽號是「閃電計算機」）。莫爾斯在1863年年底於岩島市組織了盲池，因此一夕成名。隔年年初，他成了多頭操作者的領袖人物，公開出價購買股票，每次交易都是500萬或1,000萬股。在他名聲最響亮那段時期，群眾甚至會圍繞莫爾斯的證券經紀辦公室，還有成群的陌生人硬將錢包塞到他手裡，苦苦哀求他指點一二。莫爾斯在1864年破產，引起交易所眾人的恐慌。後來他被其他經紀人拒之門外，在百老匯遊蕩一年，最後身無分文地死在一間破敗的寄宿公寓裡，房東太太甚至拒絕歸還他的遺體，直到帳款都結清才將遺體還給他的親屬。和他生活在同時代的某個人認為，莫爾斯是傑出的數學家，也是精打細算的金融家，「但他和大多數大投機者一樣，最終相信自己受命運眷顧，然後嘗試了不可能之事」。

　　馬克・吐溫與共同作者查爾斯・達德利・沃納（Charles Dudley Warner）在《鍍金時代》（*The Gilded Age*）小說中寫道，在

所謂「鍍金時代」，所有人都從事投機，人們以公平與卑賤的手段追求財富。南北戰爭過後，霍瑞修‧愛爾傑（Horatio Alger）筆下那些窮人一夕致富的故事傳遍全國，還下了《名聲與財富》（*Fame and Fortune*）、《努力與成功》（*Strive and Succeed*）這類令人神往的名稱，以最理想的形式呈現出這強烈的物欲。古斯塔夫斯‧邁爾斯（Gustavus Myers）在《美國財富史》（*History of the Great American Fortunes*）中，將這個時代描述為「最偉大的時代，無論是報紙、學院或教堂都有人為資本家歌功頌德」。[21]

　　在這個時代，你會經常看見人們大肆炫富，托斯丹‧韋伯倫（Thorstein Veblen）就是受這些社會現象啟發，在《有閒階級論》（*Theory of the Leisure Class*）中提出炫耀性消費（conspicuous consumption）的觀念。[22]當時的社交派對上，人們用百元鈔捲香菸，招待賓客的生蠔中塞了黑珍珠，就連狗的項圈也鑲了鑽石。根據《雷爾王與鍍金時代》（*King Lehr and the Gilded Age*）中伊莉莎白‧雷爾（Elisabeth Lehr）的說法，除了這些奢侈品之外，許多投機者致富的關鍵──黃金，也成了「最值得擁有之物」，「因為它是錢換

21　邁爾斯也在書中寫道：「社會將金錢尊為神祇，將資產視為量尺……貿易階級所有部分都瀰漫著深深的敬仰──對於帶著一大堆戰利品脫身的技藝，人們明確表達了敬仰之情。」實業家被神化的情形不只發生這一次，在1920年代與1980年代的投機時期更是明顯。

22　韋伯倫主張，在現代工業化社會中，「相對的成功，在經過和他人錢財的有害比較之後，往往成為行動的終結」。唯有在你能證明自己的財富時，才能得到他人的尊重，而這就是炫耀性消費的根源。對韋伯倫而言，「嚴格意義上的經濟動力當中，模仿可能是最強烈、最機敏、最持久的一種」。「模仿」這份動力連結了投機與韋伯倫的炫耀性消費觀念──或者套句《紐約時報》的新聞標題，「跟上道瓊（Dow Jones）」與炫耀性消費之間存在關聯性。

來的，而金錢是可見且外顯的成功徵兆」。

在1860年代，人們快速賺錢，卻也同樣迅速地花錢。有人提出，投機者之所以如此奢侈鋪張，是為了報復得來不易、賺取過程中令他們焦慮不已的金錢本身。生活過得最奢侈鋪張的投機者，絕對是傑羅姆，他駕著馬車穿行紐約中央公園，拉車的則是好幾匹毛髮閃亮的純種馬。除此之外，他還買了一艘豪華蒸氣遊艇，建了賽馬場與私人劇院，舉辦奢華晚宴時還將鑽石手鍊作為禮物贈予出席的女士們。當代一些評論者對如此庸俗的炫富行為感到厭惡，《國家報》（*Nation*）創辦人是記者 E・L・高德金（E. L. Godkin），他將1866年的美國形容為「一連串庸俗、穿金戴銀、滿身蕾絲、一身摺皺的野蠻人」。日後成為法國首相的喬治・克里蒙梭（Georges Clemenceau）曾在南北戰爭後造訪美國，他表示這個國家才剛走出蠻荒階段，就進入了墮落階段，絲毫沒經歷中間的文明時期。

「美國有著嚴重的貨幣貶值問題，政府輕率地浪費錢財與信貸，而南北戰爭更是創造了美國未曾經歷過的投機狂熱。」亨利・亞當斯（Henry Adams）寫道，「不僅在紐約投機中心——百老街（Broad Street）的所有北部州在內，幾乎所有擁有錢財的人都將一部分資本用以購買股票或黃金、銅、石油或國內農產品，希望價格上漲，或者拿錢賭價格下跌。」[23] 擴建的鐵路系統與新發明的電

23　這似乎是當時人的共識。福勒主張，「世界有史以來最偉大的投機時代」在1862年開始了。梅伯利寫道：「北部充斥著綠背紙幣，並且受各支軍隊的禍福影響，全體人民投入了投機狂潮。」他主張，「戰爭使我們成為偉大民族，也使我們成為以投機想法為主流的國族。」

報，讓偏遠地區的人們每日和金融中心保持聯繫，這也促進了投機活動。[24]「股票自動收報機」（ticker）在1867年問世，讓人能瞬間收到全國各地最新的股票行情，也連結了地方證券經紀辦公室與華爾街。到了19世紀末，經由電報傳送的訊息當中，將近一半都和投機交易相關。股票自動收報機被發明後，投機商號（bucket shop）也跟著出現了，這是類似彩票銷售點與經紀公司的結合體，人們不必親自買股票，也能拿股價變動來賭博（這和購買期貨的效果相同）。投機商號大多是可疑的場所，老闆往往參與了操縱股票的活動，在客人賭贏、店家必須支出大筆金錢時，老闆經常會捲款而逃。儘管如此，許多人都是在投機商號初嘗投機的滋味，這些店鋪的人氣也一直居高不下，直到證券交易委員會在1930年代禁止投機商號營業為止。

　　我們雖然不確定南北戰爭時期美國的投機者共有多少人，但我們知道在南北戰爭開始的十年前，持有股票與債券的人數是20萬人，而當代人認為戰爭時期的投機者人數遠多於20萬。這些投機者高低貴賤都有，當你走在金融區的人行道上，可以看見來自百老匯的年輕時髦投機者，同時也會看到農人、店鋪老闆、律師、醫師、教士、技工，以及身無分文的「流浪兒」。[25] 一些辦事員組成

24　根據梅伯利的說法，「縣外少有人聽過的小村落，也有了自己鄉村版的菲斯克與范德比爾特……電力火花從密西西比河谷的沼澤地、從內華達州的金黃色荒原、從康乃狄克州的工廠聚落、從佛蒙特州與世隔絕的農村飛升上天；捎來緊急指令，要賣空哈德遜股票、買入500股韋恩堡、買下岩島市的股票出售權，或買下田納西州六號的股票買入權」。

25　福勒記載道，「在1864年初，整條街上都是鄉下人……高瘦、黝黑的男人、語音粗啞的矮胖男人、高矮或中等身高的男人，他們身穿鄉土剪裁的外套，一早進城來什麼都沒

了小俱樂部，將每個人有限的資源湊出來做投機交易，也有居心叵測的經紀人提議借錢給他們，卻要求他們抵押極高的保證金，如果辦事員俱樂部真向經紀人借款投資，那他們的股票只要稍微賠錢，這些人將會失去一切。

　　證券經紀辦公室外，女性投機者坐在馬車內，等著接獲最新的股價消息。在紐約上州的薩拉托加縣，三名少女聯手組織哈林股票的普爾，買下了2,000股。1870年，范德比爾特過去的情婦田納西‧克拉弗林太太（Mrs. Tennessee Claflin）與她的姊姊維多利亞‧伍德哈爾太太（Mrs. Victoria Woodhull）合伙在百老街成立證券經紀事務所，得到了「蠱惑經紀人」的名號。

　　貴格會富家的女繼承人海蒂‧格林（Hetty Green）也是經常出沒華爾街的人物，只見她從頭到腳穿了一身黑縐布，戴著黑手套的雙手宛若利爪。她在恐慌時期見機行事、買入不少股票，成功壟斷了著名操作者艾迪生‧卡瑪克（Addison Cammack），甚至一度拿左輪手槍威脅鐵路大亨柯利斯‧亨廷頓（Collis Huntington）。有一回，格林收回她的資金，使得原本受她委託的證券經紀人一一破產，結果引發了小規模的股市恐慌。格林這個人容易記仇、多嘴且深深懼怕貧窮，甚至到了神經質的地步（據說她在住飯店時，經常會為了省錢而自己洗內衣）。她是行事謹慎的股票操作者，相信買低賣高的道理，她給其他投機者的建議是：「你只須在便宜時買入、價高時售出，平時節儉、精打細算並堅持不懈即可。」證

帶，只有紙衣領、旅行包裡的梳子，以及某家城市銀行的小額支票，然後他們隔天出城時，身上多了比小百科全書還要厚的一大把綠背紙幣。」

券經紀人克魯斯曾主張,「華爾街可不是女士找尋財富或個性的所在」。但無論克魯斯怎麼想,格林終究成了全美國最富有的女性,她去世時的資產總額估計超過1億美元。至於個性的部分,格林被人稱為「華爾街女巫」,和男性投機者同樣受人畏懼與厭惡。

　　無論男女、貧富、健康或病弱,絕大部分投機者都必然是圈外人,不過是大操作者的砲灰罷了。牲口販子德魯說過:「任何人如果以非圈內人的身分玩股票,那就等同在月光下買牛。」操作者榨乾圈外人的效率奇高無比,亞當斯甚至擔心投機活動最終會自我吞噬,因「最大的資本組合,勢必會吞食膽敢在市場上現身的所有弱勢組合」。就算投機者設法躲過操作者設下的重重陷阱,他也很可能被自己的弱點拖下水。福勒將業餘投機者形容為「金融界的食鴉片者」,他認為這些人受互相矛盾的熱情左右、受制於不確定性與恐懼,容易買高賣低——這樣的人會「受他在市場上聽聞的消息愚弄、蠱惑以致發狂」。[26]

　　梅伯利主張,圈外人進入股市時,會受「懷疑、過度自信、怯弱與猶豫」侵蝕。「當登記處顯示你該質疑時,」他寫道,「你會感到信心滿滿,你該大膽時卻會躊躇不前,當信念能帶來財富時,你卻會心生懷疑。人性的弱點就是投機人生。」[27]話雖如此,股市上當然也有一些成功的圈外人。有些投機者被稱為「恐慌鳥」(panic

---

26　根據福勒的說法:「股市上有一句格言——所謂的圈外大眾總是在價高時買股票,價低時售股。」

27　早在凱因斯在《就業、利息和貨幣的一般理論》(*General Theory*)中描述投機心理之前,梅伯利就以類似的文字,敘述了在股市上作用的「動物野性」:「氣氛時時變動,流言蜚語漫天飛,全市場都受瞬息即逝且不合理的變化影響,以致一個人在做買賣時,除非是基於意外的確信,否則他會使用自己所得到的先見,將後續發展交由運氣決定。」

bird），這些人只在價格崩盤、金錢稀缺時進入市場；他們謹慎小心地購入股票，買入後就不再碰他們的投資物，直到下一場災難發生時才會回到華爾街。但恐慌鳥投機者相當罕見，在動盪的1860年代進入金融圈的人，大多被嘉年華氛圍迷了心竅，就這麼在市場上待了下去，直到口袋裡連最後一分錢也不剩為止。

▌新的交易所，從前的泡沫

眼見投機狂熱日益增長，人們成立了幾間新的交易所，其中最重要的是1862年成立的證券經紀人公會。證券經紀人公會最初成立時，是在威廉街地下的「煤洞」裡營運，與歷史較悠久的舊交易所競爭。隨著新交易所蓬勃發展起來，威廉街左近的小地下室開始被無信譽的操作者當辦公室使用，提供委託費率較低的證券經紀服務。在證券經紀人公會的高峰期，它的交易量據說是正規交易所的10倍（這兩個市場在1869年合併，成了紐約證券交易所〔New York Stock Exchange〕）。

1864年2月，晚間交易所（Evening Exchange）在第五大道飯店（Fifth Avenue Hotel）的地下室成立了，投機者支付50美分就能入內，可以一路交易到晚間9點鐘，之後還能轉移陣地到飯店的酒吧繼續做生意。場外經紀人也會在威廉街的交易廣場（Exchange Place）與海狸街（Beaver Street）之間交易，還會僱「流浪兒」向路人揮舞他們的紋章與大聲呐喊以吸引客戶。這些新市場不同於舊交易所，沒有那種排外的氛圍或正直公正的假象。在新市場上，圈外人可以恣意和其他人交談，經紀人也提供低額保證金借貸服

務、讓人借錢做投機買賣。

自從聯邦政府推出綠背紙幣，黃金價格就一直浮動不定，因此許多當代最大膽、最廣為人知的投機行動都是發生在「黃金屋」（Gold Room）。黃金屋位於威廉街與交易廣場轉角，就設在吉爾平飯店（Gilpin）的閱覽室，房間本身裝設得相當普通、沒什麼特色，就只是一間陰暗的廳室，房裡還有許多小角落讓投機者待著。房間中央擺著一尊鑄鐵邱比特像，雕像噴出的水落在碗裡，「冷冷水聲如同金幣的叮咚聲」，經紀人就是圍繞在雕像四周，大聲報價與喊價。黃金屋的背景是電報吵雜的喀啦聲，一面牆上掛著大表盤，指針來回擺動顯示出最新的價格（外牆上也掛著類似的表盤，將最新價格顯示給聚集在街上的投機者）。據說和股市相比，黃金屋內的投機活動更單純，但也更激烈，記者赫拉斯・懷特（Horace White）表示，那個房間宛如「火力全開的老鼠坑」。在梅伯利眼裡看來，黃金屋是「人類大漩渦」，在此「人們為黃金、黃金、黃金而戰，赤裸的貪婪與怒火以超乎想像的方式諷刺人生」。

黃金投機在1864年年初達到巔峰，新的黃金交易所（Gold Exchange）在這時開始營運。由於黃金等金屬的價格漲得比薪資來得快，投機者的注意力自然會轉向礦業。礦業公會（Mining Board）在那年3月成立，光是在4月籌資創立的新礦業公司就有將近兩百間，總資本額超過3億美元。新成立的礦業公司以在偏遠地區採礦為目的，多取有異域風情的名稱，例如亞利桑那金屬與剝削岩架金銀礦業公司（Arizona Metaliferous and Scalping Ledge Gold and Silver Mining Company）、聖埃利亞斯山銀礦脈與金脈礦業公司（Mount St. Elias Silver Lode and Gold Vein Mining

Company）、鱷魚灣鹽業公司（Aligator Bayou Salt Company），以及天使之憩水銀公司（Angels' Rest Quicksilver Company）。經紀人急於吸引客戶，每個人都裝作對「裂隙脈」「斷層」「支脈」「礦脈」「黃鐵礦」等各種礦業詞彙十分熟悉的模樣，還在辦公室櫃子上擺滿試金報告，以及其他金屬與礦物質的樣本。

　　礦業公司的創辦人使用了一些老套的計策，將當代人的情緒心理轉為己用。首先，他們用少量現金或股份，買下某個未知地點的產權土地，接著將礦石樣本送去給礦物學家做鑑定與保證。那之後，創辦人會請一位富有且有聲望的商人和其他顯貴加入董事會作為回報，這些人都會免費得到一些股份。新公司的資本會被人為膨脹到原始價值的數倍——舉例來說，泰坦岩架與黑山金銀銅公司（Titan Ledge and Black Mountain Gold, Silver and Copper Company）最初是以1,000美元的價格被買下，後來估價卻高達100萬美元。公司會委託證券經紀人，並在報上打廣告，宣布接下來的「限量」認股活動。他們還會僱用小孩子在街角發計畫書，計畫書中往往以浮誇的言詞描述公司前景。除此之外，公司也會委託偵察者（scout，又稱為「吹泡者」〔bubble-blower〕），由他們吸引大投資者購入新公司的股票。

　　很多時候，同一批董事會控制多間公司，用其中一間公司籌措的資本，為沒賺錢的另一家公司支付股息。在礦業狂熱的時代，黃金價格持續上漲，市場也在莫爾斯精力旺盛的領導下，以牛市狀態發展了下去。當莫爾斯在1864年4月18日宣告破產時，股市出現恐慌，礦業公司股票平均慘跌超過90％。到最後，投機者不得不聽進馬克‧吐溫的警告：「所謂的礦場，不過是地上一個坑洞

與旁邊一個騙徒罷了。」[28]

　　礦業狂熱崩潰後，市場雖然平靜了幾個月，但是到夏末眾人又開始蠢蠢欲動了。1865 年年初，新的泡沫被吹了起來，這回它染上了石油半透明的色彩——人們將這奇蹟般的新產品視作「消毒劑、殺蟲劑、髮油、鞋油，以及腎結石的療方」。造就這次經濟景氣的因素之一，是有人在賓州發現石油，而在這段時期，原油價格在短短幾個月內漲了 9 倍，真正達到前所未見的天價。證券經紀人紛紛清空辦公室裡的礦物質樣本與鑑定證書，改而擺放油桶模型、小瓶小瓶的石油，以及裱框的地契。一所石油公會（Petroleum Board）在 1865 年 10 月開幕，35 間公司開始籌資。礦業狂熱彷彿重演了，新公司以極低成本或根本零成本成立，一些公司謊稱擁有富產石油的土地，藉此膨脹公司估值，石油股票的人為操作情形也十分嚴重。股價被哄抬上天……最後，石油泡沫就直接蒸發消失了。

▌籠罩全國上下的投機之網

　　大操作者並沒有攪和進轉瞬即逝的礦業與石油泡沫，而是幾

28　馬克・吐溫自己也在 1860 年代早期，在加州勘探過黃金。他創了許多關於投資與投機的機智警句與短詩，其中最知名的一段收錄在 1894 年出版的《傻瓜威爾遜》（*Pudd'nhead Wilson*）中：「瞧啊，傻瓜說道：『別將你所有的雞蛋放在同一個籃子裡。』——也就是說，『分散金錢與注意力』；但智者說道：『將你所有的雞蛋放在同一個籃子裡，然後死死盯著那個籃子。』」吐溫曾提出對投機者的警告：「一個人一生中有兩種時候不該投機：在他沒錢時，以及他有錢之時。」此外，吐溫也對自己作為投資者的失敗懊悔不已：「我很少能看見眼前的機會，直到它不再是機會我才看得清。」

乎全心全意聚焦於鐵路股票市場，鐵路市場上的股票操縱可說是門精細技藝，因此投資報酬也比較穩定。操作者的終極目標是成功壟斷鐵路股票——那個時代頻頻發生這類壟斷行動，最惡名昭彰的壟斷事件包括哈林（1863年與1864年）、密西根與南方鐵路（1863年與1866年）、普雷里德欣（Prairie du Chien）（1865年）、伊利（1866年、1867年與1868年）以及芝加哥和西北鐵路公司（Chicago and Northwestern）（1867年與1872年）。壟斷鐵路股票的操作者有機會賺得巨額利潤：基普在1867年組織普爾，壟斷了芝加哥和西北鐵路公司的股票，淨賺超過200萬美元。壟斷行動當然也十分危險，可能會因為公司發行新股票、將現存股票「灌水」而破局，也可能因為人們售出在歐洲的持股、將資金輸回國內而失敗。正因為壟斷行動風險高、報酬也高，便成了最刺激的一場遊戲。

　　普爾操作者首先會刻意讓某一檔股票顯得弱勢，逼出那些以小額保證金購股的股東，並誘使其他人將那檔股票賣空（這是所謂的「山鶉伎倆」〔partridge trick〕）。「普爾」甚至會以自己的持股借貸，促成其他人的賣空交易。名聲不佳的經紀人會提供「假售回購」（wash sale），設定誤導人的價格。在這個渴望「提示」或小道消息的市場上，到處流傳著不實傳聞。公司還會委託失意的投機者——這些人稱為「提示者」（pointer）、「燒焦的貓」（singed cat）或「圈套者」（roper-in）——讓他們傳播似是而非的新聞並引人賣空。市場眾人對不實流言司空見慣，許多人甚至刻意與他人的建議背道而馳，這種作法稱為「風險防範」（coppering）。一旦那檔股票被超賣（oversold），操作者便會困住賣空者，強行抬高價格（這是所謂的「挖空計策」〔scoop game〕）。

除了上述手段以外，股票操作者還會利用腐敗的報社與記者
——臭名遠揚的操作者傑伊‧古爾德就控制了數名報社編輯，這
些人為了股票相關的小道消息，願意照古爾德的意思刊印任何新
聞報導（我們之後會再說到古爾德的故事）。古爾德死後，《紐約
時報》評論道：

古爾德先生的編輯們，被大眾稱為線人（stool pigeon）。他們
的功能是誘使不謹慎的投資者或投機者，進到他的火力範圍之內；
他們「打壓」他意圖入手的股票，並以有技巧的敘述方式扭曲、哄
抬他意圖「拋售」之股票。

除了在證券交易所內進行的種種操作以外，也有人找到其他
操縱證券的方法，其中最有效也最常見的手段，就是設法影響公
司的董事會——德魯對伊利鐵路的操作，就是最好的例子。德魯
經常看跌，他甚至會賣空自家公司股票，因為他隨時可以發行新
的伊利股份，幾乎不怕被其他操作者壟斷。

梅伯利寫道，「鐵路董事們，是股市上的火砲，任何一場壟斷
行動只要少了他們，就不可能成就拿破崙式的勝利。」[29] 董事往往會
配合自己的投機活動操作股息（有時用本金支付股息）、散播不實
傳聞（1869年，太平洋郵輪公司〔Pacific Mail〕董事放出即將調
升股息的消息，以便將自己的持股脫手）、不支付預期股息，以及

29　梅伯利敘述了操作者試圖壟斷密爾瓦基與聖保羅鐵路（Milwaukee and St. Paul Railroad）
　　的行動：操作者並沒有和公司董事合作，結果在股價從47美元漲到111美元後，董事
　　們發行新股份，突破壟斷圍局。

發行未授權的股票。甚至偶爾會有從事投機的董事做出更加過分的行為——美國快車公司（United States Express Company）原本和伊利鐵路有合約關係，菲斯克擔任伊利鐵路董事時賣空美國快車公司的股票，接著解除兩家公司之間的合約。快車公司的股價下跌後，菲斯克做了空頭回補，買了更多股份，接著重新和該公司簽約。在19世紀稍晚，惡名昭彰的賭徒兼投機者約翰・「百萬賭王」・蓋茨（John "Bet-a-Million" Gates）改良了菲斯克的手法：在繁榮時期，蓋茨宣稱他在芝加哥經營的鋼鐵工廠不賺錢，接著他關閉工廠，導致數千人失業。然而蓋茨和過去的菲斯克一樣，先前將自己公司的股票賣空，所以工廠關閉後他在市場上大賺一筆。賺飽錢後，他重開了鋼鐵工廠。

投機董事的這類行徑，破壞了董事與股東之間的關係（英國的股東更是對董事失去信任，他們遠在大西洋對岸，無從影響市場上的事件，宛如一頭頭待宰羔羊）。這似乎證實了斯密的主張——認為股份有限公司必然會出現「疏忽與浪費」，畢竟董事和股東的個人利益不一致。韋伯倫在《企業理論》（*Theory of Business Enterprise*）中提出，美國董事習慣誤導股市，使人高估或低估股票，然後從中獲利。[30] 曾將伊利鐵路形容為自己掌中「玩物」的古爾德，被約瑟松指控：

30　根據韋伯倫的說法：「相較於經營企業、生產可銷售的產品（即尋常營業活動），大規模操縱可銷售的資本（即股份）似乎能換得更確定的利益，但也許相對金額並不是很確定……此類生意是如此穩定、如此有利可圖，以致現代大財富的積累，主要來自直接或間接透過交易可銷售資本的獲利。」

刻意以管理不善「為原則」，從事業真實的價值與在證券市場
上假想或短暫的價值之差異中獲利。在生意好時，他會使事業顯
得拮据悲苦；在生意差時，他會擺出富裕的表象。[31]

　　看到古爾德與同時代許多公司董事的投機行為，我們就知道
為什麼在 19 世紀的美國，儘管國家越來越繁榮富庶，尋常股票的
利潤還是高於固定利率債券了。公司董事的掠奪行為與投機活動，
為股份持有者增添了一份不確定因素，使所謂的「代理風險溢價」
（agency risk premium）顯得合理許多。[32]

　　就連美國聯邦政府也捲進了遍布全國的投機大網，榨乾國家
的行動也近似於「榨乾大街小巷」人民的過程。在吐溫與沃納的
《鍍金時代》小說中，他們彷彿用國會諷刺股市：人們隨意交易選
票，狡詐多端的陳情人士扮演股票操作者的角色，國會議員飾演
證券經紀人，而對立的派系爭奪著聯邦補助金，人們在鬥爭中展
現了熱情與激情，堪比華爾街上熊與牛的競逐。[33]

31　有人寫了一部記述古爾德生平的修正主義傳記（莫利·克萊恩〔Maury Klein〕的《傑伊·
　　古爾德的生命與傳奇》〔The Life and Legend of Jay Gould〕），試圖顯示古爾德經營公司
　　時並不只有投機一個目標。然而，這部傳記沒能消除古爾德作為股票操作者的惡劣名
　　聲，而這也是古爾德咎由自取。

32　19 世紀美國債券利潤高於股份的另一個原因是，當公司收益增加時，股票就會被灌水，
　　股息則維持不變。雖然開創股票灌水先例的人是德魯，但范德比爾特也有對自己的鐵
　　路股票灌水，後來摩根在創立美國鋼鐵公司（U.S. Steel）等大信託時也有灌水動作。控
　　制公司的人會對自己發行新股票（新股票是被灌入的「水」），用這種方式盜取股份提升
　　的內在價值。這種情形在現代也十分常見，只不過是換了種形式，換成公司對高層管
　　理者（經常）過度發行的股票選擇權。

33　吐溫在描述圍繞「諾布斯工業大學法案」發生的鬥爭時，寫道：「這是全面性的戰爭，
　　各方火力全開。座上眾人立刻騷動起來，記者們蜂擁上前，閒閒無事的參議員紛紛回

　　小說中衣衫襤褸、成天在國會大廈附近遊蕩的主張權利人，就和街邊那些破產的投機者一樣，除了永恆的希望以外什麼都不剩，卻能憑著這股希望日復一日生活。身為無可救藥的投機者，塞勒斯上校（Colonel Sellers）來到華府後過得如魚得水，而小說主角菲利普・斯特林（Philip Sterling）卻將華府視為「瘋狂程度超乎想像的浮華世界」。在他看來，那處氛圍狂熱而病態，誰都可能輕易發瘋。而在現實中的華府，南北戰爭期間則滿滿都是想快速致富的戰爭承包商：范德比爾特賣了不適合航行的船隻給海軍，年輕的摩根將有瑕疵的卡賓槍賣給陸軍，還有其他承包商為政府提供同樣「粗製濫造」（shoddy）的軍用品。[34] 在波多馬克河上這「浮華世界」，你想買賣什麼都不成問題——而與此同時的哈德遜河畔，則舉辦著「投機嘉年華」（這是福勒的用詞）。

　　《鍍金時代》諷刺的，是在 1872 年動產信貸銀行（Crédit Mobilier）醜聞中曝光的華府政治人物，與他們貪贓枉法的行徑。十年前，聯合太平洋鐵路（Union Pacific Railroad，小說中則是「鹽舔太平洋延長鐵路」〔Salt Lick Pacific Extension〕）才剛在聯邦政府大筆補助與土地授予下設立，成為美國第一條橫貫大陸的鐵

到座位上，緊張兮兮的男士們一躍而起，紙頁紛飛，放眼望去盡是活力與動態，建築內一長排一長排的臉龐都燃起了火光。」只要稍作修改，我們完全可以用這段話描述紐約股市充滿活力的一天。

34　譯註：「Shoddy」一詞原意是製作聯邦軍外套用的碎布料，後來引申出粗製濫造的意思。

路。[35] 南北戰爭過後，這條鐵路受實業家歐凱斯・艾姆斯（Oakes Ames）控制，而艾姆斯同時也是美國國會議員。艾姆斯成立了一間控股公司——動產信貸銀行，鐵路所有的建設合約都是透過該控股公司簽訂，而這也創造了貪汙良機：艾姆斯刻意抬高建設成本，而聯合太平洋鐵路以股份形式付款給動產信貸銀行（換句話說，聯合太平洋鐵路的股東被「榨乾」，榨出來的錢成了動產信貸銀行股東的利潤）。

1867 年 12 月，動產信貸銀行宣布之後會支付高額股息，股息金額等同銀行的本金總額，這使得它的股票飆漲到每股 260 美元。為了繼續獲得華府支持，艾姆斯免費將動產信貸銀行的股份分發給一些政治人物，其中包括後來的美國總統詹姆士・加菲爾（James Garfield）、後來的副總統史凱勒・科法斯（Schuyler Colfax）、共和黨領袖詹姆斯・布萊恩（James Blaine）以及其他許多參議員與「鐵路國會議員」。根據東窗事發後的估算，艾姆斯等人從聯合太平洋鐵路盜取將近 4,400 萬美元。從 1850 年代開始，就頻頻發生鐵路與聯邦補助金相關的政治腐敗事件，動產信貸銀行不過是其中最著名的案例而已。在尤利西斯・格蘭特（Ulysses S. Grant）於 1868 年當選總統後，聯邦政府與商業利益之間引人側目的關係又變得更密切了，成為投機與貪腐的溫床。

而在政府底下，政治貪汙與金融投機合而為一的狀況，因為 1863 年與 1864 年遠近馳名的哈林壟斷事件而曝光。從戰爭一開

35　聯合太平洋鐵路獲得 1,200 萬英畝的土地，以及 2,700 萬美元的政府債券。構成橫貫大陸鐵路西部部分的中央太平洋鐵路（Central Pacific），獲得 900 萬英畝土地，以及 2,400 萬美元的政府債券。聯邦政府授予建設鐵路的土地，共有 1 億 5,800 萬英畝。

始，范德比爾特就盡量購入哈林鐵路（Harlem Railroad）的股票，試圖控制住華爾街這顆最熱門的「足球」。1863年4月底，紐約市官方准許哈林鐵路在百老匯營運有軌電車。不久之後，股市高漲，哈林鐵路股價漲了一倍有餘，成了市場上的領頭羊。[36]哈林鐵路股價達到75美元高峰後，紐約市議員合謀賣空哈林股票，接著撤回建設百老匯電車路線的許可。可惜市議員們失算了，他們沒料到范德比爾特買入大量股票，使得價格不跌反漲，後來在8月達到了將近180美元的巔峰——到了這時，市議員集團才發現自己成了壟斷行動的對象。哈林鐵路發行的所有股份都被范德比爾特握在手裡，因此市議員們無法做空頭回補，不得不支付范德比爾特開出的價碼。

歷史又在隔年4月重演：在紐約州奧爾巴尼市，立法者受丹尼爾・德魯的慫恿，拒絕發布哈林鐵路建設延伸路線的許可。這回，范德比爾特與盟友約翰・托賓（John M. Tobin）成功買下大量哈林股份，買下的股份甚至比當時流通的股份多了27,000股。到了7月初，哈林股價飆漲至超過1,000美元，立法者被迫和「海軍准將」范德比爾特談判。范德比爾特大賺一筆，得意洋洋地誇耀道：「我們爆破了整個立法機關，數十位可敬的立法人員賠不出錢來，灰溜溜地回家去了。」

紐約立法者嘗到直接投機的苦頭，改而用更有把握的方式獲

36　1863年5月的牛市又稱為「錢斯勒斯維爾漲勢」（Chancellorsville rise），名稱取自南方邦聯軍在維吉尼亞州錢斯勒斯維爾的勝仗，那場戰役中有超過17,000名聯邦士兵喪命。這場戰役過後，市場預期戰爭會持續下去，政府會繼續發行綠背紙幣、導致通貨膨脹，因此市場漲了上去。

利：收取賄賂。四年過去了，在1868年，立法者開始廣納所謂「伊利戰爭」（Erie War）中各方的饋贈。亞當斯在《伊利記事》（*Chapters of Erie*）中記載了這場事件，根據亞當斯的紀錄，范德比爾特試圖掌控伊利鐵路，德魯與古爾德、菲斯克兩個較年輕的盟友聯手阻撓范德比爾特。以德魯為首的「伊利幫」（Erie gang）不顧法院下達的強制令，而是自己僱了一位法官，並在市場上發行價值數千萬美元的新伊利股份。事後，他們帶著戰利品去到澤西市，紐約司法機構也拿他們沒辦法。古爾德接著帶50萬美元現金前去奧爾巴尼──不過技術上而言，這些是屬於伊利股東的錢，以便賄賂立法者，請他們事後認可伊利新發行的股份。范德比爾特雖然也採用相同手段，卻在亞當斯所謂「天天開票的立法經紀人公會」上敗給古爾德。[37] 根據估計，1868年夏季，諸位操作者在奧爾巴尼行賄的總金額超過100萬美元。

▌古爾德的黑色星期五

伊利幫勝利後，古爾德、菲斯克等大股市操作者突然迅速崛起，古爾德與菲斯克組成華爾街有史以來最怪異的二人組。菲斯克的父親是佛蒙特州一名小販，他自己先是在馬戲團工作，接著到波士頓做乾貨買賣，後來在戰爭時期走私棉花。他在1860年代早期來到華爾街，成為德魯的徒弟。菲斯克身材短粗、豪爽健談

37　亞當斯對於立法機關的描述是：「比起在19世紀後半為共和美國立法的特定單位，史上或許從沒有過更加貪贓枉法的民意代表機構，沒有人比他們更無恥與腐敗，沒有人比他們更遠遠超出了大眾輿論所能及的範圍。」

又外向，留了一大把海象鬍子，臉頰邊生了淺色鬢髮。他喜歡穿上誇張的服裝，甚至在1869年夏季在自有的遊船上招待格蘭特總統時，身穿「藍色軍服、金色軍帽、外套袖口有著三顆銀星、手上戴著薰衣草色手套，胸口別著櫻桃大小的鑽石別針……」。他浮誇的打扮倒是很適合派克大歌劇院（Pike's Grand Opera House），菲斯克買下這間歌劇院，作為伊利鐵路公司的總部。

這位「伊利・吉姆・歡慶・海軍上將・小詹姆斯・菲斯克王子」在他的大理石宮殿中坐上王座，身邊還圍繞著選自芭蕾舞團的「後宮」。根據亞當斯的描述，菲斯克「粗獷、吵鬧、自負、無知；無論是外貌或心態都像年輕屠夫」，而且還將自己在華爾街的事業視為「可笑的大鬧劇」。但儘管菲斯克有以上諸多缺點，他還是極有魅力，就連對手也對他欽慕有加。

至於菲斯克的合作伙伴——古爾德，形象可就截然不同了。古爾德身材細瘦、罹患肺病，個性陰沉、神祕而詭計多端，除了家人和羅素・塞吉（Russell Sage，吝嗇的百萬富翁，同時也是放高利貸者與投機者）以外，所有人都深深厭惡他。古爾德出身紐約州特拉華縣一戶貧寒農家，起初在紐約的「沼澤」（the Swamp）皮革市場做生意，後來設法讓合伙人破產後導致合伙人舉槍自戕。古爾德一路汲汲營營，終於來到華爾街，成為19世紀美國最受人鄙視的人物之一。「他的碰觸就等同死亡。」德魯憑著自身經歷說道。金融記者諾耶斯寫道：「他不是建造者，而是摧毀者。」人稱「銀狐」（Silver Fox）的傳說級投機者基恩有時會和古爾德合作，然而這位合作者卻稱古爾德為「基督教時代開啟後世上最壞的男人，他狡詐、虛偽、懦弱，也是內心絲毫不慷慨的卑鄙蠕蟲」。在報紙出

版人約瑟夫・普立茲（Joseph Pulitzer）眼裡，他是「如蝙蝠般掠過美國人眼前，最為陰邪的人物」。邁爾斯則在《美國財富史》中，將古爾德形容為：

劫掠者，如果無法盜用數百萬元，他就會偷竊數千元；冷酷無情的人形肉食動物，啃噬著無數受害者的血肉；缺乏賭博公平原則、絲毫不遵守規則的賭徒；算計、謀畫、暗算、計策與反計策方面都堪稱馬基維利式惡魔。[38]

簡而言之，古爾德就是最典型的強盜男爵。

伊利戰爭過後，菲斯克與古爾德從伊利庫房取了將近500萬美元給范德比爾特（其中50萬美元給了海軍准將的合伙人，補償他們「失敗的投機」），和他和解了。不久後，他們逼著德魯卸下伊利董事職位；又過幾個月，他們在一場壟斷行動中使得德魯傾家蕩產。「適者生存」──這是赫伯特・史賓賽（Herbert Spencer）提出的社會達爾文主義原則，當時的美國流行這一派思想，股市上更是能清楚看見由此而生的殘酷廝殺。到了秋季，古爾德在市場上發行大量新的伊利股份，達到了「鎖死」綠背紙幣的效果（也就是「信用緊縮」〔credit squeeze〕），使得鐵路股票崩盤。將德魯趕走後，古爾德邀惡名昭彰的坦慕尼協會（Tammany）[39]「老大」比

38　邁爾斯另外指控古爾德是「當代最冷血的行賄者、強盜與金融海盜……將近半個世紀，古爾德的姓名一直是嘲諷與笑柄，是大眾謾罵與憎惡的對象，象徵了由貪婪取勝的每一次骯髒與下賤犯罪行為」。

39　譯註：Tammany Hall，又稱哥倫比亞團，起初是美國的愛國慈善團體，後來成為紐約地區政治機構與民主黨的政治機器。

爾‧特威德（Bill Tweed）加入伊利董事會，以便強化自己對紐約
市與其司法系統的影響力。根據亞當斯的說法，

　　古爾德與菲斯克在短短六個月內，創造了強而有力的組合；
自從社會為自保而設置終極的司法權力之後，美國與歐洲私人操
縱的組合都不及他們的組合。他們行使政府的立法與司法權力；
擁有幾乎無限的信譽，全社會都任他們宰割。

　　到了1868年年底，古爾德已經準備萬全，即將發起史上最大
膽的投機行動。一向高深莫測的他，這回打算壟斷終極投機物件
與那個時代的象徵性物品：**黃金**。

　　古爾德向來寡言鮮語，也十分憤世嫉俗，他自然懂得偽善言
詞的使用方法。在伊利戰爭期間，他扮演人民英雄角色，號召眾
人反對范德比爾特逐漸獨占鐵路市場的行動。現在古爾德以壟斷
黃金為目標，開始設法親近農人。自從1865年南北戰爭結束後，
農產品價格就持續下跌，這主要是鐵路系統延伸發展的緣故。與
此同時，聯邦政府開始收回市面上流通的綠背紙幣，使得金價從
1864年的將近300美元（換言之，你可以花將近300張綠背紙幣，
購買100美元的金條），跌到1869年年初的130美元左右。由於外
國進口美國產品時是以黃金付帳，金價下跌使美國穀物在歐洲的
價格上漲。伊利鐵路的營收主要來自將準備出口的穀物東運，因
此美國穀物在歐洲漲價間接影響到伊利鐵路。古爾德意識到如果

能讓金價上漲，伊利鐵路的問題就迎刃而解了。他假裝支持貨幣通貨膨脹，在政治層面上為他的黃金壟斷計畫鍍金。就如《鍍金時代》中，腐敗的迪斯沃西參議員（Senator Dilsworthy）所說：「如果某一私利沒有某個公眾利益的合理性與高尚外表，我就不會宣揚它。」

　　當時流通的黃金只價值1,500萬美元，而聯邦黃金儲備的價值則超過1億美元，所以古爾德如果要成功壟斷黃金市場，就得控制住政府政策。1869年年初，古爾德和年邁的政治陳情者與投機者阿貝爾·柯賓（Abel Corbin）結盟，柯賓不久前娶了格蘭特總統的妹妹，古爾德可以透過柯賓影響總統本人。古爾德邀請格蘭特總統到他的歌劇院作客，並在6月於菲斯克的蒸汽船上招待總統，趁這些機會對格蘭特吹捧金價上漲的政治益處，並勸格蘭特讓聯邦政府停止售出黃金。那年7月，柯賓替古爾德的手下──丹尼爾·巴特菲爾德將軍（General Daniel Butterfield）弄到紐約財政部副部長的官職。古爾德的下一步，則是掌控第十國家銀行（Tenth National Bank），進而加強自己的借貸能力。目前為止一切都進行得很順利，到了夏末，古爾德讓柯賓與巴特菲爾德嘗到甜頭，以133美元的價格分配了價值300萬美元的金條給他們。

　　1869年9月初，柯賓又安排古爾德與格蘭特會面，在這次會面期間，古爾德認定格蘭特總統準備施行通貨膨脹政策，以便支持西部農民。古爾德開始買入更多黃金，卻在9月第一周結束時遇上難關：他的兩位合伙人將利潤兌現，退出普爾。失去兩位合伙人後，古爾德只得邀請先前一直袖手旁觀的菲斯克加入壟斷行動（古爾德之前也許認為這場行動需要精密的政治操作，菲斯克喧鬧的

性格和這場行動格格不入）。

　　到了這個階段，操作者投入壟斷行動的成本增加，黃金集團高估了自己的實力，開始採取冒險行動。他們試圖分配價值50萬美元的黃金、賄賂格蘭特的私人祕書霍勒斯‧波特將軍（General Horace Porter），卻被波特憤然拒絕。到了9月中，備感壓力的柯賓寫了封信給正在賓州西部度假的格蘭特，懇求他別再售出聯邦政府持有的黃金。那封信由伊利鐵路一名員工傳送，他接著用電報簡短地報知菲斯克：「送達，沒問題。」這封電報不過是回報信件成功送達，黃金集團卻誤解了電報的意思，以為總統同意了信中內容。[40]事實上，格蘭特收到這封信時感到相當不悅，他誤以為柯賓參與了某種哄抬黃金的計畫。總統請妻子寫信給柯賓太太，傳達他心中的不安，並建議柯賓別和黃金投機者扯上關係。

　　格蘭特是在9月19日星期日收到柯賓的來信，隔天黃金市場開盤時金價略低於138美元，而儘管古爾德等人大肆購入黃金，價格仍在接下來兩天維持穩定。到了星期三，菲斯克大膽無畏地走進黃金屋，不僅購買大量黃金，還提議以5萬美元為賭注，賭金價會漲到145美元。當晚，交易所收盤後，古爾德登門造訪柯賓，卻發現柯賓太太收到格蘭特太太的來信，柯賓正急得像熱鍋上的螞蟻。柯賓苦苦哀求古爾德讓他售出手裡的黃金，帶著利潤離開黃金集團，但古爾德不但拒絕他，還命令柯賓將格蘭特太太那封信的內容保密。

40　這是亞當斯所記錄的事情經過，也是後世歷史學家認同的版本。然而，美國總統當然不太可能在收到妹婿的私人信件後，將他的回應告知一名無足輕重、和此事沒有正當利害關係的鐵路公司員工——而古爾德也不太可能會如此揣測格蘭特總統的意思。

古爾德這時發現，他們不再能仰賴格蘭特限制聯邦政府售出黃金，而古爾德自己也是泥菩薩過江，自身難保了。於是，他決定暗中出售自己的黃金部位。接下來發生了什麼事，那就眾說紛紜了，有人認為古爾德沒將自己逆轉操作的決定告訴菲斯克，不過這不太可能，因為兩人在事後並沒有反目成仇（數年後，古爾德出賣了經紀業合伙人哈利‧史密斯〔Harry Smith〕與投機者基恩，消息可是傳遍了華爾街）。考慮到古爾德不受良心束縛的作風，更可信的說法是，古爾德以菲斯克持續購入黃金的表象，掩飾自己售出黃金的行動。菲斯克想必知道他們的黃金計畫失敗了，因為他都是透過經紀人威廉‧貝登（William Belden）下單，也沒有簽署任何和還債義務相關的文件。古爾德也十分謹慎，售出黃金時小心避開貝登及他的同僚，密謀讓這個倒楣的經紀人成為代罪羔羊。

1869 年 9 月 23 日星期四，黃金交易所在一片混亂中開盤，金價將近 142 美元。這一天下來，儘管古爾德不斷售出黃金，金價仍然持續上漲，市場周轉率超過 3 億 2,500 萬美元，使得規模較小、利潤也極少的空頭投機者被消滅殆盡。那天晚間，貝登表示他和手下經紀團隊代表菲斯克，持有價值 1 億 1,000 萬美元的黃金。

隔天是日後被稱為「傑伊‧古爾德的黑色星期五」的日子，一大清早就有大批群眾聚集在黃金屋外的新街，等著所有人預期中的事件高潮。古爾德與菲斯克不敢在交易所露面，於是在經紀人希斯（Heath）位於百老街的辦公室指揮交易。市場在上午 10 點鐘

開盤時，300名經紀人緊張兮兮地聚在黃金屋中央的邱比特雕像周圍，菲斯克的經紀人阿爾伯特·斯拜亞斯（Albert Speyers）率先開出150美元的價格。到11點鐘，人們觀察到巴特菲爾德將軍的經紀人開始將黃金脫手，看樣子政府售出黃金的行動即將持續下去。菲斯克指示斯拜亞斯將價格抬高到160美元，古爾德則透過十多名經紀人繼續售出黃金。不到一個小時後，財政部長喬治·S·鮑特韋爾（George S. Boutwell）下令售出價值400萬美元黃金的消息傳到黃金屋。即使金價大跌到135美元，市場陷入混亂，斯拜亞斯仍然「瘋瘋癲癲地」（這是菲斯克的形容）繼續以160美元的價格購入黃金。

經紀人們變得十分瘋狂，或至少變得不負責任，脫了帽子來回奔走，比手畫腳、口齒不清地喊價與出價，其他人卻幾乎看不見他們或絲毫沒意識到自己身在何處。然後傳聞變得越來越荒唐──真與假混雜在一起。

根據菲斯克的說法，當時的氣氛比起「混亂恐慌」，更近似「每個人正把自己的屍體拖出去」。市場上迅雷不及掩耳的動盪使得數千個融資投資者破產，大批群眾集結在百老街與古爾德的證券經紀辦公室外，政府甚至命軍隊進入戒備狀態、準備進金融區維持秩序。古爾德與菲斯克怕被群眾生吞活剝，他們悄悄從側門溜出希斯的辦公室，撤退回有鐵路員工武裝「軍團」守護的「伊利堡」。

在那黑色星期五，數十名證券經紀人宣告破產，其中所羅門·馬勒（Solomon Mahler）更是在隔天舉槍自盡。菲斯克則樂呵呵地

和他所有的合約撇清關係──就如他在伊利戰爭後所說：「除了名譽以外，我什麼都沒失去。」菲斯克沒失去什麼，他的經紀人斯拜亞斯與貝登卻背著將近1億美元的債務破產了（斯拜亞斯據說還因此發瘋）。黃金屋的票據交換所──黃金交易銀行（Gold Exchange Bank）突然湧進總金額超過5億美元的無數筆交易，銀行乾脆放棄處理交易了。保證金貸款的每日利率（「保證金貸款利率」〔call rate〕）漲到超過1,400％，鐵路股票也都崩盤了，其中范德比爾特的紐約中央鐵路公司（New York Central）和高峰期價格相比，下跌了將近四分之三。

這場混亂持續到了隔周，過程中華爾街上只有一人安然無恙。古爾德和他收買的法官一同躲在一旁，用法院的十二道強制令當擋箭牌。煙霧散去後，華爾街儼然只剩他的證券經紀事務所留存下來，甚至有傳聞說古爾德在此次事件中賺了1,100萬美元。然而在得失方面，這位「華爾街的梅菲斯特惡魔」卻是三緘其口，沒有透露任何消息。

▎庫克的黑色星期四

黑色星期五的恐慌，並沒有就此為投機時代畫上句點，美國各家鐵路公司更是持續吸引高額的資本投資。在1865年與1873年間，美國鐵路系統的規模幾乎翻了一倍，共增建超過三萬英里的新軌道，總成本將近15億美元。驅使人們大舉投資鐵路建設的，是心中的一股期待──他們預期新鐵路會使無人居住的西部領土被快速開墾，使得鐵路公司持有的大量地產急速漲價。當聯合太

平洋鐵路打廣告出售在內布拉斯加州哥倫布市的地皮時,「用50美元買到的土地,可能會成為價值5,000美元的投資」這句廣告詞吸引不少潛在買家。聯合太平洋也問這些潛在買家:「想輕鬆賺錢嗎?那就去找一座城市的位址,買下建立城市所需的農地!有多少人後悔當初沒買下紐約那塊地、水牛城那塊街區、芝加哥那一英畝地、奧馬哈那四分之一地塊。」

1869年,曾經在戰爭時期發售聯邦債券而成名與致富的銀行家——傑伊·庫克(Jay Cooke)接管了北太平洋鐵路公司(Northern Pacific Railroad),該公司持有美國西北部將近5,000萬英畝的撥贈土地,占地甚至超過全新英格蘭地區。庫克透過代理人網路,開始炒作地皮。他的公關長——記者山姆·威克森(Sam Wilkerson)將北太平洋鐵路的地產形容為「遼闊的荒野,如富家千金般等著被占據與享用」。北太平洋鐵路在杜魯斯市設有終點站,這座城市也被公司誇耀為「無鹽大海的聖城」。可惜這些代理人與公關人員沒能充分引起大眾的興趣,北太平洋鐵路公司的地產被嫌惡地稱作「庫克的避寒地帶」,庫克的銀行也承擔了發售1億美元北太平洋鐵路債券的責任,被壓得喘不過氣來。庫克十分倒楣,普法戰爭(Franco-Prussian War)不巧在1870年7月爆發,歐洲資本不再流入美國,使得庫克發售債券的任務變得更加困難。

到了1873年春季,人們擔心金融危機即將到來,恐懼感與日俱增。紐約金融市場上信貸緊縮,投機者做保證金借貸時,不得不每日支付0.5%的利息,但即使借貸的利率高漲,投機者也不願意放棄他們這場遊戲。那年5月,《銀行家雜誌》抱怨道,市場上對於保證金貸款的需求量過高,以致正當的信貸事業沒了生意,

也助長了「當代最差勁的賭博狂熱」。除此之外，動產信貸銀行醜聞的消息仍不斷傳出，投資者對鐵路公司的信心一落千丈，市場上氣氛越發酸臭。

　　儘管如此，激烈的投機活動還是持續不斷。在1873年夏季，紐約證券交易所的股票周轉率首次達到每日10萬的高峰，《國家報》對大眾發出警告，提出這會提升投機商號的活躍程度。市場上浮動不安的氛圍在8月變得更加嚴重──好幾間鐵路公司沒能成功為未清償債務再融資，報上可以看到偽造鐵路債券與股份在市面上流通的新聞。到了9月第一周周末，輕率地對特定幾間西部鐵路公司借款的紐約倉庫與保障公司（New York Warehouse and Security Company），無奈地宣告破產。

　　1873年9月18日星期四，庫克在賓州的「歐岡茲」（Ogontz）豪宅宴請格蘭特總統。那天下午2點半，庫克公司（Jay Cooke & Co.）在紐約證券交易所宣告破產（庫克的銀行沒能售出鐵路債券，結果失去債權人的信任）。美國最大銀行突然倒閉時，人們最初的反應是震驚與不相信──在匹茲堡，甚至有個報童因為大聲喊出這份消息而被逮捕。不相信很快就化成恐慌，股市崩盤，每日保證金借貸利率飆漲到5％。

　　隔天，大批群眾擠進金融區，想要目睹過去十多年來迷住了全國的投機戲碼正式落幕。這時菲斯克已經不在了；他兩年前被情婦的情人謀殺（但范德比爾特還是持續透過靈媒向他詢問股市上的小道消息）。儘管菲斯克死了，其他股市名人還是站出來扮演他們平時的角色：古爾德大力賣空股票，格林在貶價的股票之中撿便宜，范德比爾特則開著車在百老街上下行駛，意圖驅散群眾與

瀰漫在空氣中的恐慌氛圍。范德比爾特的女婿——克拉克先前向聯邦信託銀行（Union Trust Bank）借了大量資金做保證金投機，結果他在這間銀行倒閉後死去了。「華爾街老翁」德魯的證券經紀公司——肯揚考克斯公司（Kenyon, Cox & Co.）在恐慌中倒閉，德魯也就此下臺一鞠躬。宣告破產後，德魯臥床不起，成天縮在好幾層被毯下，竭力對抗自己半個世紀來各種投機活動所創造的恐怖夢魘，結果在一年後去世了。

　　股市上的恐慌延續到星期六，這天紐約證券交易所所長發布史無前例的公告：在官方另行通知以前，交易所將會無限期停止運作。

　　《國家報》報導：上周四、周五或周六，任何人站在華爾街或證券交易所廊道上，都目睹了那瘋狂的驚慌，甚至可說是狂暴的驚慌（就如一匹馬被纏著腳踝的斷柄吞噬，或者如一條狗憑著綁在尾巴上的錫鍋飛翔），看見大批群眾來回奔走、試圖將資產脫手，幾乎是苦苦哀求其他人出任何價錢將它買去。只要是目睹這一切的任何人，都必然會感覺一波新的瘟疫來到人世間，空氣中飄著一股無法感觸、就連哲學家也未曾想像過的無形力量，奪走人們的神智。

　　最早用瘟疫比喻金融危機的人是笛福，他在1720年曾以類似的文字形容金融危機。而「瘟疫」這種譬喻後來在1870年代的華爾街復甦，一名經紀人將黑色星期四事件描述為「黑死病過後最慘痛的一次災難」。

　　十天過後，證券交易所重新開始運作，但這回全國人都得面對十多年過度投機與過度投資的後果。在接下來的冬季，無數間工廠倒閉、鐵路公司解僱大量員工、銀行倒閉、勞工被減薪，人們盡量密藏錢財。到1873年年底，宣告破產的企業已經超過5,000家，其中包括北太平洋鐵路公司以及紐約將近50間證券經紀公司。

　　隔年1月，一群無業抗議者在紐約湯普金斯廣場發起暴動，被手持警棍的騎警衝撞鎮壓。經濟蕭條持續到了1870年代末尾；根據估計，到了1877年，正常就業的勞工只占總勞動力的五分之一，罷工與動亂也成為社會常態。資方與勞方之間的衝突升級成了暴力事件，賓州煤田莫莉・馬奎爾團體（Molly Maguires）的恐怖活動、1877年鐵路大罷工（Great Railroad Strike）期間的匹茲堡暴動都是其中的案例。面對看似永無止盡的經濟蕭條，紐約興起了宗教復興運動，布道家德懷特・L・穆迪（Dwight L. Moody）與福音歌手艾拉・桑奇（Ira Sankey）在紐約市舉辦活動時，會場往往人滿為患，大部分參與者都來自華爾街與第五大道——這些人也許意識到美國危急的狀態是自己造成的，因此想設法贖罪吧。

▌投機往往伴隨著操縱與詐欺

　　在股票自動收報機被發明後，華爾街出現了這麼一句俗話：「別和報價紙條過不去，別反抗市場。」另外還有人說「天下沒有白吃的午餐」，意思是股市上沒有輕鬆賺錢這回事。[41]我們可以從這

41　至少，保羅・薩繆森（Paul Samuelson）教授是如此詮釋這句話的。

些諺語推論出，這是個報酬可以抵銷風險、市場價格反映了真實或公平價值的效率市場。這是良性而理想的光景，市場操作者很樂意推廣符合這美好理想的投機觀點。

　　當證券經紀人克魯斯在1881年對一支立法委員會發表證詞時，他指稱「無論投機的物件是商品或股票，這都只是人們對未來價值產生不同的見解時，調整這些差異見解的方法而已。投機會調節生產工作，當產品稀缺時它會使價格瞬間上漲，達到刺激生產的效果，而當生產過剩時，投機活動則會貶抑價格」。克魯斯還放肆地補充道，投機是「商業界最有益、最能夠預防恐慌的原動力之一」。克魯斯對於投機的描述和現代經濟學課本中的敘述相差無幾，卻沒能有效且誠實地形容19世紀後半美國投機熱潮的性質。在這個時期的美國，投機不僅僅調節了資本分布與生產力量，它實際上可是有著更廣泛、更不祥的影響力。

　　投機時期總是會養成不誠實的風氣，這在19世紀的美國股市更是明顯——腐敗的投機者不限於公司創辦人與股票操作者，1860年代整個政治階級都遭到腐敗風氣的侵蝕（即使在三十年過後，「改革派」的格羅弗・克里夫蘭〔Grover Cleveland〕總統也被牽涉進基恩組織的股市普爾）。1990年代遍地皆是「失控的交易人」，而這類人在19世紀後半的華爾街也多如牛毛。根據梅伯利在1870年的記錄：「股票投機失敗所造成的金融『異常』，是我們近代史中最黯淡的一章。」19世紀後半這五十年間，美國發生多起惡名昭彰的金融詐欺事件：1854年羅伯特・斯凱勒（Robert Schyler）偽造鐵路股票；1865年E・B・凱查姆（E. B. Ketchum）偽造黃金憑證（gold certificate）；1868年懷特證券經紀公司（White &

Company）偽造鐵路股票、導致約 1,000 萬美元損失，類似案件層出不窮。1884 年，格蘭特與瓦德證券經紀公司（Grant & Ward）的大規模偽造行動被揭發（格蘭特將軍也是這間證券經紀公司的合伙人之一，只不過他不參與經營）；根據記者諾耶斯的說法，該公司除了偽造股票以外，還從事「個人的非法行為，即使在那段金融道德鬆散的時期，這些非法行為的類型與規模也堪稱史無前例」。

在鍍金時代，證券經紀公司的員工自己也經常從事投機，而這些人當中有不少人參與過詐欺活動，梅伯利甚至主張：「天天有辦事員因為不老實而被開除，全金融區幾乎沒有任何一家公司沒有被侵吞過公款。」不只是員工盜用公司帳款，就連受託管理人與監護人也會拿監護對象的資產從事投機。1869 年 2 月，人們發現大都會教會（Metropolitan Church）的財產管理人挪用了 200 萬美元的教會存款，拿去做個人的股票買賣。究竟是當時盛行的投機活動降低了道德水準，還是當代道德敗壞以投機的形式體現呢？我們無從回答這個問題，我只能告訴你，投機與金融詐欺往往會一同出現。

其實，「失控的交易人」個別的活動還不算什麼，真正造成嚴重影響的，是操作者們在股市上持續不斷的種種操縱行為。克魯斯口口聲聲說投機對市場帶來許多益處，但操作者的所作所為無疑將這些好處侵蝕殆盡，投機因此成為恐慌與蕭條的成因，使得這些現象越來越頻繁。就如馬修‧史密斯（Matthew Smith）在接近 19 世紀末時所說：「在華爾街『壟斷』股票的人們……能在一瞬

間造就恐慌，人人都將感受到它地震般的效果……華爾街恐慌來得極其突然，宛如晴天中的一道雷，再怎麼精明的人也無法預見它，再怎麼有天賦的人也無法躲避它。」投機操縱不僅破壞了公司董事與股東之間的關係，導致嚴重的管理不善等內部問題，還使股價大大偏離「內在」價值或公平價值。《華爾街日報》創辦人查爾斯·道（Charles Dow）將股市變動區分為三類：內在價值改變所造成的變動、操縱所造成的變動，以及每日交易所造成的變動。他提出，股票投機者多將注意力放在操縱所造成的變動上。根據梅伯利的說法，操縱行為造成難以預測的變化，「使得無可改變的價值也如水銀般善變」。古爾德擔任伊利鐵路總裁時，曾有人問起鐵路公司的實際價值，沒想到他厚顏無恥地回答：「它大概沒有內在價值吧；它在這裡和在倫敦被人用來投機，所以才有了這點價值。」[42]換句話說，全世界最大的鐵路公司之一，價值全出自它作為華爾街「空想」對投機者產生的吸引力。

　　今日的市場管制雖然比19世紀完善許多，投機者操縱市場的傾向還是沒變。1991年5月，所羅門兄弟（Salomon Brothers）一名債券交易人試圖壟斷兩年期美國國庫票據（U.S. Treasury notes）的市場。美國黑手黨（American Mafia）受1990年代牛市不斷上漲的股價吸引，加入了許多仙股「拉高倒貨」（pump & dump）騙局。至於在線上投資世界，經常有人透過不實傳聞操縱市場。史上最驚人的股票敲詐事件之一是發生在1996年春季——比較器公司

42　根據亞當斯的說法，「伊利股票持有者幾乎全在從事投機，而非投資；以華爾街投機活動的道德觀來看，這表示——或者幾乎可以表示人們不顧它的內在價值。在這個情況下，整體社會都是受害方，而社會早就明白這份風險所在了。」

（Comparator）是一間失敗的指紋辨識科技生產商（淨資產不到200萬美元，交易損失累積下來有2,000多萬美元），當時它的股價從0.03美元飆漲到了1.75美元，使得公司市值超過10億美元。1996年5月9日，在那斯達克股票交易所交易的比較器公司股份多達1億7,700萬股，創下單一公司的股票交易量紀錄。證券交易委員會遲了一步插手，但還是暫停了比較器公司股票的所有交易。

　　1997年早春，比較器公司事件過後不到一年，加拿大金礦公司Bre-X在溫哥華交易所（Vancouver Exchange）的股票報價從幾分加幣飆漲到280加幣，使得公司估值上升至將近70億加幣。該公司據稱在印尼的礦業授予地發現了2億盎司的黃金。那年3月底，Bre-X的地質學家副手搭直升機飛行在婆羅洲叢林上空時不幸墜落身亡。不久過後，Bre-X公司也迎來了自身的死亡──稽核員發布了一份報告，強烈譴責這所謂「全世界礦業歷史上前所未見的詐欺事件」。但是到這時，Bre-X的執行長已經將利潤兌現，逃脫法網、到某個陽光明媚的島上享樂去了。這就是鍍金時代司空見慣的故事。

　　相信效率市場假說的人主張，投機者有助「發現」價值，而股價之所以隨機變動，是因為它們反映了所有與股票價值相關的資訊。然而在19世紀的美國市場上，內在價值卻被投機者的活動隱藏起來。在這種情況下，圈外人在做投資決策時，只能將一切交由運氣決定。我們可以看出，這是一種性質全然不同的「隨機漫步」

（random walk）[43]。如果是在真正由效率造成隨機的模型中，所有股價都會反映當前的內在價值，而未來的價格變動只會在接獲新資訊時發生。但這並不是效率造成的隨機，而是人為操縱造成的隨機，在這個人為操縱的市場上，股票可能被多頭操作、空頭操作、設陷阱、放炮或壟斷，價格全憑一小群操作者的心意左右。正如19世紀中期，一名股市評論者的建議：「在我們看來，在多頭或空頭操作何者最合算這方面，最理性的決策模式就是閉上眼睛、將一枚1美分硬幣拋到空中，然後以拋硬幣的結果決定行事方向。」過去所謂的「三M」——神祕（mystery）、操縱（manipulation）與（低）保證金（margin）——成了股市的障礙，使市場無法如理論般，達到有效率地分配資本的效果。結果呢，鐵路建在不需要鐵路的位置，本不該和股市扯上關係的公司被股市搞垮，股市恐慌也造成無謂的銀行倒閉事件。

　　19世紀末期，美國經濟學家埃默里寫道：「賭博是將錢壓在某個偶然事件的人造風險上，投機則是承擔由價值變化而生且無可避免的經濟風險。」不過在美國股市上，最大的風險並非無可避免，嚴格來說也不是經濟風險，因為這些風險大多是市場操作者創造出來的。文學家山繆・詹森（Samuel Johnson）將賭博定義為：在無中間財的情況下，重新分配財富。鍍金時代的投機活動也符合詹森對賭博的定義——它帶來的害處多過益處，並使資產從多數人手中轉移到少數人的口袋裡。

43　譯註：一種數學統計模型，由一連串的隨機軌跡所組成，用以表示不規則的變動形式。

第 **7** 章

新時代的終結——
1929 年華爾街股災與餘波

英文中最昂貴的四個字，就是「this time it's different」（這次不一樣）。

——相傳是約翰・坦伯頓爵士（Sir John Templeton）
　　所說

「**股**價似乎達到了永久的高原。」耶魯大學著名經濟學者爾文・費雪（Irving Fisher）在1929年秋季宣稱。他道出這句預言過後短短數周，道瓊工業平均指數（Dow Jones Industrial Average）就跌了超過三分之一，而且事情沒有最糟，只有更糟。1932年7月8日，道瓊指數以41.88收盤，相較於1929年的高峰價，下跌幅度可是將近90％——這幾年的股市圖表比起高原，看上去更像是一座懸崖。那麼，費雪教授怎麼會錯得這麼離譜呢？原因是，他被1920年代最誘人的思想迷惑了，而這同時是造就1920年代晚期牛市盛況的思想：當時人們相信，美國已經進入**嶄新**的時代，開啟了無盡的繁榮。

其實這種想法並不特別，早在過去幾次投機時代，人們就曾幻想自己見證了資本主義新時代的黎明。迪斯雷利曾經斷言，相較於過去，1820年代的人掌握了較先進的商業知識，因此1825年的經濟景氣永遠不會結束。19世紀記者白芝浩主張，每一次投機復興時期，商人與銀行家都「幻想他們眼前的繁華會持續到永遠，而這不過是大繁華的開端罷了」。1920年代的《紐約時報》金融編輯諾耶斯，在回憶20世紀初，與美國鋼鐵公司等大「信託」公司成立息息相關的股市景氣時期時，表示那是「史上第一次以生活在新紀元為前提建構思想與作為的投機示範；舊時的金融規則、原則與前例已然淘汰；過去太危險且不可能做到的事情，在今天可以安全地完成」。

結果這個新紀元才剛開始，1901年5月壟斷北太平洋鐵路的行動就造成了恐慌，終結了所謂的新時代。人們很快就忘了這件事，後來在1920年代後半，用更強、更有說服力的「新時代」之說取

而代之。所謂「新經濟」的前提是，政府在1913年設立聯邦準備系統時，有效破壞了景氣循環（business cycle，指周期性的商業波動；在17世紀，配第爵士最初觀察到了「匱乏與豐盈」的循環）。在1913年前，美國沒有中央銀行，因此在動盪時期銀行業者無從取得資金，金融危機也就特別嚴重。聯邦準備系統能夠控制利率，並且執行「公開市場操作」（open market operations）──以影響銀行可使用的金錢庫存為目的，進行政府債券的買賣──1920年代的人們將這套系統譽為「景氣、蕭條與恐慌整體問題的解藥」。有了聯邦準備系統後，銀行家與投機者都產生了虛妄的安全感，開始從事不負責任的金融活動，於是加劇下一場危機的嚴重性。

▌政府本身就是大企業

　　人們深信卡爾文・柯立芝（Calvin Coolidge）在1924年當選總統後開始的「柯立芝繁榮期」（Coolidge prosperity），將會一直維持到赫伯特・胡佛（Herbert Hoover）繼任總統的時代。之所以產生這種信念，是因為眾人相信聯邦準備系統能解決所有問題，而且當時美國可以自由貿易、通貨膨脹漸緩。另外，哈佛商學院（Harvard School of Business）在不久前成立，剛畢業的校友們為市場帶來了更「科學」的企業經營風格，而底特律的自動化汽車生產線（套句當時的管理學術語，就是「福特主義」〔Fordism〕）也帶動了「科學」管理作風。有了這些新制度、新風氣，人們會相信新時代已然來臨，那也是無可厚非。管理方式改良後，企業生產力提升、產品庫存減少了（許多人認為，造成經濟循環的最常見因

素，就是庫存過剩）。費雪教授主張，現代生產工作「是由『業界首屈一指的人士』管理，這些人在各自的領域內不僅能預測未來，甚至還能塑造未來。交通業與製造業的領袖階層，更是受過優良教育與訓練的投機階級」。

　　除了以上幾點以外，費雪還列出其他的因素，說明自己為何如此樂觀。柯立芝任職總統時，放鬆了反壟斷法律的規範，允許多間銀行、鐵路公司與公用事業合併，這想必會擴增經濟規模，讓企業更有效率地生產產品。從1919年到1927年，企業生產力提升超過50％，人們一般認為是投入研發工作的資金增加所造就的結果。AT&T公司（American Telephone & Telegraph）僱用了4,000多名科學家，而到1928年年底，該公司向專利委員（Commissioner of Patents）提交的專利申請案已經多達10萬項了。此外，在1920年代早期的罷工事件與「紅色大恐慌」（Great Red Scare）[1]過後，勞工的態度變得順從許多，這也是費雪樂見的狀況。說了這麼多，其實費雪支持「新時代」一說的論點當中，最強烈的一點是：美國在1920年下達禁酒令，費雪認為這會帶來許多好處。他引用哥倫比亞商學院尼斯壯教授的著作，主張國家「清醒」能提升勞工的效率，並將人們對酒的需求轉移至「居家擺飾、汽車、樂器、收音機、旅遊、娛樂、保險、教育、書籍與雜誌」。

　　認為經濟新時代已然開啟的人，並不只有費雪一個。1927年，信貸評級機構（credit rating agency）創辦人約翰・穆迪（John Moody）宣稱：「只要檢視美國過去五、六年來的商業與金融全景，任何人

1　編按：第一次世界大戰後期，歐洲無政府主義者和左翼政治的躁動及暴力加劇了現存國家社會和政治的緊張局勢。

都會發現我們正生活在全新的時代。」在那年4月，投資刊物《巴倫周刊》（*Barron's*）想像了一個「沒有經濟蕭條的新時代」。出身高貴的華爾街金融家巴魯克雖然日後大力撻伐所謂的「新經濟」，卻也曾在1929年提出：和平與自由貿易、更勝從前的統計資訊、商人對經濟學的知識提升，以及全球中央銀行家互相合作，造就了美國的「工業復興」。就連胡佛在1928年夏季接受總統候選人提名時，也在演說中宣稱所有窮苦都即將終結，演說中充斥著當時人對於「新時代」的樂觀。

　　假如美國的根本經濟法則真的改變了，不只是恐慌，就連經濟的周期循環也就此化為歷史上的一筆，那我們理論上要能看見股市反映這些變化。如果企業盈餘穩定且持續成長，那企業的價值也會跟著提高。柯立芝總統在1924年當選時，大牛市時期也拉開了序幕，那年艾德加・羅倫斯・史密斯（Edgar Lawrence Smith）出版了《長線投資獲利金律》（*Common Stocks as Long Term Investments*）一書。在這部作品中，史密斯試圖推翻人們習以為常的觀念，他提出：普通股（common stock）可不只是投機的媒介。史密斯主張，考慮到美國股市的歷史，人們只將股票當成投機物件也是情有可原，但這種態度會使投資者誇示這些股票的危險性，讓人無法安心地買股票做長線投資。[2]

2　凱因斯在《國家與雅典娜神廟報》（*Nation and Athenaeum*）中給了史密斯的著作正面評價。根據凱因斯的說法，股票的表現之所以比債券優秀，主要是因為盈餘的保留與複利作用，多年下來可達到「驚人的等級」。

　　史密斯用統計方法分析19世紀中葉以降的債券與股票投資報酬，顯示股票的表現優於債券，而且這在20世紀初那二十年的通貨膨脹時期特別明顯。史密斯的結論可說是一條公理。就算人們在市場高峰買入股票，「也絕對能指望在一段時期內，收復我們投資的金額」。翻譯成統計學用語，他的發現就是：在任何為期十五年的時段內，股市投資者損失本金的機率就只有1％而已。史密斯又提出幾個「新時代」論點，支持他在股票這方面得出的結論：隨著新時代到來，公司經營者的行動越來越照顧股東的利益，投資相關的研究也逐漸得到了改善。他預言的結果是，在不久後的將來，人們投資普通股的報酬將會變得更高。

　　在史密斯看來，股票的吸引力主要來自保留盈餘（retained earnings）的複利成長（「保留盈餘」是指公司沒以股息形式支出的盈餘）。當代另一位投資作家肯尼斯‧凡‧史特姆（Kenneth van Sturm），也提出了支持這種說法的論點，他觀察到：在通貨膨脹時期，債券會失去「購買力」，股票卻不會。史密斯與史特姆的著作深深改變了大眾對於股市投資的態度，不久後，人們以他們的作品作為知識架構，所謂的「普通股教團」就此興起了。

　　在此之前，人們估算股票的價值時，一般認為股票總價大約是公司盈餘的10倍，也預期股息會高於債券的利息。但這時，舊有的估值計算方法被新觀念取而代之，人們開始為未來的盈餘打上折扣。用這種方法計算價值時，你得將未來收入縮減成它們現在的價值，縮減方法就是將未來收入乘上折現率：換句話說，如果折現率是10％，那麼你在一年後收到的100美元，今天的價值就是90美元。所有股票估價方法當中，最具投機性質的方法就是

折現法了，因為這種方法完全仰賴你對公司未來盈餘的估計，而你的估計總是會有幾分不確定性。就如凱因斯在《就業、利息和貨幣的一般理論》中所寫：「最重要的事實是，我們估計未來收益時必然得仰賴極端不牢靠的知識基礎。在數年後的未來，哪些因素會影響投資報酬呢？我們對這些因素的認知通常極少，也往往可以忽略不計。」多年後，葛拉漢（他也是在 1920 年代開創了自己的投資事業）出言抨擊了收益折現法：

　　……未來收入的觀念，尤其是未來持續成長的觀念，讓人忍不住想套用高等數學公式，確立特定股票現今的價值。但是結合了精確的公式與極不精確的假設後，你能夠為真正優異的股票確立──或者說是證明你想算出的任何價值，再怎麼高都不成問題……商譽或未來獲利能力在其中的重要性越高，該企業真正的價值就越難確定，公司股票的性質就越偏向投機……我們一般認為數學能產生精確且可靠的結果；但在股市上，數學運算越是繁複深奧，我們從中得出的結論就越是帶有投機性質。計算法……為投機戴上了投資的虛假面具。

　　當時的人們也注意到這個問題，1929 年常有人說市場「不僅將未來折現，就連今後也一併折現了」。

　　幾個評論家警告人們小心這些新時代的股票估價方法。「放棄現在公平、正常的報酬，求取本金增加的可能性，」經濟學家路易斯・哈尼（Lewis H. Haney）在《北美評論》（*North American Review*）中寫道，「完全就是最純粹的投機行為。這不是投資，因

為它是為了未來可能的獲利，犧牲當下的安全。」艾倫·鄧波（Alan Temple）在同一部期刊中分析了市場接近高峰時，市場參與者的投機心理：

> 如今人們不再能基於股票的內在價值買股了，因此這些（新時代）買家支付的金額，是他們希望股票在一年後能有的價值，他們接受了在競賽中落後一年——甚至是一輩子的不利條件。他們表示，在這漫長的期間，股價多或少幾點並沒有顯著差異。他們也不太為經濟衰退憂心，因為他們深信經濟的穩定性、深信新時代、深信大企業的宿命。

他在結論中否定了史密斯的論點：「以考慮未來折現後的價格購股這套策略，一大部分是修正了原始的普通股投資理論，而這番修正可能會摧毀理論的正確性。」金融市場這個魔鏡般的世界有個諷刺之處，那就是「已經證實」的投資論點在投入實用後經常變得不正確，而1920年代的股市之所以蓬勃發展，就是因為人們基於統計學理論主張股票交易不算投機，甚至稱不上高風險投資。

1920年代後半，人們之所以在股市上進行多頭操作，除了受新時代論述影響之外，還有許多有力的原因。懶散的柯立芝總統不僅愛在橢圓形辦公室打盹，他無論是個人或經濟方面也都遵從「讓他去，讓我睡」原則。在政府缺乏方向與理念的情況下，眾人開始尊崇商業。就如柯立芝那句名言：「美國的大生意就是商業。」他的財政部長——富有的費城銀行家梅隆也同意這番說法，在梅隆看來，政府主要的目的就是促進商業，而政府本身也不過是一

大企業罷了。梅隆著手改善美國的商業條件，將所得稅的最高稅率從65％調降到32％，將企業稅減輕到2.5％，並且大幅削減資本利得稅（capital gains taxes）。這些減稅措施實行下來，使得有錢人有了更多錢可以投資股票，企業的稅後盈餘增加了，各方玩家能留在自己手裡的投機利潤也增加了。

抵押未來的消費風潮

　　1920年代的富人變得更富有了，工會卻軟弱無力，勞工的生產力雖然提升了，他們卻沒得享受這所帶來的種種好處。亨利・福特（Henry Ford）的巴頓魯治市工廠甚至僱了配有槍械的大漢，專門嚇唬員工，以免員工採取什麼集體行動。勞工無法留住他們應得的那一份經濟剩餘，在1920年代這十年間他們的實際薪資減少了；而在同一段時期，企業收益在全國所得中占的比例卻提升了。

　　然而，在資本主義系統下，節儉的人和消費者同樣重要，必須由消費者信貸大規模擴張的方式來維持市場需求，而擴張信貸的方法就是當時所謂的「分期付款」（installment purchases），人們可以賒帳購買收音機、冰箱、汽車與服飾。到了1920年代尾聲，未清償的分期債務已經增加到了60億美元——根據這時的估計，所有零售買賣當中有八分之一都是以分期付款方式付帳。[3]分期付款這種付費形式能迅速成長起來，也是受投機精神影響：人們預期

3　到了1926年，65％的汽車都是被人以分期付款的方式買下，百貨公司裡超過40％的商品也都是以分期付款方式售出。

自己未來會賺到更多錢，因此以這預期的收入供應現在消費的資金。換句話說，1920年代的消費者為了滿足立即享樂的胃口，吞噬了自己的未來。結果當未來真正到來時，他們四下張望，才發現櫥櫃裡空空如也。話雖如此，當時人將分期付款視為一種有許多益處的新時代經濟發展，人們主張信貸與消費會形成良性循環，畢竟經濟馬上繁榮起來以後，大家自然有能力還債了。

除了分期付款以外，1920年代另一種熱門的個人信貸模式是「保證金貸款」。股市上漲時，投資者可以用提升保證金貸款的方式將利潤兌現，並用這筆貸款彌補他們收益中的不足。1920年代後半，隨著股市連連高升，保證金貸款金額也跟著提高了。[4]到了1929年10月，證券經紀人借貸與銀行對投資者的借貸，總額已經接近160億美元了，龐大的金額大約等同所有上市股票總資本額的18%。我們先前也看到，長久以來，保證金貸款一直被視為美國金融系統中不確定因素的根源，然而面對股市借貸迅速提升的現象，柯立芝總統卻不以為意。他曾在1928年1月宣稱，人們不必為保證金貸款憂心，貸款不過是隨著銀行存款與股票一同上漲而已。

隨著牛市持續發展，其他人對保證金貸款的態度就沒那麼樂觀了。華府聯邦準備系統——據稱終結了所有經濟恐慌的政府機構，之前在1925年調低利率，無意間點燃了股市景氣的導火線。之所以調低利率，是因為英國以戰前的兌換率恢復了金本位制，

4　1927年間，未清償的保證金貸款從原本的8億美元，飆升到36億美元——以上升百分比而言，這幾乎相當於道瓊工業指數上升28.75%。

導致英格蘭銀行黃金外流的慘痛災難，所以美國聯邦準備系統才為了援助英格蘭銀行而調低利率。1927年夏季，聯邦政府再次（在法國與德國的支持下）用行動支援英國，將折現率調低到了3.5％，創下新的最低紀錄。面對投機活動的成長，聯邦準備系統決定改變策略，從1928年2月開始接連調升折現率，直到在1929年8月折現率達到6％為止。

儘管如此，用保證金貸款購股的利潤還是太誘人了，只要市場持續漲上去，投機者就願意為了保證金貸款而多付些錢。這時的利率雖然還不夠高，不足以抑制投機活動，對整體經濟而言卻已經太高了（這裡說的整體經濟，指的是19世紀所謂的「正當貿易」）。1929年2月，聯邦準備系統對成員銀行發布警告：將資金借貸給證券經紀人，在它看來並不是適當的資金使用方法。聯邦準備系統試圖以「道德勸說」方式抑制投機行為，卻還是徒勞無功。

保證金貸款之所以棘手，是因為提供貸款的單位不再只有本土銀行，越來越多美國企業與外國銀行也開始提供保證金借貸服務了，而這兩者都不受聯邦準備系統制約。[5]公司提升利潤的方式，是在股市上籌資（代價是大約4％的股息），並在活期貸款市場上將剩餘的現金借出去，賺取高達15％的利息。而股價之所以持續上漲，是因為投機者用保證金貸款方式購股。套句當代人的話，活期貸款對股市造成的影響「當真是惡性循環」。

5　根據金融家巴利‧威格摩（Barrie Wigmore）的估計，證券經紀人的借款當中超過60％都是由企業直接提供，借貸給活期貸款市場的企業包括美國鋼鐵、通用汽車、AT&T以及紐澤西州標準石油公司（Standard Oil Company）。

▌ 證券經紀人推銷策略

1920年代後半，證券經紀商不斷快速擴張，1928年與1929年開張的新分部辦公室就有將近600間，和過去相比成長了超過80％。1929年夏季，經紀人兼普爾操作者麥克‧米漢（Mike Meehan）應用美國無線電公司（Radio Corporation of America）提供的新無線電科技，開了第一間在大西洋班輪上營業的證券經紀辦公室。有了新時代用普通股投資的理念，再加上無窮無盡的經紀人貸款，美國的金融機構開始在和零售投資者互動時應用全新的強迫推銷法。

美國的商業銀行雖然被禁止買賣證券，它們還是設法鑽法律漏洞，透過全資（fully owned）附屬公司處理股票與債券買賣。最初在第一次世界大戰後開啟先例的，是國民城市銀行（National City Bank）總裁查爾斯‧米切爾（Charles E. Mitchell），他為了對大眾售出證券而成立國民城市公司（National City Company）。米切爾過去是電子產品銷售員，他經營銀行的風格也是十足十的商業取向：他們先是「製造」證券，接著將證券「像一磅一磅的咖啡」似地發售出去（這是米切爾的說法）。潛在客戶被視為「潛在主顧」，公司還鼓勵銷售員在夜店、火車站與投機商號門外等著招攬客戶。除了銷售員招攬的客戶以外，該公司也從母銀行的客戶當中吸引客人——這種作法現在稱為「交叉銷售」（cross-selling）。為了確保銷售員卯足全力工作，公司甚至設定了業務定額與銷售競賽。

一戰過後，美國成了世界第一債權國，股市繁盛發展的同時，

美國還爆發了對外國投機放貸的風潮。國民城市公司開始對美國投資者發售南美與中歐國家的高產債券，成為此領域的領頭羊。1928 年，國民城市公司為巴西米納斯吉拉斯州銷售債券，然而公司內部一份報告強調道：「該州前任官員效率極低、能力極差……（且）對於長期外部借貸幾乎一無所知。」開始有人用「米切爾主義」（Mitchellism）形容對大眾銷售二流證券的作法。

　　米切爾成了牛市最大的鼓吹者，他支持新時代思想，也對大眾宣稱股票和債券同樣穩當。1929 年夏季到初秋，他一直不知厭倦地看漲，甚至在 8 月從蘇格蘭松雞沼澤地發了越洋電報給巴魯克，表示股市「就如直指繁榮強風的風向計」。幾周過後，他在德國宣稱：「美國的工業條件完美無缺……沒有任何事物能阻礙這上升的趨勢。」在股災前夕，米切爾出言安慰投資者，表示股票已經跌得太多了，而就他所知「股市或它根本的商業或信貸結構並沒有基礎上的問題……」他又補充道，「大眾，不過是患上『經紀人貸款症』罷了。」股災降臨時，他以個人名義借了數百萬美元，試圖支撐起國民城市銀行的股價，結果卻是白費功夫，幾百萬全都賠光。米切爾就如同販售蛇油的江湖郎中，最後就連他也信了自己那一套鬼話。

6　美國重複了英國在一個世紀前的經歷，1920 年代的「新興市場」借貸在華爾街股災過後急轉直下。國民城市公司為經常毀約的祕魯發售債券，債券原始的發行價是 96.5 美元，卻在祕魯於 1931 年宣布不履行債務時慘跌，跌到最後連 0.5 美元也不到。

▌操縱股票的投機者普爾

在美國這個國家，90％的財富被5％人口掌握在手裡，股市自然也被較富裕的投機者階級控制住了。富裕投機者當中，有兩群人特別突出，第一個族群是最初在汽車業賺了第一桶金、後來轉而從股市尋求娛樂的商人。根據俄亥俄州立大學（Ohio State University）查爾斯‧阿莫斯‧戴斯教授（Professor Charles Amos Dice）的說法，這群人特別適應投機活動，因為「他們進入市場時，並沒有被『傳統』這沉重的鎧甲拖累」。這類人通稱為「底特律幫」（Detroit crowd），著名人物包括汽車生產業大亨沃爾特‧克萊斯勒（Walter Chrysler）、家族企業專門生產車身的費雪（Fisher）兄弟以及通用汽車董事約翰‧拉斯各布（John J. Raskob）。底特律幫當中最浮誇的一人，無疑是通用汽車創辦人威廉‧杜蘭特（William Crapo Durant），他在1920年用通用汽車股票從事投機，賠了一大筆錢之後辭去在公司中的職位。

那之後，杜蘭特致力操作股票，操作行動規模都相當大。1929年，杜蘭特的投資普爾據說掌控了價值超過40億美元的股票（換算成今天的價格，大約是380億美元），而他投機的獲利估計超過1億美元。他在私生活方面表現奇特，無論去哪都隨身攜帶折疊理髮椅，每天三餐都是在家中備好後由人開車送到他的辦公室——不過在投機方面，他的行動向來直截了當，也總是站在看漲這一邊。

投機者當中的另一個群體，是由愛爾蘭裔美國人組成，其中包括從小在波士頓市郊的切爾西移民社區長大的米切爾；同樣是愛爾蘭裔波士頓人的米漢，過去在百老匯兜售票券維生，後來成

為證券經紀人，組織了兩個知名普爾壟斷美國無線電公司的股票；替米漢經營無線電普爾的交易人伯納德‧「銷售王班恩」‧史密斯（Bernard "Sell'em Ben" Smith）；未來的甘迺迪總統之父約瑟夫‧P‧甘迺迪（Joseph P. Kennedy），他以在股市崩盤前將持股脫手聞名；鄉村信託銀行（Country Trust Bank）總裁兼米漢無線電普爾成員李奧登（J. J. Riordan），他在股災中賠光錢財，數日後選擇自殺。這些人大多出身貧寒，又因為宗教緣故沒能加入主要由白人盎格魯－薩克遜新教徒與德國猶太人組成的東岸金融界菁英，所以他們願意冒著巨大的風險為自己闖出一片天地。身為圈外人，他們的投機活動符合 18 世紀金融作家托馬斯‧莫蒂默（Thomas Mortimer）的觀察：「他明白自己的頸子一文不值，因此絲毫不珍惜它，也因此能跨出最大膽的一步。」

　　想當初，19 世紀股市容易受人操縱，因此大眾不敢加入市場，但 1920 年代的情況就不同了，大人物的種種操作反而吸引圈外人，人們希望能攀著杜蘭特的衣角，同享他的好運氣。人人都積極打聽市場上的八卦，想知道普爾操作者「入手」了什麼股票。一名普爾操作者就是利用大眾的這份弱點，他賄賂幾家報社的記者，透過報紙散播不實消息。米漢第一次組織普爾壟斷美國無線電公司股票時，在 1928 年 3 月的短短十天內，將該公司股價從 95.5 美元哄抬到 160 美元；人們認為米漢的這場行動復甦了市場上的看漲精神。至於米切爾的國民城市公司則絲毫不仰賴運氣，它在 1928 年年底加入了壟斷蟒蛇銅業公司（Anaconda Copper）的普爾，以膨脹的價格對自家客戶售出蟒蛇銅業公司的股份。國民城市公司在兩個月內對大眾出售了 125 萬股蟒蛇股份，在那個銅價下跌超過

25％的時代，它竟然大賺超過2,000萬美元（那之後，蟒蛇銅業公司的股價從125美元，慘跌到4美元以下）。

　　公司董事也經常加入普爾，例如蟒蛇公司的董事長與總裁都參與了壟斷該公司股票的普爾，那個普爾的參與者還包括國民城市銀行董事珀西‧洛克斐勒（Percy Rockefeller）與詹姆斯‧斯蒂爾曼（James Stillman）。克萊斯勒經營了壟斷自家公司股票的普爾，而美國無線電公司創辦人與董事長大衛‧沙諾夫（David Sarnoff）之妻，也是米漢無線電普爾的成員。

　　先前在1920年代初期發生了茶壺山醜聞案（Teapot Dome scandal）：哈定總統（President Harding）執政時期，海軍儲油區（Naval Oil Reserve）被腐敗人士隨意出租，這樁案子牽出許多貪贓枉法的政經界人物，其中就包括石油商哈利‧辛克萊（Harry T. Sinclair）。到了1928年年底，辛克萊委託投機者亞瑟‧卡滕（Arthur Cutten）、大通國家銀行（Chase National Bank）附屬公司大通證券公司（Chase Securities Corporation）與投資銀行博萊公司（Blair & Company），合力炒作辛克萊石油公司（Sinclair Consolidated Oil Corporation）的股價。這場操作十分成功，集團總共獲利1,200萬美元。值得注意的是，博萊公司與大通國家銀行的總裁，同時也是辛克萊石油公司的董事。根據估計，1929年間在紐約證券交易所上市上櫃的企業當中，超過100間公司的股票都受到類似的普爾操縱。

▌咆哮時代的眾生相

　　1920 年代晚期，美國人口超過 1 億 2,000 萬，而當時估計的股市玩家人數介於 100 萬與 200 萬之間，但受牛市吸引的民眾可是遠遠超過這個人數。就如加爾布雷斯的觀察：「1929 年股市投機最顯著的部分，並不是參與者眾多，而是它如何成為文化的中心。」股市吸引了當代最廣為人知的名人與藝人，其中包括格魯喬‧馬克思（Groucho Marx）、歐文‧柏林（Irving Berlin）與齊格菲歌舞團（Ziegfeld Follies）諧星埃迪‧康托爾（Eddie Cantor），他們都以保證金貸款的方式從事投機，最後也都賠了錢（查理‧卓別林〔Charlie Chaplin〕就比較幸運了，他在 1928 年售出持股，從此過著富裕的生活）。

　　在咆哮的 1920 年代，美國人發現了「股市」這個世俗宗教，它玩味的特質、憤世嫉俗的精神與物質主義，都反映了爵士時代的思潮。史考特‧費茲傑羅（F. Scott Fitzgerald）的《大亨小傳》（*The Great Gatsby*，1925 年出版），就是以希望與美夢破滅的故事講述了那個時代的寓言。故事主角傑‧蓋茲比（Jay Gatsby）是個白手起家的暴發戶，心理懷著不切實際的社會野心──他出生在美國中西部（19 世紀許多大投機者的發源地），透過非法販賣私酒與偽造證券等神祕的手段致富。至於蓋茲比感情方面的夢想，則是有著濃濃的物質主義色彩：他愛慕出身高貴的黛西‧布坎南（Daisy Buchanan），而他自己對布坎南的形容也是「話語充滿了錢財」，唯有用財富才能使她傾心。故事中蓋茲比奢華的派對，被拿來和佩托尼奧的《愛情神話》中特立馬喬（Trimalchio）的盛宴相

提並論：「我們比蒼蠅還卑鄙；蒼蠅還有牠們的美德，我們不過是泡沫罷了。」特立馬喬的其中一位賓客說道。這句話將古羅馬與廣場的膚淺奢華，連結到了美國長島與華爾街。蓋茲比完全是人類學所謂「泡沫人」（homo bulla）的縮影，而對他來說，在單一夢中流連太久的代價就是死亡。美國的投機者們也即將迎來相同的命運。

　　1920年代是女性解放的時代，一戰過後加入職場的女性就逐漸增加，她們還在1920年得到投票權。這時候的女性享有遠大於從前的社會自由：她們可以抽菸、隨著廣播音樂起舞，甚至有人無視禁酒令，喝起雞尾酒。汽車給了她們享受不法性行為的自由（一位牧師甚至批評汽車為「裝了輪胎的妓院」）。相較於過去，這個時代有更多女人進入股市，行使她們的經濟權利。在1929年春季刊登在《北美評論》的文章〈股票自動收報機女士〉中，尤妮絲・富勒・巴納德（Eunice Fuller Barnard）報導道，華爾街終於來到了第五大道，而在上百老匯的飯店裡，還有人設置專門讓女性交易的特殊證券經紀室。在這些女人使用的證券經紀室裡：

　　日復一日，每天漫長的五個小時內，強勢而粗啞的富孀、嚼著口香糖的金髮女子、看似來參加傳教協會會議的醜腆未婚女子，人人手握鉛筆、虎視眈眈，從市場開盤到股票自動收報機在下午發出遲來的最後響聲為止。

　　根據估計，女性持有美國超過40％的財富，所有股市交易當中有35％的交易額都是女性股票買賣的結果。翻看美國最大幾間

公司的股東名冊，你就會發現上頭有不少女性的名字：她們持有
美國鋼鐵與通用汽車超過30％的股份，以及AT&T公司與賓州鐵
路（Pennsylvania Railroad）（也就是後來所謂「裙鐵路線」
〔Petticoat Line〕）超過50％的股份。通用汽車董事拉斯各布發表了
標題為〈所有人都應富有〉的文章，建議人們透過仔細挑選股票與
應用債務的方式，將小規模的定期定額投資轉變成一大筆財富——
而他選擇在《女士居家期刊》（*Ladies' Home Journal*）刊登他的文
章，就反映了當時女性投資的風潮。

　　據說促進牛市的主要動力，也是這些女性。巴納德寫道，「過
去一年內，女投資者與女投機者群體以驚人的速度成長，幾乎每
周都變得更加壯大。」她們來自社會各個階級，有富家千金、速記
員、女實業家、家庭主婦、農婦、清潔婦、女服務生、接線生、
廚師與洗衣女。市場上流傳著「女牛」賺取大筆財富的傳聞，也有
人主張一般家庭開銷都是由女性負責，所以她們比丈夫更了解哪
些零售商與製造商的股票值得投資。據說女人在賠錢時也比較有
風度；一名女性投機者對金融記者勒菲弗表示自己賠了100萬美
元，卻也說道：「但在那之前我玩得不亦樂乎，我從前都不曉得賺
錢是這麼好玩的一件事。」話雖如此，還是有些經紀人認為他們的
女性客戶「輸得沒風度、愛囉嗦、和騾子一樣固執，（且）和僕人
一樣疑神疑鬼」。和過去相同的是，這個時代的女性參與股市的現
象，也能套用女性主義論述：

　　（巴納德寫道），女人終於參與了男人最刺激的資本主義遊戲，
她們首次有了興趣、自信與入場費。如果她們成為有智慧的玩家，

如果她們在任何程度上贏得金融力量，那麼在我們的經濟社會中，相較於所有女性投票權的苦戰，她們更能夠在實務上提升一般人對女性群體的尊重。

▎追捧新科技股票

投機者一向對新科技深感興趣，而牛市自然也提供各種新科技給他們。**汽車**取代鐵路，成了推進經濟繁榮的引擎以及最熱門的投機物件。它改變了美國的文化與地理——為了這些汽車，路面鋪上了柏油，高速公路建了起來，也越來越多人建車庫放置數量逐年增長的乘用車（1920年代，乘用車從原本的700萬輛增加到2,300萬輛）。福特汽車在紐約總部公布最新的A型車（Model A）時，有超過100萬人前去參觀，而這份興奮情緒也反映在股市上，只見通用汽車的股價在1925年與1928年間飆漲了10倍以上，漲幅大到讓股市新聞登上報紙頭版。拉斯各布在1929年8月提出全民財富的提案時指出：一個人如果十年前對通用汽車投資10萬美元，這10萬美元此時已經成長到超過150萬美元了。[7]

汽車引起了大眾的興趣，只有1920年最先由西屋電器（Westinghouse）推出的**無線電**才能超越這項發明。無線電問世後，成為全美國時尚的尖端——1922年售出的無線電套組總額是6,000萬美元，結果短短六年後，無線電套組銷售總額卻高達8億4,300

---

[7]　通用汽車高層管理者都熱切期盼股價持續上漲，因為控制該公司的杜邦（Du Pont）家族是以公司股份的形式獎勵他們。到了1930年，80位高層經理所持有的通用汽車股票，平均價值已經超過300萬美元。

萬美元。主宰新產業的企業是美國無線電公司（常簡稱為「無線電」〔Radio〕或RCA公司），它不僅是無線電設備的最大生產商，還是最大的廣播公司。該公司在1925年的盈餘是250萬美元，這個數字卻在1928年成長到將近2,000萬美元，股價也從1921年低谷時的1.5美元攀升到1928年年初的85.5美元。那之後，在米漢的普爾操作推動下，美國無線電公司的股價在1929年漲到114美元的高峰，達到公司盈餘的73倍，也幾乎是公司帳面價值（book value）的17倍。美國無線電公司受到高度槓桿，不支付股息，並透過併購的方式快速擴張，它可是1929年紐約證券交易所最頻繁被人交易的股票，也被稱為「空中的通用汽車」。

查爾斯·林白（Charles Lindbergh）在1927年獨自飛越大西洋的創舉，激發了美國的亢奮情緒，進而提升新興飛機產業對投機者的吸引力。萊特航空（Wright Aeronautical）、柯蒂斯（Curtiss）與波音飛機（Boeing Airplane，1929年更名為聯合飛機與空運公司〔United Aircraft and Transport〕）都成了股市上的新星。另外，電影業也吸引不少投機者；隨著好萊塢從無聲電影轉型至有聲電影，各大片商開始合併，利潤也迅速擴張。1928年10月，甘迺迪將自己管控的電影業事業合併，組成電影業巨擘雷電華電影（RKO）。隔年，福斯電影公司（Fox Film Corporation）花7,200萬美元買下羅伍公司（Loew's）的連鎖電影院；福斯為了這筆買賣背下高額債務，以致股價在股災過後從106美元慘跌到19美元。常有人以為經濟大蕭條時期，電影業股票仍然表現良好，但事實不然，那段時期就連電影業股票也處於低迷狀態。

▌誘人的槓桿

1920年代股市的主要特徵，並不是人們對於投機創新的狂熱追求，而是用債務堆疊投資、提升收益的作法。有了保證金貸款，投機者就有錢「買AOT」（買任何一件東西〔Any Old Thing〕）了。喜劇演員格魯喬·馬克思就以個人名義借了超過25萬美元玩股票，他也在回憶錄中寫道，在牛市時期你不必聘請金融顧問來為你挑股票：「你可以閉上眼睛，手指往大板子上任何一處指去，你買的股票就會開始上漲。」

槓桿並不限於個別投機者的保證金持股，它甚至成了美國企業界金融結構的一部分。公用事業與鐵路公司併入巨型控股公司（holding company），這種巨型公司稱為「系統」（system，人們以這種方式稱呼控股公司，可說是無意間和羅的密西西比系統形成了共鳴），而系統則是由多筆債務層層堆疊構成的金字塔結構。曾在湯瑪斯·愛迪生（Thomas Edison）手下擔任祕書的塞繆爾·英薩爾（Samuel Insull）在中西部組建了龐大的公用事業網路，業務多樣化擴展到許多領域，包括輪胎製造、製鞋工廠與不動產。

投資信託英薩爾公用投資（Insull Utility Investments）持有多間公用事業的交叉持股（cross-shareholding），每一間公司都以債務累積高度財務槓桿，以致營運事業的盈餘只要稍微增長，對控股公司的利潤就會造成不成比例的巨大影響。[8]母公司還會讓附屬公

---

8   企業槓桿的運作方式，和投機者的保證金貸款十分相似。舉例而言，如果一間公司的息前利潤（earnings before interest）是1億美元，利息是9,000萬美元，那麼它的稅前淨利就是1,000萬美元。這時，如果利潤提升10％，變成1億1,000萬美元，那麼稅前利

司以膨脹的價格互相售出資產，以人為方式產生利潤。英薩爾的
商業帝國已經太過複雜，就連經驗豐富的投資者都無法理解它的
結構，於是英薩爾安排將他各間公司的股份直接賣給顧客。

　　牛市走到了最後階段，市場上公用事業控股公司風靡一時，
它們的股價在1929年達到高峰，價格高達帳面價值的4倍以上，
股息則跌到1%以下。1929年1月，J・P・摩根（J. P. Morgan）投
資銀行為生產全美五分之一電力的聯合控股公司（United
Corporation）扮演發起人角色，而後來揭露的消息指出，摩根銀行
自己保留了將近200萬份權證（warrant）[9]，有權以固定價格認購聯
合公司的新股份。此外，摩根銀行還以低於市價的價格，將聯合
股份發配給了「偏好」的客戶，其中包括國民城市銀行的米切爾、
通用汽車的拉斯各布以及前總統柯立芝。[10]

　　控股公司流行起來後，遠遠超出公用事業的範疇。俄亥俄州
克里夫蘭市出身的不動產開發商范・斯韋林根（van Sweringen）
兄弟，就用結構複雜的控股公司網路，合併了中西部多家鐵路公
司，組成亞雷加尼公司（Alleghany Corporation）。亞雷加尼公司
是建築在堆積如山的債務上成立的，贊助商還包括J・P・摩根銀
行。瑞典「火柴之王」（Match King）克羅格則打造一條國際獨占
連鎖企業，控制全球約四分之三的火柴生產商。他的控股公司克

潤就會提高到2,000萬美元，提升了100％。英薩爾等在1920年代營業的控股公司，就
是在背負高額負債的公司之間形成交叉持股的金字塔持股結構，進而強化企業槓桿的
效應。

9　譯按：又譯「認股證」。

10　保留權證與優惠發配證券這兩種行動的組合，讓人聯想到麥可・米爾肯在1980年代的
　　垃圾債券操作。請見本書第8章。

羅格與托爾公司（Kreuger & Toll）背負巨額債務，以在紐約發行債券的方式籌募營運事業用的資金。除此之外，各間銀行也開始集結，泛美公司（Transamerica Corporation）就合併了A‧P‧賈尼尼（A. P. Giannini）手下的多家銀行，其中包括主要在加州營業的義大利銀行（Bank of Italy）以及紐約的美國銀行（Bank of America）。而在底特律，守衛底特律聯邦集團（Guardian Detroit Union Group）與底特律銀行家公司（Detroit Bankers Company）兩大控股公司，則分割占據了當地的銀行生意。[11]

　　真正廣泛應用控股公司概念的，是投資信託領域。投資信託起源於19世紀晚期的蘇格蘭，其目的是持有其他公司的證券，以低廉的價格，為小型私人投資者提供專業理財與投資多樣化的種種好處。投資信託在牛市上如魚得水，1928年成立的新投資信託就超過200間，總資產額超過10億美元。回想三年前，全美國投資信託的總資本額還不到50萬美元呢。1929年的前九個月，每個工作天都有一間新投資信託成立，該產業對大眾發行的證券價值超過25億美元。

　　投資信託藉著新時代驕傲自大的理念，向大眾推廣了出去。在1929年夏季出版的一篇文章中，費雪教授主張：「投資信託的影響力……一大部分是砍除最頂端與最底端的投機變動，作為穩定

11　底特律各家控股公司銀行依照國民城市銀行的作法，參與了證券事業。後來股市萎靡不振，使得這些銀行接連倒閉，進而造就了人們對銀行系統失去信心的大災難，導致羅斯福總統在1933年年初宣布放全國性的銀行假日。

市場的力量造成影響。投資信託因為一些根本原因預期價格上漲時，會選擇買入，而在預期價格下跌時售出」，藉此確保股票以較接近真實價值的價格出售。投資信託的投資組合當中，股票周轉率相當高，人們認為這是管理得當的表現。甚至有人提出，投資信託在購股時，為股票提供了一種新的「稀缺價值」（scarcity value）。

實際上，投資信託對股市非但沒有穩定效果，反而還造成高度的不穩定性。這些信託基金的經理重度投資藍籌股，而藍籌股會將剩餘現金借給活期貸款市場，除了提升市場對股票的需求，還刺激投機活動。投資信託抵押自己的資產大量借貸，以便做利潤槓桿，結果提升股市的不穩定性。信託的投資組合當中股票周轉率高，這並不是理性地追求內在價值的表現，而是反映了基金經理跟隨趨勢的有害作法。贊助成立新信託的投資銀行，經常會將它們賣不出去的股票全數甩進投資信託的投資組合，結果呢，投資者的投資範圍的確變得多樣了，卻都是一些多樣化的垃圾證券。

最糟的是，許多投資信託都投資了附屬或相關信託的股份，其中最具代表性的就是過去的高盛交易公司（Goldman Sachs Trading Corporation）。該公司成立於1928年12月，初始資本額有1億美元，它先是花了5,700萬美元「投資」自己的股票，接著在1929年7月成立了仙納度公司（Shenandoah Corporation），並持有大量仙納度股份。一個月後，仙納度公司又成立了另一間投資信託公司，取名為「藍嶺」（Blue Ridge）。這些投資公司和英薩爾等人的「系統」一樣，透過槓桿的方式放大報酬。起初，大眾對這種

被加爾布雷斯教授稱為「金融亂倫」的作法興致勃勃，高盛交易公司的股份價格也漲到了將近帳面價值的3倍。

　　然而，當時並非所有人都抱持如此樂觀的態度。1929年夏季，紐約州眾議院銀行委員會（New York State Assembly's Committee on Banks）主席擔心市場如果崩盤，「銀行取走作為貸款保證金的股票後，持有投機信託股份的投資者將一無所有」。著名銀行家與聯邦準備系統幕後功臣之一——保羅・沃伯格（Paul M. Warburg）輕蔑地將投資信託稱為「公司形態的股票普爾」。令沃伯格擔憂的不只是當時的投資信託風潮；1929年3月，他還對《商業與金融記事報》（*Commercial and Financial Chronicle*）讀者警告道：

　　歷史總以令人痛苦的方式重演，而它已經教導過人類，投機過度擴張必然會以過度緊縮與貧困收場……然而，若允許投機縱欲擴散得太遠，最終的崩潰不但會影響投機者本身，還會帶來全國普遍性的蕭條。

　　擔心投機狂熱可能招致慘痛後果的人，不只有沃伯格一個。柯立芝總統時期的商務部長胡佛從1926年年初就開始低調地警告他人，過度投機與過度擴張分期信貸這類行為，都會威脅到國家長期的繁榮。胡佛在1929年年初任職總統時，試圖處理投機問題，但因為他認為在《憲法》規範下自己不應該制定股價限制，因此他轉而呼籲報社編輯對讀者發出股價相關的警告。財政部長梅隆在此之前一直從事多頭操作，這時胡佛卻要求他鼓勵大眾少買股票、多買債券。儘管胡佛多次告誡民眾，這卻和1845年鐵路狂熱時期

英國首相皮爾的警告同樣無效。胡佛和銀行家商議投機問題時，他們禮貌地對他說起了新時代哲學信條，而一些較不出名的人們提出關於過度投機的警告時，人們只叫他們別再「用沙袋封堵美國」了。

▋ 群眾的瘋狂

　　人們依照新時代理念對股票進行再估價，使得股價飆漲到公司收入的 30 倍，而反對這類再估價的論述則相當有道理。從 1924 年開始，股價就以企業盈餘的 3 倍速上漲，居高不下的利率也開始扼殺經濟活動了。由於薪資沒有調漲，分期借貸已經達到了擴張的極限。黃金從倫敦與柏林流入紐約，迫使歐洲利率提升、弱化了歐洲經濟，也對美國出口產業造成負面影響。至於美國本土則因為農產品價格下跌，使得美國農民的購買力下降──問題是，當時美國有一大部分人口都是農民，這就表示美國國民的整體購買力都下降不少。1929 年 8 月，《北美評論》寫道：

　　新時代先知設想了企業併購、出口增加、人口成長，以及新產品加倍出產，但相對這些願景，我們必須考慮到反壟斷法的執行、歐洲競爭增強、外國對關稅措施的報復、價格水準下降，以及購買力有限的問題。

　　儘管如此，上述論點還是撼動不了人們持續透過股票投機獲利的願望。1932 年，麥凱的《異常流行幻象與群眾瘋狂》再版時，

巴魯克為新版寫序，序文中提出：1929年的美國投機者，展現出群眾心理的多種特質。他引用德國劇作家弗里德里希‧席勒（Johann Christoph Friedrich von Schiller）的格言，表示：「人作為個人都相當理智與理性——但作為群眾的一員，他卻會瞬間成為傻瓜。」佛洛伊德與19世紀心理學家古斯塔夫‧勒龐（Gustave Le Bon）對於群眾（或畜群）心理的早期研究，雖然和金融市場沒有直接關係，卻辨識出一些特定的特質，而這些特質也經常出現在牛市心態之中。根據佛洛伊德與勒龐的研究，群眾的關鍵特徵是：無敵、不負責任、急躁、傳染力高、易變、耳根子軟、集體幻覺以及智力低下。

除此之外，群眾與股市還有其他共同點，例如兩者都靠不確定性與傳聞蓬勃發展。群眾一般會找出領袖（佛洛伊德將這個領袖人物稱為「可怖的原始父親」），但也不一定真的會由一個人成為領袖，領袖也可以由「共同傾向、可由多人同享的希望」取而代之。作家伊利亞斯‧卡內提（Elias Canetti）在《群眾與權力》（*Crowds and Power*）一書中主張，金錢能創造出利益與目的的焦點，促使群眾心理成形。群眾就和牛市背後的多股力量一樣，天性不穩定；它沒有靜止狀態，沒有平衡點，並且受成長或萎縮的動態驅動。在群眾散去那一瞬間，眾人往往會陷入恐慌：「恐慌的本質，」佛洛伊德寫道，「和威脅它的危險毫無關係，它也經常為芝麻蒜皮般的小事爆發。」

從群眾智力低下這一點可以看出，人們接收新資訊時，會對資訊進行過濾與扭曲，使資訊符合他們既有的信念；心理學者將這種行為稱為「認知失調」（cognitive dissonance）。失調的資訊和

群眾的集體幻想互相矛盾，因此令人感到不自在，人們也會試著避免這類資訊。面對認知失調，人們或許會轉而抨擊捎來訊息的人，或者改變他人的信念、拉新人入夥。社會心理學家利昂・費斯廷格（Leon Festinger）在《認知失調理論》（*Theory of Cognitive Dissonance*）中主張，如果有足夠誘人的獎勵等著他們，那人們就願意承受失調，甚至能承受高程度的失調。在金融市場上，你甚至可以說，這些人仍然渴望投機的立即利潤，所以他們會將壞消息當成耳邊風。威廉・福勒等人在 1860 年代對投機者的描述，就包括這類行為。福勒寫道：「他們互相鼓舞不是為錢──我們認為自己在這方面已經堅不可摧了──而是以支持又一波上漲的論述互相鼓舞。我們知道自己錯了，卻仍試圖說服自己相信我們沒錯。」

巴魯克認為，作為群體，1929 年的股市投機者展現出的群眾心理，十分符合佛洛伊德等人對於群眾的分析。「群眾」心理的來源，也許是紐約證券交易所的大廳：股票自動收報機就如非洲部落的戰鼓，在興奮的答答聲中將最新股價報給證券經紀人的辦公室，將群眾精神進一步擴散了出去。平時夏季月分總是氣氛慵懶，這年夏季卻有估計 1 萬人的群眾擠滿紐約金融區，為牛市最後的時日增添一股嘉年華氣氛。非正式的投機群體到處集結，無線電廣播也讓居住在偏遠地區的人們加入牛市群眾。

在米切爾與米漢的率領下，這些人因新時代思想而集結，懷揣著對股價上漲的集體信仰。面對 1928 年 6 月與 12 月，及 1929 年 3 月的小型股市恐慌，這些牛市力量都沒有潰散，後來還是成功重組，而且經歷過重重考驗的他們變得更加強大……直到最後，投機者們再也聽不進自己不想聽的任何一句警告，甚至開始相信自

己所向無敵了。他們沒有理性思考，而是傳播著無數則窮人在股市一夕致富的傳奇故事，幻想著和那些男僕、司機、牧牛人、女演員、農婦等人同樣成為暴發戶。在《僅僅昨日》（*Only Yesterday*）一書中，歷史學家弗雷德里克‧路易斯‧艾倫（Frederick Lewis Allen）描述了1929年夏季，普遍美國人所陷入的催眠狀態：

　　他幻想美國擺脫了貧窮與操勞，看見以新科學與新繁榮為基礎，建設起來的魔法秩序：數以百萬計的汽車在道路上川流不息，飛機掠過上空，一條條高張力電線牽在山坡與山坡之間，將電力輸送給一千臺節省勞力的機器，高樓大廈矗立在曾經的村莊上空，龐大的城市以大塊大塊幾何形狀的岩石與水泥建立起來，完美機械化的交通聲隆隆響著——打扮體面的男男女女不停消費、消費，花著自己早在1929年透過預知未來的遠見所賺得的錢財。

▌無情的復仇女神

　　根據費斯廷格的說法，群體會一直維持認知失調的狀態，直到痛苦超越報酬為止；以股市來說，那也許就是賠錢的恐懼超越賺錢的貪婪之時。那一瞬間在1929年9月3日到來了，這天道瓊指數達到全年最高點。在隔天的年度全國商業會議（National Business Conference）上，一位名為羅傑‧巴布森（Roger Babson）的投資顧問預告了即將來臨的股災：「工廠會倒閉……人們會失業……惡性循環會全速運轉，結果會是嚴重的商業蕭條。」這番說詞，引起新時代門徒的劇烈反應，人們用各種雙關與譬喻嘲諷他。

一份報紙稱巴布森為「賠錢的先知」，另一家報社表示他受「巴布森恍惚」所苦。許多證券經紀人指出，巴布森過去兩年也都提出相同預測。就連費雪教授也走出他的象牙塔，出言說明當前的股價水準是多麼合理、股災是多麼不可能發生。然而，這回市場似乎將巴布森的警告聽進去了，股市開始急遽弱化，人們對於新時代的種種祈願忽然都失靈了。

那年9月，投資信託雖然發行了總價6億美元的新證券，創下新的最高紀錄，一直到9月底股市卻仍沒有恢復狀態。市場越來越容易受壞消息影響了——在9月中，倫敦傳來的消息指出，金融家克拉倫斯・海崔（Clarence Hatry）的商業帝國因種種詐欺指控而崩潰了，英格蘭銀行的反應是調高利率，導致英國投資者開始售出他們在美國的投資物，將資本重新投入國內市場。

10月4日，通用汽車的首腦人物——艾爾弗雷德・斯隆（Alfred Sloan）觀察到汽車銷售量突然下滑，他宣布「擴張的終末」即將到來。一周後，麻州公用事業部（Department of Public Utilities）回絕波士頓愛迪生公司（Boston Edison Company）分割股票、將1股分割為4股的請求，理由是投機者已將該公司股價抬得過高，超越了股份的內在價值。傳聞在市場上漫天飛，據說由知名投機者傑西・李佛摩（Jesse Livermore）統領的空頭普爾（bear pool）準備大肆賣空，壓低市場價格。李佛摩因此收到滿滿一袋死亡威脅信件，於是連忙發表公開聲明，否認這則傳言。

9月初，邱吉爾訪美舉辦巡迴講座。這位英國前任財政大臣不僅是投機者的後代（他的祖先包括馬爾博羅公爵夫人薩拉與傑羅姆），他本人也和當前牛市一些重要人物有交情。到訪紐約時，邱

吉爾在參與多個股票普爾的洛克斐勒家下榻，並且和巴魯克一同用餐。除此之外，邱吉爾還以保證金貸款方式購入股票，本金則是他近期透過新聞寫作與演講賺得的2萬英鎊——邱吉爾購股的行為，活絡了他走訪紐約時的氣氛。10月24日星期四，邱吉爾走在華爾街上，忽然有陌生人邀請他進入紐約證券交易所的訪客樓座。兩個月前，紐約市長詹姆斯・沃克（James Walker）也曾到訪紐約證券交易所，在訪客樓座見證了他所謂「世界第八大奇蹟——大行情板[12]持續至今的牛市」。然而，邱吉爾在紐約證券交易所目睹的畫面可就截然不同了——那天就是日後所謂的「黑色星期四」。

　　邱吉爾目睹了無明顯原因的恐慌，而這時的股市恐慌不同於從前，恐慌爆發前並沒有金融市場收緊的現象。明明銀行業、證券經紀業與工業都沒有破產事件，但恐慌還是在沒有觸發事件的情況下爆發了。市場開盤半個鐘頭內，許多股票從前一筆交易到下一筆交易就跌了10點，還有許多股票遇上「氣穴」（air pocket），根本沒有人出價買那幾檔股票。到了下午1點鐘，股票自動收報機的報價已經慢了一個半小時，事情開始顯得不真實。邱吉爾本以為市場會陷入大混亂，然而交易所禁止成員奔跑或喊叫：

　　所以他們就只能如被搗亂的螞蟻堆，慢動作來回走動，以原本價格的三分之一、現今價值的一半為價，提議將大批大批的證

12　譯按：Big Board，指紐約證券交易所。

券賣給對方，但他們商議許多分鐘後，還是找不到任何足夠堅強的人，沒有人願意拾起他們被迫拿出來賣的大筆財產。

後來多位領頭銀行家在摩根銀行的辦公室會面，一同出資購買股票、穩定市場，市場才好不容易恢復了一定程度的鎮定。雖然這天收盤時，平均股價並沒有大跌（道瓊指數收盤落在299點，只比前一天低6點），但這天在紐約證券交易所轉手的股票多達近1,300萬股，這是市場一般每日周轉率的3倍，也比過去的最高紀錄多了1倍有餘。

黑色星期四還只是事情的開端而已，被前一個股市泡沫膨脹起來的金融資產，如今開始混亂無序地液化了。接下來兩個交易日相對平靜無波，那周末各間證券經紀商的職員都在加班，除了處理堆積如山的文書工作以外，他們還忙著計算接著得透過電報對客戶發出的追加保證金通知。10月28日星期一，災難降臨。道瓊工業平均指數跌了38點，只剩260點，這是目前為止最誇張的下跌紀錄。股市收盤時，股票自動收報機的報價已經慢了3個小時。這一整天下來，活期貸款市場的外國與企業界貸方，都在手忙腳亂地設法收回貸款。

10月29日星期二，從開盤那一刻開始，股市就又襲來一波出售指令──這是因為投機者收到證券經紀商的追加保證金通知，不得不趕緊將持股出手。邱吉爾前幾天目睹的鎮靜景象已經蕩然無存，交易所大廳內，只見一名經紀人揪住信差的頭髮，還有一人像瘋子一樣尖叫著逃出大廳，人們撕扯著彼此的西裝外套與衣領，辦事員們驚慌失措地大打出手。然後，隨著市場近年來依賴

的科技開始崩潰，恐慌變得更加嚴重了：跨大西洋電報電纜損壞、股票自動收報機停止運作、每一條電話線路都是打來詢問市場狀況的人，電報系統也無法負荷證券經紀人發往全國的追加保證金通知了。在紐約，西聯匯款（Western Union）被迫委託一批計程車司機送電報。市場收盤時，股票自動收報機繼續答答響著，令人沮喪的報價又持續了兩個鐘頭。在1,650萬股的龐大交易量過後，道瓊工業平均指數跌了30點，只剩230點了。這一天被稱為「百萬富翁屠宰日」。

在黑色星期二，牛市上最光鮮亮麗的股票損失最慘重。美國無線電公司股份已經在星期一跌了19美元，星期二又在剛開盤那兩個小時內，從40.25美元慘跌到26美元（這時已經連高峰期價格的25％都不到了）；高盛交易公司的開盤價是60美元，收盤卻只剩35美元；附屬於高盛交易公司的藍嶺投資信託前幾周還以24美元的價格被人買賣，如今卻從10美元跌到3美元；而摩根銀行麾下的巨型公用事業控股公司——聯合公司則從26美元跌到19.3美元。銀行股票更是慘不忍睹，紐約第一國家銀行（First National Bank of New York）從5,200美元大跌至1,600美元，而米切爾採取後衛戰鬥行動，以個人名義借了1,200萬美元支持國民城市銀行股票，但股價還是從455美元跌到300美元。好萊塢那幾間大企業——派拉蒙影業（Paramount）、福斯與華納兄弟（Warner Brothers）——同樣無一倖免。許多檔股票根本無人出價。據說一名送信小弟用極低價格買到不少懷特縫紉機公司（White Sewing Machine Company）股票；該公司股價在那年稍早還有48美元，前一天收盤價跌到11.125美元，而這名送信小弟最後是以每股1美

元的價格撿了大便宜。

▍陷入經濟大蕭條

　　面對股市上的災難，美國仍懷有幽默感。黑色星期二隔日，老約翰・D・洛克斐勒（John D. Rockefeller, Sr.）宣布要和兒子一同購買「穩當的普通股」，使市場穩定下來。「是啊，」據說虧損100 萬美元的諧星康托爾，在百老匯舞臺腳燈的照耀下說道，「除了他們，還有誰手上有錢啊？」被康托爾當笑話說給大眾聽的自殺傳說故事主要有兩則，第一則故事中，兩名共用聯合帳戶的投機者手牽手跳橋自盡；第二則故事中，一間飯店的接待員問新來的客人，他們是來過夜還是來跳樓的呢？[13] 康托爾另外注意到，自從股災發生，女性的裙襬就變長了。按照費茲傑羅的說法，爵士時代「縱身一躍，燦爛地死去了」。在前方等著眾人的時代，比過去嚴峻許多。

　　股價下滑的趨勢持續到了 11 月中，不過胡佛政府其實很快就採取行動，試圖減緩股災所造成的餘波。總統的公開發言總是樂觀積極，他也召集商業界領袖，呼籲他們不要調降薪資，盡可能維持市場上的需求；此外，胡佛還請私營與公眾組織將它們的建設計畫往前移；財政部長梅隆也在 11 月宣布稍微減稅的政策。除了以上對策以外，政府的銀行相關部門也快速採取行動：10 月 31

13　加爾布雷斯主張，股災相關的自殺故事都只是傳說而已。然而，在黑色星期四隔天，邱吉爾寫道：「我的窗外，一名男士從 15 樓跳了下去，摔成碎片，造成一場大騷動，還驚動了消防隊。」

日，聯邦準備系統將折現率調降到5％（兩周過後，它又將折現率調低0.5％），而活期貸款市場也在紐約聯邦儲備銀行（New York Federal Reserve Bank）的監督下發生巨大的轉變，這年9月與11月間，未清償的保證金貸款額下降50％。無論是外國貸方或企業貸方都持續從活期貸款市場收回資金，取代它們的貸方成了紐約各家銀行，這些銀行放貸時維持低利率，保證金要求也調降到25％。

　　股災剛發生那段時期，銀行業與證券經紀商並沒有發生顯著的破產倒閉事件，只有密西根州弗林特市的工業銀行（Industrial Bank）除外——工業銀行一群員工盜用了公司350萬美元公款，全在股市上賠光了，東窗事發後銀行只有關門大吉這條路可走。美國各間企業也都盡量想辦法讓大眾穩定心神：黑色星期二隔日，美國鋼鐵等幾家公司宣布要調漲股息；西爾斯・羅巴克百貨公司（Sears, Roebuck）的老闆朱利斯・羅森瓦德（Julius Rosenwald）與英薩爾也宣布要對員工的保證金帳戶進行保障措施。11月14日，通用汽車宣布要多發一次股息時，大眾聽到新聞的反應是歡欣雀躍，道瓊指數也擺脫了198點的低谷，在接下來數天內漲了將近25％。

　　人們很快又恢復樂觀，在市場上出現轉機那一天，巴魯克發了電報給邱吉爾，表示金融危機已經過去了。話雖如此，這對未來的英國首相而言並沒有起到什麼安慰作用，畢竟他在股災中損失超過1萬英鎊——換算成寫作當下的1999年的價值，大約是30萬英鎊——接下來幾年都得過省吃儉用的生活了。

　　巴魯克的想法和當時市場上一些較小的玩家相同，他們相信

股災給了他們又一次購股良機。這段時期的新聞報導大多抱持正面態度，股市周轉率也維持在每日 500 萬到 600 萬股的程度。許多企業宣布過去一年的利潤達到新高，銀行業與公用事業的併購活動持續不斷，不動產業也仍舊興隆。大型銀行看似都擁有充分的資本，這點令人感到心安。在紐約，拉斯各布繼續制定他建設百層高樓——帝國大廈（Empire State Building）的計畫，並宣稱這幢高樓象徵著「腳踏實地，朝天空伸出了手的土地」。拉斯各布嚮往建設全世界最高的摩天樓，但同為投機者的克萊斯勒也不惶多讓，他自己也在興建 1,146 英尺高的大樓。[14] 這時候，杜蘭特也沒有閒下來，還忙著組織新的股票普爾呢。1930 年 3 月，胡佛總統宣布「在未來 60 天內，股災對於就業市場最嚴重的影響將會過去」。接下來一個月，道瓊指數突破 300 點大關，從股災後的低谷至今漲了將近 50％。

　　然而，後來被人稱為「虛晃反彈」（suckers' rally）的這段時期在 1930 年春季走到終點，市場又恢復了下跌趨勢，直到 1932 年夏季，道瓊指數達到 41.88 的低點，周轉率也不到 40 萬股了。這段期間，美國的國民生產毛額（gross national product，GNP）[15] 相較於

14　克萊斯勒大廈（Chrysler Building）是經濟學者半戲稱為「勃起指數」（erection index）的現象當中，一個典型例子。根據勃起指數的預測，牛市最高峰就是新建築的高度創下新紀錄之時。近年有人證明了勃起指數預測的可靠度：1999 年的世界最高大樓是馬來西亞的國油雙峰塔（Petronas Towers），這兩座高樓落成時，正好是亞洲 1997 年金融危機開始前幾個月。

15　譯註：理論上等同現在常用的國民所得（gross national income，GNI）。

1929年的數值下降了60%，失業人口上升到1,250萬，全國非農業勞動力當中，超過三分之一都無業。

隨著美國陷入蕭條，人們對商人的美化也就此結束了。1932年3月，瑞典火柴之王克羅格因為詐欺事蹟敗露、企業所背負的債務太過沉重，眼睜睜看著自己的商業帝國崩毀，於是他本人在巴黎一間飯店裡自殺了。同年4月，英薩爾的中西部公用事業公司（Middle West Utilities）宣告破產，英薩爾逃到海外（他後來回國接受法庭詐欺罪的刑事審判，結果被宣判無罪）。國民城市銀行股價跌得只剩1929年全盛時期的4%，米切爾被迫辭去在國民城市銀行的職位，然後在1934年因逃漏所得稅的指控而接受審判。杜蘭特在1930年年底被他的證券經紀人出賣，後來在1936年宣告破產，破產時的債務多達近100萬美元，他只得在紐澤西州一間餐廳當臨時洗碗工。李佛摩當初在1907年恐慌時期的華爾街致富，後來賠了大約3,200萬美元，在1934年3月宣告破產。六年後，李佛摩在紐約荷蘭雪梨飯店（Sherry-Netherland Hotel）廁所內，一槍將自己打得腦袋開花。

市場在1932年跌到谷底時，美國無線電公司每股售價是2.5美元，而遙想三年前，該公司股價可是每股114美元。紐約證券交易所的美國無線電公司專家米漢，據說在股災中損失4,000萬美元，他在交易所的交易席位都將賣給了別人，他在跨大西洋輪船上的證券經紀辦公室也關閉了。1936年，米漢住進了瘋人院。

在大眾眼中，這些人與他們的無數追隨者，就是經濟大蕭條的起因。富蘭克林‧德拉諾‧羅斯福（Franklin Delano Roosevelt）在1933年3月的總統就職典禮上，對全國說道：

……富庶近在眼前，但對它的毫無節制導致供給變得了無生氣。這主要是因為人類交易的主宰者，因為自身頑固與無能而失敗了，結果他們在認輸後放棄了權位、逃之夭夭。無恥兌錢商的惡行惡狀，在大眾輿論的法庭上受到了控告，也被人們的心與腦拒之門外。

他們確實嘗試過，但他們的行為是陳舊傳統模式的一部分，面對信貸失效的問題，他們只提議進一步放貸。失去了利益的誘因、無法再誘使我們人民追隨這虛偽的領導後，他們轉而發出告誡，淚流滿面地乞求我們恢復信心。他們只知曉追逐私利之世代的規則，絲毫沒有遠見，而在缺乏遠見之時，人就會消亡。

兌錢商逃離了他們在我們文明中的高位，我們現在可以恢復古老真理在殿堂中的地位了。復原的程度，取決於我們對較金錢利潤更高尚之社會價值的施用程度。

羅斯福如果把「兌錢商」替換成「投機者」，意思也許會清楚一些——不過這可是神罰的時刻，新任總統扮演的是震怒的基督，因此出自聖經的「兌錢商」聽上去更合適。不到一年前的1932年夏季，羅斯福以經濟個人主義的失敗，及華爾街該為經濟大蕭條付出的責任為踏腳石，一步步邁向總統寶座。胡佛被當時的人們視為無情、放任的新時代共和黨員（但其實他一直致力於復甦經濟，只是效果不彰而已）。1932年春季，參議院銀行與貨幣委員會（Senate Committee on Banking and Currency）展開調查，開始細細檢視1920年代華爾街的活動。調查小組的首席律師，是西西里出身的費迪南德・培哥拉（Ferdinand Pecora），他審問了1920年代

多位著名金融家，毫不留情地揭露他們的種種不是。本就不知所措的大眾，現在又聽到華爾街上各種黑暗故事，其中包括普爾、市場操縱、對圈內人的優待、對圈外人的虧待、逃稅以及過度報酬等。培哥拉得出的結論是，交易所成了「經過美化的賭場，在這裡，機率的加權對躍躍欲試的圈外人大大不利」。

羅斯福的第一輪總統任期期間，政府採取了一系列的措施，試圖限制過去投機者所享有的自由。1933年的《格拉斯－斯蒂格爾法案》(*Glass-Steagall Act*) 分割了投資與商業銀行業：在未來，商業銀行的資本與放貸能力，不會再隨著股市波動而變化了，銀行顧客也不會再被強迫推銷二流證券。一年後，美國立下《證券交易法》(*Securities Exchange Act*)，禁止股市普爾、內線交易與市場操縱行為。聯邦準備系統被賦予了限制保證金借貸的權限，將保證金貸款額限制在抵押股份價值的50%以下。政府成立證券交易委員會，負責監督資本市場，避免「不必要、不明智與破壞性的投機活動」(但羅斯福總統指派參與過無數股票普爾的甘迺迪擔任委員會的第一任主席，這項決策倒是引起一些爭議)。包括胡佛在內，幾乎所有人都將市場信心崩潰現象歸咎於賣空股票的空頭投機者，這時政府也訂立「報升規則」(uptick rule) 限制空頭投機者的活動，規定只有在股票從上一次交易過後漲價時，人們才得以賣空那檔股票。

「羅斯福新政」(New Deal) 否定了1920年代不受約束的個人主義思想，以政府在經濟方面的指揮與管理取而代之。原本只受市場力量影響的美國經濟，如今多了聯邦社會福利、住房與工作計畫、銀行存款保險、價格與收入政策、最低薪資法規以及許多

類似措施。未來，無論是股票、證券、土地或商品的投機，都不
會在經濟生活中扮演如此關鍵的角色了。凱因斯在1936年出版的
《就業、利息和貨幣的一般理論》，為這些臨時政策提供了知識架
構。凱因斯在書中抨擊了過去在分配資本資源時，人們對投機者
與股市的看重，並主張：「（近期）經歷中，沒有證據清楚指出對
社會有利的投資政策和獲利最高的投資政策相符。」而在書中最廣
受引用的段落之中，凱因斯寫道：

　　在事業穩定的川流中，投機者可能和泡沫同樣無害，但是當
事業化為投機漩渦中的泡沫時，事態就嚴重了。當一國資本發展
成為賭場活動的副產物時，很可能是事情做得不對。

　　為支持以上論點，凱因斯以近年的華爾街為例：華爾街成功
將新投資導向最有利可圖的管道，但這「稱不上放任資本主義最為
傑出的勝利」。他提出，為治癒投機的邪惡，應對股市交易徵收懲
罰性的資本利得稅，藉此強迫投資者將目光放長遠。至於政府，
在凱因斯眼裡則是不受投機者「動物本能」左右的組織，因此不會
只關注利潤，還可以考慮到社會利益。凱因斯認為，政府會在未
來扮演大投資者的角色——至少在歐洲，國有化（nationalization）
時代已經拉開序幕。

　　股災過後，投機者成了大眾眼中的代罪羔羊，但並不是所有
經濟學者與史學家都同意這種看法。貨幣主義經濟學家米爾頓‧

傅利曼（Milton Friedman）主張：「1929年股災是一次重大事件，但它並沒有造成經濟大蕭條，也不是決定蕭條嚴重性的主要因素。」傅利曼（以及和他共同撰寫《美國貨幣史》〔*Monetary History of the United States*〕的安娜‧許瓦茲〔Anna Schwartz〕）反倒認為，是聯邦準備系統遵循著限制性過高的貨幣政策辦事，導致貨幣庫存從1929年8月到1933年3月之間減少了三分之一。根據傅利曼與許瓦茲的論述，1930年秋季的第一次銀行業危機中，美國銀行[16]在非必要情況下倒閉（這是傅利曼與許瓦茲的見解），使得經濟大蕭條加劇了。但實際上，底特律多間銀行與美國銀行等大銀行之所以在大蕭條早期倒閉，主要是因為它們受不動產價格下跌、證券附屬公司的股市損失拖累——傅利曼與許瓦茲的分析似乎對這方面的因果關係說得輕描淡寫了些。而正是因為美國銀行等銀行接連倒閉，才會觸發整體銀行業危機。1980年代泡沫經濟過後，日本多間銀行也經歷了類似狀況（請見本書第9章），印證了「1932年銀行業危機是前一個時代投機活動直接造成的」這種印象。

　　經濟史學家查爾斯‧金德柏格（Charles Kindleberger）則是從較國際化的視角看事情，他認為經濟大蕭條之所以發生，是因為商品價格下跌（這是一戰過後美國本土生產過量造成的）以及美國沒能成為歐洲各國的國際最後放貸者（lender of the last resort）。胡佛政府非但沒有放款給歐洲各國，反而施行關稅政策，招來外國迅速的報復行動以及全球各國競爭性的貨幣貶值。還有其他經濟史學家提出，造成經濟大蕭條的，是1920年代與1930年代初期

16　譯註：此指Bank of the United States，而非Bank of America。

美國實行金匯兌本位制（gold exchange standard）的結果；他們認為是金匯兌本位制使金融系統僵化死板，進而造就經濟大蕭條。

　　美國經濟學者穆瑞・羅斯巴德（Murray Rothbard）主張，是胡佛的政策導致經濟大蕭條，但原因不是羅斯福所說的放任主義，而是因為胡佛的政策不夠放任。根據羅斯巴德的論述，胡佛最核心的失敗，就是忽視財政部長梅隆的諫言──常有人引用梅隆的這句話：如果允許股災「液化勞工、液化股票、液化農民、液化不動產」，那將帶來不少好處。換句話說，梅隆提議對市場放任不管，讓它自行崩潰，直到市場自行找到供給與需求之間的平衡，這時市場上的需求就會恢復，經濟也將復甦。然而胡佛並沒有聽從梅隆的建議，而是在資產與商品價格下跌的時期，用政策防止薪資跟著下跌。企業無法調降薪資的情況下，失業率上升、資本報酬下降，妨礙了再投資。羅斯巴德總結道：「必須將經濟大蕭條的罪責從自由市場經濟的肩頭取下來，放在它該放的位置：政客、官僚與大批『有見識的』經濟學家門前。」

　　不僅如此，胡佛還責怪羅斯福與民主黨在1932年競選時加深大眾的恐懼與不信任，且沒能配合離任政府的救濟措施。近年，金融家威格摩在《股災與餘波》（*The Crash and Its Aftermath*）一書中提出支持胡佛的論點，主張羅斯福在1932年的演說以及他拒絕保證金本位制的態度，使得大眾大肆聚藏錢財，並造成了1933年年初的銀行業危機。威格摩的結論是，羅斯福「和其他人同樣將股災提高到了造成經濟大蕭條的高度，確立了它這象徵上的地位」。

　　股災與經濟大蕭條之間的關係，可說是經濟史上最受熱議的議題之一。這個議題帶有政治意涵，人們不只在辯論股災是否造

成經濟大蕭條，還在爭論市場該由政府控制還是該自生自滅——
因此，這個問題永遠不可能得到令所有人滿意的答案。羅斯福倒
是證明了一件事：只要你暗示股災和經濟危機之間存在些許關聯，
就能夠獲得政治資本。羅斯福還接著用這份關聯，將羅斯福新政
的政策合理化。一個世代過後，傅利曼教授提出股市崩盤並沒有
造就銀行業危機，也沒有導致經濟大蕭條；這套理論則受到雷根
等共和黨員熱情的支持，成為他們推翻羅斯福青史形象的工具。

　　我們從當時留下的紀錄得知，股災與後續的資產價值衰退，
對於人們的期望造成深刻的衝擊。在標題為〈爵士時代的餘音〉
（*Echoes from the Jazz Age*）的文章中（最初刊登於1931年11月的
《斯克里布納雜誌》〔*Scribner's Magazine*〕），費茲傑羅主張，爵士
時代隨著股災結束了。「有史以來最昂貴的盛宴」之所以終結，

　　是因為它賴以為生的絕對信心，受到了巨大的衝擊，不久後
這脆弱的結構就沉到地面……反正那本就是借來的時間——全國
前10%的人民過生活時，都懷著大公爵的無憂無慮、應召女郎的
輕浮隨性。

　　市場崩盤時，人們對未來的幸福幻想消散無蹤，美國人心中
徬徨不安，不知該如何面對1930年代初期艱困的經濟狀況。在《僅
僅昨日》中，艾倫將經濟大蕭條視為「因1929年過度繁榮而引發
的深刻心理反應」：

　　繁榮不只是單純的經濟狀態；它是一種心態。大牛市不僅僅

是美國集體思想與集體情緒循環的高潮，全國幾乎所有人對生活的態度，都在某種程度上受它影響，如今也因為希望突兀又殘酷地破滅而深受影響。大牛市逝去了，繁榮也隨之而去，美國人很快就會發現自己處在與過往不同的世界之中，這個世界需要新的調適、新的想法、新的思考習慣以及新的價值秩序。

1920 年代晚期，美國的經濟現實，開始仰賴一份搖搖欲墜的未來願景了。股災過後，美國人發現新時代哲學的每一個信條都是假的，於是他們失去對未來的信心；問題是，這份信心是經濟系統成功運作的必需。就如喬治・歐威爾（George Orwell）的觀察：「貧窮消滅了未來。」當資產價值衰退時，銀行業體系遭遇了浩劫，這時，過去十年的樂觀就被恐懼心理取而代之。也許就如一些人所說，咆哮的 1920 年代是道德敗壞的時代，正該受到神罰；但這個時代的人也展現出夢想的能力、對未來的信念、承擔風險的事業野心以及對個人自由的信仰。這些屬於美國人的特質，都在 1929 年 10 月遭到重創，看樣子都在經濟大蕭條時期完全消滅了。但是，它們總有一天會歸來。

▋ 在 1990 年代重現的新經濟

在 1990 年代，美國經歷了類似 1920 年代的牛市盛況，道瓊工業平均指數從 1990 年低谷時的 2,365 點，漲到 1999 年 3 月時的 1 萬點，上漲幅度超過 320％。這次和 1920 年代一樣，是因為聯邦準備系統在 1990 年代早期設定了低利率，最初刺激了投機活動，進

而促使牛市發展。[17]資訊科技快速擴張，刺激了1990年代的經濟成長——這就類似汽車在1920年代的影響力。而工會無法推動企業調漲實際薪資，同樣增添了美國企業的利潤。這回，勞工仍舊以借貸購物的方式維持消費水平，結果這種放縱行為使得美國百萬人在1997年宣告破產。

雖然在1990年代牛市時期，美國總統一直是民主黨員，國會卻受共和黨控制，而且「新民主黨員」（New Democrats）逐漸移至政治中心，使得白宮政策比起羅斯福的風格，更接近柯立芝一派。政府寬鬆地執行反壟斷法，促進了一連串的企業併購活動，併購規模甚至比1920年代來得大。而且到1990年代，當初在1933年通過的《格拉斯－斯蒂格爾法案》受到挑戰，投資與商業銀行之間的切割似乎有消失的趨勢。

到了1990年代中期，「股票教團」——差不多等同1920年代的「普通股教團」明顯又如日中天，美國約5,000萬人持有股票，也到處都有人在討論股市，你去到酒吧、高爾夫球場、夜店、健身房、美容院或打開電視看談話節目，都能聽到股市相關的對話。共同基金登上《花花公子》（*Playboy*）雜誌的封面；佛州一所小學推出名為「物質財富與股市」的新課程，結果短短六個月內，孩子們的模擬投資組合都漲了三分之一，所有人長大後的夢想都是當證券經紀人。公共電視上《華爾街一周》（*Wall Street Week*）節目主持

17　格蘭特將1990年代早期，聯邦準備系統調低利率的政策稱為「美國信貸的奇蹟金丹」。他主張：「（1991年以降）的牛市成了美國最重要的金融事實，比聯邦基金利率（federal funds rate）還重要，比聯邦準備理事會（Federal Reserve Board）預測的國內生產毛額（gross domestic product，GDP）還重要。」

人路易斯・魯基澤（Louis Rukeyser）在拉斯維加斯舉辦投資專題討論會時，幾乎有一萬人前去捧場（魯基澤在電視節目上讚揚了維持「信仰」的投資者）。消費者新聞與商業頻道（CNBC）成了美國觀眾人數成長最快的電視頻道。到了1998年，全美投資俱樂部數量超過3萬7,000間（1990年代初期還只有6,000間），供業餘股市玩家集結、交流想法與分享小道消息。

　　我們在1920年代看到投資信託爆發性的成長，而在1990年代，共同基金的成長速率甚至超過了它。1990年與1998年第一季之間這幾年，股票共同基金吸引美國投資者投入超過1兆美元。1990年，營運中的共同基金共有1,100檔，七年過後，搶著吸引投資者資金的共同基金已經將近6,000檔了。流入共同基金的資本，成了牛市的支柱。1996年間，投入美國股票基金的資金總額是2,216億美元，隔年又有2,310億美元投入股票基金。到了1997年年底，美國共同基金的總資產已經上升到4兆2,000億美元，大約等同整個銀行業系統的資產額。這個時代的人們和1920年代一樣，主張為了存退休金而投資股票的個人投資者，將會支撐股市的長期發展。

　　人們對股市恢復信心的同時，也觀察到1950年代至今的變化：股份的投資報酬又高過債券的投資報酬了。1996年4月，在道瓊工業平均指數的一百周年慶那天，《華爾街日報》報導道，從1925年開始的每二十年時段當中，98％的時段都是股票表現優於債券。這當然也是史密斯在1920年代對大眾推廣的觀念。一名基金經理將股市形容為「非常善良的賭場，即使在計入賭場優勢以後，每個人還能帶著10％的報酬回家」。這種想法似乎和作家威爾・培恩

（Will Payne）的論點相同；培恩過去在1929年1月的《世界工作月刊》（*World's Work*）中主張：賭博與投資的差異在於，賭客只能贏得別人輸掉的錢，而在做股市投資時所有人都是贏家。

　　投資者相信股市必然會產生最高的報酬，於是他們購股時根本不顧價格高低（1998年春季，市場的本益比〔price-earnings ratio〕提升到了企業收益的28倍以上，創下歷史新高）。1990年代的牛市上，只見股市利潤年年超過20％，這時候唯一的金融風險反而是讓錢靜靜躺在銀行戶頭裡，錯失這賺錢的良機。[18]市場的漲勢，使投資者的預期膨脹到了非理性的程度。在1997年10月市場修正前夕，一份經紀人調查結果顯示，共同基金投資者預期接下來十年的平均年度報酬率會是34％──假如這份期待成真，那道瓊指數將飆升到15萬1,000點，美國股市總資本額則會是全國收入的1,500％。

　　1990年代的美國投資者，和1920年代的老前輩有許多共同點。雖然1990年代的人沒有過去那麼明目張膽地使用槓桿了，保證金借貸債務還是從1990年的約300億美元，上升到1998年7月時的1,540億美元。聯邦準備系統雖然將保證金貸款額限制在抵押股份價值的50％以下，卻還是有人用各式各樣的手段鑽法規漏洞：有的投機者減緩了抵押貸款的償還速度，或透過房屋淨值貸款

18　英國基金經理伊恩・拉許布魯克（Ian Rushbrook）言簡意賅地傳達這個觀念：「無持股狀態必然危險，因為長期而言股票一定會上漲。在投資股票時，表面上的風險是你的股票下跌，但真正的風險是沒有任何持股。」

（home equity loan）得來的金錢購股；有些人刷信用卡買股票，並加入無保證金管制的期貨市場（芝加哥商品交易所〔Chicago Mercantile Exchange〕配合地創造了「迷你標普」合約，只要求人們支付 3,000 美元保證金）。有幾間金融公司放貸給私人投資者之後，又利用期貨市場為這些貸款避險，以防損失。《格蘭特的利率觀察》編輯格蘭特發現，聖地牙哥第一證券資本公司（First Security Capital of San Diego）提供了貸款價值比（loan-to-value）高達 90％的保證金貸款，最低貸款額設定在 10 萬美元（該公司不是銀行也不是證券商，所以提供的保證金貸款不受聯邦準備系統管制）。

　　1990 年代的美國投資者，就和 1920 年代的前人一樣，說服自己相信這不是短視近利的投機買賣，而是為了長期利潤購股。格蘭特表示：「『買入持有策略』（buy and hold），已經取代『我愛你』，成了英文這個語言中最受歡迎的一句話。」無論是在 1920 年代或 1990 年代，投資者都將每一次市場衰退視為「跌時買入」的機會，因此每一次下滑趨勢都快速扭轉了回來，為牛市添上一種無敵的光環。這種傾向在 1997 年 10 月 27 日星期一達到頂點：由於前幾個月亞洲經濟體連連崩潰，人們心中萌生恐懼，使得道瓊指數跌了超過 7％。美國財政部長羅伯特・魯賓（Robert Rubin）學著 1929 年股災後胡佛那番說詞，盡量安慰投資者，他表示美國經濟的根本相當穩固，沒有問題。星期二，只見紐約各間證券經紀辦公室門外大排長龍，但這些人並不是來售股，而是來**買入**更多股票的。那天，紐約證券交易所周轉率達到 12 億股的新記錄，市場漲幅超過 5％。不到六個月過後，道瓊指數相較 10 月 27 日的低谷，攀升

了超過四分之一，標準普爾500指數（S&P 500）也在過去十二個月內漲了超過50％。

1990年代的牛市上，再次出現與1920年代相似的新時代思想。這個理論稱為「新範式」（new paradigm）或「金髮女孩經濟」（Goldilocks economy，它像金髮女孩與三隻熊童話故事中的燕麥粥一樣，不會太熱，也不會太冷），內容是：在聯邦準備系統控制通貨膨脹、聯邦赤字下降、全球市場開啟、美國企業重構，以及人們廣泛用資訊科技控制股票庫存量，這些因素的組合讓商業循環停了下來。我們一點一點看下來，就會發現這基本上就是重述了費雪那時的新時代哲學思想。

新範式首次出現在1990年代中期。1995年年底，所羅門兄弟銀行一名分析師寫了標題為〈1996：股市泡沫或範式轉移？〉（*1996: Stock Market Bubble or Paradigm Shife?*）的報告，並在文中主張，通貨膨脹的衰退導致「四十年來股市估值的第三次根本變化」。高盛銀行（Goldman Sachs）首席投資策略師艾比‧約瑟夫‧科恩（Abby Joseph Cohen）成了1990年代版的費雪，是最知名的新範式倡議者。她經常在電視節目上露臉，也多次登上雜誌封面與報紙，人們將她譽為最先辨識出最新新時代輪廓的「大師」。保德信證券公司（Prudential Securities）首席技術員雷夫‧阿坎波拉（Ralph Acampora）也是著名的新範式代言人。「我們的股市上漲是天經地義，因為我們對自己的生活模式更有信心了。」他在1997年8月對《財星》雜誌表示。

在比爾‧柯林頓（Bill Clinton）任職總統期間醜聞頻傳，這時股市漲勢能作為引人目光的新聞減緩人們對醜聞的關注，因此華

府很樂意接受新範式。[19]1997 年 2 月，柯林頓政府一名成員在《先驅論壇報》（*Herald Tribune*）報導中表示：「必然的經濟循環並不存在，且我們經濟顧問委員會（Council of Economic Advisers）近期一份研究指出，循環並不會隨時間老去消亡。」一個月後，柯林頓總統本人也有感而發地表示，美國經濟表現得極好，以致商業循環觀念可能已經被有效破除了。1997 年 6 月，《新共和》（*New Republic*）雜誌刊登一篇標題為〈爆破破產：經濟史的終結〉（*Buse Busting: The End of Economic History*）的報導，文中寫道：「財政部高層官員相信，只要適當地施行政策，並排除外來衝擊，美國便能無限期延長當前的擴張狀態。」

聯邦準備理事會主席葛林斯潘對於新範式的態度，就沒那麼容易解讀了。葛林斯潘似乎在小心翼翼地避險，當他在 1996 年 12 月觀察到投資者們「非理性的狂喜」時，股市其實跌了 2.5％。他還在另一個場合否定商業循環被破除，並提出疑問：當前的股價難道沒有過高嗎？然而，當別人請他說明這長時間的經濟成長時，葛林斯潘用的還是新範式那套解釋，聲稱資訊科技「強化了商業操作的穩定性」，而美國正在「超越歷史」。《商業周刊》（*Business Week*）總結道，這位聯邦準備理事會主席已成為「新經濟的前衛倡議者」。葛林斯潘和 1920 年代的前人不同在於，他並不想調高利

19　1929 年股災與餘波毀了胡佛的總統任期，而 1994 年年底到 1998 年夏季美國股市上漲，則成就了柯林頓總統的威望。1994 年年底，標準普爾指數在 450 點左右時，一份民意調查結果顯示，少於 40％的受訪者對柯林頓總統的表現抱持讚許態度。到了 1998 年夏季，標準普爾指數接近 1,200 點時，柯林頓的支持率已經上升到將近 70％了。然而，當市場在 1998 年開始下跌時，柯林頓的支持率又落回到 60％。到了 1998 年 10 月，柯林頓與市場同時恢復了狀態。（民調資料出自《紐約時報》的民意調查）

率或發布嚴正的警告，藉此壓抑日益蓬勃的投機活動。作為牛市
的守護者，葛林斯潘在1996年再次被指派為財政部長，而人民的
反應就和梅隆在1929年續任財政部長時同樣熱烈。

　　1920年代與1990年代牛市最引人注目的相似處，就是「傳統
的股票估值方法已經完全過時」的想法。這回，又有人主張在通
貨膨脹時期，投資股市有助於維持購買力，而企業管理者也越來
越照顧股東的利益了。高盛銀行的科恩宣稱，商業循環延長、通
貨膨脹減緩，可以解釋股價估值上升的現象。葛拉漢與大衛・陶
德（David Dodd）在《證券分析》（*Securities Analysis*）書中寫道，
「（1920年代）不再以現成的價值標準衡量市場價格，新時代改將
市場價格當作價值標準的基礎。」1990年代的理財顧問也以類似的
形式，發明了「市場附加價值」（market value added）[20]的觀念──
市場附加價值單純是計算公司市場價值及公司資本額之間的差值。
在當時的人眼裡，一間公司的「市場附加價值」越高，公司本身的
價值就越高。

　　一間公司的資產淨值計算的是工廠、機械等資產的價值；對
1990年代的人來說，資產淨值就是傳統估值工具當中最受鄙視的
一項。此外，這時候的股息產出下滑到了1.5％以下的歷史新低，
這在人們眼中也變得不重要了。有時，就連符合投機價值觀的本
益比，也被視為過度保守的指標。人們以未來現金流折現的說法，
將科技公司快速成長時的高價格合理化。1996年10月底，《投資
商業日報》（*Investors Business Daily*）──發表企業相對強弱指數

20　譯註：又譯作「市場增加值」。

的股市日報——提出令許多人絞盡腦汁的問題，同時也回答了自己的提問：「估值過高？只要股票繼續漲上去，就不算太高。」

　　1990年代的新範式——又稱新經濟——從知識方面支撐起美國史上最大的牛市。當股價在1997年10月急遽下跌時，高盛銀行的科恩建議客戶增加持股，救下了市場。格蘭特提出，新時代思想重出江湖，就表示「是市場造就了意見，而不是意見造就市場」。換言之，新範式不過是牛市的產物罷了。只要投資者對新時代的信仰維持下去，並且忽視失調的資訊，那麼股價就會繼續漲上去。短期而言，股市上漲可以掩蓋經濟的弱點：消費者在股市上賺了錢後可以無視逐漸高築的債臺，公司可以發行新股份或證券，用籌得的錢買下其他公司或用於資本支出，而隨著經濟繁榮發展，政府徵收到的稅金也會增加。如此一來，關於新時代的分析，基本上就是成了「自我實現的預言」。

　　根據估計，在1990年年初與1998年春季這段期間，美國股市上漲使得家戶財富暴增6兆美元。1997年，售出股票的資本利得達到1,840億美元。投資利潤成了支持消費者支出的一股力量，而消費者支出的成長速率這時已經比薪資成長來得快了，使得儲蓄率不斷下滑，直到在1998年變成負數。政府透過資本利得稅收取的稅金不停增加，在1997年達到440億美元，導致聯邦政府在1998年有了預算餘額。股價上漲達到了鼓勵人們創業的效果，也提升了資本支出。股市被譽為「美國有史以來最偉大的財富創造機」——一名分析師表示，它已然成為「永動機」（這句話令人聯想

到1720年那間傳奇般的泡沫公司），市場上每一次股價上漲都會造成進一步漲價。然而，回顧歷史上的繁榮時代，我們會發現投機與信貸都必然會到達擴張的極限，那時商業循環就會以猛烈的攻勢再次出現，永動機也會開始往反方向運轉了。到了這時，新時代便會步入歷史。

第 **8** 章

牛仔資本主義——
從布列敦森林協定到
垃圾債券狂潮

- -

你絕不可能與市場相抗。

——瑪格麗特・柴契爾（Margaret Thatcher）

1944年夏季，二戰同盟國代表（其中英國代表團的領導者甚至是凱因斯本人）在新罕布夏州布列敦森林的華盛頓山飯店（Mount Washington Hotel）會面，為戰後經濟系統奠定了基礎。他們沒有復行過去的金本位制，而是約定以美金為基準，維持外國貨幣與美元之間的相對關係，而美金則能以一盎司35美元的匯率兌換黃金。新體系的成功條件是，各國之間的資本流動必須控制得當——在這種情況下，人們對貨幣投機者產生了深深的厭惡感。當時的美國財政部長亨利·摩根索（Henry Morgenthau）覆議當初羅斯福的發言，他希望能「將高利貸放債人逐出國際金融的殿堂」。[1]

接下來三十年，投機者一直是受人唾棄的人物，幾乎和戰時的黑市商人同樣可憎。1946年年初，穀類短缺導致穀物期貨市場遭到縮減，這時杜魯門總統宣稱：「穀類價格……不應受投機者的貪婪左右，不該因他們拿我們商品市場可能的未來作賭注，而遭受波及。」杜魯門厭惡地將穀類投機者稱為「販售人類苦難的商人」。就連當時還年輕的柴契爾夫人也認同這種看法，她在1961年的經費辯論中，對下議院宣布道：「我們要打擊的對象，是股份投機者……這類人買賣股份不是為了持有它們、獲得它們所產生的收益，而是為了從交易當中獲取利潤，賴以維生。」

各國政府發現他們正式的貨幣協定逐漸瓦解時，將政策失效的罪責推到了投機者頭上，讓他們成為代罪羔羊。在二戰爆發前，希特勒曾將威瑪共和國的通貨膨脹與通貨緊縮現象，歸咎於外國

1　布列敦森林制度將嚴重限制投機者的自由。凱因斯主張，為了中止有害的貨幣流動，「我們（此指官方）也許得走到拆別人信件這一步」。

貨幣投機者，而列寧和史達林也將蘇聯的種種經濟問題怪罪到投機者身上。如今在二戰過後，所謂自由世界的各位領袖也加入抨擊投機者的行列。在1956年的蘇伊士運河危機時期，將來的英國首相哈羅德‧威爾遜（Harold Wilson）出言攻擊從事投機的瑞士銀行家，在一段廣為人知的言論中將他們稱為「蘇黎世的小地精」。後來地精們在1967年對他展開報復行動，迫使威爾遜的工黨政府將英鎊貶值。四年後，美國總統尼克森（Nixon）終於暫停美金與黃金之間的兌換，布列敦森林體系走到了終點，而這時尼克森也不忘指責投機者：「他們在危機中過得欣欣向榮，他們也出力創造危機。」

即使在1971年後，各國匯率浮動的那段時期，政治人物仍然會毫不留情地攻擊貨幣投機者。後來到1992年9月，英國再次無奈地將英鎊貶值，退出了匯率機制（Exchange Rate Mechanism）時，曾任財務大臣的羅伊‧詹金斯勳爵（Lord Roy Jenkins）抨擊了「成群狩獵、蠢蠢欲動的投機者」。聽到這個消息後，法國財政部長米歇爾‧薩潘（Michel Sapin）補充道：「在大革命當時，這種人稱為『股票經紀人』（agioteur），全都被抓去砍頭了。」而在1997年的亞洲危機時，馬來西亞總理馬哈地‧穆罕默德醫師（Dr. Mahathir Mohamad）將投機者形容為「凶暴的動物」，並表示他們的生意「不必要、無生產性，且完全不道德」。他還以更帶惡意的言語，針對避險基金經理索羅斯提出了批評，指稱投機者們背後隱藏著「猶太人的密謀」，而他們的目標是使開發中國家恢復過去的殖民地地位。馬來西亞政府威脅要將貨幣投機行為視作死罪處理，禁止吉隆坡證券交易所所有的賣空活動，後來也制定了管控

貨幣的規定。

二戰過後人們立刻開始抨擊投機者與投機交易，某方面反映了社會對於賺錢與追求利益的態度轉變。在標題為〈我們子孫的經濟可能性〉（*Economic Possibilities for Our Grandchildren*，最初出版於1930年）的文章中，凱因斯幻想了一個未來的世界，在這個想像中的世界經濟越來越繁榮、物質所帶來的安穩也越來越高，人們終於不再以獲利為首要目的。在1950年代，西方各國經濟進入了強健而穩定的成長期，這時凱因斯的美夢似乎成真了。海爾布隆納也在1956年出版《追逐財富》，講述人類利欲的歷史，書中主張賺錢這件事在現代已經不受人尊崇了：

奢侈、對賺錢者的敬慕，以及發大財的希望，至少某部分而言已被一套新的價值觀取而代之：對財富的低調藏匿、對「區區」賺錢者的鄙夷，甚至是對發財這個目標本身的輕蔑。[2]

海爾布隆納認為，當時的反拜金主義，是大眾經歷過經濟大蕭條的結果——大蕭條不只象徵經濟上的失敗，還代表著「時代哲學基礎的破產」。在那個戰後的世界，商人不再如1920年代時那般受人崇敬與恭維，他們在別人眼中成了乏味、可靠、單調的人物，作家斯隆‧威爾遜（Sloan Wilson）還諷刺地稱商人為「身穿灰色法蘭絨西裝的男人」。除了風格變化以外，企業界看待事物的優先

---

2   海爾布隆納在《追逐財富》中表示：「一個明顯的結論是，如果經濟大蕭條前的利欲精神因疾病而死亡，那場疾病想必就是過度暴露在嚴酷利欲社會的冰寒氣候所致。」

序也跟著改變了，企業沒有過去那麼看重利潤，而是將穩定性、持續性與對員工及社會的責任擺在了前頭。根據海爾布隆納的說法，個人對財富的追求，已經被一種企業理想取而代之；在這個理想中，個人只會獲取企業盈餘的一小部分，他們追求的不是財富，而是在聲譽佳的公司享有令人稱羨的穩定工作。在1950年代，這些變化似乎再明顯不過，而且有長久影響社會的趨勢，以致海爾布隆納提出了疑問：「在不久後的將來，人們進一步囤積財富，是否可能帶來新的經濟動力，取代亞當・斯密的『看不見的手』呢？」

金融改革與資訊革命

　　1971年8月15日，尼克森總統暫停了美金兌換黃金的作業，結束了過去二十多年來多個國家參與的布列敦森林體系，也為投機史下一個新時代拉開了序幕。[3] 世上第一場金融革命發生在17世紀晚期，那時紙借據作為貨幣流通並膨脹，但所有事物的價值終究和黃金脫不了關係。黃金就象徵了投機價值的對立面，每當投機活動失控、金融危機爆發，所有人都奔向了黃金這個避風港。只有土地銀行計畫者與密西西比泡沫的老祖宗——羅——意識到一件事：包括黃金在內，所有金錢的價值都出自人們的共識。1720年，羅在法國發行紙幣；當時英格蘭的駐巴黎大使斯泰爾勳

3　直到1973年史密松寧協定（Smithsonian Agreement）崩解，布列敦森林體系才正式宣告「死亡」。

爵（Lord Stair）約翰・戴力普（John Dalrymple）見羅不久前改信天主教（這是為了接下財務部總管公職），寫道：「沒有人能懷疑羅的天主教信仰，因為他⋯⋯證實了變質說，將紙張變成了錢。」對戴力普與同時代的人而言，羅的紙幣可說是一種信仰，就和對於聖餐禮奇蹟的信仰同樣大膽。最後，在1971年——剛好也是羅的三百周年誕辰，羅的願景終於實現了。信條到信貸的轉變，已然完成。

　　布列敦森林體系結束後，金錢成了想像力的產物，顯得虛無縹緲、毫無分量。在這個所有金錢價值都時時變動的新世界，投機行為——套句作家奧利弗・霍姆斯（Oliver Wendell Holmes）的話，就是「社會對於可能發生事件的自我調整」——所扮演的角色勢必會變得重要許多。在過去，當黃金兌換作業中止時，往往會爆發不受控的投機活動（例如1720年的法國，以及1860年代的美國）。在布列敦森林體系崩潰那段時期的紛亂之中，這件事直接被忽略了。自此之後，所有貨幣價值都將反映它在人們眼中的未來價值：「現在」不只會受過去影響，還會受未來影響。而這令人頭暈目眩的新系統，有了新的大仲裁者，那就是**投機者**。

　　花旗公司（Citicorp）首腦人物華特・瑞斯頓（Walter Wriston）很快就明白了這些事件的重要性，他宣稱：「資訊本位制取代金本位制，成了世界金融的根本。」[4]在資訊科技進步的幫助下，配合這巨大變化所需的新金融革命，就這麼開始了。1969年德勵資訊機

4　瑞斯頓補充道：在新的全球金融市場上，「金錢相關的資訊，變得幾乎和金錢同等重要了」。

器（Telerate machine）問世，人們能透過它得知銀行債券交易的細節，而這臺機器也成為美國財政部債券的電子市場。四年後，英國新聞媒體公司路透社（Reuters）推出了貨幣匯率監控服務，創造了 24 小時營運的電子化全球外幣市場。接下來數年，金融市場電腦化的行動持續飛快進行著。[5]

在大多數評論家看來，資訊科技的進步無疑是好事。假如市場本質上有效率，那在獲得更多更好的資訊後，市場想必會變得更有效率，甚至像穩定可靠的汽車一樣變得索然無味。[6]事實上，我們回顧歷史紀錄，看不出通訊領域的進步會使金融市場變得溫順無趣，或造就資訊更充足的投資行為。[7]我們反而觀察到了相反的現象：在過去幾個時代，當金融資訊唾手可得、通訊技術進步時，往往會吸引衝動莽撞的新玩家加入投機遊戲。舉例來說，第一代每日報刊刺激了南海泡沫成長，英國報紙上新的「貨幣市場」專欄推進了 1825 年礦業狂熱，鐵路造就了 1840 年代的鐵路投機，股票自動收報機助長了鍍金時代的股市賭博，而 1920 年代的廣播節目也使新一代投機者躍躍欲試。

5　這段時期，金融通訊領域的重大進步包括：美國的場外股票交易所——那斯達克，在 1970 年開始的自動化交易、1980 年彭博（Bloomberg）設立的電子債券資訊服務，以及 1983 年為提供跨行付款服務而成立的自動支付清算系統（Clearing Houses Automated Payments System，CHAPS）。

6　1972 年，美林證券首腦人物與未來的財政部長唐納・雷根（Donald Regan）預言道：「到了 1980 年，華爾街將會失去它許多獨特的風味……街上的活動會失去我們過去幾年來見證的許多繽紛色彩……安上所有電子設備後，我們還會需要紐約證券交易所嗎？」

7　就如格蘭特在《留心市場先生》（Minding Mr. Market）中所寫：「儘管金融知識與電腦軟體發生了戲劇性的進步，一般投資者的情緒穩定性卻沒有明顯的進步。」

　　到了近代，網際網路將股市帶進了尋常人家，股市在家家戶戶的網路上繁盛發展。手機、手持交易裝置與線上證券戶等科技，讓投資者無論到了世界的哪個角落都能下單交易。大批的「當沖客」因此出現，這些人是業餘投機者，主要在家從事投機買賣，透過電腦使用線上證券經紀商提供的股票交易服務（之所以稱為「當沖客」，是因為他們從事當日沖銷交易，在每個交易日結束時平倉）。[8]到了1998年夏季，美國有500萬人開了線上折扣經紀商帳戶，其中大約100萬人是當沖客。這些線上帳戶的平均周轉率，比傳統證券經紀商高了12倍，據說有些交易人每天進行上千次買賣。

　　由於在網路上可以隱藏身分，資訊革命造成了數量驚人的詐騙事件，其中大多是程度較低的犯罪行為。全球資訊網上，散布著數以十萬計的快速致富投資騙局。[9]一些心懷不軌的公司創辦人隱藏在匿名帳號背後，透過線上投資論壇將股票「拉高倒貨」。然而，詐欺事件也許還不是網路上最可怕的現象——仔細一看，你會發現網路對投資者的行為造成了令人毛骨悚然的影響。早期倡議者將網路形容為「親和團體」，網路成了群體投機活動的發生地，只見私人交易員在網路討論版上張貼訊息、互相激勵，一些線上投

8　當沖客也經常出入美國如雨後春筍般冒出的數十間「當沖商號」（day-trading firm），也就是這個時代的投機商號。在當沖商號裡，最低的初始額度下限為2萬5,000美元，許多人以房屋淨值貸款的方式籌到這筆錢。除了正式的股市以外，人們也可以上電子通訊網路（Electronic Communications Network）交易股票，當沖客也可以避開傳統證券交易所的最低交易門檻。

9　電子郵件也成了不肖分子擴散詐欺騙局的渠道，數千個騙局就這樣被發送了出去（這種技巧稱為「濫發電子訊息」）。詐騙信件經常宣稱能在「零風險」的投資計畫中，賺取100%的投資報酬，投資領域可能是無線電纜科技、銀行證券、鰻魚養殖場等。

資者甚至會對個別股票產生病態的偏執。[10]投資者開始從事「動能投資」，也就是看著股票隨市場漲跌，不經大腦地買賣股票──有人認為，這是投資者對「資訊過量」的反應。[11]

　　華爾街與矽谷聯手創造了虛擬世界的投資行話，這個世界充滿了「momo」（動能股票）、「P & D」（拉高倒貨）、「假動作」（head fake，大交易員創造股票變動的假象）、「開高」（gapping up，股價急遽上漲）、「懼錢」（scared money，交易日結束前，心急的交易

10　投資者偏執的狀況在資訊革命的刺激下產生，其中一個典型案例發生在1996年春季，是電腦硬碟生產商埃美加（Iomega）股價迅速高漲的事件。埃美加是熱門線上投資論壇「萬里富」的當紅股票，甚至還有自己專屬的討論版，供自稱「埃美加人」的投資者不停談論他們最愛的這間公司與它的股價。討論版演變成了驚人的線上啦啦隊：本書作者觀察到的其中一則訊息是「埃美加，加油，加油！加油！加油！」。一些埃美加人坦承道，他們對這間公司日思夜想，還有少數人將所有退休金存款都拿去買埃美加股票了。討論版上，埃美加股票的多頭投資者（或「信徒」）與空頭投資者之間，展開了一場激烈的戰鬥，多頭投資者指控空頭投資者散播『假消息』。起初，多頭投資者似乎勝券在握，埃美加的股價在1995年春季還不到2美元，接著一年後漲到27美元，本益比是169，這時埃美加的市場資本額超過50億美元。但不久過後，泡沫破滅了，埃美加股票大跌，到了1998年年底，每股交易價已經不到4美元。

11　到1998年年底，那斯達克交易所高達約15％的現金交易量都是線上當沖客的交易活動，他們的投機行動也在很大層面上導致了那年年底網際網路股票大幅漲價。大多數當沖客都甚少關心公司概況，有時他們似乎連自己在買什麼股票都不清楚：當Xoom.com（代號XMCM）在1998年年底籌資成立時，Zoom Telephonics（ZOOM）股票漲了27％，周轉率也高達之前每日周轉率的15倍。而當Ticketmaster（TMCS）上市第一天，股價漲到300％時，一間不相關的建築維護與保安公司──Temco Services（TMCO）漲了150％。

　　當沖客魯莽的活動著實令人擔憂，漢布雷希特與奎斯特（Hambrecht & Quist）投資銀行共同創辦人威廉・漢布雷希特（William Hambrecht）擔心當沖客將「暴民統治」帶進了交易所。1999年1月27日，證券交易委員會主席亞瑟・萊維特（Arthur Levitt）表示：「我認為投資者必須謹記投資的基本原則，別因為交易變得輕鬆快速而產生虛妄的安全感，或因此交易得太快速或太頻繁。」

人平倉的動作）、「慢慢磨」（grinding，以多次交易的方式賺取小額利潤）、「搖擺股」（jiggle，容易變動的股票）與「雜音」（noise，交易員之間的意見不一致）。20世紀晚期的網路股市有著「打壓者」（basher，空頭投資者）與「哄抬者」（hypster，多頭投資者），像極了三個世紀前，「泡沫者」「騙子」與「傻子」雲集的交易巷咖啡館。角色和行為都沒有變，只不過是多了新的用語與科技罷了。

　　資訊改善與金融睿智之間並沒有正向關係，這在1980年代「泡沫經濟」時期的日本再明顯不過。那個時代的日本是掌握了大量金融數據、滿是「資訊毒蟲」的國家，但還是做了史上最不明智的幾個投資決策（請見本書下一章）。另外，通訊領域的進步，也沒有明顯地改善專業投資者的表現。通訊速度加快後，金融市場上出現了更大的回饋效應與追逐趨勢的活動，抵銷了市場運作上任何效率方面的改善。在1990年代，驚慌失措的交易員所造成的自證貨幣危機，已經成了市場上的常態。要知道，通訊速度越快，感染性情緒也就擴散得越快。

▎經濟自由主義的復甦

　　布列敦森林制度是凱因斯在1946年去世前最後的重大成就，然而這套體系卻失敗了，敗在了實際層面。[12]但是到1970年代早期，「凱因斯主義」（Keynesianism）這種經濟思想同樣不斷遭受攻擊，芝加哥大學（University of Chicago）經濟學教授傅利曼已經花

12　系統沒能應對結構性的貿易逆差問題，以及特定國家一再將貨幣升值或貶值的需求。

二十年與正統凱因斯主義相抗。傅利曼為19世紀的經濟自由主義（economic liberalism）披上了「貨幣主義」（monetarism）的嶄新外皮，復甦了這種思想，他主張市場在根本上是一種自我矯正的機制，而當政府試圖干涉市場運作──例如控制價格以便抑制通貨膨脹，或者對企業管理者喊話以便影響失業率──都必然會失敗。

傅利曼和妻子蘿絲（Rose）合著了《選擇的自由》（Free to Choose）一書，在這部熱銷的自由市場思想導論中，他提出：無論政府的立意是多麼良善，只要政府插手市場運作，就一定會造成有害的副作用。在傅利曼眼裡，即使可能造成種種不公平現象，市場終究是分配資訊、提供動力的最佳方法。1973年，接受《花花公子》雜誌的採訪時，傅利曼大膽地表示所有社會都是建築在貪欲之上：「社會組織的問題在於，如何做最合適的安排，將貪欲造成的損害降到最低；資本主義就是這樣的一套系統。」

傅利曼不僅為投機者辯白，主張經濟大蕭條並非投機者造成的，他還十分認同投機者所扮演的經濟角色。經常受人誹謗的投機者，其實會尋找未來的經濟發展，為它們投入目前的價格，達到預防短缺與有效率地分配稀缺資源的效果。投機者和保險業者一樣，願意承擔資本主義過程中一些無可避免的風險，如果他行動背後的動機是個人利益，那當然也很好。傅利曼在1960年發表了標題為〈為破壞穩定的投機行為辯護〉（In Defense of Destabilizing Speculation）的文章，主張投機行為之所以被經濟學者譴責，是因為「學術研究者對於賭博的自然偏見」。他認為投機活動不太可能造成有害的經濟副作用，畢竟所謂破壞穩定的投機者（在價低時售出，價高時買入的投機者）必然會賠錢，而交易的另一方則會賺

得投機者虧損的那筆錢。在社會達爾文主義作用下，這些破壞穩定的投機者最終都會被淘汰。[13] 在傅利曼眼中，期貨市場上的投機活動終究只是場零和遊戲，在最糟的情況下，還會為需要那份服務的人提供賭博活動。

　　美國有一群以傅利曼為首的學者，致力從事經濟自由主義的研究，並且推動了這種思想的復甦。其他經濟學者特別對金融市場的運作方式感興趣，這些人一同形成了新的經濟思想體系，稱為「效率市場假說」（Efficient Market Hypothesis，EMH）。效率市場的倡導者表示，投資者是理性的角色，他們的目標是將自己的財富最佳化，而市場上股價會隨機變動，因為股價時時刻刻涵括了所有價格相關的資訊（換句話說，股價只會隨新資訊變動，而新資訊的本質是隨機的）。[14] 傅利曼雖然重新拾起了貨幣數量論（quantity theory of money）等過去被人拋棄的想法，但效率市場倡導者復甦的觀念卻是和金融市場的平衡相關，這些觀念可說是起源於亞當‧斯密的時代、被斯密套用在經濟學領域的牛頓平衡理論（斯密所說的「看不見的手」，可類比物理學中「如神的鐘錶

13　這套論述似乎有些缺陷。即使投機者的行為導致他們最終破產，這些活動還是可能造成破壞穩定的效果。1990年代早期的日本就是這樣的例子：當時許多投機者破產，但他們也留給了銀行系統大量呆帳。長遠看來，新一代投機者會取代上一批失敗的投機者，因此「適者生存」理論並不符合現實。

14　麻省理工學院的薩繆森教授做過一陣子的權證買賣，卻沒有成功。他認為自己投資不成功，就表示市場的價格變化相當有效率：「我們無法從過去與現在的價格，預測未來的價格，這並不表示經濟法則無效，而是代表在競爭的作用過後，經濟法則勝出了。」

匠」），以及哥特佛萊德・威廉・萊布尼茲（Gottfried Wilhelm Leibnitz）的世界內在理性觀念。在1970年代，效率市場假說傳遍了美國各所大學與商學院，企業與銀行也開始應用一些以效率市場為前提發展出的金融技巧。[15]到1970年代末期，效率市場假說已經是金融資本主義中被廣為接受的思想體系了──巴菲特甚至稱它為「聖經」。[16]

　　效率市場學派的經濟學家當中，有不少人得過諾貝爾獎，而這些人大多十分支持投機者。假設市場有效率，且時時保持平衡，且如果價格變動一定是隨機變化，那麼投機者就不是出於非理性的動機採取行動，他們的活動也不會破壞市場穩定性了。問題是，如果要得出上述結論，我們就必須竄改投機史實，否定「非理性泡沫」的存在，並且用我們之前見過的「理性泡沫」這飽含偏見的說法取而代之。傅利曼不認為1930年代的經濟崩潰是過度投機造成的，然而一些較看重歷史的經濟學者抱持不同的意見，他們試圖用史料證明，鬱金香狂熱與南海泡沫等大型投機狂熱，都不過是單純的經濟學傳說罷了。這批學者主張，在那些時期的股價上漲，都是出於合理的原因。

15　其中包括資本資產定價模型（Capital Asset Pricing Model）──這套模型可以「科學」地計算投資必要的報酬率；以及布萊克─休斯選擇權定價模型（Black-Scholes model for pricing options），1972年由費雪・布萊克（Fischer Black）與麥倫・休斯（Myron Scholes）兩位經濟學教授提出的數學模型。

16　包括索羅斯在內，一些評論家認為效率市場理論家研究出的複雜方程式，比起18世紀理性主義者的計算，更近似中世紀神學家計算一根針頭上同時能站幾個天使那樣的研究。而路易斯・萊普罕（Lewis Lapham）抱怨道，這些「滿腹經綸的男士們，道出與寫出了教會拉丁文那般無法解讀的文字……只達到了儀式性的功能」。

但他們無法說服所有人。巴菲特指出：「他們（此指效率市場學派）正確地觀察到，市場**經常**有效率，然後他們進一步得出了錯誤的結論，認定市場**永遠**都有效率。兩套陳述之間可是存在天壤之別。」[17]矛盾的是，大眾廣泛接受效率市場假說，也許反而使市場變得沒有效率了：在極端樂觀的效率市場世界中，投機者被告知，他們理論上不可能花太多錢買金融資產。結果呢，受到這番鼓勵的投資者不停向上開價，直到價格被抬高到了無法維持的程度。[18]

▌衍生性金融商品革命

在這個紙幣、經濟自由主義與資訊科技共同組成的新時代，過去18世紀末金融革命時的金融創意又復甦了，這回也同樣影響

17　假如股價變動真的是隨機的，那投資者的表現就不可能穩定地超越股市。基於這個前提，效率市場假說的支持者建議人們投資股票指數型基金。巴菲特將近半個世紀以來，達到了驚人的投資報酬率，令效率市場學派納悶不已。他們辯稱巴菲特是例外，是「三個標準差以外的事件」，在統計學上太過異常，因此在討論效率市場假說時不應考慮巴菲特。面對效率市場學派的這番說詞，巴菲特表示自己該資助某個大學首席教授來專門教效率市場假說：「無論你玩的是橋牌、西洋棋或股票，當你參與智力的競賽時，如果你的對手受過這種教育、認為思考就是白費力氣，那就是對你最有利的條件了。」

18　彼得・伯恩斯坦（Peter Bernstein）在《資本思想》（*Capital Ideas*）中寫道，自己曾在1972年「漂亮五十」（nifty-fifty）繁榮時期，和效率市場學派的領袖人物休斯見面。伯恩斯坦對休斯提問：當時的市場是否估價過高了？休斯否定了這種可能性，並表示：如果投資者認為報酬率太低，他們就不會買股票了。休斯認為所有投資者都掌握了充分的資訊且十分理性，所以一個人對未來的了解不可能比所有投資者來得多。（實際上，當時的市場估價嚴重過高，且接著就開始急遽下跌。）這則故事讓人聯想到一個老笑話：兩個經濟學家走在街上，其中一人注意到人行道上的一元紙鈔，另一人卻否定了它的存在，並大力主張如果紙鈔真的存在，那早就被（理性的）人撿走了。

深遠，而這種情形在衍生性金融商品領域再明顯不過了。我們前面也看到，衍生性金融商品是一種合約創造的證券，價值**衍生**自股票或證券這種基本的資產。股票與商品的期貨和選擇權，就是一種形式的衍生性金融商品，而且這些商品歷史悠久，和資本主義同樣古老。相較於「真正」的股票，購買股票選擇權等衍生性金融商品的頭款較少（購買三個月選擇權時，通常只需支付5％左右的頭款），所以傳統上人們認為這類商品會鼓勵投機交易。這份偏見也反映在政府政策上，我們回顧歷史，就會看到政府多次試圖禁止衍生性金融商品交易，例如1609年荷蘭政府對期貨交易的禁令，以及英國國會在1734年通過的《一七三四年約翰·巴納德爵士法案》。然而，在經濟自由主義盛行的新時代，衍生性金融商品的汙名消去了，它們這時走到了金融創新的尖端。

　　1967年，英國政府強制將英鎊貶值前，傅利曼試圖做空英鎊，卻被芝加哥多間銀行拒絕，銀行認為他的行動會鼓勵投機活動。事後，傅利曼發表文章敘述了這段令他煩心的經歷，文章引起了芝加哥商品交易所（暱稱「Merc」或芝商所，是芝加哥兩間農業期貨市場中較小的一個）所長里歐·梅拉梅德（Leo Melamed）的注意。[19] 傅利曼堅決支持放任主義、替投機行為辯護，並且不信任政

19　芝加哥期貨交易所（Chicago Board of Trade）從19世紀中葉就稱霸了龐大的穀物市場，剩餘小生意則留給了芝商所，做雞蛋、奶油、洋蔥與較近期才開始的豬五花肉期貨交易（由於市場上發生過明目張膽的操縱事件，芝商所後來在1957年禁止了洋蔥期貨交易）。1960年代，芝商所仍舊稱不上熱鬧，主要參與者是歷史悠久的猶太家族，而被稱為「破蛋者」（egg breaker）的交易人們（《商業周刊》稱他們為「豬五花雙骰賭客」〔pork belly crapshooter〕）大部分時間都沒在交易，而是在打牌、打桌球，或坐在那邊抽菸打發時間。

府管制,因此熱切信奉自由市場的梅拉梅德自然找上了傅利曼,
請他協助規畫有史以來最激進的期貨合約。

　　布列敦森林制度瓦解後,梅拉梅德請傅利曼寫文章,證明創
造貨幣期貨市場的計畫的正當性。傅利曼教授同意了,並要求梅
拉梅德為他這份服務支付 5,000 美元費用(他的原話據說是:「別
忘了,我可是資本主義者。」)。傅利曼從很久以前便經常出言批評
資本管制,提倡流動匯率與資本自由轉移。他為梅拉梅德撰寫的
文章標題為〈對外幣期貨市場的需要〉(*The Need for Futures
Markets in Foreign Currencies*),文中主張:貨幣期貨會達到穩定
匯率的作用,並鼓勵「本國其他金融活動」的發展。梅拉梅德這
5,000 元花得太划算了,傅利曼的文章似乎起了效果,美國財政部
與聯邦準備系統授權在芝商所成立芝加哥國際貨幣市場
(International Money Market),新市場在 1972 年 5 月開張,金融革
命就此開始。不到一年後,芝加哥期貨交易所也成立了一間新的
交易所,專門做股票選擇權交易。[20] 這段時期創立的衍生性金融商
品市場,包括 1975 年的黃金期貨市場、1975 年的政府國民抵押貸
款協會(Government National Mortgage Association,暱稱「吉利美」
〔Ginnie Mae〕)、1976 年的國庫長期債券期貨市場、1978 年的原油
期貨市場,以及 1982 年的貨幣選擇權市場。

　　在過去,政府立法區分了衍生性金融商品交易與一般的賭博,
差別在於期貨的買家與賣家必須要能考慮期貨合約到期時的商品

20　新的選擇權市場奠基於布萊克─休斯選擇權公式,當時已經可以用計算功能強大的手
　　持計算機進行公式運算了。

交割。至於賭博交易，則只能以金錢清償，沒有商品交割的選項。然而，芝商所在1976年推出了歐洲美元（Eurodollar）利率期貨合約（新市場開張那天，由傅利曼教授敲響了開盤鐘），這是金融領域的一大創新，因為你實際上不可能交割利率這種東西。新合約推出五年後，商品期貨交易委員會（Commodity Futures Trading Commission，1974年成立的聯邦管制機構，負責監督衍生性金融商品市場）主席回過頭來宣布歐洲美元期貨合約符合法律規範，並且宣稱：期貨交易不必再考慮交割，可以用現金清算取代商品交付。這份決策一發布，多間交易所紛紛推出了形形色色的指數型期貨合約，其中最先問世也最受歡迎的是標普500指數型期貨（比起道瓊工業平均指數，它參考的數據資料更加廣泛，以另一種形式估量美國股市的狀況），它在1982年4月21日於芝商所開放交易。在一年內，在芝加哥交易的標普期貨，票面價值周轉率超越了它在紐約證券交易所的周轉率。而在相同時期，芝加哥期貨交易所推出了期貨選擇權──這已經是衍生性金融商品的衍生性金融商品了。

　　金融革命在1980年代早期又被往前推了一把：受僱於所羅門兄弟投資銀行的優秀證券專家悉尼‧霍默（Sidney Homer），想出了將債券與它們的衍生性金融商品分割，並將兩者分開出售的作法。有了這項突破，銀行得以將過去非流動性的資產轉變成可交易的證券（這個過程稱為「資產證券化」）。人們將霍默的想法應用在美國龐大的聯邦保證抵押貸款市場，進而導致「合成」（synthetic）

抵押債券（mortgage bond）被創造了出來，這種債券就是將本金與利息分割成個別的債券售出。分割本金債券（PO，Principal Only）分成了償還優先序不一的多份，其中最後一份稱為「Z類債券」（Z-bond），因為它們是最後償還本金的部分，而這種債券極不穩定，被它們的交易人稱為「有毒廢物」，也有人將它們形容為「提供給美國投資者的商品當中，投機性質最高的一種」。

　　所羅門兄弟銀行在這段時期發明了許多新的金融產品，其中包括抵押借貸汽車應收帳款（Collateralized Automobile Receivables，CARS）、SPINS（償還金額取決於標普指數漲跌的低息債券），以及取了浮誇名稱的「天堂地獄權證」（Heaven and Hell warrant，在不同情況下支付不同金額的證券）。1981年，所羅門兄弟另外安排了有史以來第一場債務「交換交易」（swap，交換的是世界銀行與IBM之間的債務），接著國際交換交易市場就迅速成長了起來。[21] 金融創新在1980年代持續進行，新的金融商品如雨後春筍般出現：可協商浮動利率債券（negotiable floating-rate note）、收入權證（income warrant）、可賣回債券（puttable bond）、蝴蝶交換交易（butterfly swap）、貨幣交換交易（currency swap）、上下限交換交易（floor-ceiling swap）、利率交換交易（interest-rate swap）、交換選擇權（swaption）、合成股票（synthetic equity）、合

21　最早期的交換交易（稱為「單純交換」，又譯作「陽春型交換」）相對直接，一般是由簽約雙方交換各自債務的利息，且利息經常是以不同幣值計算，至於本金則仍由原始債務人負責。1981年，世界銀行用美金借款，IBM則用瑞士法郎與德國馬克借款，然後雙方交換了償還義務。可「交換」的債務，包括浮動利率（floating interest rate）與固定利率（fixed interest rate）債務。

成現金（synthetic cash）與零息票債券（zero-coupon bond）。倫敦的海外國際債券市場爆發了創新潮，許多新的外國債券在此時冒了出來（例如「霰彈槍」「壽司」「南半球」「奇異果」等），除此之外還有零息票可轉換證券（zero-coupon convertible）、雙貨幣日圓債券（dual currency yen bond），以及數不盡的權證債券（warrants bond）。[22]

　　到了 1996 年年底，未清償衍生性金融商品合約的總額高達約 50 兆美元——但由於大部分衍生性金融商品交易都不是在交易所進行，而是發生在場外交易市場，所以沒有人能給出肯定的總金額。[23] 即使到了 1990 年代，衍生性金融商品世界仍然充滿著創意，只見投資銀行的「火箭科學家」與「量化金融分析師」忙著發明千

22　詹姆斯也列出了這個金融多產時代，一些奇奇怪怪的發明：長期交易所交易貨幣權證（long-dated exchange-traded currency warrant）、累積型可贖回商品指數特別股（cumulative redeemable commodity-indexed preferred stock）、附屬型主資本浮動利率債券（subordinated primary capital floating rate note）、實物支付特別股（payment-in-kind preferred）、嵌入式選擇權債券（bond with embedded options）、貨幣兌換權證（currency exchange warrant）、可變息票可更新債券（variable coupon renewable note）、可變擴散浮動利率債券（variable spread floating-rate note）、可由持有者轉換為美元浮動利率債券的浮動利率英鎊債券（floating-rate sterling notes）、帶有購買歐洲通貨單位（European Currency Unit，ECU）保證可撤銷債券（guaranteed retractable bond）之權證的保證浮動利率債券（guaranteed floating-rate note）、累積型可贖回商品指數特別股份（cumulative redeemable commodity-indexed preferred share）、雙重債券（duet bond）、合成浮動利率債券（synthetic floating-rate note），以及可撤銷傳真債券（retractable facsimile bond）。

23　1990 年到 1996 年間，交易所交易衍生性金融商品市場的未清償名目金額從 2.3 兆美元上升到了 9.8 兆美元（上升了 331％），而場外交易市場則從 2.3 兆美元成長到 25 兆美元（成長了 729％）。數據出自國際結算銀行（Bank for International Settlements），發表於阿爾弗雷德・斯泰因赫爾（Alfred Steinherr），《衍生性金融商品：金融界的野獸》（Derivatives: The Wild Beast of Finance）。

奇百怪的金融商品，例如分離式償還多頭債券（Discrete Payoff Bull Note）、本金與匯率連結證券（Principal Exchange Rate Linked Security），以及首位倫敦銀行同業拆放利率反浮動利率債券（Prime LIBOR Inverse Floating-Rate Note）。這些新衍生性金融商品，往往會用到晦澀難懂的金融術語，其中包括「前產出曲線」（forward-yield curve）、「選擇權調整分布」（option-adjusted spread）、「持續期間」（duration）與「負凸性」（negative convexity）。除了發明者以外，少有人了解這些用語，也少有人真正了解那些金融商品的運作機制。

至於新金融商品接二連三被發明出來，會不會達到刺激投機活動的效果，這就見仁見智了。諾貝爾獎得主與芝商所委員會成員默頓．穆勒教授（Professor Merton Miller）表示，衍生性金融商品「基本上是工業原物料」，它們之所以被創造出來，是為了彌補布列敦森林制度廢除後，1974年石油危機時期的金融不穩定性與不確定性。話雖如此，一個人心目中的保險活動，在另一個人眼中也可能會是投機。假如你為一件衍生性金融商品部位避險（也就是平衡風險，方法可以是持有該商品相關的股票等證券，或者以外匯風險暴露等正常商業風險，抵銷購買衍生性金融商品的風險），那你就是在為可能的虧損做保險措施；但如果你的衍生性金融商品部位沒有避險，那它的投機性質就高得多。[24]

當時的一些軼事顯示，市場玩家很快就注意到了新衍生性金

24　未避險的股票指數期貨部位有高度槓桿作用──約等同支付95％保證金，購買與該部位相關的股票，而美國聯邦政府在1930年代過後就禁止了如此高的貸款價值比。

融商品市場上有利可圖，開始利用機會從事超高槓桿投機活動。這
似乎是人們憑近期經驗得出的結論——1990年代中期發生了一連串
大規模衍生性金融商品災難，其中只有德國金屬（Metallgesellschaft）
那場災難（損失高達15億美元）是真實避險交易處理不當造成的。
其他幾次災難——霸菱（Barings，損失8億5,000萬英鎊）、橘郡
（Orange County，損失17億美元）與住友商事（Sumitomo，損失
26億美元）——都是未避險投機與未授權投機的結果。[25] 27歲的尼
克·李森（Nick Leeson）是泥水匠的兒子，他也展現出了投機者
傳統上對於階級體制的厭惡，在1995年2月拉垮了英國王室使用
的霸菱銀行。他的作法是在新加坡期貨市場賣空選擇權與期貨，
創造了總額為180億美元的曝險部位（exposure），比霸菱銀行的資
本基礎多上數倍，然後因衍生性金融商品而生的虧損急遽增加，
突然襲來的虧損導致銀行倒閉。美國企業發生了多次廣受報導的
衍生性金融商品虧損事件，造成這些的原因似乎是投資銀行大力
推銷衍生性金融商品，以及企業財務部門投機性的冒險行為。

　　當寶僑公司（Procter & Gamble）在1994年起訴銀行家信託公
司（Bankers Trust），要求對方賠償1億200萬美元的衍生性金融商
品損失時，其中一份證據是錄音的文字紀錄；那份紀錄中，銀行
家信託公司一名衍生性金融商品銷售員表示，他的目標是「用平穩

25　住友商事的虧損是48歲交易人濱中泰男造成的：濱中被其他交易人稱為「5%先生」與
　　「鐵鎚」，他試圖操縱倫敦金屬交易所（London Metal Exchange）的銅期貨價格，買入超
　　過250萬公噸的銅合約，總量等同於美國一年消費的銅量。他成功將銅價從1994年年
　　底的每公噸1,800美元，抬高到了1995年夏季的將近3,200美元。當操縱行動在1996年
　　7月結束時，銅價在一個交易日內跌了300美元，幾個月後跌回2,000美元以下。浜中
　　後來被判七年徒刑。

的狀態引誘人進入，然後再徹底搞垮他們」。穆勒教授則認為，這
些衍生性金融商品醜聞不過是無足輕重的「管理失敗」。

▌ 雷根政府革命

　　唯有在適當的政治條件下，我們才能看見金融革命十足的潛
力。自由市場思想雖然在1970年代復興了，但還是花了幾年才從
美國各所大學流入政治世界，其中身為政治經濟學者的傅利曼就
扮演了關鍵角色。他在1960年代擔任尼克森等共和黨總統候選人
的顧問，後來也對雷根做過簡報──雷根總統還用雙手在空中畫
了貨幣供給量圖表，以此展現自己的經濟學知識。而在1970年代，
傅利曼頻繁造訪英國，當時的反對黨（保守黨）領袖柴契爾夫人也
受他的思想影響。到了1970年代晚期，傅利曼已經成為全世界最
知名的經濟學家：他在1976年獲得諾貝爾獎，曾登上《時代》
（*Time*）雜誌封面，還主持了長達十小時的電視紀錄片，對觀眾講
述自己的觀點。無論是在英國的柴契爾（1979年4月當選首相），
或者是大西洋對岸的雷根（1980年11月當選總統），都躍躍欲試地
準備實踐傅利曼的經濟哲學。經濟自由主義者與雷根派共和黨員
之間，形成了強大的同盟勢力；兩方都不希望政府干預經濟事務，
並認為市場的判斷至高無上。

　　雷根執政期間，人們對於政府管制懷有深切而武斷的不信任，
將管制視為「大政府」（Big Government）的又一個惡意面向。[26]雷

26　傅利曼相當懷疑羅斯福的市場改革，並提倡縮減政府的管制角色。在他看來，證券交

根上任後，司法部最早採取的動作之一，就是中止針對IBM的十年反壟斷行動。先前在1930年代，政府制定了平衡過度投機用的管制架構，而這時，雷根政府讓那些管制架構逐漸衰退了。[27]分離投資與商業銀行業的《格拉斯—斯蒂格爾法案》並沒有嚴格執行，證券交易委員會的經費被削減，而人們預期各地管制官員會對自由市場精神與撤銷管制的政策感到歡欣。

　　在傅利曼與阿瑟・拉弗（Arthur Laffer）等自由市場經濟學者的影響下，雷根總統否定了凱因斯主義對於利潤的厭惡態度，改而積極鼓勵大眾追求私利：「我最想看到，這個國家維持在一個人隨時都能發財的狀態。」這時就和1920年代一樣，所得稅與企業稅降低，實業家在社會上地位崇高。1981年夏季，雷根鎮壓了航空交通管制員的罷工行動，開啟了工會軟弱無力的新時代，這時人們的實際薪資逐漸減少，財富不平等的情形越來越嚴重。從雷根的放任主義政策看來，他先前說希望在美國**每個人**隨時都能發財，意思其實是**金融操作者**隨時可以大富大貴。至於美國其餘民眾，則只能等著政府承諾的「下滲」財富——等著富人將減稅省下的錢花掉，等著新生的財富被人花在奢侈品上。[28]

易委員會對於美國金融市場的管制沒有效率，且傾向將官僚體制最大化：「現今一個急切的需求是消除限制，而不是增加限制。」

27　根據金融史學家羅伯特・索貝爾（Robert Sobel）的說法，撤銷管制與監督鬆散的政策組合，使得「1950年代小心管制的動物園……恢復成了叢林。」

28　下滲效應（trickle-down effect，又譯「涓滴經濟」「滴流經濟」）的意思是，當富人消費時，較貧窮的人將會得到下滲到下層階級的一些利益。這種思想復興了曼德維爾在《蜜蜂的寓言》中提出的論點：個人的罪惡能創造對大眾的益處。

▌專業交易員的崛起

　　1970年代處於金融長期不穩定的狀態，浮動貨幣、通貨膨脹、走走停停的經濟政策與成長率下滑等因素，產生了人們不樂見的不穩定狀態，使股市對投資者而言變得危險許多。在1972年的「漂亮五十」繁榮時期，人們認為只要能買到美國幾間最優秀公司的股票，即使是天價也不算貴。繁榮結束後，緊接著市場迅速衰退，在這成長率低、通貨膨脹高的時期（也就是「停滯性通貨膨脹」時期），股票實在無法挑起大眾投機的興趣。雖然道瓊工業平均指數之前在1966年突破了1,000點大關，但到了1980年春季，它卻又跌回到800點以下了。面對市場的不確定性，多數私人投資者都偏好保守投資，坐享貨幣市場基金（money market fund）的高利率。

　　比較願意承擔風險的人，可以做商品與貴金屬投機，這是對當時慢性通貨膨脹最好的避險作法了。其中一個把握住這個機會的人，就是阿肯色州州長之妻——希拉蕊・柯林頓（Hillary Rodham Clinton）。1978年年底，這位未來的第一夫人短暫地當了一回投機者，從事牛隻期貨、黃豆與活豬交易，在十個月內將最初的1,000美元本金變成了10萬美元，然後見好就收。柯林頓太太在這段時期簽署的衍生性金融商品合約風險都極高，它們的基本價值高達300萬美元以上，大約是柯林頓一家淨資產的30倍。但這次短暫的投機活動之所以值得注意，是因為在牛隻價格翻倍時，柯林頓太太大部分的交易都是在做空，她卻能成功賺到一大筆錢。[29]

29　柯林頓太太後來表示，自己能成功是因為她讀了《華爾街日報》。她雖這麼說，維克多・尼德霍夫（Victor Niederhoffer）卻不以為然：「在這麼一場遊戲中，達到百倍報酬的機

　　除了柯林頓太太以外，還有其他人試圖在動盪不安的商品市場上發財。1979年1月，在蘇聯侵略阿富汗後，黃金價格漲到了每盎司875美元。六個月後，德州石油業億萬富翁杭特（H. L. Hunt）的兩個兒子——尼爾森・邦克・杭特（Nelson Bunker Hunt）與威廉・杭特（William Hunt）——偕同幾位富有的阿拉伯人，組織了白銀普爾。他們在短期內購置超過2億盎司白銀，等同全球可交割白銀供應量的一半。銀價迅速漲了將近10倍，達到超過50美元的高峰。白銀市場被成功壟斷後，一些圈外人也加入競逐，但這時紐約金屬市場（紐約商品交易所〔Comex〕）改變了交易規則，再加上聯邦準備系統插手干預，泡沫還是被一針刺破了。銀價在1980年3月跌回10美元，造成超過10億美元的虧損，也使得杭特兄弟最終宣告破產。[30]在白銀泡沫期間，秘魯財政部一名負責為國家白銀生產從事避險的官員，因為違法賣空白銀而虧損了8,000萬美元。雖然對一個主權國家而言，這筆損失相對不高，但它似乎是一個凶兆：「失控的交易員」出現在了現代金融市場上。

　　專業市場交易員能夠崛起，是多虧了一些制度上的因素。1970年代，包括摩根士丹利（Morgan Stanley）在內，美國多間投資銀行接連上市了。這些銀行不再只有謹慎小心、有著無限責任與有限資本的合伙人，而是有了更多的資本資源，公司的負責對象也成了匿名股東。制度化投機稱為「自營交易」（proprietary trading），這成了快速賺錢與獲得大筆紅利的途徑。1975年5月1

率，比8月在小岩城的人行道上找到一顆雪球的機率還要低。」

30　1988年8月，杭特兄弟因合謀操縱白銀市場而被定罪。欲了解他們嘗試壟斷白銀市場
　　的行動，請見史蒂芬・費伊（Stephen Fay），《白銀大泡沫》（*The Great Silver Bubble*）。

日，紐約證券交易所廢除了固定佣金制度，那之後自營交易變得
更加誘人了。「資產證券化」活動（將非流動性資產轉化為可交易
證券的過程）迅速成長，進一步強化了交易員兼銷售員所扮演的
角色。

　　到了1980年代，華爾街已經是交易員的天下。批發屠夫之子
約翰・根佛蘭德（John Gutfreund）原本是無足輕重的政府債券交
易員，後來卻咬著雪茄步步高升，成了所羅門兄弟銀行的領袖。
高盛銀行風險套利部門主管——魯賓成了銀行的資深合伙人，後
來還在柯林頓執政時期當上財政部長，可說是走上了所羅門兄弟
傳奇交易員與尼克森總統的財政部長威廉・西蒙（William E.
Simon）那條老路。經常口出汙言的交易人路易斯・格魯克斯曼
（Lewis Glucksman），則被指派為雷曼兄弟銀行（Lehman Brothers）
的執行長，執掌這間聲譽頗佳的白鞋投資銀行[31]（他管理雷曼兄弟
銀行的時間很短，期間多災多難，最後以銀行被美國運通
〔American Express〕收購告終）。1980年代最具影響力的兩位金融
家，一位是所羅門兄弟銀行的路易斯・拉涅利（Lewis Ranieri），
他將抵押擔保市場培養成了價值1兆美元的市場；另一人則是德克
索投資銀行（Drexel Burnham Lambert）的垃圾債券大王米爾肯。
這兩人作為交易員經驗豐富，也頗有這方面的天賦與興趣。
　　交易員們不僅在投資銀行業界混得如魚得水，還在這之外的

31　譯註：白鞋所（white-shoe firm）是指美國提供專業服務的菁英組織。

世界發展得非常好。通訊領域的進步，促進了避險基金的成長，這種基金是一種私人投資合夥關係，可以避開證券交易委員會的管制。[32] 其中最成功的避險基金，是 1973 年由匈牙利出身的金融家索羅斯成立的量子基金（Quantum Fund），它憑著在多檔股票、證券與貨幣市場的槓桿部位，達到了超過 25％ 的平均年度報酬率。而 1970 年代除了避險基金以外，還出現了「風險套利」投資合夥關係，它和避險基金同樣受到高度槓桿，試圖從企業收購事件引起的劇烈價格動盪中獲利。知名度最高的風險套利者之一，是底特律酒吧老闆之子埃凡・博斯基（Ivan Boesky），他在 1975 年成立了自己的合夥團隊。

交易員自大、暴躁又愛炫耀的形象，成了 1980 年代的一大象徵：他們成了沃爾夫筆下《名利之火》中的「宇宙之主」，以及麥可・路易士（Michael Lewis）的《老千騙局》（*Liar's Poker*）中「甩動的大老二」（這本書的書名是指一件傳聞中的事件，據說根佛蘭德和所羅門兄弟銀行的首席交易員約翰・梅利威瑟（John Meriwether）以 100 萬美元為賭注，玩了一場說謊者的撲克）。交易員在當時成了一種國際現象，是撤銷管制與全球化的產物。倫敦證券交易所在 1986 年撤銷了一些管制，此事稱為「金融大改革」，而在這時美國迅速擴張的各間投資銀行所僱用的年輕交易員

32　之所以稱為避險基金，是因為 A・W・瓊斯（A. W. Jones）在 1950 年代成立第一檔這類型的基金時，為它的股市曝險部位做了「避險」，方法是用同等數量的短倉（short position，基金售出的股份）去平衡它的長倉（long position，基金購買的股份）。該基金的投資組合據說達到了「市場中性」（market neutral），也就是不會隨股市漲跌。現在已經很少避險基金從事這種操作了。

賺了不少錢，獎金動輒六位數。他們被媒體諷刺為開著保時捷到處跑的「叫賣小販」，凱洛‧邱吉爾也在《一本萬利》戲劇中譏諷他們。交易員追求高額獎金，為金融世界帶來了狂熱而殘酷的性質──在年輕銀行家的履歷中，「強勢」一詞成了「有野心」的同義詞，而金融圈子也流行起了《孫子兵法》，孫子被尊為中國版克勞塞維茲。此外，交易員的用字遣詞也充滿了暴力的譬喻，例如所羅門兄弟的銷售員就會誇耀自己「扒下了客戶的臉皮」。

　　資本不再以從容不迫的腳步前進，而是以輪盤般的高速飛旋著，交易員的工作就是時時注意這面輪盤。在那種氛圍下，人們根本就沒空暫停喘口氣。奧利佛‧史東（Oliver Stone）的電影《華爾街》（*Wall Street*）中，反英雄哥頓‧蓋柯（Gordon Gekko）宣稱：「只有廢物才吃午餐。」工時最長的交易員，想必是德克索投資銀行比佛利山證券部門首長──麥可‧米爾肯。米爾肯每晚只睡3到4小時，總是凌晨4點鐘到辦公室，迎接紐約市場開盤那一刻，並且每天處理多達1,000筆交易。[33]米爾肯走的是苦行之路，盡量避免金錢以外的所有刺激，而博斯基則天天喝無數杯咖啡，設法在漫長的21小時工作天維持精神。

　　超級有錢人的中心思想不再是玩樂，而是由交易員文化而生的**辛勤工作**。韋伯倫的《有閒階級論》中那些生活奢華而悠閒的富人不復存在了，取而代之的是1980年代新的富裕象徵：有錢人乘坐的私人飛機，以及沒那麼有錢的人使用的手機──它們代表的

33　米爾肯以身作則，屬下也紛紛效法。1984年，他手下一名債券銷售員對《洛杉磯時報》（*Los Angeles Times*）誇耀道：「我們凌晨4點起床，也不吃午餐，我們不接電話、不聊球賽。全美國沒有人和我們一樣辛勤。」

並非休閒，而是永無止盡的前進。在全球24小時不停交易的新時代，金錢可不會休息，追求財富的人也同樣不眠不休。

▍垃圾債券之王米爾肯的崛起

1980年代早期，大眾在經濟大蕭條時學到的教訓都已經忘得差不多了。在雷根的影響下，商業再次受人崇敬，負債也不再是輕率花錢的表現，而是被人視為節稅的作法。在資本市場上，政府撤銷了不少原有的管制，監督方面也放鬆了許多。過去人們追求的是充分就業與公平分配等集體目標，這時個人對財富的追求也取代了這些目標。然而，雷根總統剛上任那十八個月，債券與股票市場仍然處於蕭條狀態，為了遏止金融系統中的通貨膨脹趨勢，利率被抬高到了前所未見的百分比，商業利率以超過20％的高峰創下新紀錄，長期債券的產率也上升到15％以上。最後，在1982年夏季，聯邦準備理事會會長保羅・沃克（Paul Volcker）調降了折現率，對通貨膨脹的戰爭就此落幕了。1932年的股市低谷過後半個世紀，市場再次從谷底爬了回來。

柴契爾夫人率先在股市上為國營「上市」公司籌資，成了第一個將國營企業私有化的政治人物，而雷根總統也不惶多讓，只不過他是以不同的方式讓美國走上了私有化之路。美國的「上市」公司——在股市上報價交易的公司——又回到了私人手裡。槓桿收購（leveraged buyout，LBO）的目的是以最高額負債收購一間公司，而槓桿收購的利息與本金都會用公司產生的現金流盡快付清。一旦槓桿達到了某個協定上的程度，先前被收購的公司一般又會

準備售出，或者在股市上重新籌資。

　　1983年夏季，吉布森賀卡公司（Gibson Greetings Cards）在市場上籌資，大眾首次見識到了槓桿收購的所有潛力。十八個月前，前任財政部長西蒙和合伙人花價值100萬美元的股票與7,900萬美元債款收購了吉布森公司，然而該公司在股市上市時，它的市場估值卻高達2億9,000萬美元，西蒙個人投資的33萬美元變成了6,600萬美元。這筆交易巧就巧在它發生的時間點，西蒙選在股市低迷時買下了吉布森公司，後來在利率降低、市場復甦時將它售出，因此大賺了一筆。

　　除了利率降低與資產價格上升以外，當時還有一些有利於槓桿收購的因素。舉例而言，財政體系對槓桿操作相當有利，這是因為企業支付利息時可以減免稅負，支付股息卻不能。雷根政府後來也在1981年說服國會通過《經濟復甦稅法》（*Economic Recovery Tax*），允許企業加速計算折舊費用，如此一來企業稅負就能減少，它們也能承擔更多債務了──這項政策強化了槓桿操作的益處。聯邦準備系統雖然不允許投機者以超過50％的保證金借貸購股，卻沒有限制收購公司時的槓桿額度。相較於保證金投機者，槓桿收購的參與者還占據了許多有利條件：他支付的利息可用來減免稅金，他不會收到追加保證金通知（換句話說，當資產價值變動時，不會有人要求他支付更高額的保證金），槓桿收購所產生的負債也不是由他個人承擔，而是作為債券賣給了其他投資者。假如公司破產，槓桿收購者也能在極少虧損的情況下拍拍屁股走人，但只要這筆交易順利完成，他就能得到驚人的高報酬。

　　米爾肯雖然是會計師之子，在德克索投資銀行工作的他卻提

出了對會計師而言罪不可恕的建議：他認為企業的資產負債表應該上下顛倒過來，用負債取代股東資本。米爾肯在1970年作為高產或「垃圾」債券的交易員，受僱於德克索投資銀行——所謂**垃圾債券**，指的是發行者信用評等很低，因此利率較高的借貸證券。當時人們大多認為高產債券的風險較高，因此具「投機性質」，然而米爾肯挑戰了這份認知。米爾肯之所以提出這套說法，是因為分析顯示，低信用評級企業的債券——米爾肯稱它們為「墮天使」——提供了不錯的投資機會，因為它們的高產值彌補並超過了不履行債務的風險。根據米爾肯的說法，你的投資組合如果都是投機債券，那麼長期下來，報酬率會高於由通用汽車等大企業發行的AAA評級債券投資組合。

米爾肯在1970年代早期成功推廣了這種想法，接著開始為他的垃圾債券尋找新的應用方法。他最先想到的應用方法，是將垃圾債券用作創業投資，投入泰德・透納（Ted Turner）的有線電視新聞網（Cable News Network，CNN）、電信業者麥考行動通訊（McCaw Cellular），與拉斯維加斯多間賭場等迅速成長的企業。當米爾肯稱霸高產債券的一級市場（發行市場）與二級市場（交易市場）時，他那套垃圾債券哲學的遠見顯露了出來。他聲稱自己能區分大眾認知與現實，並抱怨穆迪投資者服務公司（Moody's）等債券評級機構看的都是過去，而不是未來：「未來的人與產業在人們眼裡風險很高……垃圾債券使用者就是未來的產業。」但也有些時候，米爾肯的想法就顯得沒那麼值得讚賞了。他為自己的債券辯護，主張道：「我們喜歡的一切都是垃圾，垃圾食物、垃圾服裝、垃圾唱片，所有經得起時間考驗的東西都是垃圾。」

♆

　　米爾肯不僅是直覺敏銳的銷售員，他還擁有過人的金融頭腦，對於各家公司的金融歷史與市場資訊都瞭若指掌。如果他只參與既存低級企業的債券市場，再加上為高風險企業發行債券，那麼他的名聲可能永遠無法傳到專業圈子之外。然而，德克索投資銀行的併購部門提出了透過高產債券融資，用那筆錢槓桿收購美國上市公司的作法。1984年8月，米爾肯與德克索銀行首次踏入了惡意收購（hostile takeover）[34]領域，資助德州石油大亨與梅薩石油（Mesa Petroleum）首腦人物T・布恩・皮肯斯（T. Boone Pickens），試圖控制住石油業巨擘海灣石油（Gulf Oil）。德克索實際上並不具備收購所需的款項，卻還是在一封信中表示它有「高度信心」能以販售垃圾債券的方式籌足資金。雖然這場交易最終沒有談成，那封有「高度信心」的信仍象徵著德克索銀行的融資能力，表示它能實現金額無限大的交易。

　　德克索銀行第一場成功的惡意收購行動發生在1985年4月，米爾肯資助惡意收購人尼爾森・佩爾茲（Nelson Peltz）對全國罐頭公司（National Can）出手，以4億6,500萬美元價格收購了該公司，其中債款與股票支付的槓桿比例是11:1。幾個月後，德克索銀行客戶羅納德・佩雷爾曼（Ron Perelman）發動了當時規模最大的惡意槓桿收購行動，買下了化妝品公司露華濃（Revlon）。不久之後，又發生了多次成功的惡意收購事件。1986年4月，專門從

34　編按：指收購方未經對方董事會允許，或未經對方同意，逕行收購股權，成為大股東。

事槓桿收購的投資合伙公司KKR（Kohlberg Kravis Roberts）透過德克索銀行籌資60億美元，接管了碧翠絲食品（Beatrice）——旗下包含新秀麗（Samsonite）行李箱與安維斯租車（Avis）的企業集團。

米爾肯與和他合作的企業收購人自詡為企業界的圈外人，也為此感到自豪。在1985年的德克索高產研討會（Drexel High Yield Conference，又稱「掠食者的舞會」〔Predator's Ball〕）上，銀行執行長佛瑞德·約瑟夫（Fred Joseph）得意洋洋地宣布：「我們有史以來首次創造了公平賽場，這下小人物也能追趕上大人物了。」收購人採取類似古爾德的手段，將自己的活動包裝成公共服務，並宣稱負責任的管理——也就是他們口中的「公司官僚制」（corpocracy）——不但效率很差，還只關心自己體制的穩定性，以及各個職位的先決條件。佩爾茲甚至主張，美國的企業管理比俄羅斯更接近共產主義。詹姆斯·戈德史密斯爵士（Sir James Goldsmith）更是直截了當地表示：「企業收購是為了公益，但這不是我的目的。我的目的是賺錢。」收購人宣稱他們是在支持「資本民主化」，但這不過是空談罷了。在米爾肯的垃圾債券盛宴上，根本就沒有留空位給未受邀請的賓客，米爾肯的種種操作都是偕同小團體進行，而加入小團體可比加入所謂「體制機構」困難得多。他為少數幾位企業收購人發行垃圾債券，也只賣給少數幾位機構投資者，這個關係密切的團體甚至被戲稱為「雛菊花環」（daisy chain）。[35]

---

35 當客戶發行垃圾債券時，米爾肯經常為他們提供超過所需金額的資金。發行垃圾債券時投資過度，其實有幾個好處：假如一間公司無法順利支付債券利息，米爾肯就會設

　　米爾肯坐在比佛利山辦公室裡那張 X 形交易桌前，主宰金融與企業世界，受客戶與同僚敬重。「他只在乎真相。麥可要不是進了證券這一行，他也許會發起宗教復興運動呢。」德克索銀行一位前任高層經理說道。另一名同事主張：「麥可是本世紀最重要的人物。」當代還有人稱呼米爾肯為「彌賽亞」，到處進行垃圾債券「福音」的宣教工作。隨著米爾肯的權勢漸長，他的宣教範圍也擴展到了金融議題以外的領域，他不時提到要讓全球人口入住漂浮飯店，警告訪客注意損壞食物包裝的風險，以及提出人類壽命相關的評論。

　　然而，德克索組織有著粗野、霸道的性質，比起宗教團體，它感覺更像是黑手黨家族。它和其他投資銀行展開了凶暴的「地盤之戰」——由於垃圾債券市場大約三分之二受米爾肯掌控，沒有人敢得罪他，那些不配合的公司也許會發現自己的股東名冊上突然出現了米爾肯的收購人，甚至是德克索銀行本尊，接下來就得面對惡意收購的威脅了。[36]到1986年，德克索銀行已經握有150多家

　　法改組它的債務，對特別優惠的幾個客戶售出新債券，而在米爾肯的世界裡，優惠自然是以優惠報答。偶爾會有「盲池」透過垃圾債券成立，籌措未來一些未知收購行動所需的資金。

36　康妮・布魯克（Connie Bruck）主張，建材商威克斯公司（Wickes）拒絕了德克索銀行的一項提案之後，德克索其中一位客戶（索爾・斯坦伯格〔Saul Steinberg〕）買下了該公司10%的股份。後來，威克斯透過德克索發行了價值30億美元的債券。布魯克稱這種情況為「敲詐」。德克索銀行另外試圖對穀物加工商斯塔雷大陸公司（Staley Continental）施壓，要求該公司進行惡意收購，而當斯塔雷公司拒絕時，德克索買下了該公司150萬美元的股份，並要求和對方進入投資銀行關係。

公司的股份，它的垃圾債券投資組合也價值數億美元，米爾肯因此得到了更大的權勢，得以進一步控制垃圾債券市場。他的某個同事對《掠食者的舞會》（*The Predators' Ball*）作者康妮‧布魯克匿名透露：「麥可對權力、控制力、100％市場占有率感興趣，他從不對任何事物感到滿足。他是我見過最不快樂的人，擁有的東西永遠不夠多。他都以羞辱的方式驅使別人，也驅使了一切──要完成更多、更多、更多交易。」

　　米爾肯雖然對炫富沒什麼興趣，卻懷有對積累財富的無盡欲望。「麥可除了是天分極高的創意天才以外，」德克索銀行一名員工表示，「還是世界上最貪婪、殘忍、腐敗的人。」在1970年代早期，米爾肯和德克索銀行談成了對他非常有利的獎勵條件，他為銀行賺到錢之後，自己能留下其中三分之一。惡意槓桿收購行動為德克索銀行產生了數千萬美元的費用。米爾肯除了在德克索銀行工作賺錢外，自己還經營了一些私人投資合伙團體，參與一些金額較高的交易。偶爾有客戶在收購行動中發行債券時，米爾肯會要求對方將權證（購買股票的選擇權）當作優惠送給他。這些權證不會分配給垃圾債券購買者，而是會送給米爾肯特別優待的客戶，或者由米爾肯的私人合伙團體與德克索持有。[37]據說米爾肯曾經表示：「如果不能從朋友身上賺錢，那還能從哪兒賺到錢？」1986年1月，優秀的併購顧問馬丁‧西格爾（Martin Siegel）希望到德克索銀行工作，米爾肯在面試西格爾時，對他說道：「這裡的

37　碧翠絲食品集團被收購後，KKR公司提供的權證產生了超過6億5,000萬美元利潤，其中大部分都保留在米爾肯家的戶頭裡。

人要是知道自己有多富有，就會變得遲鈍而肥胖。你絕不能數自己的錢；你必須一直督促自己賺更多錢。」1986年，垃圾債券部門共7億美元的獎金當中，5億5,000美元被米爾肯自己留下了，他就此成為美國史上最高薪的人。

這其實還不算什麼，米爾肯的收購人們有時還能聚斂更多錢財呢。露華濃公司收購人佩雷爾曼據說曾在1970年代晚期到1980年代晚期，將200萬美元借款變成將近30億美元巨款。即使在收購過後縮減開銷、裁掉部分管理階層，企業的鋪張奢華仍然是常態。露華濃公司前任執行長米歇爾・貝爾熱拉克（Michel Bergerac）觀察到，雖然在收購過程中人們一口咬定他揮霍無度，但在佩雷爾曼掌控公司後，新的管理階層在揮霍這方面可是絕對不遜於他。「這些所謂的收購人，」貝爾熱拉克抱怨道，「設法控制住了這間大公司，然後這時就發生了神祕的滲透作用。他們去倫敦訂製西裝，僱了法國廚師，喝著法國葡萄酒，對他們來說一架飛機根本不夠，其中一些人甚至有兩架、三架飛機。所以，我只能說，這些東西若不是這份工作所需，那就表示優渥生活的傳染力太強了。」

一位作家將這些人稱為「垃圾債券大富翁」，他們為新得到的財富沾沾自喜，而他們的金融顧問拿了巨額獎金，開始了美國戰後空前的炫富競賽。雷根總統在1981年1月的就職典禮共耗資600萬美元，浮華盛會定下了接下來十年的主基調，鋪張消費成為美國夢活力旺盛的象徵。人們在紐約各處文化遺址舉辦豪華派對，被一名八卦專欄記者稱為「大都會俱樂部」的大都會藝術博物館（Metropolitan Museum of Art），一度裝飾了1萬2,000朵荷蘭鬱金

香與 5 萬朵法國玫瑰，慶祝企業掠奪者斯坦伯格與洛茲集團（Loews Corporation）首腦人物勞倫斯・蒂施（Larry Tisch）子女的婚姻。《浮華世界》（*Vanity Fair*）編輯蒂娜・布朗（Tina Brown）讚嘆道，這場婚宴的「奢華氣派，堪比 15 世紀卡斯提爾王國與亞拉岡王國聯姻的規模」。

有一段時期，所羅門兄弟銀行的老闆娘蘇珊・根佛蘭德（Susan Gutfreund）成了「新潮社會」的領銜人物。這位「社交蘇西」據稱砸下 2,000 萬美元重金，重新裝修她在紐約第五大道的公寓，為慶祝丈夫 60 大壽而訂了兩張協和號客機機票，將一個蛋糕千里迢迢送至巴黎，甚至在布倫海姆宮（Blenhcim Palace）舉辦派對時，邀請函上寫著「居家派對」的字樣——她種種鋪張闊綽的行徑，很快便傳得滿城風雨。過去曾任空中小姐的根佛蘭德表現得相當笨拙，她雖是土生土長的德州人，在遇見第一夫人時卻行了個屈膝禮，用法語說了句「夫人，晚上好」，結果成為全世界的笑料。「我簡直像是活在童話故事裡。」她對《紐約時報》表示。路易士在《老千騙局》中寫道，根佛蘭德種種活動的邀請函價值時高時低，似乎隨所羅門兄弟銀行的股價漲跌。華爾街股災過後數周，根佛蘭德哀嘆道：「當個有錢人真的好貴。」

隨著權力從銀行家手裡轉移至他們的客戶手中，約翰・根佛蘭德（John Gutfreund）失去了「華爾街之王」寶座，《商業周刊》雜誌在一篇報導的標題中改替亨利・克拉維斯（Henry Kravis）黃袍加身。而在社交界，根佛蘭德的光彩被克拉維斯的時尚設計師妻子卡羅琳・羅姆（Carolyne Roehm）奪了去。羅姆是克拉維斯的第二任太太，她出身美國中西部、身材高瘦，堪稱「社交 X 光」

（social X-ray）的典型——社交X光是小說家湯姆・沃爾夫對這類人提出的一項診斷，沃爾夫認為他們罹患了所謂「富人厭食症」。

　　八卦專欄樂此不疲地追蹤羅姆的動向，只見積極加強自我的她到法國學法文、到薩爾茲堡學歌劇，不僅開始學鋼琴，還對外宣稱自己是大音樂家約翰尼斯・布拉姆斯（Johannes Brahms）的轉世。由於克拉維斯的槓桿收購行動產生了大量負債，他手下的員工只得面對工時延長、薪資減少的待遇，而與此同時，羅姆則對新聞媒體聲稱自己「像奴隸似地」辛勞工作，忙著設計繡上了寶石的裙裝（一份新聞稿寫道，她「為鑽石瘋狂」）。羅姆在大都會博物館辦了一場派對，一名賓客將派對形容為「裝腔作勢的梅迪奇風格」。[38] 過著奢華生活的人不只有羅姆，羅姆曾表示，她身材矮小的丈夫——克拉維斯「站在錢包上時相當高大」——也擺起了貴族架子。他在曼哈頓辦公室用最名貴的瑋緻活（Wedgwood）瓷器享用午餐，而當他坐在紅木辦公桌前工作時，還有人替他擦鞋。有天就連英國的瑪格麗特公主（Princess Margaret）也前來拜訪他，特地來欣賞辦公室裡收藏的一幅喬治・史塔布斯（George Stubbs）畫作。克拉維斯等新潮社會的住民，周身總是籠罩著夢幻與不真實感。「美麗與魅力都是一種心態。」羅姆的一份宣傳資料如此寫道。也許在她丈夫克拉維斯眼裡，股市價值也不過是一種心態罷了。

　　槓桿收購熱潮成了1980年代中期牛市的驅動力，傳統的價值

估量方法被槓桿收購估價法取而代之。用新方法得出的估價稱為
「私有市場價值」（private market value），計算方式是檢視那間公司
所產生的現金（「自由現金流量」〔free cash flow〕），以及該公司能
夠負擔的債務總額。市場上出現了專業的「風險套利者」（risk
arbitrageur），這群人時時刻刻注意著企業收購動態，而他們也成
為了股市上確立私有市場價值的媒介。

　　套利者往往會形成非正式的小團體，找出較脆弱的公司之後，
他們會買下大量股份，就此「加入賽局」。大眾也會關注套利者的
操作，設法效法他們──看到這裡，你或許會聯想到1920年代追
蹤股市普爾的人們。套利者與他們的追隨者雖然持有公司股份，
卻對那間公司毫無忠誠心，因此他們的行為使得企業掠奪者的種
種操作變得輕鬆許多。當掠奪者公開提出收購公司的意圖與價碼
時，他的交易員只須召集套利者團體的成員，就能掌控住那間公
司了。這個過程稱為「掃街」（street sweep），其中最戲劇化的案
例，就是羅伯特・坎佩（Robert Campeau）收購聯盟百貨（Allied
Stores）的行動：當時洛杉磯一位名為博伊德・傑富瑞（Boyd
Jefferies）的交易員僅用一通電話就買下了3,200萬股，超過該公
司在市面上流通的半數股份，坎佩就這麼控制住了價值4,000億美
元的聯盟百貨公司。[39]

　　套利者其實承擔了很高的風險，倘若他們買下一間公司的大
量股份後，沒有企業掠奪者出價收購該公司，或者收購行動最後

39　這其實很可能屬違法交易，因為透過傑富瑞進行交易的多名套利者似乎在相互合作。
　　證券交易委員會雖然沒對他們提告，但還是訂立了禁止「掃街」行動的規範。傑富瑞後
　　來捲入米爾肯相關的活動，被控犯下證券欺詐罪，最後被判有罪。

沒能成功，套利者就會損失大量金錢。舉例而言，1982年5月，當海灣石油收購城市服務公司（Cities Services）的行動瓦解時，博斯基虧損了2,400萬美元。據說博斯基就是因為這次受到刺激，後來才組建了投資銀行業者的祕密網路，其中就包括奇德皮巴第公司（Kidder Peabody）的西格爾，以及德克索投資銀行的丹尼斯・萊凡（Dennis Levine）。博斯基運用西格爾提供的內線消息，在1984年雀巢公司（Nestlé）收購三花公司（Carnation）時賺了2,800萬美元。試圖透過小手段賺錢的人可不只有博斯基一個，1985年春季《商業周刊》一份研究顯示，將近四分之三的企業收購行動開始前，都可以觀察到公司股價急遽上漲，顯然是內線交易所致。[40]

　　博斯基的平均年度投資報酬率達到了80%以上，因此人們普遍懷疑他是靠內線消息從事投機。1986年5月18日，博斯基在加州一所商學院演講，以一句話概括了1980年代的時代精神：「順帶一提，貪欲其實沒什麼不好……」他對臺下連連歡呼的雅痞們宣稱。「我認為貪欲是健康的欲望，你就算貪心，還是能無愧於心。」博斯基這場演講並不是要呼籲眾人展開行動，而是以扭曲的方式告別自己追逐瑪門的人生。當他道出這句膾炙人口的名言時，博

40　1985年4月29日《商業周刊》〈內線交易：華府無法遏阻的華爾街流行病〉（*Insider Trading: The Wall Street Epidemic That Washington Can't Stop*），一些經濟學者認為內線交易其實是健康的現象，因為這類行為有助於將消息散播給大眾。這些學者正確地指出，在1930年代反投機新法訂立前，內線交易並沒有任何違法之處。儘管如此，政府立法禁止內線交易也十分合理：**首先**，內線交易會使市場變得不公平，「線人」與他們的同伙得以占據優勢；**第二**，線人往往違反了自己和客戶之間的信賴關係，在特定情況下客戶甚至可能會賠錢；**第三**，內線交易會抬高價格，有機會使未知悉內線消息的既存股東售出持股──但股東若未售出持股，本可以獲得更高的利潤的。（欲詳加了解為內線交易辯護的論點，請見丹尼爾・費雪〔Daniel Fischel〕，《報應》〔*Payback*〕。）

斯基已經知道自己的好日子不多了──六天前，他最主要的消息來源萊凡因涉嫌參與內線交易而在紐約被捕。1986 年 11 月 14 日，證券交易委員會發布聲明：華爾街最惡名昭彰的套利者承認了內線交易的罪行，開始配合官方的調查行動了。「博斯基日」過後三天，《華爾街日報》宣稱米爾肯也成了調查對象，他可能參與了內線交易。在這種情況下，道瓊指數跌了 43 點，垃圾債券急遽跌價，佩雷爾曼也放棄了收購吉列公司（Gillette）的行動。遊戲雖還未結束，風向卻已經轉變了。

　　市場很快就忘了這些內線交易醜聞，到 1 月時，雷根總統發表熱情洋溢的國情咨文，捕捉了美國當時的氛圍：「美國是無法用曆法度量的存在，因為我們應是自由的無盡實驗，我們的展望不受拘束，我們能做到的事物無窮無限，我們的希望也永無止境。」道瓊指數彷彿贊同這番關於無盡志向的說法，首次突破了 2,000 點大關，儘管在 1987 年 1 月底快速下跌，那之後它卻又恢復了漲勢。1月底道瓊指數下跌時，證券交易委員會主席警告道，社會將面臨「頭等的災難」。世界各地興起了投機風潮，泡沫隱約成形。在倫敦，因為替保守黨提供廣告服務而出名的上奇廣告（Saatchi & Saatchi）發起了收購英國最大商業銀行之一──米特蘭銀行（Midland Bank）的行動，然而最後以失敗告終。[41]

41　日本金融系統的超額流動性（excess liquidity）支持著全球牛市，這時人們再次提出該以新方法估價的說法，畢竟「這次和以往不同了」。在 1987 年 10 月前，日本投資者將 150 億美元投入美國大型股的股份，紐約證券交易所超過一成的股份都是被這些日本投資者購買。而在同一時期，英國富時 100 指數（FTSE 100 index）漲了將近 50%，香港恆生指數（Hang Seng index）漲到原本的 3 倍，澳洲的股份則漲了 4 倍。

▌「金融界希特勒」降臨華爾街

博斯基日過後，美國商業界的併購與收購活動又恢復如常，米爾肯與德克索投資銀行不再掌握這類操作的專利，華爾街的其他銀行也急於加入槓桿收購的行列。垃圾債券與惡意收購領域似乎染上了遊戲的色彩，人們開始用深奧難懂、戲謔搞笑的言詞描述這類事件：被收購者盯上的公司，「在賽局中」，假如沒有「白騎士」前來拯救它，企業經營者可以試著用「毒藥丸」或「小精靈」防禦術（對掠奪者還價）阻撓掠奪者。如果上述策略都失敗了，執行長可以帶著「金色降落傘」補償協議跳傘逃脫。提出協議的銀行家會談到如何「為概念做鋪墊」，高額出價稱為「帽子戲法」，成功發行垃圾債券的行動則稱為「全壘打」。銀行家會獲得一塊塑膠包裝的小墓碑廣告牌，上頭記錄著這筆成功交易的細節，這東西稱為「成交玩具」（deal toy）。套句德克索銀行高層經理的話，這可以說是「成年人的迪士尼樂園」。

隨著競爭加劇，交易的品質開始下降了，其中一個明顯的症狀就是坎佩的地位節節攀升。坎佩本是加拿大一名房地產開發商，卻在這段時期一躍成為成功的企業掠奪者，這可以歸功於企業收購領域激烈的競爭。他這個人作風奇特，事業有成後生活就過得越來越鋪張，除了愛慕虛榮以外，他還變得越來越怪異了——坎佩分別組建了兩個家庭、去上課精進演講技巧、戴了牙套、做了面部拉皮手術，還移植了頭髮。受疑病症所苦的坎佩經常飛往德國，往體內注射綿羊腦漿，而且無論去哪都戴著大量礦泉水與新鮮柳橙。他不僅外貌不尋常，還喜歡頭戴插了羽毛的平頂闊邊帽，

看上去顯得更加奇怪了。在紐約，坎佩不時會在三更半夜致電和他合作的銀行家，要求他們到他的飯店房間開會，而自己只穿著內褲和他們談話。其中一場會議上，坎佩為了強調自己的論點，竟拿起叉子直接插在了桌面上。其實坎佩罹患躁鬱症，常常鬧脾氣，並發表意識流形式的長篇大論。[42] 這種時候，坎佩身上唯一沒做過整形手術的部位——他那雙眼睛——就會爆凸出來，雙手還會不停顫抖。加拿大商業界自然對坎佩懷有疑慮，在1980年代初期阻撓他收購一間大型金融機構，但在這個年代狂熱放蕩的氣氛中，華爾街就沒那麼戒備了。

1986年，坎佩來到紐約，入住華爾道夫—阿斯托里亞飯店（Waldorf-Astoria）的套房，委託了華爾街一間著名法律事務所的律師，接著開始物色收購對象。一陣四處探訪後，他終於相中了百貨公司業，決定出價收購聯盟百貨；聯盟百貨旗下最知名的品牌，無疑是私校風格服飾店布克兄弟（Brooks Brothers）。聯盟百貨的銷售額是40億美元，員工共7萬人，市值則高達20億美元——超過坎佩公司（Campeau Corporation）市值的10倍。

坎佩的顧問集團之首，是波士頓第一銀行（First Boston）的「明星」交易協調人布魯斯‧沃瑟斯坦（Bruce Wasserstein），儘管這場收購行動的掠奪者與受害者之間規模差距極大，且客戶缺乏

42　1980年代後半，華爾街激昂的氛圍吸引了坎佩與傑夫‧「瘋狗」‧貝克（Jeff "Mad Dog" Beck）等狂熱的人物。後者是德克索銀行首屈一指優秀的交易協調人，他捏造了自己的過去，謊稱自己曾在越戰中立下赫赫戰功。日後，貝克回憶起自己在華爾街的奇幻生活時，表示：「交易遊戲之中，我們每個人都餵養了下一個人的野心，直到瘋狂的境地。我們都是魔術師，憑空創造出財富與權力……在1980年代的華爾街，現實與虛構之間不存在界線，我的造物也就活了起來。」

零售業方面的經驗（但坎佩還是喜歡以含糊的言詞談論房地產與零售業之間的「共同作用」），以沃瑟斯坦為首的顧問團隊還是不以為意。波士頓第一銀行反而提議從自家金庫借9億美元，給意圖成為百貨公司巨擘的坎佩——等同將銀行的全額資本借貸給坎佩。除此之外，銀行還願意進一步放出聯盟百貨股票的保證金貸款，替坎佩籌募6億美元資金。坎佩對聯盟百貨喊了40億美元的價錢，並承諾附上3億美元的「普通股」，他竟連這3億美元也成功借到手了。除了上述借款以外，他還發行價值超過10億美元的垃圾債券，資助這次的收購行動。由於聯盟百貨所生產的現金不足以支付上述債務的利息，波士頓第一銀行還替坎佩發行了價值2億5,000萬美元的「實物支付」特別股（所謂實物支付特別股，是指不用現金支付股息，而是用貸款票據支付股息的證券）。總結以上的款項，坎佩為收購聯盟百貨，開出了總計41億美元的價碼。

　　1987年3月，聯盟百貨再也無法承受坎佩的誘惑，同意了收購交易。被解僱的聯盟百貨執行長哀怨地抱怨道，他「被滿列車的小丑攻了個措手不及」；話雖如此，他其實是帶著1,500萬美元「金色降落傘」離開了公司。銀行收到了共超過5億美元的費用，而被其中一位顧問形容為「金融界希特勒」的坎佩，就此成為美國第二大百貨公司集團的老闆。收購聯盟百貨的行動用上了許多前所未見的金融手法：銀行將資本全數押在陌生人身上、無法在不變賣資產的情況下清償的債務、用以支付債券利息的債券，以及總價超越投資者股權投資（equity investment）的顧問費。沃瑟斯坦將這些手段譽為「商人銀行新時代的黎明」。

▌10 月大崩盤

1987 年 8 月 25 日，道瓊工業平均指數的收盤價是 2,746 點，比上一年高出 43％。早秋時節，大眾仍存著樂觀看漲的心態，摩根士丹利甚至建議客戶組成 100％ 都是股票的投資組合，然而流往市場的經費之河卻乾涸了。日本投資者預期日本電信電話（Nippon Telephone & Telegraph）會發行價值 350 億美元的股份，因此開始將資金移轉回國。在大眾對通貨膨脹的恐懼心理影響下，美國的債券利潤逐漸上漲，這時美元相對於日圓的匯率跟著下跌；許多日本投資者先前將巨額財富投入美國國庫長期債券，現在他們動手售出債券，結果損失慘重。這又進一步貶低了債券的價格，使得交易價高達企業盈餘 23 倍的股票行情越顯高估，而且高得誇張。

10 月第二周剛開始時，財政部債券的產值超過了 10％，接著連連傳出令人膽顫心驚的消息：財政部長詹姆斯・貝克（James Baker）強硬地要求德國聯邦銀行（Bundesbank）調低利率，否則就讓美元急遽貶值；10 月 13 日星期二，一則謠言在市場上傳得沸沸揚揚，據說國會打算終止對槓桿收購有利的所得稅寬減制度；隔日，政府宣布了美國的貿易逆差，差額比大眾預期中高出許多。那周五，一艘掛著美國國旗的油輪在波斯灣被伊朗的飛彈擊中，市場因而大跌 108 點，下跌點數達到了有史以來的新高。而在英國，由於英格蘭南部受突如其來的颶風侵襲，倫敦交易所在周五仍然未開張。幾天前，協利雷曼公司（Shearson Lehman）的研究分析師伊蓮・加札瑞利（Elaine Garzarelli）在 CNN 節目上預測道：「股市即將崩盤。」《商業周刊》後來表示，這堪稱「本世紀最準確

的預測」。[43]

　　隨著朝陽在東方升起，1987年10月19日星期一的國際股災也降臨了。當紐約仍在夢鄉時，香港、馬來西亞與新加坡市場接連慘跌，歐洲多國的市場也接著受難。[44]紐約證券交易所終於在周一上午9點30分開盤時，許多大股票都無人問津。半個小時過後，代表美國前五百大企業的標普500指標當中，500檔股票只有25檔有交易活動。人們無法售出股票，但至少可以在芝加哥商品交易所賣股票指標期貨，然而短期內太多人售出期貨，使得期貨市場上的價格下跌，跌到低於股票在紐約證券交易所的交易價。在正常情況下，套利者會以買期貨、賣股票的方式，縮短兩種價格之間的差距，但這天的市場變動大得無法進行套利操作，期貨與股票市場的結合關係不復存在。隨著人心被恐慌吞噬，人們開始驚慌地售出期貨，使得股市下跌，結果令人售出更多期貨，形成了

43　加札瑞利也許和1929年的巴布森一樣，不過是湊巧預言了即將到來的股災。大衛・貝茨（David Bates）對10月股災前的股票選擇權市場做了經濟分析，總結道：「在1987年10月19日前那兩個月，並不存在對股災的強烈恐懼——即使在10月16日星期五傍晚也沒有。」

44　理查・羅爾（Richard Roll）在1988年9、10月的《金融分析師期刊》（*Financial Analysts Journal*）中主張，由於此次股災是發生在國際層面（且在紐約市場開盤前就有一些市場慘跌），這不可能是美國程式交易造成的災情。他認為，股災是被某個未知的國際事件觸發的。然而，10月19日星期一與稍早的股災雖發生在國際層面，卻仍有可能是以美國為主體的事件。首先，10月16日星期五，紐約市場就開始大幅下跌，這足以撼動在周一上午開市的幾個中小型東方市場了（包括香港、新加坡等等）。第二，紐約市場在10月16日星期五產生了將股票脫手的壓力，這在周末傳到了倫敦。第三，唯有當紐約市場在黑色星期一（Black Monday）崩盤後，其他大型市場才發生最急遽的下跌現象。日本市場在周一只稍微跌價，卻在周二大跌了15％，紐澳同樣損失慘重，澳洲市場跌了整整25％。至於倫敦市場的下跌現象則分布在周一與周二。

惡性循環。那天正午前不久便有新聞報導指出，證券交易委員會主席在考慮中斷所有交易。聽到這個消息，眾人更是急著在市場仍運作時將持股脫手。

　　1929年10月，市場之所以動盪不安，部分原因是保證金借貸帳戶被迫償付的結果。至於在1987年10月，造成市場劇烈波動的因素，則是排山倒海的電腦化程式交易風潮，尤其是程式出售的行動。當時流行一種據稱萬無一失的投資策略，稱為「投資組合保險」：股價上漲時買入，價格下跌時售出。之所以發生大規模程式出售現象，就是因為投資組合保險策略的影響。由投資組合保險者管理的基金在那年快速上漲，估計達到了900億美元的高峰，而在股災發生前的三個交易日，投資組合保險者在呈跌勢的市場上，脫手了價值將近40億美元的股票。到了黑色星期一，中午12點到1點鐘那一個小時內，芝加哥商品交易所的股票指數期貨出售交易當中，超過半數都是投資組合保險者在賣期貨。在合約的約束下，投資組合保險者必須在期貨市場做買賣，所以即使期貨價格跌到了股市價格以下，他們仍在期貨市場上售出期貨。一些具侵略意識的交易員料到他們會售出期貨，於是順勢將股票賣空。等到市場收盤時，投資組合保險者已經在期貨市場上售出了價值等同40億美元的股票，相當於那天總交易額的40％。[45]

45　發展出投資組合保險策略的幾位金融學教授，都是效率市場假說的支持者，他們不相信「無資訊」的交易能改變股價。但是，事實似乎不然。其實「投資組合保險」這個名稱取得不好，畢竟要以這種策略達到保險的效果，前提是市場的流動性夠高，然而在恐慌降臨時，市場就會失去流動性。

　　黑色星期一那天的恐慌，和過去無數次股市恐慌十分相似。芝商所一名交易員逃離工作崗位，從大廳一間銀行提出所有存款，然後開著保時捷揚長而去。有幾名交易員賣了他們在芝商所的席位，席位的價格自然也是跌得慘不忍睹。而在白宮，有人目睹一位高層行政官員一面在走廊上狂奔，一面吶喊：「它變成自由落體了。」這次就和1929年一樣，市場的科技系統也開始崩潰了——紐約證券交易所的自動化交易系統發生故障（售股交易量實在太大，印表機負荷不過來了），證券經紀人無法確認他們的交易是否成交。新興的衍生性金融商品市場也出了技術性問題，由於價格變動大得誇張，他們無法為股票選擇權定價，以致選擇權市場乾涸。

　　各個市場收盤後，我們可以用指標的變化總結那一天：道瓊工業平均指數跌了22.6％，標普500跌了20.5％，標普期貨合約跌了將近29％。紐約證券交易所的股票周轉率超過了6億檔股票，價值約210億美元，將近上周五最高紀錄的2倍。期貨市場的交易額也十分相似。紐約證券交易所兩間聲譽頗佳的會員商號（member firm）——E・F・赫頓（E. F. Hutton）與L・F・羅斯柴爾德（L. F. Rothschild）不支倒閉，同時倒閉的還有將近60間較小的證券經紀商。在許多人看來，市場崩潰似乎是系統性金融危機的前兆，資本主義甚至可能會就此終結。金融家戈德史密斯爵士才剛在不久前預期股災將至，因此售出了手中大部分資產；他將自己當時的情緒比擬為「在鐵達尼號的盤式橋牌賭桌上贏錢」的感受。[46]

46　戈德史密斯選擇將資產變現，並不是因為他預知了金融界的未來，而是因為他對愛滋病深深的恐懼，他擔心病情擴散造成大災厄。

　　戈德史密斯想像中的大災難有些誇張了，10月20日星期二，價格起初快速下跌，芝商所期貨市場暫時關閉過後，股市價格又快速回升了。股市之所以能夠回升，一部分歸功於聯邦準備系統──聯邦準備系統為了預防銀行業的危機，特地為金融市場提供了額外的流動性資金。[47]多間大型企業接到了白宮的來電，在政府的呼籲下宣布回購各自的股份。陰謀論者在日後提出，這次跌勢逆轉是官方刻意設計的結果，而政府關閉芝商所期貨市場的目的，就是要操縱股價。[48]無論成因為何，跌勢逆轉後，恐慌就此終止了。儘管市場經歷了（以百分比而言）有史以來最大的股災，到了那年年底，從1月就沒有售出持股的投資者甚至還小賺了一筆。

　　雖然美國股市在10月共損失了1兆美元的價值，1987年的恐慌卻沒有如1929年那般，引發進一步的經濟危機。根據一些評論者的說法，這是因為1987年的牛市並不是吸引一般民眾投資的「零售市場」，所以當股價崩盤時，對大眾信心與消費的影響並不大。英格蘭經濟學者安德魯・史密瑟（Andrew Smithers）則提出另一種解釋，他主張1987年股災之所以沒有造成經濟衰退，是因為當

47　聯邦準備系統大規模買入政府證券，創造出了將近120億美元的新銀行儲備，這也使得聯邦基金利率下跌75基點（等同0.75％）。與此同時，銀行向證券持有者的放貸額提升了約70億美元。

48　提姆・梅茲（Tim Metz）在《黑色星期一》（*Black Monday*）提出：「10月20日的股市下墜情形本可能媲美──甚至是超越前一日的崩盤，唯有股票與期貨市場資訊及價格大範圍的協調性操縱行動，才能夠遏止市場崩盤……紐約證券交易所與芝加哥商品交易所一些領袖與股票經紀人聯手操縱了股票資訊和價格，救下了股市。」更近期，英國基金經理東尼・戴伊（Tony Dye）於1998年3月22日《周日電訊報》（*Sunday Telegraph*）提出，1997年10月市場動盪不安之時，美國官方暗中插手操縱期貨市場，避免市場崩盤。假如陰謀論者提到的干預確實發生過，那就涉及了股市「道德危機」的議題。

時的股價還不到估價過高的程度。史密瑟使用的估價方法稱為「Q
比率」（Q ratio），這是美國諾貝爾獎得主詹姆士・托賓（James
Tobin）提出的估價方法，主要是比較企業市場資本額與取代該企
業所有工廠、設備等資產所需的成本。史密瑟透過Q比率估計股
票價值，證明即使在1987年8月的高峰期，股價也只稍高於長期
下來的平均價格而已。對許多人而言，1987年股災所造成的輕微
影響著實令人費解，不過對效率市場假說的倡導者來說，這就證
明了投機狂潮與股市恐慌極少造就經濟蕭條，甚至未曾造成經濟
蕭條。[49]

▌政治腐敗與儲貸危機

　　槓桿收購熱潮之所以發生，是因為雷根政府秉持根深柢固的
放任態度，不鼓勵聯邦準備系統針對收購行動實行保證金借貸的
限制。[50]政府順著這條路走下去，放任主義不知在何時轉變了，官
方漸漸接受人們為謀求私利而抄捷徑，而從抄捷徑到堂而皇之地
採取不誠實手段，也只有一線之隔。雷根任職總統那幾年，華府
凝聚了一團貪腐的迷霧，令人聯想到鍍金時代與1920年代早期的
哈定政府。到了1987年春季，雷根執政期間指派的聯邦官員當中，
有一百多人受到了行為不端的指控。美國多位政治領袖都願意將
自己的意志賣給出價最高的買家，換取政治獻金。米爾肯在1986

49　舉例而言，麻省理工學院經濟學者彼得・特明（Peter Temin）後來發表了一份論文，主
　　張美國上一次發生股市下跌所造成的經濟衰退，已經是1903年的事了。

50　1987年股災過後，政府擔心對股市造成衝擊，更是不可能立法限制收購行動了。

年 4 月毫不掩飾地對《華盛頓郵報》表示：「國內購買高產證券的力量，已經壓過了所有管制。」那年，德克索銀行為參議院銀行委員會（Senate Banking Committee）的證券小組委員會（Subcommittee on Securities）主席阿爾馮斯・狄馬托參議員（Senator Alfonse D'Amato）籌募了 50 萬美元政治獻金，結果原先支持立法限制惡意收購的狄馬托，對垃圾債券的態度「發生了驚人的轉變」。[51]

　　政治腐敗、武斷撤銷管制的政策，以及投機機會主義的合力作用，造就了 1980 年代晚期爆發的儲貸醜聞。儲蓄暨貸款協會（Savings & Loan associations）──也就是一般所謂儲貸機構或「S&L」，是一地方銀行的統稱，當初創立的目的是為美國屋主提供抵押貸款。法蘭克・卡普拉（Frank Capra）的電影《風雲人物》（*It's a Wonderful Life*）中，詹姆斯・史都華（James Stewart）飾演的角色就是真誠可靠的儲貸經理，可說是儲貸領域最理想的形象。但到了 1980 年代早期，許多儲貸協會都遇上了困境；它們本已長期以固定的低利率放貸，在利率管制被撤銷情況下，它們更是不得不為短期儲蓄支付較高的利息（尤其在沃克因通貨膨脹而調降利率之時）。

　　面對儲貸機構的兩難處境，雷根政府開出的藥方是大規模撤銷管制。政府先是解除了儲貸機構對當地客戶儲蓄的依賴性，允

51　提姆西・維爾瑟眾議員（Congressman Timothy Wirth）原本提議立法禁止綠色郵件（greenmail）──綠色郵件是 1980 年代企業掠奪者經常使用的手段之一，作法是先惡意購買一間公司的大量股份，然後再高價將股份回售給那間公司。然而，在收到德克索銀行員工的政治獻金後，維爾瑟竟作為客座講者出席了德克索銀行 1986 年的掠食者的舞會。

許它們向華爾街借貸經紀人高額借款。與此同時，個別S&L帳戶的聯邦存款保險提高到了10萬美元。此外，政府也鼓勵儲貸機構多元放貸，降低對地方房市的依賴程度。1982年的《葛恩—聖喬曼法案》(*Garn-St. Germain bill*)解除了對儲蓄貸款的限制，允許儲貸機構投資垃圾債券、不動產等形形色色的投機生意。在簽署法案時，雷根總統評論道：「我們貌似擊出了全壘打。」[52]

儲貸會計規定發生了重大的改變，這時儲貸機構即使售出不良信貸，也不必立刻列為利潤收入（這種作法被委婉地稱為「損失遞延」〔loss deferral〕）。另一方面而言，不動產投資的預期利潤則可以計入財務報表。儲貸機構甚至得以放出高達估價100%的房地產開發貸款。簡而言之，幾乎所有關於銀行審慎監管的規則不是受到蔑視，就是被直接刪去了。存款人見狀本該心生憂慮，將現金移轉到較安全的所在，但聯邦政府保證存款安全的情況下，他們還是將錢留在了儲貸機構。存款保險不僅使存款人變得遲鈍，還正面鼓勵他們貨比三家後找出最不可靠的機構以及利率最高的儲蓄方案——套句評論者的話，這堪稱「美國金融界的霹靂古柯鹼」。

存款人仍處於怠惰狀態時，儲貸經理對於情勢轉變做出了迅即的反應，開始想方設法抹消儲貸機構過去互助、節約的特質。有人在加州舉辦研討會，教儲貸經理「如何用新法規快速致富」。過

---

52 政府另外放寬了許多其他的限制，幫助處境艱難的儲貸機構重新站穩腳步：儲貸機構可給儲蓄帳戶的最高利率限制被廢除；它們的資本適足要求（capital requirement）減少到了總資產的3%；它們的性質從互助公司轉變成了私有企業，股東人數下限也從400人變為1人。

往嚴謹持重的儲貸經理，紛紛開始從事擔保房貸憑證（collateralized mortgage obligations）的投機——其中一人在聽到關於風險的警告時，反駁道：「只有娘娘腔才搞避險。」許多儲貸機構都花大錢投資了垃圾債券。曾經在德克索銀行任職銷售員的托馬斯・史畢格（Thomas Spiegel），離職後在加州經營哥倫比亞儲貸銀行（Columbia Savings & Loan），而和他關係親近的米爾肯買了哥倫比亞儲貸銀行的大量股票。隨著垃圾債券市場起飛，史畢格不斷擴張自家銀行的資產，原本在1982年年初不到4億美元的資產，在五年後成長到了130億美元，其中將近三分之一都投資了垃圾債券。哥倫比亞儲貸銀行的辦公室位於比佛利山，和德克索銀行的債券部門距離不遠，米爾肯所有的大交易它都插了一腳。史畢格開開心心地享受奢華生活，不僅買了兩架商務噴射機，還在1985年給了自己900萬美元高薪。

儲貸界另一位注重享樂、熱衷購買垃圾債券的人物，是曾經的房屋建造業者大衛・保羅（David Paul）。保羅在德克索銀行的資金支援下收購了邁阿密集中信託儲蓄銀行（Centrust Savings Bank of Miami），後來在經營該銀行時向德克索銀行買下價值14億美元的垃圾債券，以及價值相當但無可評價的投機債券。他付給自己1,600萬美元薪水，入住曼哈頓瑰麗酒店（Carlyle Hotel）一間公寓，一年花了140萬美元買商務噴射機、1,300萬買彼得・保羅・魯本斯（Peter Paul Rubens）的畫作，還花了800萬美元買遊艇（遊艇取名為「特級園號」〔Le Grand Cru〕），除了天花板貼金

箔以外，主臥套房還裝設按摩浴缸）。遊艇與藝術品收藏都以資產
的名義列在了銀行的資產負債表上，買賣垃圾債券的損失卻被巧
妙地隱藏了起來，在資產負債表上不見蹤影。

　　至於德州的儲貸機構操作者，更是過著常人難以想像的生活。
他們每年放貸額的成長幅度平均是1,200％，主要是做投機房地產
交易的貸款，而除了經營事業以外，他們還樂於享受奢侈生活。
舉例而言，維儂儲蓄銀行（Vernon Savings）的唐・雷伊・迪克森
（Don Ray Dixon）帶著妻子搭乘私用噴射機與勞斯萊斯，進行法
國米其林三星餐廳的「市場考察」（作為回報，迪克森太太為銀行
寫了一份標題為〈夢幻美食！〉的考察報告）。除此之外，迪克森
還購入多架噴射機、一家古董車經銷商，以及和羅斯福總統同款
的遊艇。而陽光帶儲蓄銀行（Sunbelt Savings）的操作者艾德溫・
「快手艾迪」・麥伯尼（Edwin "Fast Eddy" McBirney）在達拉斯北
部的家中招待客人時，竟是請賓客享用獅子肉與羚羊肉，自己則
打扮成亨利八世（Henry VIII）主持派對，身邊飄著乾冰的煙霧。
在拉斯維加斯的頂樓豪華公寓辦派對時，麥伯尼為銀行客戶提供
的餘興節目據稱是「熱情的女同性戀嬉鬧」，同時還有妓女為他特
別重視的賓客服務。

　　米爾肯在儲貸界的人脈網路十分複雜，舉例而言，米爾肯其
中一個客戶是在拉斯維加斯經營賭場的馬戲團娛樂場公司（Circus
Circus），而它的其中一位房東是南標公司（Southmark
Corporation）——這是一個企業集團，它透過德克索銀行發行垃圾
債券，並為了籌措不動產交易所需資金，而收購休士頓聖哈辛托
儲貸協會（San Jacinto Savings & Loan Association），而且它同樣

是米爾肯的客戶。除此之外，南標公司還和丹佛市的MDC控股公司（MDC Holdings）有著千絲萬縷的關係，而MDC公司除了擁有西爾維拉多儲貸銀行（Silverado Savings & Loan）以外，也同樣透過德克索銀行發行了垃圾債券。麥伯尼經營的陽光帶儲蓄銀行的垃圾債券投資組合當中，就包括南標公司與MDC公司的債券。

　　米爾肯在儲貸界最惡名昭彰的熟人，大概非查爾斯・基廷（Charles Keating）莫屬。基廷是加州爾灣市林肯儲貸銀行（Lincoln Savings & Loan）的經營者，他過去是游泳冠軍，也曾擔任企業大亨與企業掠奪者卡爾・林德納（Carl Lindner）的律師。他在1978年向林德納買了一間大型房屋建設公司，改名為美國大陸公司（American Continental）。五年後，德克索銀行為美國大陸公司發行垃圾債券與特別股，銀行自己則保留了該公司10％的股份。基廷用這筆錢買下林肯儲貸銀行，接管林肯銀行後立刻解僱了一批高層管理者，並提升銀行向華爾街借貸經紀人的借款以便加速成長。接著，基廷就開始從事高風險證券與房地產投機了。

　　基廷將1億美元投入博斯基的套利合夥團體，又在1985年春季資助戈德史密斯爵士槓桿收購紙品公司皇冠澤勒巴赫（Crown Zellerbach）的行動。此外，他和南標公司與麥伯尼在德州及亞利桑那州做不動產買賣。在華爾街做生意時，基廷和瑞士信貸集團（Crédit Suisse）做外匯買賣，卻頻頻虧損，他另外向德克索銀行購買最垃圾的垃圾債券，並使用所羅門兄弟銀行開發的電腦交易系統，用這號稱絕不可能失利的系統做股票選擇權與股票投機交易，結果竟賠了好幾百萬美元。雷根執政時期，政府不但撤銷了許多管制，對銀行業的監督也十分寬鬆，在這些條件的推助下，

基廷用上了不少會計伎倆，隱藏堆積如山的虧損生意。1986年，基廷為美國大陸公司發行無擔保債券（unsecured bond），發配給了林肯銀行的客戶，其中許多人都以為這些債券受到聯邦政府的保障，沒想到自己大錯特錯了。

　　基廷從事投機交易時雖然魯莽，在培養政治人物與監管者時卻十分小心，他為9位參議員與多位眾議員提供政治獻金，並給了林肯銀行多位監管者與稽核員有利可圖的工作機會。他甚至一度成功讓欠林肯銀行一屁股債的男子被指派為銀行委員會（Bank Board）的專員，由這名債務人負責監管林肯銀行的業務。在無法用工作機會收買銀行監管人員時，基廷會以針對個人的官司威脅他們。他委託了後來成為聯邦準備理事會主席的經濟學者葛林斯潘，請葛林斯潘支持林肯銀行將「直接投資」額上調到資產10％以上的申請案（葛林斯潘寫了一封日後想必令他懊悔不已的信，對加州的銀行監管官員表示：林肯銀行與美國大陸公司的經營者「經驗老道且熟練……在直接投資方面行動可靠且賺錢，〔擁有〕連續的一長串成功紀錄」）[53]。當監管人員發現基廷隱藏虧損、超出了直接投資的限制時，基廷出動了和他關係友好的參議員——這些人後來被稱為「基廷五人」（Keating Five）——對銀行委員會主席採取恫嚇攻勢。[54]

53　而在1985年2月13日的另一封信中，葛林斯潘聲稱林肯銀行在基廷的經營下成了「金融方面強健的機構」，「在可預見的未來」不會為聯邦保證人增添任何虧損的風險。葛林斯潘撰寫這兩封信並為基廷作證，共收取了4萬美元。

54　「基廷五人」之一是加州的阿蘭‧克蘭斯頓參議員（Senator Alan Cranston），他從基廷那裡收了將近90萬美元（除此之外，他還收到了德克索銀行的政治獻金）。基廷五人的成員另包括唐納‧里格爾（Donald Riegle）、丹尼斯‧德康契尼（Dennis DeConcini）、約翰‧

　　基廷抵禦監管官員的行動相當成功，這份成功維持了超過兩年，最後林肯銀行終於在1989年春季被政府機關接管。事後，基廷在記者會上宣布：「近幾周人們提出的眾多質問之一是，我的金融支持是否在任何一方面影響了多位政治人物，使他們站在我這一邊。我想在此以最堅定的言詞聲明：這絕對是我希望達成的效果。」其他儲貸操作者也以類似的方式，用政治獻金換取行動自由。維儂儲貸銀行的迪克森在遊艇上替眾議院議長吉姆‧賴特（Jim Wright）舉辦募款派對，也同樣為民主黨多位領袖人物辦活動募款。[55]德州儲貸機構的一名陳情者表示，這之中的「黃金守則」是：「手握黃金的人得以制定守則」。至於「黃金」是不是在聯邦政府保障下借來的錢，那就不重要了。

　　到了1980年代末尾，這些迅速成長的儲貸機構因貸款與投資累積了驚人的債務──政府光是幫西爾維拉多儲貸銀行救急就花了超過10億美元。1,100多間儲貸銀行都因行事不謹慎而倒閉，結果這筆約2,000億美元的帳只能由美國納稅人買單。最初促使儲貸銀行魯莽投機的制度就是聯邦存款保險，但如果沒有存款保險，儲貸產業崩潰時很可能發生擠兌事件，並且演變成類似1930年代的信貸緊縮與資產通貨緊縮。

　　葛倫（John Glenn）與約翰‧馬侃（John McCain）四位參議員，其中馬侃是唯一的共和黨員。

55　德州另一名儲貸操作者──獨立美國銀行（Independent American）的湯姆‧高博特（Tom Gaubert）──也是賴特的支持者。作為回報，賴特以強硬的姿態護著這些儲貸機構，指控銀行委員會妄用他的支出帳戶，並指控德州一名銀行監管官員是同性戀者。後來政府在財政方面緊急對獨立美國銀行施以援助，耗費了9億美元稅金。

▌ 1980 年代的終結

　　垃圾債券狂熱持續到了1988年。據說在收購聯合百貨過後不久，坎佩在佛羅里達州度假時經過一間布魯明黛（Bloomingdale）高檔百貨公司，他忽然雙手一揮，宣稱道：「我當初應該買這家店的。」他開價試圖收購布魯明黛的母公司——1988年1月底成立的聯合百貨公司（Federated Stores），開始和其他收購者競價。坎佩一向沒有底限，他後來以將近110億美元的價格將聯合百貨公司弄到手，自己的「股票」投資則限制在2億美元以下；那筆交易的銀行家收費已經超過了聯合百貨公司一年的收益。收購聯合百貨公司後沒多久，坎佩就命人製作一本華美的皮革精裝書，收錄他名下建築與店面的照片。這位全美最顯赫的百貨公司業巨擘，在新書前言中分享了自己了無新意的哲學理念：「我們不可能超越自己為自己設下的志向，因此我們會設下超越最優秀的自己的志向。」

　　隨著槓桿收購企業的收益與垃圾債券的利息支出之間差距縮短，垃圾債券的品質也不停下降，結果就是企業收入稍微減少時，它的垃圾債券便會陷入債務不履行的狀態，公司也會隨之破產。為了隱藏情勢的脆弱特性，德克索等投資銀行發行了更多「應付利息」證券，其中包括實物支付債券與零息票債券。由於這類證券的利息不是現金，而是以企業票據（corporate paper）形式支付利息，因此利息費用對於公司現金流的初始衝擊可以向後推延。此外，投入槓桿收購交易的股票也越來越少了；根據格蘭特的計算，在1987年與1988年，槓桿收購的股票投資比率平均不到4％。包括軟性飲料製造商胡椒博士集團（Dr. Pepper）在內，一些企業接

連多次被收購,收購價格也節節攀升。巴菲特聯想到《紐約客》雜誌(*New Yorker*)的一張卡通圖,圖中一名貸款人滿懷感激地對銀行經理說道:「我都不知道該怎麼報答你。」[56]但巴菲特也嚴肅地對投資者警告道:「說到底,無論是冶金還是金融煉金術,最終都必然失敗。卑賤事業是不可能透過會計伎倆或資本結構(capital structure)轉變成黃金事業的。」

追根究柢而論,垃圾債券市場的健康狀況取決於人們對米爾肯的信仰,唯有在大眾毫不猶豫地信賴米爾肯的前提下,垃圾債券市場才能健康發展。可惜就在人們最需要米爾肯提供心靈支持與啟發之際,這位首席煉金術師卻強制離場了。博斯基被捕後不久,就為了減輕自己的刑罰而將米爾肯牽連到案件中,以致米爾肯與德克索銀行在1988年9月因違反多條證券法規而被起訴,此案涉及禁止詐騙、市場操縱、內線交易與股票假交易(指買賣方之間為避稅而進行的假交易)等法規。德克索銀行起初不肯配合,但後來還是承認了特定幾項違法行徑,同意繳納6億5,000萬美元罰金,並且開除米爾肯。米爾肯在受調查與起訴最初十分頑固,結果在1989年春季,他和弟弟羅威爾(Lowell)及另一名德克索銀行同僚收到了98條罪狀的起訴書,可能判決的最高刑罰是500多年徒刑與數之不盡的罰金。不久過後,米爾肯自願對幾條較小的重罪認罪,換取司法系統對弟弟的寬赦。米爾肯因此避開了完整的訴訟程序,我們無從得知他在垃圾債券狂熱中所扮演的確切角色,以及他所犯下的所有罪行了。1991年11月21日,米爾肯被

---

56 譯註:這裡的「報答」是雙關,也有「還款」的意思。

判十年徒刑，罰金總額超過6億美元。

　　米爾肯被判有罪之時，人們得知他在1985年與1987年間的累積收益超過了12億美元，新聞媒體因此諷刺地將這位生性害羞的銀行家稱作「為錢瘋狂的麥可」。[57]在許多人看來，米爾肯參與了「貪婪十年」，所以被判十年徒刑也是理所應當，但他的律師團隊自然不同意這種看法。在描述美國聯邦檢察官魯道夫・朱利安尼（Rudolph Giuliani）等人對米爾肯提出的指控與證據時，米爾肯的律師亞瑟・里曼（Arthur Liman）表示：「我相信社會需要特定數量的惡魔……這場訴訟染上了異端審判的色彩……（米爾肯已）成為一個時代的象徵，事情完全超脫了控制。」[58]

　　米爾肯是因相對輕微的犯法行為被起訴（較嚴重的罪行則以認罪協商的方式規避掉了），大部分財富也是憑著異常大方的薪資待遇合法獲得，而不是靠大眾想像中的非法手段取得。話雖如此，他並不符合律師團隊與公關顧問塑造的無辜替罪羔羊形象（他的律師與公關團隊可是掌握了動輒百萬美元的經費，竭力改變米爾肯在人們眼中的形象）。在完全掌控垃圾債券市場的情況下，米爾肯和其他德克索銀行交易員都成了惡霸與吹牛大王，他們也往往為了利潤而偷工減料。這份對錢財與權力的欲望令他們情緒高漲，不停在欲望與追求之間循環，直到米爾肯與德克索銀行的胃口無

57　《巴倫周刊》把米爾肯形容為「歷史上貪婪時代中的貪婪先生，你得回到鍍金時代或1920年代才找得到他的同類」。

58　兩部對於垃圾債券狂熱的修正主義記述，將米爾肯視為無辜的受害者，不巧成為大眾對於金融無節制行為反彈的對象。這兩部作品分別是芬頓・貝利（Fenton Bailey）的《垃圾債券革命》（*Junk Bond Revolution*），以及費雪的《報應》。

限膨脹，欲望再也無法得到滿足。米爾肯就如 1720 年的布倫特爵士，因蛇吞象的貪婪而招致了自己的失敗。嚮往成為大銀行家的人，往往得展現出誠實與廉潔，而米爾肯卻沒做到這點。

在評價米爾肯的事業生涯時，最好的方式也許是觀察垃圾債券市場接連發生的事件。槓桿收購狂潮在 1989 年年初達到了巔峰，當時 KKR 公司花費 260 億美元收購食品與菸草集團雷諾茲納貝斯克公司（RJR Nabisco），這場收購行動被金融記者安東尼・比昂科（Anthony Bianco）形容為類似「梅爾・布魯克斯（Mel Brooks）執導的《尼伯龍根的指環》（*Der Ring des Nibelungen*），主演都是些眼神剛毅、個性頑劣、假扮成了流氓的小矮人」。《時代》雜誌則簡明扼要地將這件事稱為「貪欲遊戲」。沒過多久，垃圾債券的世界就瓦解了。1989 年 4 月，基廷的美國大陸公司申請破產；6 月 15 日，也就是米爾肯被德克索銀行開除那天，德克索的客戶之一——整合資源公司（Integrated Resources）——選擇不履行垃圾債券，這檔債券被稱為「瓦解」（disintegrated）的債券。那年 7 月，國會通過了新法案，要求儲貸協會將它們持有的垃圾債券脫手。兩個月後，坎佩公司（它並非德克索銀行的客戶）就承認它無法再支付債券利息了。金融記者詹姆斯・史都華（James Stewart）寫道：「這就彷彿，全國投資者從長達十年的夢中甦醒，終於發現高報酬必然伴隨著高風險。」

當收購聯合航空（United Airlines）的行動在 1989 年 10 月以失敗告終時，垃圾債券市場崩盤了，道瓊指數也跌了 6%。幾個月後，

坎佩公司與整合資源公司都提出破產保護的申請，同時申請破產的還有被KKR收購的吉姆瓦爾特公司（Jim Walter Corporation）。至於德克索投資銀行也不好過，只見它的資產負債表上滿滿是不停貶值的垃圾債券，無法延長短期債務的清償期限。德克索在華爾街樹敵不少，這時敵對銀行都不肯對它伸出援手。1990年2月13日，象徵1980年代金融文化的德克索銀行走入歷史，和客戶們同樣宣告破產。接下來十二個月內，米爾肯兩位最大的垃圾債券買家——佛瑞德·卡爾（Fred Carr）的保險公司第一行政（First Executive）與史畢格的哥倫比亞儲貸銀行，接連倒閉。這位曾被譽為摩根繼位者的男人只能眼睜睜看著自己建立的帝國崩解，在歷史上留下令人唏噓的一筆。

企業掠奪者一般都以責罵現任的企業管理者為樂，老是抱怨那些高層經理手裡沒有自家公司的股份，因此缺乏和公司共存亡的精神。然而，大部分掠奪者的持股也是奠基在借來的金錢之上，他們還債的方法就是解僱員工與削減其他營運支出，以及中斷公司的多項投資。過程中，掠奪者有機會除去公司不必要的支出，提升營運效率，但也可能嚴重弱化公司的競爭力，雷諾茲納貝斯克公司就是後者。如果掠奪者能像佩雷爾曼收購露華濃、KKR收購碧翠絲那般，掌握正確的時機，那就能得到令人垂涎的巨額利潤。但如果掠奪者像闖入百貨公司業的坎佩那樣，沒能抓準時機，那掠奪者的債權人便會損失慘重。

垃圾債券革命的基礎，是風險與報酬之間深度的不對稱關係，其中垃圾債券買家承擔了大部分風險，大部分報酬則落入「收購企業家」口袋中。其實，槓桿收購運動是一種表徵，象徵著大規模

投機保證金借貸走後門回歸市場的現象。舉例來說，坎佩僅僅投資2億美元股票，就控制住了價值110億美元的企業，而坎佩就連股權也是借來的，我們計算下來就會發現，他實際上是用將近100％的保證金貸款收購公司。如此看來，KKR給投資者的報酬率其實沒什麼了不起的。根據高盛銀行合伙人里昂・庫柏曼（Leon Cooperman）的計算，在1980年代牛市上，以85％保證金持有多檔股票，一年的利潤應該將近75％；而KKR以類似的比例做負債經營，卻只為投資者賺得了60％的報酬。但投資者雖然沒賺到太多錢，公司合伙人卻賺得了巨額的個人財富。

　　仔細檢視各項數值後，我們清楚地發現米爾肯說錯了，垃圾債券的表現其實遠遠不如投資級債券（investment grade bond）。垃圾債券不僅報酬率較低，風險也遠高於米爾肯最初分析出的結果。垃圾債券違約的比率在1990年代早期上升到約9％，等同過去平均違約率的4倍有餘。[59]債券違約率的變化，印證了索羅斯提出的金融市場「反身性」理論：當投資者開始認同米爾肯的信念，相信垃圾債券能提供較高的報酬率，這些垃圾債券的相對品質就會下降，直到它們成為最差且最具投機性質的投資物。米爾肯對垃圾債券的論述，就類似1920年代E・L・史密斯對於股權投資的說法──兩者都奠基於過往的報酬率與扎實的統計分析，可是從後續發生的市場狂熱看來，兩者的結論都無效。米爾肯以垃圾債券在過去

59　1980年代，垃圾債券的總報酬率是145％，投資級債券的報酬率是202％，股票報酬率則是207％。到了1990年，德克索銀行發行的超過55億美元垃圾債券都處於不履行狀態；一年後，透過德克索銀行發行垃圾債券的小公司當中，將近四分之一都停止支付利息了。

的優異表現為基礎，鼓勵大眾多買垃圾債券。對此，巴菲特後來評論道：「如果發財的關鍵是通讀史書，那富比士美國400富豪榜（Forbes 400）上就通通都會是圖書館員了。」

米爾肯被判刑的日子，恰巧是柴契爾夫人失勢那一天。大眾普遍認為，在1980年代的奢靡與狂熱過後，人們會像1920年代結束時那般，對投機活動失去興趣。但現在回想起來，1987年的股災和1929年的事件給了人們截然不同的教訓。見到1987年股災過後市場恢復的狀況，大眾認為購股與持股才是最佳的投資策略，而股市崩盤不見得會引發經濟衰退，反而成了精明投資者「逢低買進」、以極低價買入股票的大好機會。即使股市成為失控的列車，高速撞入緩衝區，聯邦準備系統也總是會出面收拾殘局。如果銀行出了問題，在存款保險的保證下，最後會由納稅人出錢解決問題。投資組合保險者的確飽受大眾譴責，從市場上消失了。

效率市場假說的支持者都保持低調，但也只低調了一小段時間。幾年過後，兩位學者經過一番計算，提出了他們的分析結果：他們認為1987年股災是某種奇特的組合，是數學上的異常，是重複機率低達10^{160}分之一的隨機事件。「一個人就算活過了宇宙誕生以來那整整兩百億年，」他們總結道，「並經歷了兩百億次宇宙大爆炸，這種衰退在期間發生僅僅一次的機率也是極小，幾乎不可能發生。」[60]

60　這玄之又玄的機率數值，其實就只是用以描述股災前所未見的規模而已。

第 **9** 章
神風資本主義[1]——
1980 年代日本泡沫經濟

皮斯托旗官（Aunchient Pistol），承蒙你的耐心，命運女神被畫成了盲者，一條遮住她眼眸的布巾向你表明了她的盲目；此外畫中也有一個輪子，象徵她的輪轉與無常，以及反覆多變的寓意；你瞧，她的腳站定在球形岩石上，岩石不停不停地滾動。老實說，詩人能將一切描繪得非常好，命運女神具有極佳的寓意。

——莎士比亞，《亨利五世》（*Henry V*）

1　「神風資本主義」（kamikaze capitalism）一詞最初被麥克‧路易斯用以描述日本泡沫經濟，原文刊登於《旁觀者》雜誌（1990 年 6 月 2 日）。它有種難以抗拒的貼切感。

「日本人論」（Nihonjinron）是一個思想派別，它的核心觀念是日本的獨特性。日本官方有時會援引日本與西方之間可能存在的差異，阻撓外國商品進口。舉例而言，他們聲稱日本人的腸胃和西方人不同，因此不適合食用外國牛肉與米飯；甚至有人主張日本下的雪和外國不同，因此美國的滑雪板在日本毫無用處；也有些時候，日本人指出自己和外國人之間的差異，可說是近乎直接地表現出日本的文化民族主義與排外心理：某些人認為日本人的大腦對於自然聲響比較敏感，對於社會關係的理解也較為細緻。日本人不信任西方風格的理性主義，認為這和他們重視的「和」（社會和諧）不相容。在他們的認知中，存在著「本音」（honne，私下的意圖或想法）與「建前」（tatemae，對外公開的那一份真相），而兩者都同樣正當。日本人理性的特質稱之為「濕潤」，就如日本民眾平時食用的甜膩稻米，形成了黏著整個社會的糨糊；相較之下，西方人的理性則具有「乾」的特質，強調個人主義。即使在倫理道德方面，日本人也據稱和外國人不同，他們不會產生罪惡感，只會因自己的不端行為公諸於世而感到羞恥。無論這些差異是真實存在還是幻想出來的，它們的根源其實就是日本人對於個人主義深深的不信任，而個人主義的對立面，就是強烈的社會意識與對權威的服從。

西方資本主義模型主要建立在個人主義的基礎之上——利己思想引導了「看不見的手」，成為確保系統整體性的力量。由於利己主義無法受權威控制，在亞當・斯密的描述中，市場系統和保障公民自由的政府最為匹配。既然西方資本主義的核心觀念是利己主義，許多經濟政策都和利己思想拖不了關係：政府對經濟事

務的干涉受限、人們不信任市場壟斷或企業聯合，且整體系統特別保護身為商人、創業者、資本家或消費者的個人。在放任主義作用下，政府盡量讓市場自行找到自然的平衡點，而遵行比較利益原則（comparative advantage）的各國政府也不會為了保護國內產業而排除外來的競爭對手。

　　許多方面而言，日本的資本主義和西方的資本主義模型截然相反。在 19 世紀中葉以前，日本一直是封建經濟，對外界是封閉狀態，傳統上個人並沒有任何法律保障的權利。在 19 世紀中葉的明治時代，當海軍准將馬修・培里（Matthew Perry）率領美國戰艦來到日本時，明治政府選擇性地借用了西方一些元素，組建了現代化的新經濟系統。然而，封建體制的階級制度沒有動搖，只不過是將基礎從農業轉移到了工商業而已。過去對封建貴族鞠躬行禮的小老百姓，如今則是為了企業界的主子服務。

　　即使到了第二次世界大戰以後，人們還是經常以一名勞工任職的公司名稱稱呼他──舉例而言，一個人如果在日本最大的汽車製造商工作，朋友們也許會稱他為「豐田先生」。企業會要求員工唱公司歌曲，甚至是對著企業創辦人的靈位祝禱膜拜。員工對公司盡忠與自我犧牲，換得了終身聘僱，以及與年資相對應的升遷機會。日本官方也承認企業在系統中的首要地位，鼓勵企業創立聯合企業與大型產業集團，後者稱為「財閥」。二戰結束後，美國駐日勢力部分分割了各大財閥，後來財閥被較非正式的「經連會」取而代之，過去直截了當的所有權轉變成了繁雜的交叉持股

系統。[2]

　　在日本資本主義體系中，官方傳統上扮演廣泛卻定位不明的角色。通商產業省（後文簡稱通產省）[3]與財務省官員是以「行政指導」這種非正式的程序控制各個產業，具體而言，官僚會運用自己發許可證、提供稅賦減免、分發政府外包案等職權，以威脅利誘的方式影響企業。在戰後年代，日本由通產省決定哪些產業可得到官方支持，哪些企業得以在產業聯合中享有優待地位，由政府保護這些企業、為它們消除外商的競爭。至於財務省則負責守護金融界，並確保日本節儉民眾的存款可以化為低價貸款，將金錢導向現金需求量高且槓桿程度高的企業。這些借貸方案將利率壓得很低，企業支付的股息通常也不高，因此日本投資者的報酬率都相當低。其實「日本資本主義」一詞容易使人誤會，畢竟決定系統性質的並不是「資本」。日本金融系統也以類似的方式剝削國內消費者：官方以多種措施限制商品進口；而日製商品在東京的售價往往還會高於同商品在紐約的售價。

　　日本人對自己的金融系統十分自豪，認為這套系統比西方穩定，利己的成分也比較少。他們得意地表示自己是考慮到長期發展，而西方卻只追求短期利益。比起利潤率，日本企業更注重市場占有率；比起資本報酬，他們更注重行政指導與對經連會的義務。在這套系統下，市場所扮演的角色大幅受限，一名西方評論者宣稱道，日本人「一直沒真正追上亞當・斯密的思想……他們不

2　1970年代早期，交叉持股現象變得更加普遍了，這是為了避免日本企業被外國人收購。到1980年代晚期，所有流通股當中約70%都是交叉持股了。

3　譯註：此單位在2001改名為經濟產業省。

相信看不見的手呢！」個人主義對私利的追求受到日本人們譴責，而且日本人對貿易的不信任留存至今；雖然人們承認金錢是政治體制中的權力來源，但傳統武士精神還是強調勤儉的美德。在戰前的日本，暴發戶被蔑稱為「成金」（narikin），這是日本將棋中升級過後的步兵——比喻不具有階級權益的人。整體系統仍以階級制度為核心精神：員工在企業裡有自己的階級地位，企業在經連會中有自己的排名，而經連會在經團聯（日本經濟團體聯合會）中又有自己所屬的位階。

投機活動和日本這樣以政府主導的經濟系統屬於對立關係，因為投機本身就是短視近利、以利益最大化為目標，而日本金融系統號稱以長遠發展為目標，且相較於單純的利潤，這套系統主要考慮優待產業的發展等其他的經濟目標。此外，投機也和轉移風險息息相關，但在 1920 年代與 1930 年代早期一次股市崩盤及多次銀行倒閉事件過後，日本官方宣稱再也不會容忍這類失敗了。結果就是，相較於西方，日本風險社會化的程度高得多。儘管如此，投機活動還是出現在 1980 年代的日本，並且深深埋入這個國家的體系，以致於它在短短五年後離開時，整個金融系統也隨之崩解了。官方雖試圖將斷垣殘壁拼湊起來、恢復原先的秩序，卻徒勞無功。這就是泡沫經濟真正在歷史上留下的痕跡。

▌贏得和平並崛起的日本

投機亢奮往往是傲慢的症狀，因此當經濟權力的平衡從一個國家轉移到另一國時，我們通常可以觀察到盛大的投機狂熱。舉

例來說，鬱金香狂熱在荷蘭爆發的時機，就是在荷蘭「經濟奇蹟」過後不久，當時阿姆斯特丹才剛作為全世界的貨物集散地站穩了腳步。紐約在20世紀初的股市景氣時期，正好也是美國超越英國成為世界最大工業強權之時。[4] 過去七、八十年來，美國一直占據經濟首位，然而到了1980年代中期，迅速成長的日本動搖了美國的地位。日本在當時世界貿易的市場占有率超過10％，貿易順差蓬勃成長，全國的資本輸出堪比19世紀的英國，而日本的人均收入也即將超越美國。在消費性電子產品等領域，日本的工業企業走在了科技創新的尖端；在資產與市場價值方面，日本的銀行業也成了全球第一。

　　美國被比下去了——只見日本的貿易順差不斷成長，美國的貿易逆差卻連連上升。此外，雷根政府創造了嚴重的預算赤字問題，之所以還沒完全崩潰，純粹是因為日本投資者願意將本國的貿易順差投入美國國庫長期債券。底特律發生了汽車工人摧毀日

4　1980年代泡沫經濟和美國世紀之交的景氣時期有許多共同點：20世紀初的美國和1980年代的日本一樣，貿易順差極高，美國在1900年的貿易順差高達5億美元；1980年代的東京被譽為全球金融中心，20世紀初的紐約則取代倫敦成了世界金融首都，美國人開始將美國偉大的「新時代」掛在嘴邊。在這兩個年代，國內投機者找到了發揮投機精神的出口，在海外大肆購入投機商品。1900年代早期，美國人花了超過1億美元買英國股票，英國運輸業的股票尤其炙手可熱。使得英國全境轟動，英國人宣稱美國試圖以無窮無盡的資本買下英國的運輸霸權（利蘭運輸〔Leyland Lines〕董事長表示，美國人開出的價錢實在太高了，他無法拒絕）。景氣消退時，英國業者以低於原始售價三分之一的價格，買回了國際商業海洋公司（International Mercantile Marine）的控制權，這就和1980年代日本人購買美國股票造成了相同的效果。而在日本泡沫經濟結束後，許多被日本人當「戰利品」買下的美國資產，都以較低的價格回售給了美國人。金融記者諾耶斯在形容美國1901年的繁榮時，表示它「不但是金融事件，還是社會與心理現象」。日本泡沫經濟也同樣符合諾耶斯這句評語。

本汽車的事件，他們以這種憤怒的暴行提出對美國進口日本車的抗議。《紐約時報》警告道：「在二戰結束後四十年的今天，日本人再次展開攻擊，採取的是有史以來最高明的商業攻勢，開始拆解美國工業。」不停有評論者告訴美國人，他們不但短視近利到了無可救藥的地步，還受慢性個人主義所苦──結果，頻頻聽到這類言論的美國人逐漸失去了信心。有人聲稱美國遭受了「經濟珍珠港襲擊」；一本標題為《日本第一》（*Japan as Number One*）的書在太平洋東岸與西岸都成了暢銷書。

　　除了投資美國國庫長期債券以外，日本人也經常將貿易順差用來買美國其他的資產。日本投資者特別愛買美國資產：在1986年，三井物產花了6億1,000萬美元天價買下曼哈頓的埃克森大廈（Exxon Building），事後據傳埃克森的要價其實沒那麼高，三井物產的日本總裁之所以多付了2億6,000萬美元，為的就是登上《金氏世界紀錄大全》（*Guinness World Records*）。考慮到日本人在海外一些誇張的買賣，這則故事似乎有一定的可信度。在1980年代，隨著時間演進，日本人又接著買下了美國其他的資本主義標的物，其中最令人震驚的資產買賣包括紐約洛克斐勒中心（Rockefeller Center）與好萊塢的哥倫比亞影業（Columbia Pictures）。

　　排山倒海的日本資金湧入美國，結果復甦了美國人過往在戰時對敵國人的排外心理，美國民眾對於「黃禍」（yellow peril）的焦慮情緒透過危言聳聽的作品表現了出來，這類作品包括1988年蘇珊・托爾欽（Susan Tolchin）的《買入美國》（*Buying into America*），以及1989年丹尼爾・伯斯坦（Daniel Burstein）的《日圓！日本新崛起的金融帝國，以及對美國的威脅》（*Yen! Japan's*

New Financial Empire and Its Threat to America）。而觸及最多閱聽者的作品，則是麥可‧克萊頓（Michael Crichton）的暢銷小說《旭日東昇》（*Rising Sun*），這部著作出版於「日本把美國買光光」這份歇斯底里情緒浪潮的巔峰。克萊頓對《紐約時報》表示，他寫這部小說「是為了讓美國清醒過來」。

　　美國正人心惶惶的同時，日本人漸漸恢復了自信——經歷了戰敗的恥辱，以及重建破碎國家過程中漫長的犧牲過後，日本人終於有機會信心滿滿地享受甘美生活了。從日本政治人物裝腔作勢的模樣，就可以看出他們找回了自信心。1986 年秋季，新上任的首相中曾根康弘提出，日本經濟成功與美國相對衰退，是因為日本人民都屬於同一種族，而美國的勞動市場則充斥著不同種族的勞工。這類言論令人聯想到日本戰時的宣傳，過去的日本政府也大肆宣稱大和民族優於其他人種。這段時期，甚至有多位政府高官公開造訪紀念戰死軍人與軍屬的靖國神社[5]，中曾根首相也宣稱：「全國都必須拋下所有恥辱感，為尋求榮耀而前進。」在大戰中敗北的日本捨棄了構築太平洋帝國的美夢，這時終於贏得了和平，也作為經濟強權崛起了。[6]在這種情況下，日本人感到傲慢自大也是無可厚非。

5　編按：1978 年 10 月靖國神社宮司松平永芳將甲級戰犯移入靖國神社後，日本內閣總理大臣（首相）與高官參拜靖國神社變得敏感，以官方身分參拜曾引起日本國內及國際上的許多爭議。

6　1980 年代後半，日本另外被形容為「放貸強權」「資產強權」與「金融強權」。

▍企業投機循環

布列敦森林固定匯率制度在 1971 年崩解後，日本無可避免地捲進了後續的金融革命漩渦──說來有趣，美國總統尼克森將布列敦森林制度崩潰這件事歸咎於日本，因為日本貨幣長期估值偏低，對布列敦森林體系造成了損害。1980 年，日本施行外匯管制自由化政策，但即使如此，在許多美國批評者看來，日本改革的速度還是太慢了。這些批評者主張，日本政府是故意維持對本國金融系統的限制，以人為方式確保日圓的估值低於自然水平，如此一來日本出口的商品就能維持低價了。實際上，日本將金融系統自由化並不單純是美國施壓的結果；由於日本貿易順差逐年成長，國內累積了多餘的資本，且國人的高儲蓄率也使多餘資本額居高不下，政府為了讓這些多餘的資本重新流入市場，不得不改革日本的金融市場。官方雖無法將金融革命拒之門外，卻還是想將這場革命轉為己用，讓東京成為能和紐約與倫敦分庭抗禮的全球金融中心。

1984 年春季，日本當局同意讓外國銀行買賣日本政府債券並加入信託銀行業，而與此同時，政府也解除了對外匯交易的控管。日本本土銀行過去一直受政府限制，這下它們可以自行設定大型存款帳戶的利率了。在這類改革的作用下，日本資本市場很快就充滿了金融革命的殘渣：加拿大與澳洲的二合一債券（twofer）、反向雙幣債券（reverse dual-currency bond）、武士債券（samurai bond）與壽司債券（sushi bond）、可隨時更改條件的終身債券（instantly repackaged perpetual）、零息債券（zero coupon bond）、

結清式與雙重獲利槓桿租賃（square trips and double-dip leveraged leases）、歐洲日圓債券（Euroyen bond），以及切腹換匯（hara-kiri swap）等等。隨著日本債券與股票指數的期貨市場先後興起，衍生性金融商品打入了東京市場。

1980年代早期，日本企業除了透過一般管道獲取收益以外，還開始用「財術[7]」（金融工程）賺得驚人的利潤。1984年，財務省准許企業為它們的持股開立特別帳戶，稱為「特金帳戶」。企業用特金帳戶交易證券時，不必為利潤支付資本利得稅。[8]此外，證券經紀商也為企業提供半合法的服務，替它們管理稱為「營業特金」的特別投機帳戶，證券經紀商還保證最低報酬率會高於當下的利率。[9]這是一場受到人為操作的遊戲，證券經紀商必然會勝出。在1985年，將近9兆日圓被投入特金基金，而在四年後，投資特金基金的金額已經超過40兆日圓。

財術投機能夠蓬勃發展，部分原因是日本企業進入了國際債券市場——也就是總部位於倫敦的海外資本市場。在解除金融管制的過程中，財務省在1981年准許日本企業於國際債券市場發行附認股權公司債（warrant bond）[10]，這類金融商品包含一般企業債券，以及在期限內用固定價格購買公司股份的選擇權（這是「認股

7　編按：指企業運用金融工程技術從事的大規模金融投機活動。

8　從1980年12月起，日本企業得以用投資的帳面成本或市價兩者之中**較高**的價格報帳，如此一來，企業就能隱藏虧損、凸顯它們的投資獲益。

9　官方雖沒有正式允許企業開立營業特金帳戶，不過財務省長選擇對這類行為視而不見。後來在1990年，日本各大證券公司受損失賠償風波所苦，那場風波的中心就是這些營業特金帳戶。（請見下文）

10　譯註：又譯「附認購權債券」。

權」的部分，有效期限通常設定在發行後五年內）。由於日本股價
不停急遽上漲，對應的認股權價值也跟著增長了，企業因此能發
行利率極低的債券。[11]除此之外，附認股權公司債對發行者來說還
有另一種魅力：這類債券大多是以美金為單位發行，之後再到外
匯市場上兌換成日圓，而人們預期在債券的期限內日圓會持續升
值，因此將美元計價的債務轉換成日圓計價的債務，竟可能使債
務利息成為**負數**，發行債券的公司便可以從中得利。換句話說，
其實是買家付錢給日本企業，讓企業借款從事投機活動。企業發
行附認股權公司債所籌得的錢可以直接投入股市，也可以存入營
業特金帳戶，領取證券經紀商保證的8％報酬。財術可說是一場沒
有輸家的遊戲。

在1980年代後半，企業投機利潤隨日本股市水漲船高，造就
了金融系統中危險的循環效果：企業利用財術製造利潤，導致股
價上漲，進一步提升它們透過財術獲得的利益。到了1980年代尾
聲，在東京證券交易所上市的工業公司大多都在使用財術。這類
企業包括國際知名車廠豐田汽車（Toyota）與日產汽車（Nissan），
以及松下電子（Matsushita）與夏普（Sharp）等消費性電子產品公
司——而這些大企業的帳面利潤有一半以上都是投機活動的利
潤。[12]1984年3月到1985年3月，日本企業透過特金帳戶得到的總

11　日本附認股權公司債的估值問題造成了荒唐的循環效應：日本企業的股價漲得越快，
　　附認股權公司債的價值也就越高——而認股權賣得越貴，股價就漲得越快。這令人聯
　　想到1720年代，英國政府年金轉換成南海股票時價格循環上漲的效應。

12　舉例而言，豐田汽車在1986年用財術賺了2,000億日圓，作法是發行票面利率不到2％
　　的可轉換債券。隔年，這間汽車大廠憑著共1兆7,000億日圓的財術投資，賺得1,500億
　　日圓利潤。

獲益是2,400億日圓，而在兩年後，總獲益達到了9,520億日圓。在這段期間，企業的一般營業利潤實際上縮減了，卻無人關心此事。甚至有一些公司將投機當成本業：綽號「東方地精」的鋼鐵公司阪和興業（Hanwa）在1980年代晚期用財術籌得4兆日圓，投機利潤不僅超越了一般商業利潤，甚至高達後者的20倍。[13]

日本企業在1980年代籌得的新資本，並沒有全盤投入投機活動，也有公司用附認股權公司債籌資投入所謂「全世界有史以來最大波生產能力投資」。1980年代後半，日本國內的資本投資總額為3兆5,000億美元，占全國經濟成長量的三分之二。當時日本經濟遇上了困難，在日幣處強勢地位的情況下，經濟成長率下滑、資本報酬也逐漸減少，這時投入市場的大量資金正好幫助日本經濟度過了難關。[14]一些評論者提出，財務省是為了在這關鍵時刻對日本工業供應廉價資本，所以才刻意造就了泡沫經濟。[15]泡沫年代的資本支出創造了一種假象，即使在日本經濟奇蹟的勢頭漸消時，

13　1990年10月，阪和宣稱因股市投資虧損了200億日圓。到此為止，阪和的槓桿（債務與股東資金的比例）已經上升到超過1,200％了。

14　許多在1980年代晚期籌措資金的製造業公司都將資本用來建設海外工廠，避開日圓升值所造成的問題。也有其他公司將資金投入在日本本土新設的工廠，以便壓低產品的單位成本。在1983年，企業投資占日本國民生產毛額的14％；而到了1990年，企業投資在國民生產毛額的占比已經高達22％了。

15　支持這種說法的眾多聲音之中，最強力的非R‧塔格特‧默菲（R. Taggart Murphy）莫屬，他主張「泡沫經濟是被刻意創造出來的，創造者是日本財務省，以及日本銀行中時而與財務省合作、時而與之對立的人物」。1988年年初，日本銀行某位匿名工作人員坦承道：「我們意圖先抬高股票與不動產市場，有了上漲的市場這層安全網之後，出口導向的產業理應自我重塑，開始適應國內主導的經濟。這一步驟理論上會導致所有經濟領域的資產都大幅成長，而此財富影響會進而觸發個人消費與住房投資，接著投入工廠與設備的資金也會增加。最終，政府放鬆貨幣政策，將能推動真實的經濟成長。」

人們仍誤以為奇蹟能長久持續下去，結果大量資源被投入了無收益的投資項目。財務省官僚本想將投機用作經濟政策的工具，卻不慎開啟了潘朵拉之盒。

▎土地本位制的興起

　　日本的泡沫經濟，其實主要在於房地產市場的景氣時期。土地在日本人心中占有特殊的地位，在這不久前剛脫離封建階級制度的社會上，擁有土地就等同擁有了高人一等的地位。日本國土多是山地，開發地相對稀少，因此地價高昂。致使地價高昂的理由不只這一個──官僚為鼓勵「長期主義」而制定懲罰性的資本利得稅，短期不動產利得的稅率高達利潤的150％。財政系統為鼓勵人們販售土地，使得不動產市場資金流動性變差，結果竟刺激了土地投機活動。曾在歐洲任職地方行政長官的洛伊·登漢爵士（Sir Roy Denham）表示，日本居高不下的不動產價格，使全國人化為了「住在兔籠裡的工作狂」。甚至有一些西方評論者主張，日本政府其實暗中推行了政策，以抬高房地價等手法鼓勵儲蓄，之後就能將人們的存款投入工業了。

　　1956年到1986年間，地價漲了5,000％，消費物價卻只翻了1倍，而這段期間只有1974年出現地價下跌的情形。日本各家銀行相信地價再也不會下跌了，於是銀行在放貸時，抵押品由現金流改成了土地。到了1980年代尾聲，銀行變本加厲地讓人抵押房地產借款，對小企業更是大肆放貸。不斷上漲的土地價值成了一臺

引擎，為全日本經濟創造出源源不絕的信用。[16]**土地本位制**就此降臨在了日本。

　　1987年12月初，國際結算銀行在瑞士巴塞爾市舉行會議，全球各地中央銀行的代表齊聚一堂，目的是為銀行資本制定一套新的國際標準。日本的銀行受財務省保護，不怕破產，因此它們的資本適足率（capital adequacy ratio，銀行資產與貸款的比例，用以估量一間銀行的安全保障）一向低於西方的銀行。由於日本的銀行資本準備金較少，外國銀行業者認為它們在全球銀行業界占據不公平的競爭優勢，因此要求日本的銀行遵照國際標準增加資本準備金。會議結論是，日本各間銀行必須在1993年春季以前，將資本比率提升到8％。

　　儘管如此，出席巴塞爾會議的日本銀行界代表在一番爭取過後，還是讓其他銀行業者讓出了重要的一步。日本金融與商業界有著特殊的交叉持股網路，因此銀行持有其他企業的大量股份——國際結算銀行會議上，眾人同意將持股特定比例的利潤計入日本各間銀行的資本。[17]巴塞爾協議的結果是，日本銀行提高信貸——也就是「製造金錢」——的能力，和東京股市的股價掛勾了。假設其他條件都相等，如果銀行提高房地產放貸，那麼土地與股票的

16　美國在1920年代也經歷了相同的過程。在1927年前，全國性銀行不得從事不動產抵押放貸，而在1927年施行的《麥克登法》（*McFadden Act*）解除了這項限制。那之後，銀行大幅提升了不動產貸款，銀行放貸成了股市與不動產市場景氣的動力之一。美國銀行就是因為在下跌的房地產市場上過度持倉，所以於1930年12月宣告破產，進而觸發了全國性的銀行業危機。

17　根據協議，銀行持股的未實現利潤（unrealized gain）當中，45％可以計入銀行必備的資本準備金，但不得超過資本準備金總額的一半。

價值就會上漲（這是因為不動產在日本企業估值中的權重越來越重），而股價上漲會使銀行的交叉持股價值上升，使銀行的資產膨脹，如此一來它們又能進一步放貸了。在這場會議上，世界各國的中央銀行代表批准了這套循環設置，只要股價持續上漲，日本的銀行就能繼續創造信用。這就是泡沫經濟的「致命缺陷」。[18]

▌廣場協議後的金錢遊戲

1980 年代中期，日本施行和美國截然相反的經濟政策：日本的財政政策相當嚴格，貨幣政策卻很寬鬆，而美國則是結合嚴格的貨幣政策與寬鬆的財政立場。美國聯邦準備系統刻意提高利率預防通貨膨脹，卻使美金過於強勢，阻礙了商品出口，並且加劇了美國的貿易逆差。[19]美國出口業者開始大聲抱怨，要求政府提供幫助。由於美元估值過高、日圓估值過低，理論上改用浮動匯率制就能解決問題——然而在實務上，事情並沒有那麼順利。

1985 年 9 月，美國財政部長詹姆斯・貝克在曼哈頓廣場飯店

18　「致命缺陷」一詞被克里斯托福・伍德（Christopher Wood）用以形容巴塞爾協議。其實這項缺陷的本質早在 17 世紀晚期就被辨識出來了：1695 年，一位匿名小冊作家出言抨擊土地銀行計畫者，這些計畫者意圖以農業租賃為本的貨幣，取代金本位貨幣。這位作家在宣傳小冊中指出，由於土地有限，如果增加金錢供應量，土地價值將被無限抬高。過去曾為土地銀行計畫者的約翰・羅，也在 1715 到 1720 年間將相同的缺陷引入了法國的密西西比系統：隨著密西西比公司的股價上漲，羅控制王家銀行發行了更多紙幣。安東・墨菲（Antoin Murphy）近期在關於密西西比泡沫事件的著作中，將羅混淆金錢與股份的作法稱為密西西比系統的「致命缺陷」。（請見本書第 8 章）

19　美國經常收支（current account）從 1981 年的 70 億美元順差，演變成了 1985 年 2,120 億美元逆差。在相同時期，聯邦政府的逆差從 740 億美元上升到了 2,120 億美元。

（Plaza Hotel）召開會議，與會者包括幾個世界經濟強權的財政首長。在貝克的呼籲下，各國首長同意合力壓低美金相對其他貨幣——尤其是日幣——的價值。在先前的高點，1美元等同259日圓，而在幾個月後，美元貶值到了150日圓以下。換個角度來看，日圓的購買力上升了超過40%，對持有日幣的消費者而言，所有美金計價的商品都便宜了40%。接下來，日本人開始了大採購，人們瘋狂購買LV包包與梵谷畫作。

然而，日圓升值造成了立即可見的問題。1949年4月，美國銀行家約瑟夫・道奇（Joseph Dodge）將日圓兌美元的匯率固定在了360：1，此後日幣在外匯市場上一直處於估值過低的狀態。而在1970年代與1980年代早期，由於美國通貨膨脹率高於日本，且兩國貨幣維持穩定的匯率，日圓一直受到人為貶值。這對日本出口業者助益良多，出口業也成了日本經濟奇蹟的主要驅動力。在制定廣場協議後，情勢發生了變化。忽然間，日本商品在國際市場上的價格翻了將近一倍，日本經濟受到顯著的威脅。1986年年初，當經濟成長率下滑到2.5%以下時，人們認為日本經濟處於日圓升值蕭條（endaka fukyo，円高不況）的狀態。[20]出口業者擔心日圓相對美元持續升值，會造成經濟「掏空」的慘狀。在這種需要立即應變的情況下，日本企業都將目光投向了手握大權的財務省，財務省則對（正式獨立的）日本銀行施壓，要求該銀行調低利率以達到刺激經濟的效果。1986年間，官方貼現率（Official Discount Rate）先後調低四次，最後調降到了3%，但後續貨幣成長加快並沒有導

20　1986年第一季，日本經濟成長為負值（-0.5%）。

致消費者物價膨脹——這是因為此時油價下跌，再加上日圓十分強勢，因此進口商品相對便宜。[21]消費者物價沒有膨脹，反而是土地與股票這類資產的價格逐漸上漲了。

到1986年8月，日經平均指數（Nikkei index）已經漲到了1萬8,000點，比年初高出將近40％。急遽的漲勢刺激了大眾對於經濟局勢的興趣，日本最主要的金融報社——《日本經濟新聞》出版了一部關於日本經濟的漫畫，這部作品很快就登上了暢銷排行榜。1986年年底，《遠東經濟評論》（*Far Eastern Economic Review*）報導道：「突然間，股票成了全國街頭巷尾的關注焦點」。

在市場不停上漲的背景下，政府終於推出了籌措已久的國家電信公司：日本電信電話（簡稱NTT）。1986年10月，NTT公開發行了20萬股股份（在當時，NTT禁止外國人持有該公司的股份）。雖然政府還未宣布NTT股份的發行價，但在短短兩個月內，已經有將近1,000萬人申請購股。大眾對於股份的需求量高得誇張，以致NTT必須特別抽籤決定發售股份的對象。1987年2月2日，該公司股票開始在東京證券交易所自由流通，價格為每股120萬日圓。上市後的兩個交易日內，NTT股價直接漲了25％。

到了2月底，七大工業國組織（Group of Seven，G7）財政首長在巴黎羅浮宮開會，決議阻止美元相對日圓繼續貶值。日本遵照此次協議，將利率下調到2.5％，創下二戰過後的最低紀錄（這

21　1980年代晚期的貼現率維持在2.5％不動，貨幣供給量則每年成長超過10％，等同國民生產毛額成長量的2倍，請見濱田宏一，《泡沫、破滅與財務救濟：日本三場金融危機的比較》（*Bubbles, Bursts and Bailouts: Comparison of Three Episodes of Financial Crises in Japan*）。

最低利率維持到了1989年5月）。[22] 這對股價造成了莫大的刺激：短短數周內，NTT股價高漲到了320萬日圓，使得公司估價高達年收入200倍有餘。這家電話公司的市值此時超過了50兆日圓，比西德與香港股市兩市場價值總和還要高。眼見大眾瘋狂搶購NTT股份，董事長真藤恒一派輕鬆地對記者表示：「參與金錢遊戲的這些人，總有一天會招來神罰。」[23]

　　NTT私有化的過程，令人聯想到1720年南海公司的認股活動：兩場私有化行動的意圖都是改善公共財政；大眾還未得知股價，就開始爭先申請購股；兩家公司的股價漲到「理性」水平之上後，同樣出現了投機泡沫。最顯著的共同點是，在1720年與1987年，投機者都受到了誤導，相信政府不會讓股價下跌。當NTT在1987年11月發行第二批股份時，《日本經濟期刊》（*Japan Economic Journal*）評述道：

　　NTT之所以如此流行，是因為個別投資者相信既然政府公開發行該公司的股票，它就不會讓民眾虧錢……個別投資者在買入NTT股票時，認為自己就是在購買日本本身，所以他們毫不憂心

22　在默菲看來，1987年羅浮宮協議（Louvre Accord），和1927年紐約聯邦儲備銀行應英國官方的請求壓低利率、減輕英鎊所承受的壓力，這兩件事之間有著異曲同工之妙。兩者都是人為調低利率，藉此刺激投機活動。濱田宏一教授也同意道：「（羅浮宮協議過後，）國際合作防止美元貶值的行動，（對日本）施以極度輕鬆的貨幣政策，刺激了土地與資產價格泡沫化。」

23　NTT董事長成了最先因無度的「金錢遊戲」被清算的人物之一，他因捲入1988年瑞可利Cosmos（Recruit Cosmos）醜聞而被迫辭職。（請見下文）

地買了下去……[24]

　　日本股市在 10 月股災後恢復狀態時，大眾普遍相信政府不僅為 NTT 提供了政治保護，還護著整體股市。

金錢政治

　　日本政治人物之所以支持股市，不只是為了服務大眾——他們也受私利驅使，希望股市能維持漲勢。在日本，政治活動成了一門昂貴的生意；根據計算，守住國會席位一年所需的開銷大約是 4 億日圓。日本政治界最主要的權力來源就是現金，它能夠整合不同派系、買下部會席位、獲取支持與購買選票。日本政治人物就如鍍金時代坦慕尼協會那些大老闆，為了中飽私囊而掠奪股市資金。在選舉期間，證券商會致力推銷「政治株」（seiji kabu，指政治股票），這下先前投資政治株的政治人物就能用利潤支付競選的種種開支，那之後他們會對股票棄之不顧，放任它跌價。在泡沫年代，股票成了一種次要的貨幣，被政治人物用在金錢政治，而這更進一步鞏固了「政治人物絕不會讓股市下跌」的信念。

　　政治人物在股市上的活躍程度，後來因瑞可利事件公諸於眾。1988 年 6 月，川崎市一位小官員承認自己憑內線消息購買瑞可利 Cosmos 的股票，因而引咎下臺。瑞可利 Cosmos 是瑞可利控股公

24　1988 年 9 月，《經濟學人》嘲諷道：「（NTT）只剩最後一批股票要賣，那之後就能放任市場自生自滅了。」

司的附屬企業,從事房地產相關業務;瑞可利則是一間迅速成長
的人力仲介公司,董事長江副浩正是野心勃勃的企業家,他將公
司股票廣泛發送給政治人物、商人與官僚,以便延緩有損公司利
益的新法案通過。1988年12月底,新上任的法務大臣長谷川峻著
手調查瑞可利案。長谷川峻才剛上任四天,就有人揭發他過去曾
收受瑞可利股份,結果他不得不辭職,財務大臣也跟著辭職了。
幾個月過後,首相竹下登終於承認自己售出瑞可利Cosmos股票賺
得了1億5,000萬日圓利潤。竹下的政治祕書先前替老闆收了錢,
後來他在事發時上吊自殺。[25]這張網逐漸擴大,捕捉了其他大魚,
其中包括前任首相中曾根、NTT董事長,以及大報社《日本經濟
新聞》的社長。到了1989年夏季,將近50名政治家、公務員、商
人與記者都被牽扯了出來,一個個醜聞纏身。西方評論者開始用
「裙帶資本主義」(crony capitalism)形容日本的經濟體系。

　　瑞可利Cosmos事件是戰後日本規模最大的政治醜聞,它讓所
有人看見,政治腐敗無疑是泡沫經濟根深蒂固的元素之一。先前,
上漲的股市反映了日本嶄新的經濟力量,然而國人與日俱增的自
信心卻被政治人物利用,用來偷渡一些國族主義思想。到後來,
日本經濟走到了艱困的轉型時期,於是官僚刻意刺激大眾的投機
活動以協助本土企業低價籌募資本。在股市蒸蒸日上的情況下,
政府只須將電信公司的股票高價賣給天真的投資者,充分利用股
市泡沫的亢奮情緒,就能解決政府的財政問題了。而在這一切的

25　他在遺書中留下了暗示罪狀的一句話:「這和平、民主的美好畫面背後,仍上演著中古
　　世紀軍閥鬥爭下的血腥掙扎與死亡。」

陰影中，埋藏著日本金錢政治的系統性貪腐問題，政治人物利用投機行為來滿足無底洞一般的金融需求。握有權力的官員都無意控制投機活動，因此投機狂熱完全失控了。在某方面，擔心日本展開「經濟珍珠港襲擊」的美國人其實說得沒錯：日本當初憑藉軍武方面的傲慢，盲目地加入了第二次世界大戰，而現在日本又乘著投機傲慢的浪潮，陷進了泡沫經濟。歷史又重演了，只不過這回，股市鬧劇取代了戰爭的悲劇。

▌日本股市的價值

1980 年代晚期，日本股價漲速達到了企業營收的 3 倍快（這裡的企業營收，包括財術投機這些無法長久維持的利潤）。東京股市上，一些股票創下了估值過高的歷史紀錄；紡織業股價平均是營收的 103 倍，服務業股價是營收的 112 倍，航運業股價高達營收的 176 倍，漁業與林業股價則達到了營收的 319 倍，股價與營收之間的差異大得令人瞠目結舌。日本航空（Japan Air Lines）在私有化過程中，股價總額高達年度營收的 400 多倍。1980 年代中期以後，西方投資者認為日本企業的股票實際上並不具有如此高的價值，於是他們開始將手裡的日本持股脫手。這些西方投資者一走，日本市場就不再受「西方理性主義」拘束，擺脫了西方人關於折現現金流、信用分析等等「乾性」思想。至於日本人呢，他們傾向接受官方版本的現實，因此輕鬆接受了日本股市上居高不下的價格，認定這就是股票應有的價值。

人們為昂貴的股價提出了幾種不同的解釋，藉此安慰人心——

有人提出，日本會計方法低估了實際收入，也有人認為是交叉持股使得本益比膨脹了，類似的說法層出不窮。[26] 一些比較保守的分析師不認為日本即將成為「世界成長的火車頭」，也不相信消費者需求將會暴增，但儘管如此，他們仍然用「金錢重量」一說，試圖合理化股價持續上漲的趨勢。根據金錢重量說，由於日本利率一直很低，日圓升值又使投資者不願讓金錢流到國外，因此日本人別無選擇，只能繼續投資國內股市。後來在 1988 年 4 月，政府廢除了免稅郵政儲蓄帳戶，又有 300 兆日圓存款被釋出，可以用在新的投資，這也強化了金錢重量說的可信度。日本人的存款如潮湧般流入股市，再加上交叉持股程度逐年上升所導致的股票稀缺情形——這就是最常被人用以解釋股價高漲的兩個原因。

泡沫年間，人們普遍忽視了基本的估值原理，這在許多方面都看得出端倪。同領域企業的股價往往同時波動，似乎不受個別企業的收益表現與前景影響。在日本市場上，得利的企業往往不是真正賺了錢，反而是市場占有率上升的企業能得到最多好處。某些企業的股票之所以被大肆搶購，並不是因為它們多好，只是因為和要價數百萬日圓的 NTT 股票相比，它們還算平價罷了。一些人主張，便宜的股票總有一天會追上高價股票。企業發行新股（稀釋既存股票持有者的所有權）時，股價往往會上漲——而且不只是發行新股時漲價，就連企業宣布要配股時，股價也會急遽上升（但其實公司只是在拆股而已，並沒有創造真實的價值）。儘管

26　交叉持股的確扭曲了本益比，降低了本益比數值對於公司價值的代表性。根據澤林斯基（Zielinski）與荷路威（Holloway）的計算，假如將東京市場整體視為單一企業，合併所有交叉持股後，整個市場的本益比幾乎折半。

日本出口業的利潤率逐漸下滑，製造業的根基逐漸被掏空，股價仍然不停上漲。昭和天皇在1989年1月去世時，股價漲了；六個月後東京發生了小型地震，股價還是漲了。

　　人們費盡了心思想解釋股價不停上升的原因，但實際上這背後的一大因素，是日本不動產業異乎尋常的繁榮盛景。在信貸源源不絕的情況下，不動產價格連連高升。1985年到1990年3月這五年間，銀行放貸總額提升了96兆日圓，其中半數是借給了小企業，這些企業則將大量借款投入到不動產業。1985年，「非銀行」（nonbank）──管制鬆散的消費者信貸公司──的不動產借貸共是22兆日圓，後來到了1989年年底，它們的不動產借貸總額已經高達80兆日圓。有些時候，貸方借出的金額高達抵押資產價值的2倍。隨著不動產價格上漲，剛畢業的上班族就越來越買不起房子了，他們的平均終身所得甚至不足以在東京市中心買一間小公寓。面對這種情勢，購屋者不得不申請長達百年的抵押貸款，可能要經過好幾代才還得完。

　　到了1990年，日本不動產市場的總價值已經超過2,000兆日圓，等同全美國不動產價值的整整4倍。根據估算，東京皇居園區的地價，高於全加州的不動產價值（價值也超過了全加拿大的不動產）。東京的房屋空置率相當低，外國金融機構對於辦公空間的需求又高，因此東京爆發了房地產建設風潮，許多人興高采烈地數著東京灣天邊的起重機數量（分析師將此稱為「起重機指數」）。NTT在東京市中心的高科技摩天樓落成時，外國銀行家搶著搬入每平方公尺3,000美元的辦公空間，人們暱稱這幢高樓為「泡沫塔」。當時銀座區的房地產價值為每平方公尺5,000萬日圓，甚至

有人規劃在東京地底一百公尺深處建造地下城市。

不動產業的通貨膨脹，對股市造成了直接的影響。這段時期出現了奇特的流行，分析師個個試圖找出企業「隱藏的資產」（包括土地與交叉持股的價值）。東京大學一名經濟學者重新推廣了托賓提出的「Q比率」：股價與企業資產市價的比率。用Q比率進行計算的話，日本企業顯得十分廉價，因為到了1988年，企業資產負債表上的隱性資本利得（latent capital gains）──也就是所謂「隱藏的資產」──比帳面價值高出了434兆日圓。

回顧過去的投機狂熱，我們會發現在大部分情況下，人們會忽視高科技企業資產負債表上的資產，並過於重視公司的獲利前景，但日本的狀況截然相反，日本人反而比較注重企業的資產，忽視了獲利前景的部分──證券經紀人將這種企業稱為「土地遊戲」（land play）。就連NTT的估值也主要取決於它的土地資產，而不是它作為電信公司的價值。擁有大量地產的東京電力（Tokyo Electric Power）市值大漲，該公司在1986年的市值成長，高於香港證券交易所所有股票價值的總和。全日本空輸（All Nippon Airways）同樣是「土地遊戲」企業，它的本益比上升到了將近1200。企業擁有的土地當中，超過四分之三都是為了資本增值（capital appreciation）持有的土地。[27] 日本企業手握交叉持股與「隱藏」的土地資產，基本上成了投資信託與物業公司的融合體。在這種情況下，正常商業活動在人們心目中顯得毫不重要，甚至被

---

27 舉例而言，新日本製鋼公司（New Japan Steel）持有8,300公頃的休耕地，估值超過8兆日圓。有人問公司總裁打算拿這些土地做什麼時，他表示自己會繼續持有土地、不做使用，因為「我們的股價還沒漲到四位數字」。

視為拉低股市價值的拖油瓶。

▌受操縱的股市

　　預言日本股市崩盤的人非常多，其中最著名的是避險基金經理索羅斯，他在 1987 年 10 月 14 日的《金融時報》報導中預言了日本股災。儘管如此，在數日後的 10 月全球股災降臨時，東京市場受到的衝擊反而最小。[28] 10 月股災隔天，日本最大的幾間證券經紀商──野村證券、大和證券、山一證券與日興證券，統稱「四大證券」──的代表都被召進了財務省，官方命他們人為創造 NTT 股份的市場，並確保日經平均指數維持在 2 萬 1,000 點以上。[29] 四大證券經紀商應了官方的要求，對最重要的一批客戶提出損失補償保證，鼓勵客戶重新進入市場。短短幾個月內，日經指數就恢復狀態，朝新的最高紀錄邁進了。財務省官員私底下誇耀道，操縱股市比控制外匯來得簡單許多。

　　這段時期，東京證券交易所超過半數交易都是四大證券進行的買賣，其中最強大的證券公司非野村莫屬，野村證券在泡沫年間成了全日本獲利最高的公司，聚斂了價值超過 4,000 億美元的流動資產。野村證券在國內有 500 萬名忠實顧客，其中大多數是家庭主婦，她們每天將存款存入野村存錢筒，用野村的軟體玩股市電玩，忠實地遵守野村的股票投資建議（野村證券從不建議客戶「脫

28　在這段時期，日經指數從高峰到低谷下跌了 19%，道瓊指數則跌了 31%。

29　過去在 1931、1950 與 1965 年，日本官方都曾插手支持下跌的股市。

手」），並且每周將錢交到野村的數千名銷售員手裡。野村證券員工每個月都須達到銷售定額，公司還會每早對他們下達指示，要他們當日推銷特定幾支股票。

1980年代後半，大約800萬名新投資者加入了股市，投資者總人數高達2,200萬人。雖然他們只占市場資本總額的一小部分（大部分股票都是由企業之間交叉持股，而不是發售給散戶），但私人投資者每年買賣超過1,000億股，仍是一股不容小覷的勢力。私人客戶受證券經紀人鼓舞而開始從事投機，他們手裡三分之一的股票都是透過保證金貸款帳戶持有。[30]

日本人傳統上對博弈活動抱持厭惡的態度，認為這是屬於中國人的惡習——不過因為相關的兩種民族特質，日本人竟特別容易受股市吸引。第一種特質是，日本人在從事工作、娛樂等特定活動時，傾向群體行為。據說這項特質源自傳統稻農的社群生活，養成了日本民族的「集團歸屬意識」。在戰爭時期，政府在宣傳文案中將日本描述為「一齊跳動的一億顆心臟」。而在10月股災過後，一間證券公司的總裁誇耀道，日本之所以熬過了這段動盪不安的時期，是因為它是「共識社會——喜歡往單一方向行動的國家」。[31]第二項特質是，日本人特別容易產生情緒起伏，迅速在喜悅與絕望之間轉換心情。證券經紀人毫不留情地利用了日本人的這些弱點，推動一系列股市「主題」作為投機活動的焦點。投機群眾

---

30 1987年2月，日本所有證券交易所都將最低保證金比例從50%調升到70%（換句話說，你只能貸到抵押股份30%的款項）。儘管如此，保證金借貸總額還是不停上升。

31 這句評論可說是泡沫年間「日本不同於他國」的典型言論，用以遮掩操縱行為，並將市場估值過高的現象合理化。

盲目地追求「紅燈籠」（akachochin）股票，絲毫不知這些是證券經紀人刻意擺在前方的誘餌。

　　股市上最著名的主題，就是東京灣再開發計畫——這個主題突顯了許多企業在不動產業的潛力。接著出現了一系列炒作新科技的故事，其中包括線性馬達列車、超導體、冷核融合與奇蹟般的癌症療方，被人用以鼓吹這些未經檢驗的新科技的種種功能與效果。神戶一名娼妓在 1987 年年初死於愛滋病後，市場上掀起了保險套股票的熱潮。當時日本四分之三的成年人已在使用橡膠避孕用具了（國內禁止口服避孕藥），但相模橡膠工業（Sagami Rubber Industries）股價還是迅速上漲 4 倍。當傳言指稱日本肉類包裝公司（Nippon Meat Packers，已更名為日本火腿公司）從雞膽汁中萃取出抗愛滋物質時，它的股價也頓時飆升了。[32] 人們也許期待新的性愛安全產品上市，結果在愛滋恐慌期間，色情影業公司的股價也步步高升。在標題為《追逐主題：東京股市的引擎》（*Theme Chasing: The Engine of the Tokyo Stock Market*）的報告中，美國一間投資銀行對客戶建議道：「在流動性過高的環境下，從眾行為是十分穩妥的生存本能。」

　　四大證券公司因為手握新聞媒體業的大量股份，因此能操縱新聞報導與資訊流通，掌控客戶所獲得的情報。[33] 據說在每周例行

32　日本肉類包裝公司之所以崛起，是因為大和證券直接操縱了市場。大和證券先是自己囤積了將近 1,800 萬股的日本肉類包裝公司股票，接著散布謠言，宣稱該公司的抗愛滋產品將在不久後通過美國食藥署審核。

33　就連日本最大宗的商業報社——發行量將近 300 萬的《日本經濟新聞》——也被形容為「塑造現實的商業工具，而不是供商人取得新聞與評論的嚴謹資料來源」。

的會議上，同樣幾個證券經紀人會互相協調，決定該推銷哪些企業的股票。隨著傳聞與小道消息傳遍股市，經紀人們發現客戶越來越容易操縱了。套句《遠東經濟評論》的話，東京證券交際所是「全世界最憤世嫉俗、投機性質最高，且最容易操縱的股市」。

　　儘管市場漲勢未歇，一般的私人投資戶卻賺不到多少錢，他們自始至終都是圈外人，被證券經紀人與特別受眷顧的客戶當成了砲灰。野村證券不成文的口號據說是「攪拌和燃燒」，意思是頻繁交易、賺取佣金。許多私人投資者將錢財投入了投資信託，而這些投資信託的經營者多是大型證券經紀商的附屬或相關企業，業者為了賺佣金而毫不留情地炒單（churn）。在市場每年漲幅超過20％的1980年代晚期，這些投資信託的平均年報酬率竟然不到4％。在泡沫期間，唯一穩健的賺錢方式，就是設法擠進圈內。受證券商特別照顧的客戶——銀行家、官僚、政治人物、富人，甚至是黑道——會在事前得知經紀人意圖推銷哪幾檔股票，經紀人也會保證圈內人的投資報酬，並提供損失補償。如果特別客戶在市場上損失慘重，經紀人就會為他們提供「救護車股票」（ambulance share），讓他們用必定會漲價的股票治療金融創傷。由於證券經紀人習慣在企業宣布發行新股前推銷該企業的股票，當你聽到一間公司要「融資」時，就知道接下來要印鈔了。日本當時已經有法令禁止內線交易，卻無人遵循規定。[34]

34　澤林斯基與荷路威將1980年代的東京證券交易所形容為「管制不良的交易所，受經紀人團伙操控，且為上市公司的利益營運」。負責管制股市的機構，是人手短缺的證券局（Securities Bureau），而證券局在實務上和財務省有著密切的關係。

▌投機者之網

日本經濟系統有時被描述為網路資本主義（network capitalism），核心是由政治人物、官僚與企業組成的「鐵三角」。至於泡沫經濟則創造了它的另一套網路，其中包含投機者群體、黑道組織、銀行、股票經紀人與政治人物，這些人為了追求投資利益而集結。由於大部分股票都被企業與銀行長期交叉持股，操縱股價與壟斷股票就變得相對容易了。東京證券交易所一份報告主張，1987 年 4 月到 1989 年 3 月，十間上市公司當中就有一間的股票被壟斷。綠色郵件──買入一間公司的股票，然後要求公司高價回購股票的手法──變得越來越普遍了。[35]

根據當時的傳聞，美國黑幫老大艾爾・卡彭（Al Capone）認定股市是一場騙局，因此不願意加入市場，但 1980 年代的日本極道黑社會就沒那麼講究了。這段時期，日本第二大犯罪集團稻川會的首腦人物是石井進，他是個身材高大、相貌不凡而舉止優雅的男人，以理智的作風聞名──在這方面，他和言行粗獷、愛好鮮豔細條紋西裝與大型美國汽車的其他日本幫派分子大不相同。石井先前因非法賭博而吃了六年牢飯，不久前才剛出獄，這時他希望自己的幫派能減少對傳統黑道收入來源的依賴程度，這就包括販毒、經營妓院、保護費與柏青哥等收入來源。市場泡沫正好為石井提供了轉型的良機。

35　據說綠色郵件操作者選了 150 檔目標股票。1989 年 3 月，美國企業掠奪者兼綠色郵件操作者 T・布恩・皮肯斯加入了日本市場，買下小糸製作所（Koito Manufacturing）──和豐田汽車相關聯的汽車零件製造商──20％的股份。

　　1985年年初，石井成立了北祥產業（Hokusho Sangyo）不動產公司，公司的貸款與貸款保證（loan guarantee）都來自一間大型貨車運輸公司，該公司總裁則和強大的派系領袖——日本政治界「黑道老大」金丸信——有往來。取得必備的經費與政治保護後，石井展開了野心勃勃的投機行動，將大約1,700億日圓輸入股市。他組建了高額投資組合，投資對象包括東京瓦斯、日本製鋼所、野村證券等各行各業的股票。1987年，石井的投資工具已經賺得超過120億日圓，收益比前一年高出50倍。他在每平方公尺要價1,500萬日圓的土地上興建新總部，並花費約100億日圓購買雷諾瓦（Renoir）、夏卡爾（Chagall）、莫內（Monet）等名家的畫作。

　　1989年春季，石井試圖壟斷大型鐵路與旅宿業東急公司的股票。為達成目的，他向四大證券公司的其中兩家取得資金，抵押東急股票向日興與野村證券貸款360億日圓（2億7,000萬美元）。東急公司其實也是野村證券的客戶，但野村似乎不以為意。1989年4月到11月，石井買下2,900萬股的東急股票，其中三分之二是由野村與日興證券提供，餘下則是由一名韓國商人提供。韓國商人洪昌勇的背景並不簡單，他和日本最大黑道團體山口組有來往，後來還成了伊藤萬事件[36]的中心人物。在石井操作股票的這段時期，東急股價直接翻了一倍。

　　1980年代晚期，一批「企業匪徒」——又稱「經濟極道」——興起了，石井就是他們當中的典型人物。在人人極力避免公開衝突、盡量保住面子的日本社會，極道運用他們的威嚇力擠進了泡

36　編按：日本二戰後最大規模的經濟犯罪事件，中心企業為綜合商社伊藤萬株式會社。

沫經濟的各個領域，除了多次參與股市壟斷與綠色郵件行動以外，他們還向金融機構大量借貸（尤其是大型銀行的非銀行附屬機構或相關機構），並對其他投機者放高利貸。另外，幫派分子也積極參與不動產市場，這些「土地鯊魚」（jiageya）用燃燒彈威脅小地主，逼他們售出手裡的不動產。有時候，這場遊戲玩得太過火，情況會變得十分惡劣：1985 年夏季，一群投機生技產業失利的匪徒向野村證券一間分公司的經理尋仇，將那名經理毆打致死。三年後，知名投機者與綠色郵件操作者──寰宇證券（Cosmo Securities）總裁的遺體被人發現，原來極道成員謀害他之後，灌了水泥埋藏他的遺體。

而在極道圈子之外，存在約 40 個強大的投機者群體，它們持有約 200 間企業的股票。據傳聞，數名專業投機者各掌控了價值超過 50 億美元的持股，其中最著名且最有權有勢的人物是小谷光浩，他是白手起家的旅宿業與高爾夫球場業者，同時也是光進投機者團體的首腦人物。到 1980 年代尾聲，小谷進行了炒作、壟斷與綠色郵件等一系列大膽的股市操作。他和另一名大投機者──誠備投機團體的領袖加藤暠聯手，將政治人物、企業董事、極道成員與銀行經理都引誘到他的投機大網之中。

小谷的手法是用股市小道消息換取恩惠。舉例來說，在炒作車樂美縫紉機公司（Janome Sewing Machine）的股票前，他先對稻村利幸──當時執政的自由民主黨領袖人物與環境省前任首長──提供了內線消息。他對三井信託（Mitsui Trust）員工與客戶

透露了相同的消息，換取150億日圓的銀行貸款。在突襲空中測量公司國際航業時，他先是借款讓國際航業的四名董事買入公司股票，四人於是成了他這場突襲行動的助力。為了換取1億日圓貸款，小谷為大商人竹井博友提供內線消息——竹井不僅是地產企業集團的首腦人物，還是大報社《讀賣新聞》的前任社長。[37] 前任首相中曾根康弘的一名助理也參與了那筆交易。小谷接著將目標轉向住友銀行一名分行經理，讓這名經理說服銀行客戶為小谷提供超過200億日圓的貸款，供他完成交易。這些非正式貸方得到了相當高的利率，分行經理也拿到一大筆佣金。

成功控制住國際航業時，小谷已經累積了大量債務。他決定操縱旅遊業公司藤田觀光的股票，試圖解決自己的財政問題。為了操縱藤田觀光的股票，他向車樂美縫紉機公司提出了貸款300億日圓的要求。小谷雖是公司董事之一，車樂美的總裁卻不願意放貸——這時，總裁得知小谷僱了兩個殺手，目的是確保車樂美確實放貸。此外，小谷也威脅要將自己持有的車樂美股票賣給幫派分子。總裁在不久後屈服了，車樂美公司不但放貸給小谷，還為小谷承擔了1,870億日圓負債。為了彰顯自己的絕對權威，小谷在車樂美董事會會議室裡下單購入藤田觀光的股票，並派遣公司高層經理替他跑腿與進行股市操作。接著，小谷透過多間證券經紀商下單買入與賣出藤田觀光股票，拉高其股價。1990年4月底，藤田觀光的股價從3,700日圓飆漲到了5,200日圓。這回，小谷同

37　岩村與竹井在這幾場行動中賺得共60多億日圓，卻沒有對政府申報收入，後來兩人都被定罪入獄。

樣聯繫了受害公司的一名員工，從員工那裡取得內線消息。此外，他還獲得了兩間建設公司的支持，其中一間公司簽了合約，在股價到達高峰時購股。日本這些傳統網路能被輕易轉作他用，用來從事種種投機活動，小谷就是利用傳統網路謀求私利的佼佼者。

▌泡沫女帝尾上縫

投機狂熱往往會侵蝕既有結構的基礎，日本雖是父系社會，最有權勢的私人投機者卻是一名女性。尾上縫出生於 1930 年，家境貧寒的她起初在大阪娛樂區當服務生，後來成了建設公司經理的情婦，在情夫的幫助下於 1960 年代中期買下了兩間餐廳。接下來二十年，尾上夫人一直低調地經營餐廳。後來在 1987 年某個春日，她走進日本興業銀行在大阪的一間分行辦公室，一口氣買下價值超過 10 億日圓的興銀貼現債券（dlscount bond），接著又貸款將近 3 兆日圓，價值大約是她名下餐廳的 1,500 倍。她將這筆錢投入股市，很快就成為多家藍籌公司最大的個別股東，這些企業包括日本興業銀行與第一勸業銀行。此外，她也買入住友銀行、大和銀行與 NTT 的大量股份。她將這些持股拿去向銀行抵押貸款，借得更多資金，再將這些錢投入市場買更多股份。

銀行與證券商都爭先恐後想和這位「泡沫女帝」做生意。據傳聞，尾上夫人出身部落民（burakumin，指日本封建時期的賤民階級），且有黑道上的人脈，但還是有不少大金融家光顧她經營的餐廳，日本興業銀行的總裁就是其中之一，而山一證券甚至派一名員工常駐她的餐廳。尾上夫人自然而然開始對其他人頤指氣使，

除了習慣性地提及一些大人物的名號之外，她還將高層銀行經理
當僕役使喚，以及在深夜致電低層職員，要求他們立即和她見面。
被稱為「大阪黑暗女士」的尾上夫人信奉密教，這是一支少為人知
的佛教團體。她每周在餐廳通宵舉辦降神儀式，召喚神靈來助長
她的投機事業，和她合作的證券經紀商都必須參與降神儀式，否
則她就不再和他們做生意。黎明時，尾上夫人會對證券經紀人揭
露她從神靈那裡得知的企業名稱。在令人迷醉的泡沫時期，人們
大都接受了這類行為，而據稱坐擁5,000億日圓財富的尾上夫人則
誇耀道：「只要你有錢，就沒有所謂的不可能。」

▋ 新的鍍金時代

　　隨著日本人背棄戰後的節儉生活，泡沫經濟推動了消費者支
出的大幅成長。在資產價格上升（這導致了經濟學者所謂的「財富
效應」〔wealth effect〕）與日圓強勢的情況下，日本人開始瘋狂採
購進口奢侈品。政府將所得稅下調，提升了個人消費力；而在低
利率條件下，人們積極抵押房屋借貸。這段時期的信用卡流通卡
數增加了近3倍，人均消費者負債也成長到了和美國相當的等級。[38]

　　為了和勤苦工作、節制消費的前人做對比，泡沫經濟消費者
被稱為「新人類」。隨著美食潮降臨東京，新人類不再食用傳統料
理，改而光顧供應鵝肝醬與美國龍蝦（實際上是炸蝦）的新「法式」
餐廳。女性新人類和1920年代美國的飛來波女郎一樣，偏好短裙

38　1980年年初的消費者負債是9兆日圓，1991年3月則上升到了67兆日圓。

與較性感的服裝，追逐「身體意識」的流行。這些新人類愛喝莫斯科騾子調酒，鄙視無格調的上班族，晚間習慣在夜店玩樂，而且經常使用藥物，特別是古柯鹼與 MDMA。東京一名來自英格蘭的股票經紀人哀嘆道，只要日本人繼續在銀座夜店裡喝一杯 300 美元的威士忌調味水，他們就不會發覺自己持有的股票估價過高了。

　　日本最富有地主之兄──堤清二名下的西武季節百貨公司集團，成了新人類眼中的麥加聖地。早在泡沫成形前，堤就預料到國人的品味會發生變化；他自創了「美味生活」（oishii seikatsu）一詞，向大眾推銷進口奢侈品。1984 年秋季，西武集團在高檔的銀座購物區新開了一間百貨公司，販售聖羅蘭（Yves Saint Laurent）、愛馬仕（Hermès）、費雷（Gianfranco Ferre）等名牌的時裝。這間百貨公司最大的噱頭是，消費者可以到八樓購買股票、貴金屬與不動產。不久之後，其他百貨公司也紛紛跟進了。堤另外在銀座一號開了一間新飯店，飯店極其華麗與鋪張，就連強盜男爵見了也會自愧弗如。它定價最高的套房據稱是模仿法國女演員凱撒琳・丹尼芙（Catherine Deneuve）的臥房，房內擺設包括有罩蓋的床鋪與銀狐皮毯。貴賓入住時可以挑選枕頭內芯，七種內芯選項甚至包括人造珍珠。飯店主廚來自東京最高級的法國餐廳之一，飯店的地窖則備有最名貴的法國葡萄酒。

▌藝術市場的泡沫

　　1980 年代的藝術界，受大拍賣行越來越強勢的行為左右。蘇富比拍賣行在 1983 年換了新的管理者之後，更是大力刺激消費者

對美術的需求，頻頻對潛在顧客寄送蘇富比出版的雜誌，並且舉辦豪華派對、推動大型拍賣活動。蘇富比對買家放貸（這是所謂的「藝術品抵押貸款」〔Art Equity Loan〕）、對賣家保證一定金額的售價，有時還會自己買下畫作、加入蘇富比的存貨收藏。此外，蘇富比拍賣行也竭力強調藝術品的潛在投資價值，並自行出版「藝術市場索引」（Art Market Index），紀錄不同收藏領域的價格變動。根據藝術評論者羅伯特‧休斯（Robert Hughes）的說法，業者在1980年代創造了人們對於藝術品投資性質的信心，而這成了「20世紀後半最主要的文化製品」。

　　實際上，投資藝術品這件事並不新奇。在19世紀尾聲，美國鋼鐵業大亨與藝術收藏家亨利‧克雷‧弗里克（Henry Clay Frick）滿意地評述道：「即使在被人擁有時，一些畫作的價格也漲得極快，比經營最佳的股份有限公司的證券快上百倍，甚至千倍。」但畫作和股票不完全相同，畫本身並沒有理論價值，它們不會產生現金流、沒有股息或本益比，收藏家在購買畫作時無從判斷這是審慎投資還是衝動投機。一旦某位藝術家的作品在拍賣會上敲定了價格，它就成了未來所有估值的基準。就如休斯所說：「藝術品的價格取決於真實或人造的稀缺狀態，以及純粹且非理性的欲望，而這世上沒有比欲望更容易受操縱的事物了。」1980年代，野心勃勃的西方拍賣業者用各種手段推銷藝術品，日本投機者又憑著泡沫經濟的利潤大肆消費，兩者合併創造了有史以來最奢侈的藝術市場。

　　廣場協議過後日幣升值，這時日本收藏家才成為全球藝術市場上的優勢力量。1986年，日本舶來藝術品的美元價值翻了4倍，

而在1987年，進口藝術品買賣的消息登上了新聞頭版。那年春季，日本保險公司安田火災海上保險花費將近4,000萬美元買下梵谷的《向日葵》(*Sunflowers*)，這幾乎是史上最高畫作售價的3倍。數月後全球股市雖然大跌，卻提升了藝術市場上的需求——這是因為日本投資者對國際股市懷有疑慮，想改投資藝術品。股災過後那一周，全世界最貴的鑽石與最貴的印刷書（艾絲黛兒·多尼〔Estelle Doheny〕的《古騰堡聖經》〔*The Gutenberg Bible*〕）都在拍賣會上售出，前者賣640萬美元，後者賣590萬美元，兩件商品的買家都是日本人。

　　藝術市場急速升溫，1988年10月到1990年1月這十五個月被描述為「藝術界最轟動的時期」。[39] 這段時期運往日本的多件戰利品當中，包括畢卡索藍色時期（Blue Period）的未完成作品《琶耶蕊的婚禮》(*Les Noces de Pierrette*)——它被出手闊綽的不動產商人鶴卷智德花5,140萬美元買下（鶴卷給藝術品商人的小費動輒1萬美元）。1989年12月，蘇富比發表了「百萬美元名單」(Million-Dollar List)，根據這份名單，過去一個月有將近60件作品分別以超過500萬美元的高價出售，還有另外300幅畫各以超過100萬美元的價格出售。藝術界將這個現象稱為「億萬美元狂熱」(billion-dollar binge)。幾個月後，紙製造業商人齋藤了英出價8,250萬美元買下梵谷的《嘉舍醫師的畫像》(*Portrait of Dr. Gachet*)，也另外出價7,800美元買下雷諾瓦的《煎餅磨坊的舞會》(*Au Moulin de la*

39　出自彼得·沃森（Peter Watson），《從馬內到曼哈頓：現代藝術市場的崛起》(*From Manet to Manhattan: The Rise of the Modern Art Market*)。這是所謂的「畢卡索熱潮」(Picasso Passion)，畢卡索的其中六幅畫以超過2,000萬美元的高價售出。

Gallette），齋藤甚至只花160萬美元買下雷諾瓦的一尊雕像，說是
「放我家後院的」。根據估算，和十五年前相比，到1980年代末尾，
法國印象派畫作的價格已經漲了超過20倍。而在同一時期，道瓊
工業平均指數甚至還沒翻倍呢。亨利・弗里克對於藝術品投資潛
力的觀察，似乎正確無誤。

　　日本藝術品收藏家的品味相當單純，他們收藏的畫作必須傳
達出財富與獨特性的印象，而且還得是一眼就能認出的名作。新
人類購買凡賽斯（Versace）、亞曼尼（Armani）等「泡沫名牌」產
品的同時，日本藝術投機者們則忠實地收藏他們那幾個「品牌」畫
家的作品，這些大多是法國印象派與後印象派畫家的畫作。人稱
「響尾蛇」的放貸者森下安道耗費了3億多日圓購買19世紀晚期的
法國畫作，當別人問起他這麼做的理由時，森下答道：「印象派畫
作和現代裝潢比較搭。」在投機者品味簡單、看重作品標誌性的情
況下，市場上對於鑑賞力的需求降低了，任何人都能夠加入藝術
市場，而投機狂熱也沒有被稀釋，特定藝術家的作品變得越來越
昂貴。從汽車商人轉型成為藝廊經營者的澤田正彥曾對某藝術雜
誌誇耀道，他一手「控制著雷諾瓦的價格」。

　　金融公司讓人以抵押藝術品的方式借貸，貸款金額高達藝術
品價格的一半。不動產公司馬路可（Maruko）甚至讓人購買畫作
的股票——舉例而言，亞美迪歐・莫迪利亞尼（Amedeo
Modigliani）的《猶太女人》（*La Juive*）估價是1,200萬美元，馬路
可公司將它拆成單價10萬美元的股份發售。此外，馬路可公司也
設立了50億日圓的基金，專門購買畢卡索、夏卡爾、雷諾瓦等名
家的作品。馬路可發言人表示，基金成員都是公司原有的客戶，

不是獨立產權公寓投機者，就是不動產投機者，而這些人「在決定是否買入一件藝術品的股份時，不太在意藝術家的身分。他們要的不是畫，而是資本利得」。也有人抵押畫作，貸款購買股票與不動產。這成了財術的一個分支，和泡沫時代其他金融工具相當。

高爾夫俱樂部會員狂熱

　　1980 年代後半，藝術界出現了投資與消費混淆的現象，而這種現象在日本高爾夫球俱樂部會員方面更是顯而易見。日本將近三分之一的上班族都會打高爾夫球，這是許多企業員工旅遊的重要活動之一。高爾夫球這項運動在日本多了一種儀式性的意義：人們會用自己在高爾夫球俱樂部的會員等級，展示個人的社會地位，而且商人、政治人物與官僚都會花時間在俱樂部拓展人脈──對他們而言，人脈是社交與事業上不可或缺的一部分。[40]

　　由於高爾夫球俱樂部是會員的共同資產，當地價在 1980 年代飆漲時，隨俱樂部會員資格而來的不動產權也顯得越來越誘人了。1982 年年初，《日本經濟新聞》推出了「日經高爾夫會員指數」（Nikkei Golf Membership Index），這是從 500 間高爾夫球俱樂部會費平均價格計算出來的指數。高爾夫指數的基準是 100，後來在 1985 年上升到 160。該指數在廣場協議後那一年翻了 1 倍，在 1987 年 2 月發生「修正」下跌，但又很快恢復狀態，在 1990 年春季達到

40　范·沃爾費倫（Van Wolferen）《日本權勢》（*Japanese Power*）中提到，人們經常用俱樂部會籍賄賂政治人物。

將近1,000的高峰值。高爾夫指數成了日本非流動不動產市場的主
要指標。東京的小金井鄉村俱樂部（Koganei Country Club）入會
資格十分嚴格，只有35歲以上的日本男性得以成為會員，而在泡
沫時期，入會價格從1億日圓大漲到了4億日圓（270萬美元）。入
會費超過100萬美元的俱樂部有20多間，而全日本各間俱樂部的
會員價值，總共約2,000億美元。

　　支持高爾夫俱樂部會籍這個次級市場的，除了100名已登記經
紀人以外，還有數百名「非正式」經紀人，他們能抽取交易金額2％
的佣金。經紀人還會鼓勵人們購買新俱樂部的會員資格——1980
年代晚期，建設中的高爾夫球俱樂部有超過1,000家。如果向銀行
抵押會員證，還能借到高達90％的保證金貸款。除了抵押貸款以
外，會員證也可以用來籌錢投資股票。高爾夫狂熱從日本傳播到
了海外，日本不動產開發商買下了夏威夷大部分的高爾夫球場，
還開始規劃更多的球場開發案。[41] 1990年9月，中等規模的房地產
公司宇宙世界（Cosmo World）花費8億3,100萬美元，買下了加州
圓石灘度假村與高爾夫球場，這破紀錄的高價引起了「日本把美國
買光光」恐怖言論散布者的關注。

　　價格居高不下的藝術與高爾夫市場，齊備了經紀人、「股票」、
市場指數、保證金借貸、「修正」與壟斷行動，儼然是在模仿估價
過高、頻頻被人操縱的日本股市。無論在藝術或高爾夫市場上，
人們投機的目的除了獲得金錢以外，還有獲得地位這個目的。日

41　泡沫年間，日本人在夏威夷的投資不僅限於高爾夫球場，他們還大量投資了商用與居
　　住用不動產。東京不動產開發商川本源司郎以租禮車巡遊檀香山聞名，他若是看上任
　　何一幢房屋就會在路旁停車，提議用現金向屋主購買房產。

本投機者結合了改善物質生活的狂熱欲望，以及對地位的追求──也就是韋伯倫所謂炫耀性消費的「戰利品」──綜合以上兩點，日本投機者顯得和 17 世紀的投機者十分相像。梵谷的《向日葵》成了現代的「永遠的奧古斯都」鬱金香。

　　接近 1980 年代尾聲時，特定圈子開始對市場泡沫爆炸性的成長感到擔憂。日本人一般認為自己是由中產階級公民組成的團結社會，然而在資產價格上漲、投機獲利分布不均的情況下，日本社會上也出現了嚴重的貧富不均現象。在泡沫年間，最富有的五分之一人口的財富翻了 4 倍，而最貧窮的五分之一卻變得更窮了。社會上多了手握股票或房地產的暴發戶，卻也多出了「新貧」階級。此外，市場泡沫大部分的利潤都到了圈內人手裡，所有虧損卻是由圈外人承擔。上述情形顛覆了日本社會無階級的說法。傳統上，西方人在批評投機行為時，往往認為這類活動切斷了勞動與報酬之間的連結，侵蝕了人們的職業道德，而人們對於日本的泡沫也抱持相同看法。老一輩的勤儉工作狂越來越嫌棄泡沫時期的新人類，對他們奢侈的愛好與借貸習慣百般厭惡。日本一所研究機構用平時譴責西方人奢侈生活的詞語，將新人類批評為「享樂主義的自我中心者」。

　　泡沫經濟的「新人類」透過投機活動，推翻了原有的社會階級，令人聯想到 1690 年代交易巷裡，那些憑著土地所有權弱化了封建規制的「有錢人」。日本官方當初促進泡沫經濟時，並沒有料到這些社會層面的後果，而當官方終於決定戳破泡沫時，他們的首要考量也不是泡沫在經濟層面上有害的副作用，而是以控制社會秩序為目的。投機者們已然成為「成金」，日本社會上不存在屬

於他們的階級，因此他們對這脆弱的階級體系構成了威脅。到了最終，他們成了不得不從系統中移除的一批人。

▌泡沫的破滅

到了1989年年終，日經指數逐漸接近4萬點大關，比年初高出了27％，比十年前高出將近500％。股市本益比高達過往收益的80倍，本益比高峰則是在1987年，高達收益的90倍。這時，股票的股息只有0.38％，售價則是帳面價值的6倍。在1989年間，轉手的股票總價值是386兆4,000億日圓，平均每日交易量則是10億股左右。未清償保證金貸款額接近9兆日圓，是1980年的8倍。除此之外，1980年代這最後一年發生了多筆日本人購買外國資產的交易，其中包含金額最高的幾筆：三菱汽車花超過10億美元買下了曼哈頓的洛克斐勒中心，索尼（Sony）則進軍好萊塢，花34億美元買下了哥倫比亞影業。

根據野村證券的預測，日經指數將在1995年達到8萬點。就連平時抱持懷疑態度的《遠東經濟評論》也預測1990年會是經濟蓬勃發展的一年——問題是，它的分析漏了一個關鍵的細節。1989年年末，日本銀行行長澄田智被三重野康取而代之，前者在許多人眼裡是財務省的魁儡，絲毫未起到有效經營銀行的作用；而後者是職業中央銀行家，他時常公然誇耀自己不曾持有過任何股票。三重野行長為自己設定的目標，就是戳破泡沫。1989年聖誕節當天，他再次下令調高官方貼現率（貼現率已在那年5月上調過一次），四天後，日經指數達到了有史以來的最高峰。

1929 年 10 月與 1987 年 10 月的事件並沒有重演——日本股市沒有突然崩盤，而是像聖誕派對過後的一顆氣球，緩緩地洩氣了。到 1990 年 1 月底，日經指數共跌了 2,000 點。許多日本人將這個現象歸咎於外國人，認為是外國人在去年夏季新開的股票期貨市場上賣空使得市場衰退，但實際上，日本股市衰退是因為貨幣急遽緊縮。三重野行長揚言要使不動產價格下跌，而且是正好下跌 20％；見不動產價格在 1990 年年初持續上漲，他接連五次調漲利率，直到在 1990 年 8 月，利率達到了 6％。當時的長期債券產率超過 7％，平均股票產率則是 0.5％以下，日本股市已經失去了依靠。

財務省官員先前在上坡時期操縱市場，這時他們想控制市場下跌的情勢，卻沒那麼成功了。2 月初，股票的保證金要求從 70％下調到了 50％，然而沒過幾天，到了 2 月 21 日，日經指數卻又跌了 1,200 點。一個月後，在財務省的施壓下，四大證券商同意暫停發行股份或附認股權公司債，等到市場恢復狀態後再恢復相關業務。不久過後，日經指數在兩年來首次跌到 3 萬點以下，東京證券交易所的總資本額輸給了紐約證券交易所。日本官方持續想方設法支持股市：1990 年 9 月，當日經指數跌到 2 萬點以下時，官方命證券經紀商買入股票；保證金要求被調降到了 20％；官方命令壽險公司停止發售股票；政府延長了發行新股的禁令；一些公務人員退休基金與郵政儲蓄帳戶的資金被移入股市；官方甚至用多種會計欺詐手段，讓公共機構的股東打消售股的念頭。[42]

---

[42] 1992 年，政府宣布銀行得以將股票投資組合的虧損沖銷再往後延一年，企業也不必再對它們持股的市值做再估價。

證券經紀人輕蔑地將這些措施稱為「保價行動」，然而這些行動對股市的影響十分有限。股市在1990年10月短暫地上升——這種動態稱為「死貓反彈」——然後又繼續下滑，直到在1992年8月達到1萬4,309點的低谷，從高峰值下跌了超過60%。[43] 日本官方不肯讓股票與不動產價格大幅下跌，因此價格不會跌到出清價（買家等於賣家的價格），限制了市場自行清空多餘商品的能力——也就是熊彼得所謂的「創造性破壞」（creative destruction）。官方非但沒能減輕問題，這些失當的措施反而延長了泡沫後續的痛苦餘波（如我們在前面的章節所見，美國胡佛總統在1930年代早期的政策，也曾遭受相同的批評）。西方的經濟文章不再對日本的系統表示驚奇，也不再大力讚賞日本擁有大權的政府部門了。

1990年夏季，泡沫年間一直處於燜燒狀態的腐敗問題，終於在一系列的金融醜聞中爆發了。野村與日興證券都醜聞纏身，原來是它們替企業客戶提供的投機服務——保障報酬率的營業特金帳戶——發生虧損時，出現了補償相關的爭議。營業特金帳戶雖然不合法，財務省卻一直私下允許證券商使用這類帳戶。在一些圈內人受特別照顧的系統中，營業特金帳戶可說是疾病的症狀之一。當股市開始下跌時，人們對這類非正式協議的接受度就沒那麼高了。這次和過去的股市泡沫一樣，必須推出一隻替罪羔羊，以獻祭這頭羔羊的方式淨化全社會的罪孽。1990年6月，在虧損補償醜聞的風波中，大證券商野村的總裁田淵義久被迫辭去了總

---

43   1998年10月1日，日經指數收盤時跌到了1萬3,197點的新低，這時官方宣布了禁止股市賣空行為的計畫。

裁之職。這是金融界一次儀式性辭職事件，之後還會有許多人接二連三辭職，只求澆熄大眾的怒火。隔年又有新的醜聞傳出：有多家證券公司為了避免公布虧損，非法將這些損失轉移到不同客戶的帳戶，這種手法稱為「飛橋」（tobashi）。這回輪到大和證券與寰宇證券被揭發，它們的總裁都不得不下臺。

　　1991 年夏季，富士銀行涉嫌偽造價值 2,600 億日圓的存款憑證（也就是折讓單）。尾上夫人也幾乎在同一時期被捕——有人發現她透過大阪一間小銀行的員工，取得了價值 3,420 億日圓的偽造存款憑證，並用這些偽造的證書向日本興業銀行貸款。1991 年 10 月底，日本興業銀行董事長辭職了，尾上夫人則在數月前宣告破產，一夕間從日本最大的私人投資者，變為欠債最多的個人債務人。

　　泡沫洩氣的過程中，除了尾上夫人之外，其他大投機者也一一垮臺。小谷光浩被控侵占車樂美縫紉機公司的錢財，後來在 1992 年背負 2,500 億日圓債務宣告破產，然後他因「赤裸裸地操縱」藤田股票而被判 18 個月徒刑並暫緩監禁（但法院也宣稱，證券公司應為他的罪行「負部分責任」）。小谷的投機網路終於完全解開時，已經有一位位高權重的政治人物入獄、兩間大銀行的行長被迫辭職，還有牽涉到他的犯罪行為中的數十人——其中包括政治人物、黑道分子、公司董事與股市操作者等等——遭到揭發。

　　日本在 1980 年代晚期最賺錢的住友銀行也受大眾唾棄。在野心勃勃的董事長——「天皇」磯田一郎的推動下，住友銀行內化了泡沫經濟的價值觀，除了大幅擴展對不動產業的借貸以外，還利用特金帳戶增添利潤。和住友銀行關係匪淺的伊藤萬公司（Itoman）也深陷醜聞的泥淖，被控假造畫作的估價、從事非法的

股票支持行動，以及參與黑道相關的不動產交易，最後住友銀行不得不花超過20億美元救濟伊藤萬公司。另外，有人發現住友銀行一位分行經理說服客戶借款供石井進壟斷東急公司（後來壟斷行動失敗了），結果事情水落石出，大眾這才發現住友銀行和黑道首領石井進有來往。磯田為這場醜聞負起了責任，在1990年10月辭職。然而，住友銀行並沒有就此擺脫泡沫經濟的慘痛餘波——1994年，極道分子在一樁投機失敗的事件中謀殺了住友銀行一名經理，而到隔年，銀行因為泡沫年間的不良貸款，帳面上虧損了2,800億日圓。

先前宇宙世界公司併購圓石灘時，伊藤萬公司也買了些股票，結果那場併購行動也以失敗告終。1992年年初，宇宙世界公司售出了加州這座高爾夫球度假村，過程中虧損超過3億美元。這時，高爾夫會員指數已經從高峰值慘跌了將近50％，而隨著高爾夫球俱樂部會籍的交易熱潮逐漸消退，許多高爾夫經紀人都關門大吉了。缺錢的會員紛紛取消會員資格，這時俱樂部必須提供共超過10兆日圓的退款，但很多高爾夫球場開發商都已經將這些會費在股市上揮霍殆盡，現在自己也只能宣告破產了。

這時又有一波波醜聞傳開：茨城鄉村俱樂部（Ibaraki Country Club）獲准出售2,000份會員資格，沒想到警察突襲檢查時，卻發現它共售出了將近6萬份會籍；蓋茲比高爾夫球俱樂部（Gatsby Golf Club）的名稱令人聯想到描述1920年代奢侈生活的《大亨小傳》，而這間俱樂部也被查獲非法增加了會員人數，增加到人數限制的15倍。另外，有人發現極道分子石井販售偽造的岩間鄉村俱樂部（Iwama Country Club）會籍，籌得了380億日圓——重點是，

岩間俱樂部其實是公共高爾夫球場，並沒有私人會員制度。

　　藝術市場的下場和高爾夫球會員市場同樣悽慘，許多日本藝術品商人都涉嫌逃稅、詐騙等種種犯罪行為，因而被判罪。伊藤萬公司在1990年10月倒閉後，人們發現它附屬的不動產公司買了數千幅畫作，這些藝術品的估價文件都是假造出來的。公司用抵押這數千幅畫作的方式借貸，試圖規避限制不動產借貸的法規。至於藝術界的大投機者也紛紛惹上了麻煩：1992年3月，試圖壟斷雷諾瓦作品的澤田雅彥帶著超過6億美元的債務宣告破產，他收藏的2,000幅畫作被破產法院全數沒收。森下安道的阿斯卡國際藝廊（Aska International）在1994年結束營業時，它一度估價為300億日圓的畫作收藏盡數被債權人取走了。由於融資公司不願意出售貶值畫作、實現放貸的損失，畫作被它們裝箱存放，離開了大眾的目光，結果有許多名畫都直接消失了。1997年，華府國家藝廊（National Gallery）試圖將《琵耶蕊的婚禮》借去布展，卻一直查不到畫作的去向，也聯絡不上它當時的主人。

▍銀行系統的崩潰

　　隨著東京市場的股價下跌，東京作為全球金融首都崛起的美夢也破滅了。包括通用汽車在內，美國多間大企業都從東京證券交易所除名了。[44] 股市周轉率下滑到泡沫高峰時期的十分之一後，多間外國的投資銀行都賣了它們在交易所的席位。包括三菱汽車

44　到了1998年，東京證券交易所上市的外國企業名單只剩不到70間，不到倫敦證券交易所外國企業數量的八分之一。同樣在1998年，倫敦市場的總資本額超越了東京市場。

持有的洛克斐勒中心股票在內，日本許多知名的海外投資項目都以廉價出售。泡沫年代的國族主義與傲慢逐漸消退，日本開始全面撤退。[45]

日本經濟一步步朝衰退期走近，過去在泡沫年代由於資本十分廉價，國內產生了龐大的資本支出，這時演變成了生產能力過剩的問題。泡沫經濟的另一個靠山是消費者開支，而隨著「財富效應」逆向作用，消費者的開銷也逐漸減少了。政府宣布實行一系列的財政促進政策，意圖刺激經濟、使股市復甦。[46]

到了1992年年底，東京市中心的房地產價格跌到只剩高峰期的40％。由於銀行過度暴露於迅速跌價的不動產市場，銀行業危機也近在眼前。這時，分析師認為銀行的呆帳可能高達60兆日圓。1990年代中期，不動產價格持續下跌，評論者預測日本將如1930年代的美國，落入債務與通貨緊縮的惡性循環。1995年8月，日本經歷了戰後第一次銀行擠兌事件，存款人從宇宙信用銀行（Cosmo Shinyo）領出600億日圓，東京這間信用合作社大受打擊。不久之後，大阪一間大型信用合作社也發生擠兌事件，接著神戶發生地震，當地的小銀行——兵庫銀行，成為半個世紀以來第一間破產

45　通商產業省一位副省長對《金融時報》（1992年10月26日）坦承道，泡沫經濟應歸咎於傲慢：「我們變得過度自信、過度樂觀。我們該學著不沾沾自喜才是。日本人是非常有紀律的民族，但我們被泡沫沖昏了頭，不知怎麼忘了自己的紀律。」

46　政府在1992年3月宣布實行第一套財政政策，接著又接二連三推出了一系列促進措施。根據估算，日本政府從1992年到1998年11月，共宣布實施了價值85兆日圓（6,400億美元）的公共支出套裝措施。《金融時報》評論道，日本正在經歷「財政刺激疲乏」。日本陷進了凱因斯所謂的「流動性陷阱」（liquidity trap）：隨著經濟條件惡化，日本人減少消費，提升了本就過量的存款金額，結果延長並加深了金融危機。

的上市銀行。驚慌失措的存款人大排長龍，搶著向眼眶泛淚的銀行櫃員提款──這令人聯想到資本主義較早期，歷史上一些看似較不穩定的時代。接近1995年年底，政府不得不出資救濟多間住房貸款公司──在日本稱為「住宅金融專門公司」──這些企業累積了共6兆4,000億日圓的虧損，主要是幫派相關的借貸所致。1996年11月，官方放任阪和興業銀行破產。

　　一年過後，三洋證券成了二戰以降第一家破產的日本證券公司。接著在1997年11月，日本第十大銀行──北海道拓殖銀行倒閉了。11月21日，美國信用評等機構穆迪降低了日本四大證券商之一──山一證券的債務評級。據傳聞，山一證券將虧損隱藏在了海外；消息傳開後，市場很快就對這間證券商失去了信心，山一無法再展延短期債務了。1997年11月23日，正好到了山一創立一百周年，該公司卻宣告關門大吉。山一證券破產時的負債估計高達3兆2,000億日圓，這成為日本有史以來規模最大的破產事件。數日後，一名日本證券經紀人從東京一幢摩天樓頂墜樓自盡，根據新聞報導，他因為山一證券倒閉而損失慘重，再也活不下去了。

　　泡沫經濟瓦解過後九年，日本瀕臨全面性崩潰：國內銀行系統被難以估計的呆壞債務壓得喘不過氣來，各間企業的虧損金額都突破了過去的紀錄，而消費者也嚇得不敢花錢。隨著股市衰退，銀行的資本基礎縮水了──資本基礎的一部分，是銀行掌握的企業股票收益。1980年代的「隱藏資產」，到了1990年代竟成為隱藏虧損。根據估計，當日經指數在1998年10月短暫跌到1萬3,000點時，日本最大的19間銀行因交叉持股的虧損，總共高達5兆日圓。1998年9月，美國的評等機構標準普爾（Standard & Poor's）估算

道，儘管前些年註銷了多達數十億日圓的債款，日本銀行系統的
呆帳額仍高達約150兆日圓。[47]後續因為信貸緊縮，企業缺乏營運資
金。到了這時，人們在泡沫後對股票的厭惡情緒已到極致，日本
超過60%的個人資產都以現金形式存在，年利率不到0.5%。

▊ 日本經濟體制的危機

　　日本的泡沫經濟結合了過去多次投機狂熱的重要特質，舉例
而言，藝術與高爾夫市場的成長，和1630年代的荷蘭鬱金香投機
活動有些相似。歷史上第一次金融革命造就了1690年代的投機景
氣時期，而1980年代的泡沫經濟也部分歸因於布列敦森林制度瓦
解後的現代金融革命。逐漸走向自由化的經濟體，似乎都特別容
易受投機熱潮影響；日本企業發行的附認股權公司債可以轉換成
一般股份，類似1720年年金轉換成南海股份的概念。上述兩者——
無論是附認股權公司債與公司股份，或是年金與南海股份，都存
在一種循環影響的關係，以致股票漲價時，轉換權的價值（1720
年是年金轉換股份的權利，1980年代則是認股權轉換股份的權利）
也會跟著升值，進而使股份本身的價值上升。日本流行的「主題」
投機，包括奇蹟似的癌症療方、從雞膽汁提煉的抗愛滋藥物等等，
這令人聯想到南海年間那些荒謬的「泡沫公司」。

　　而允許日本各間銀行將持股計為資本的規定，讓銀行得以連

47　1998年年底，官方才遲遲對銀行業危機採取應對措施，將長期信用銀行（Long-Term
　　Credit Bank）國有化，並宣布推行一套60兆日圓的計畫，金額等同日本國內生產毛額
　　的12%，用以進行日本各間銀行的資產重組。

結信用創造與股價，可說是重現了 1720 年摧毀約翰‧羅的密西西比系統的缺陷。東京證券交易所的管制相當鬆散，以致操縱與腐敗行徑猖獗，刺激了美國鍍金時代與 1920 年代的投機活動。日本企業在泡沫經濟時期大肆購買外國資產；美國在 1901 年景氣時期也發生過類似的情形，當時隨著美國超越英國成為世界最大的經濟強權，美國人也開始了海外購物熱潮。不論是在 1980 年代的日本或 1900 年代的美國，傲慢的國族主義都推進了投機活動。而泡沫經濟過後，金融醜聞頻傳、資產價格緊縮、銀行業發生危機、日本經濟長期萎靡不振，這些狀況也近似美國曾經的經濟大蕭條。

　　泡沫經濟最能夠凸顯的，也許是投資者相信政府會承擔市場風險時的危險性（這是經濟學者提出的「道德風險」問題）。1980年代晚期，即使是懷疑者也一再被灌輸相同的信念：日本政府絕不會允許股價下跌，且日本的銀行與證券公司也都「大到不可能破產」。結果在幾年過後，泡沫破滅之時，這份信念終於露出了真面目──它不過是招致銀行破產倒閉的虛妄鬼火罷了。

　　道德風險問題在金融界已經是陳年舊題了，日本官方對於估值過高的股市提供支持，也不是史無前例的現象──1720 年，英國股東也相信南海公司受政府資助，因此自己投資南海股份就絕不可能虧錢。較近期的例子是 1997 年春季，只見人們瘋狂搶購在中國營運、在香港證券交易所上市的「紅籌股」（Red Chips）。紅籌股之所以誘人，主要是因為它們和中國政治人物掛勾，一些人主張一旦曾經被英國殖民的香港回歸中國，這些政治人物就不會允許紅籌股的股價下跌。1997 年 5 月，與北京市政府相關的新創公司──北京控股發行股票籌資時，發生了千倍超額認購的情形，

認股票據總額比香港的金錢供應量還要高。然而在短短數月後，北京控股的價格就從高峰價下跌超過60％，紅籌股就此失去了吸引力。當投機市場上出現「大到不可能破產」的說法時，危機很可能已經近在眼前了。

日本的經濟系統強調一致同意的價值，理應和無拘無束的西方資本主義不同。儘管全球經歷了金融革命，日本企業卻還是深受官僚體制的干預影響。我們可以從泡沫經濟看出，投機的「狂熱」與「傳染力」不僅能影響自由市場，還能夠感染受嚴密控制的經濟系統，只要是資本市場相對自由的系統都無法倖免。當泡沫經濟以金融危機告終時，日本再也無法回到從前的狀態了；日本經濟體制的要素——中央化產業規劃、行政指導、日本產業的授權集團、交叉持股、經連會團體、終身僱用、著重年資的升遷制度、個人的高儲蓄率，以及貶抑短期利潤考量、鼓勵長期主義與追求市場占有率的思想——都開始受到質疑，也可能會就此煙消雲散。

為了化解金融危機，官方不得不提出更多撤銷管制的保證，並且加強對金融市場的監督。投機活動一如既往地無視了傳統，將它的無政府特質發揮得淋漓盡致，摧毀了有著形形色色限制的日本經濟體制。回想19世紀的日本，當時政府施行鎖國政策，是培里海軍准將的「黑船」強行終結了日本的經濟孤立狀態；現在則是投機混亂的後果，逼迫日本逐步仿效西方的經濟模型。在未來，看不見的手想必會彰顯它的力量，而號稱只有三個季節的國度——日本也會與世界合流。

後 記

失控的經濟學家

……無論正確與錯誤，經濟學家及政治哲學家的
想法都比一般人的認知來得強大。事實上除此之
外，主宰世界之物寥寥無幾。務實的人們相信自
己不受任何知識影響，卻往往是某個已故經濟學
家的奴隸；掌握權勢的狂人在空氣中聽見的絮語，
實際上是從數年前某個三流學術作家的文字中蒸
餾出了癲狂。

——凱因斯，《就業、利息和貨幣的一般理論》

蘇聯解體過後，企業私有化與股市資本主義成了新世界秩序的必備元素。1990年代初期，舊蘇聯各地從華沙到蒙古都萌生了新的股市，資本開始自由流通，外幣交易也不受限制，這在經濟學者與西方政治人物眼中都再好不過了。在多個世紀的爭議過後，投機活動似乎終於變得體面了——這是1991年出版的一部華爾街歷史書中的論述：

> 舊時投機者因尋求最短期間內價格上升最多的股票而飽受譴責，然而此時，如此追求之人的活動不再受恥辱蒙蔽。投機活動已然成年；它能夠從容自在地與投資平起平坐；它也如證券市場本身同樣正當、同樣必要。

在現今的經濟學教科書中，投機者被形容為良性的經濟媒介，能夠幫助市場吸收新資訊，並使市場變得有效率。根據現代經濟學理論，投機者可以提升金融市場的流動性，減少企業取得資金的成本，進而提升經濟系統的生產能力。而且，投機者帶來的益處並不限於本土經濟，這些足智多謀的投機者還會到外國從事投機活動，為開發中國家的股市增進流動性。他們對開發中國家也有類似的正面影響，除了為當地企業提供資金以外，還可以推動經濟成長，並對全球資源的最佳化分配有所貢獻。

人們認為，投機者承擔了資本主義過程中無可避免的風險。1950年代早期，華頓商學院（Wharton School of Business）的朱利葉斯・格羅金斯基教授（Professor Julius Grodinsky）評論道：「在資本主義與自由企業經濟系統中，普通股投資者……真正承擔了

風險……（因為）無人知曉未來的利潤會在何處。」在投機者希望
能買到成長型股票的條件下，企業家得以在股市上籌募資本（這是
近年所謂的「首次公開募股資本主義」〔IPO capitalism〕）[1]，結果就
是有更多企業成立。投機者可能偶爾會虧錢，但整體經濟會因為
他們的活動而繁榮成長。諾貝爾獎得主威廉・夏普教授（Professor
William Sharpe）主張，在1990年代，美國人對股市風險的胃口變
大了，經濟因此變得更有活力。美國聯邦準備理事會主席葛林斯
潘也抱持相同的見解，他在1994年11月宣布：「冒險的意願，是
自由市場經濟成長的必備條件……假如所有儲蓄者與他們的金融
仲介都只投資無風險資產，那麼商業成長的潛力就永遠不可能實
現。」

　　此外，投機者也會仔細檢視政府的政策，判斷它們是否長久
可行或是否明智，並且使政治人物對人民負責。在1997年11月的
《金融時報》訪談中，中國異見領袖吾爾開希主張，股市在中國成
立後，逐漸創造了文明的社會：「股市有種魔力，能使人關心國家
的經濟政策……人民的意志一旦甦醒，就不會再沉睡了。」1990年
代早期，英國陷入看似永無止盡的經濟衰退，起因是英國政府將
英鎊與多種歐洲貨幣掛鉤，而這些歐洲貨幣中的主角則是德國馬
克。當時因為兩德統一而發生通貨膨脹的現象，在英鎊與歐洲貨
幣掛鉤的情況下，英國經濟系統的利率被一併拉高了，遠遠高出
英國國內條件理應對應的利率。1992年9月16日星期三，金融家

1　IPO是initial public offering（首次公開募股）的縮寫，在美國就是企業在股市上市籌資
　的意思。

與量子基金經理索羅斯前來營救英國工業，他的作法是花大筆錢財賭英鎊下跌，以此迫使英鎊貶值，硬是將英國踢出歐洲匯率機制（European Rate Mechanism）。結果英國利率下降了，不久後經濟也逐漸恢復狀態。現在回顧當初，「黑色星期三」反而成為值得慶祝的一天，應改稱為「白色星期三」更貼切。

另外，投機者也可以達到約束企業管理者行為的作用，逼管理者對他們的股東負責。投機者會尋找有價值的企業，用金錢鼓勵能創造價值且股價高的公司，而那些濫用股東資金且股價低的公司，則會被投機者屏棄。在這種情況下，1990年代的經營管理領域萌生了「股東價值」的流行說法；根據股東價值一說，企業高層的首要考量，應該是公司的股價。現代企業經常對管理者發配高階主管股票選擇權，使得管理者與股東的利害關係較一致，因此投機者基本上可以決定公司管理階層的報酬高低。投機者手裡握著鞭子，隨時能揮鞭驅動企業進步。

▌順勢而為的投機活動

上述支持投機的論述其實有兩個大前提：第一，市場的本質有效率；第二，投機者的行事動機是理性的，而且能達到穩定情勢的效果。經濟學者之所以提出效率市場假說，是因為他們觀察到**股價動態難以預測**這種特性。人之所以無法預測股價變化，是因為股價會時時刻刻反映所有與它們價值相關的資訊，以致只有在收到新消息時價格才會變動，而新消息本質上是隨機的，所以反映新消息的價格變化也有一定程度的隨機性。如前面幾個章節

所見，這所謂的「隨機漫步假說」（random walk theory）和股市泡沫的概念不相容，因為在泡沫形成時，投資者是對股價變化做出反應，而不是注意企業長期發展相關的新資訊（後者是經濟學家所說的「基本面」）。這種行為被稱為「順勢投機」（trend following），有大量證據顯示，它是1990年代金融市場上的關鍵特徵之一。

　　在美國各個股市上，順勢投機行為在近期又有了新稱呼：「動能投資」。動能投資法近年因為一些暢銷投資書而流行了起來，這些投資書作者建議人們買入上漲中的股票，賣出跌價中的股票（根據他們的說法，漲價的股票展現出了高「相對強度」〔relative strength〕，跌價的股票相對強度則較低）。[2]有不少人開始遵循動能投資策略，尤其是網路上的當沖客，這些人可以透過網路立即觸及市場資訊，以閃電般的高速下單交易。這種策略使個別股票變得非常不穩定，尤其是高科技公司的股票，這類股票成了20世紀晚期的投機「足球」。

　　從近期的經驗看來，外匯市場的職業交易人也開始出現順勢投機行為，這類行為逐漸成為市場的主宰，造成了不健康的效果——職業交易人遵循順勢操作策略買賣外幣時，甚至可能會創造出自證預言般的貨幣危機。當新興市場國家受金融危機衝擊時，外匯交易人會快速重新檢視鄰近國家的經濟情勢，他們知道如果附近其中一國失去信心，那就只能以提升利率的方式保護匯率了。而在高利率條件下，該國政府借貸的成本就會上升，政府如果有

2　將動能投資譽為最佳投資策略的兩部暢銷投資書，分別是詹姆士・P・歐沙那希（James P. O' Shaughnessy）的《華爾街上可行的策略》（*What Works on Wall Street*），以及《萬里富投資指南》（*The Motley Fool Investment Guide*），兩者都出版於1996年。

任何財政方面的弱點都會被放大。此外，利率調高後，當地資產價格也會下跌，對當地銀行與企業造成傷害。上述事件整體造成的影響，可能會導致貨幣貶值，甚至當銀行與當地企業大量借貸外幣時，還可能發生全面性的金融危機。如此一來，一個國家原本好端端的，卻可能因為人們突然失去信心的狀況傳染蔓延，結果國家經濟嚴重受損。衡量種種條件後，交易人們發現自己繼續持有這麼一個國家的貨幣也沒什麼好處——套句交易人的慣用語，這時「不用動腦筋也知道」要將該國貨幣賣空。

　　1994年年底的墨西哥金融危機，就是投機者順勢操作時引發的自證預言，後來信用危機還襲捲了其他新興市場。這場危機被稱為「龍舌蘭酒效應」（Tequila Effect），後來是美國與國際貨幣基金組織（International Monetary Fund）合力用大量資金救濟墨西哥，墨西哥才得以擺脫危機。短短兩年多過後，泰銖在1997年夏季貶值；即使一些經濟學者主張「基本面」不足以解釋人們喪失信心的現象，泰銖貶值仍觸發了東亞多國貨幣貶值與股市崩盤。[3]

　　然而，當亞洲金融風暴致使受波及的國家利率上升、人們破產與失業，以及經濟情勢陷入混亂，經濟條件還是很快就發生了變化。事後回顧亞洲的經濟狀況，我們就會發現，人們喪失信心也是合情合理。[4]由此看來，索羅斯提出的「反身性」起到了作用，

3　傑佛瑞・薩克斯（Jeffrey Sachs）與史蒂文・拉德萊特（Steven Radelet）主張，1997年亞洲金融風暴之所以發生，是因為外國債權人不以基本面為行動基礎，而是根據他們想像中其他債權人可能的行為，決定自己接下來該採取什麼行動。

4　1997年9月，馬來西亞總理馬哈地醫師在國際貨幣基金組織與世界銀行會議上，對聽眾提出了反對外匯交易的論述：「當他們（西方投機者）用大量資金與沉重的重量，隨心所欲讓股價上下波動，並從其他操縱行為中獲取高額利潤時，那就不能指望我們歡

投資者的感官認知塑造了現實。

　　效率市場倡議者主張，只有在政府施行差勁的政策──例如英國1992年過高的利率，或是俄羅斯在1998年少收稅款──之時，才有可能發生外匯危機。他們特別提出，固定匯率可說是對投機者的公開邀請，投機者會探索他們能找到的任何弱點。話雖如此，因外匯交易人群眾活動而受害的國家，並不限於固定匯率制國家。麻省理工學院的保羅・克魯曼教授（Professor Paul Krugman）觀察了不施行管理通貨制（managed currency）的日本，注意到日圓相對美元的升值與貶值：在1993年，120日圓可兌換1美元，在1995年80日圓就可兌換1美元，這兩年間日圓升值了；後來日圓開始貶值，在1997年變回120日圓兌換1美元。根據克魯曼的觀察，日幣相對美金的匯率變化，似乎是交易人順勢操作的結果，而沒有反映兩國基本面的變化。日圓在1993年到1995年升值，對當時經濟狀況不佳的日本造成了極大的創傷。索羅斯主張道：「在自由變動的匯率系統中，投機交易的比重會變得越來越重，而與此同時，投機行為會逐漸趨向順勢性質，導致匯率擺盪逐步加劇。」

▎危險的衍生性金融商品

　　根據大多數金融教授的說法，衍生性金融商品在資本主義系

迎他們了⋯⋯這龐大的交易除了使交易人獲利以外，並沒有為世界帶來任何實際益處。它沒有創造任何實質工作、沒有供一般人享用的產品或服務⋯⋯我想表達的是，貨幣交易不必要、無生產力且不道德，應該被立法禁止。」

統中有極其關鍵的功能。在布列敦森林體系崩潰後國際匯率浮動
的年代，企業能為各自的風險暴露採取避險措施並提升生產力，
都應歸功於衍生性金融商品。諾貝爾獎得主默頓‧穆勒教授大力
推崇衍生性金融商品，並在近期評述道：「事實和大眾普遍的認知
相反，其實衍生性金融商品非但沒使世界變得危險，還讓世界變
得**安全**許多。」聯邦準備理事會主席葛林斯潘也抱持相同想法，大
力支持衍生性金融商品市場在無管制條件下成長。[5]經濟學家認為衍
生性金融商品單純是「風險管理工具」，但這種說法其實禁不起推
敲。

許多新的衍生性金融商品都太過複雜，令人摸不著頭腦，就
連索羅斯也宣稱自己不太了解衍生性金融商品的功能，因此甚少
使用這些商品。[6]過去被人徹底參透的金融風險，如今變得晦澀難懂
了。[7]索羅斯等人主張，許多新的衍生性金融商品除了促進投機活動
以外並沒有作用──而在促進投機這方面，它們最主要的功能是

5　葛林斯潘主張，衍生性金融商品創造出了最有效率的機制，可以用最低的成本，將資
　　本導向最合適的使用者：「這是比過去更精確的系統，不但可以獎勵創新，還可以懲戒
　　私人投資或公共政策的錯誤。」1998年夏季，葛林斯潘主張：「電腦與電信科技戲劇性
　　的進步」，結合「金融商品精密程度的大幅提升」，有效地將「少量存款導入了我們最有
　　潛在價值的生產性資本資產（productive capital asset）」。

6　1994年4月，索羅斯對眾議院銀行業委員會表示：「（衍生性金融商品）太多了，其中一
　　些十分深奧難懂，即使是經驗最豐富的投資者也無法完全理解它們相關的風險，我自
　　己也一樣。這些金融工具當中，一些似乎經過刻意設計，讓公共機構投資者避開相關
　　限制，從事冒險賭博行為。」

7　英國國會議員理查‧湯姆森（Richard Thomson）觀察到，衍生性金融商品市場上有很
　　多活動都毫無用處：「它們的作用是將人們熟悉且十分了解的風險切割後，重新包裝成
　　少有人了解的新風險。」

讓基金經理規避審慎的投資規範。[8]曾有人提問：「LIBOR立方轉換」（LIBOR-cubed swap）這種證券是將倫敦銀行同業拆放利率（London Interbank Offered Rate，LIBOR）——大宗業務貨幣市場的利率——的變化自乘三次，可是這種設計究竟可以達到什麼避險效果呢？它避的到底是什麼險呢？至於「德州避險」（Texas hedge）則是組合了兩個相關的衍生性金融商品部位，但它非但沒能抵銷兩者的風險，反而將兩者的風險相加了，這種衍生性金融商品的實際目的究竟是什麼呢？

此外，場外交易金融商品也可能對發行這些商品的投資銀行構成威脅。在1996年年底，美國某十間銀行帳簿上的衍生性金融商品價值共將近16兆美元，為了達到為部位避險的效果，這些銀行必須不停買賣選擇權價值的來源，也就是衍生性金融商品相關的資產（股票、債券與貨幣）。這種活動稱為「動態避險」（Dynamic hedging）或「Delta避險」（Delta hedging），銀行必須在價格下跌時售出相關資產，價格上漲時買入相關資產。索羅斯警告道，在市場恐慌時期進行Delta避險，可能導致嚴重的「金融錯位」。Delta避險的效果取決於市場流動性，而從1987年10月投資組合保險策略的失敗可以看出，當你最迫切需要流動性時，市場可能不巧缺乏流動性。經濟學家安德魯・史密瑟主張，由於人們忽視了市場失去流動性的可能性，因此股票選擇權的估價從根本上就

8　1994年12月，美國加州橘郡市當局破產時，正好印證了這些疑慮。橘郡70多歲的財務主管鮑伯・西倫（Bob Citron）買了多種衍生性混合債券——又稱連動式債券（structured note）——導致橘郡市政府損失17億美元。西倫據稱數學能力和小學生無異，卻為了規避審慎的投資規範並對他的投資組合開槓桿，轉而購買衍生性金融商品。

錯了。結果就是，當市場嚴重衰退時，可能會引發銀行倒閉的危機。史密瑟指控金融管制者患有「災難近視」。

　　1992年5月，所羅門兄弟銀行前任首席經濟學家亨利‧考夫曼博士（Dr. Henry Kaufman）在評論華府衍生性金融商品的成長時，宣稱自己想不到「還有什麼領域在出錯時，可能使全球進入大混亂狀態」。紐約聯邦儲備銀行前任行長傑拉爾德‧科里根（Gerald Corrigan），過去在1987年10月負責監督聯邦準備系統的救援行動，後來到了1994年，他警告道：「金融市場的複雜程度與日俱增，可能使專門的風險監管動作無效化。」一年後，科里根在國際貨幣基金組織會議上表示：「我深信，若1987年股災在今天重演，要控制情勢必然比當年困難許多……」更近期，《衍生性金融商品：金融界的野獸》作者阿爾弗雷德‧斯泰因赫爾將衍生性金融商品描述為「金融危機的炸藥，同時也是傳輸到全世界的保險絲。可惜它的引火裝置似乎不受控制」。[9] 聯邦準備系統卻持不同的意見，阻攔了管制場外衍生性金融商品市場的行動。

▌避險基金狂熱

　　避險基金是20世紀晚期投機性質最純粹的投資工具，避險基金經理會參與全球多個市場的交易——包括外匯、商品、股票與債券——目標不是長期投資，而是預測市場變化的方向，或者順

9　斯泰因赫爾在文中提到，G30小組（Group of Thirty）在1997年調查了最主要的幾間金融機構，得出的結論是，接下來數年內，全球金融系統受嚴重擾亂的機率約是20%。

勢進行操作（避險基金的批評者經常提出這一點）。效率市場假說支持者十分推崇避險基金，卻有一些評論者認為避險基金除了風險過高以外，還是使金融系統不穩定的因素之一。

避險基金經理一般可獲得投資利潤的一部分（通常是20%左右），卻不必承擔虧損，他們因此更樂意參與風險較高的交易。索羅斯就曾指出他這一行風險與報酬不平衡的問題，並在1994年5月呼籲中央銀行對巨型避險基金施加管制。「我認為，」他補充道，「不受管制的市場存在本質上的不穩定性……管制者有必要進行管制。」亨利・考夫曼博士則指出了幾檔避險基金不安全的交易策略，並表示這些策略形成「金融系統的軟肋」。1994年4月，添惠證券公司（Dean Witter Reynolds）的首席投資策略師威廉・E・道奇（William E. Dodge）表示，我們缺乏個別交易的金額與交易條件的資訊，這點著實令人擔憂：「投資避險基金的規模已經變得太大，以致……它們若是失利，（它們）將會對銀行業系統構成整體上的威脅，進而危害社會的金融結構。」

在當時，少有人將這些人的警告聽進去。索羅斯在1994年4月對眾議院銀行業委員會提出了施行管制的建議，但共和黨不巧在同年稍晚控制住國會，過程中收取了其他避險基金經理提供的高額政治獻金，結果管制避險基金的行動就不了了之了。聯邦準備理事會主席葛林斯潘也以遊說的方式反對政府管制避險基金，他認為管制只會使避險基金移往海外（大部分避險基金本就登記在國外，避開金融管制者的目光）。聯邦政府甚至在1996年放鬆了管制規定，讓個別避險基金的投資者上限從100人上調到500人。與此同時，業者找到了法規中的多處漏洞，以鑽漏洞的方式吸引較

不富裕的投資者加入避險基金遊戲。

擺脫了管制的威脅後,避險基金數量快速增加,原本在1990年還不到200檔,到1998年夏季已經多達1,200檔左右了。在這同一時期,避險基金管理的資金總額從200億美元以下,成長到了1,200億美元左右。[10]這個數值沒能表現出避險基金真正的影響力,因為許多避險基金的資產負債其實包含多次槓桿的負債,而有了衍生性金融商品,它們就能創造遠高於資本額的投資曝險(investment exposure)。在牛市期間,大部分避險基金成功運用槓桿賺得了高比率報酬,因此在公園大道大受歡迎。1997年,美國人又將400億美元投入了避險基金。

▌LTCM 危機的一記警鐘

在1997年亞洲金融風暴過後,對避險基金的批評聲浪加劇了,有人指控多檔基金串通壓低市場價格。馬來西亞首相馬哈地・穆罕默德醫師主張,避險基金經理是「全球經濟的攔路賊」。索羅斯對馬哈地的指控不以為忤,宣稱自己在市場上的活動並沒有造成亞洲金融風暴,自己也沒有從金融風暴中得利。儘管如此,人們依然認為避險基金侵蝕了外匯的穩定性。[11]1998年夏季,香港政府

10　數據出自《經濟學人》(1998年6月13日)。《紐約時報》(1998年10月1日)引用了一份較近期的報告,報告指出,1997年年底的避險基金數量多達4,500檔,它們的資產總額則是3,000億美元。根據估計,避險基金的平均槓桿大約是5倍。

11　後續研究證實了索羅斯的言論,也為其他避險基金脫罪,證明了造就亞洲金融危機的罪責不在它們身上。史蒂芬・布朗(Stephen Brown)、威廉・戈茲曼(William Goetzmann)與詹姆斯・帕克(James Park)主張,1997年6月到9月,各檔避險基金對

堅稱港幣與股市受到多檔避險基金的聯合攻擊，作為回應，香港政府禁止股票賣空交易，並對當地期貨市場加諸了限制。

1998年8月，俄國同時發生債務不履行與貨幣貶值兩大事件，這時避險基金經理再次面對難關。先前有多檔避險基金花大錢投資俄國政府的高產短期債券，基金經理滿心認為西方強國會出錢替俄國解圍（他們的想法是，俄國「大到不可能破產」）。當這些債券變得幾乎一文不值時，避險基金不得不拋售其他投資項目，回應債權人的追加保證金通知（他們這時遇上的問題，類似1929年10月美國保證金投機者的遭遇）。避險基金被迫將持倉脫手，使得俄國的經濟危機擴散成為全球危機，股市與債券市場接連崩盤。回想數月前，投資者還懷有雄心壯志、願意承擔任何風險，現在他們紛紛逃去買相對穩定的美國與德國公債了。

絕大多數避險基金都在1998年8月虧了錢——其中一檔貼切地命名為「高風險機會中心基金」（High Risk Opportunities Hub Fund），它後來甚至被迫清算。因俄國金融危機而陷入窘境的大型基金當中，包括索羅斯的量子基金，它在8月虧損了20億美元，而不久前剛成立、由所羅門兄弟銀行前副董事長約翰・梅利威瑟管理的長期資本管理公司（Long-Term Capital Management，簡稱LTCM）也損失慘重。之前還在所羅門兄弟銀行時，梅利威瑟手下

馬來西亞令吉的暴露程度相當低，其中甚至有許多檔避險基金在風暴期間以購入令吉的方式空頭回補。國際貨幣基金組織研究員巴利・艾肯格林（Barry Eichengreen）與唐納・馬提森（Donald Mathieson）也得出相同的結論，他們主張「宏觀」避險基金（做貨幣賭注的避險基金）數量太少，它們控制的金額也太低（1998年夏季，它們總共控制約300億美元），很難造成貨幣危機。

一名債券交易人在1991年試圖操縱美國國庫票據市場，於是梅利威瑟離開了所羅門兄弟銀行，在紐約附近繁華的康乃狄克州格林威治近郊地區成立了LTCM。投機者在格林威治鎮人口當中占比相當高，鎮上高檔的濱海大街甚至被當地人稱為「避險街」（Hedge Row）。

　　梅利威瑟的合伙人包括兩位曾任金融教授的人物──麥倫‧休斯與羅伯特‧默頓（Robert Merton），兩人對衍生性金融市場的開發作出不少貢獻，在1997年10月共同獲得諾貝爾經濟學獎。在他們獲獎時，《經濟學人》恭賀兩位教授成功「將風險管理從猜測遊戲轉變成科學」，但其他評論者就沒那麼雀躍了。《巴倫周刊》記者艾倫‧艾伯森（Alan Abelson）就對那年的諾貝爾獎項懷有偏見，他寫道：「這兩人奪得了高高在上的榮耀與隨之而來的金錢，原因是他們想出了衡量股票選擇權價值的公式，在鋪路讓股票選擇權驚人地大幅成長的同時，也讓選擇權走上了成為大規模殺傷性工具之路……這兩個傢伙巧妙地構思了驅動（1987年10月）股災的終極誘惑，卻贏得諾貝爾獎。祝你們股災周年快樂！」

　　LTCM僱了金融界最精明的交易人與最善於理論思想的人才，吸引到華爾街菁英人士的資金。投資該公司的人物，包括美林證券的經理大衛‧科曼斯基（David Komansky，他和122名美林證券同僚共投資了2,200萬美元）、普惠投資公司（PaineWebber）執行長唐納德‧馬龍（Donald Marron），以及貝爾斯登公司（Bear Stearns）執行長詹姆斯‧凱恩（James Cayne）。其他投資者包括中國銀行（Bank of China）、瑞士的私人服務銀行寶盛銀行（Banque Julius Baer）、前好萊塢經紀人麥克‧奧維茨（Michael Ovitz），以

及管理顧問公司麥肯錫（McKinsey & Co.）的多名合伙人。招攬這麼多赫赫有名的投資者後，LTCM可說是成了避險基金中的勞斯萊斯。

　　這檔基金在1994年年初開始經營，策略是使用休斯與默頓發明的數學技巧，尋找不同等級的債券之間微小的估值異常，並買賣「總收益互換」（total return swap）這種債券衍生的金融商品。該公司的特長是當時所謂的「趨同操作」（convergence play），它對不同債券做多或做空，並預期不同債券的價格會逐漸趨同。這是一種以歷史上價格變化規律為基礎的投機類型，作法是將歷史資料外推，預測未來的價格走向。此外，LTCM也從事「風險套利」——因艾凡‧博斯基出名的一門生意——在企業併購時交易股票。LTCM的股票部位處於「市場中性」狀態，意思是它並沒有賭股市的整體動向，而是對不同股票做多或做空。理論上，只要它維持市場中性，就不會受市場下跌的趨勢衝擊。起初，LTCM的策略十分成功：1995年與1996年，它的基金投資報酬率分別是59%與44%。到1997年年底，梅利威瑟得以將27億美元資本歸還給原始投資者，保留將近50億美元繼續從事投機活動（後來，人們發現基金歸還資本時，並沒有減少它的持倉，意思是它加大了槓桿）。

　　這檔避險基金美好的進程在1998年9月初戛然而止，這時梅利威瑟宣布公司在上個月虧損了約20億美元，大約是資本額的一半。梅利威瑟逞強地宣稱自己仍看見「出色」的投資前景，之後會向投資者籌募更多資金。話雖如此，投資者卻沒被他說服，三周後傳出紐約聯邦儲備銀行準備救急的消息——紐約聯邦儲備銀行召集了科曼斯基的美林證券、馬龍的普惠投資公司等多間投資銀

行，準備將34億美元注入LTCM，換得基金90％的份額。與此同時，人們發現這檔避險基金的資本基礎已經縮減到少於10億美元，卻累積了大約2,000億美元的負債。美國多間投資銀行對該公司提供了等同抵押物價值100％的貸款（也就是所謂的「零保證金貸款」〔zero-margin loan〕），然而這些銀行大方放貸時，並沒有考慮到梅利威瑟與合伙人向他們競爭對手籌募的貸款款項。有了這些借款，再加上衍生性金融商品，LTCM在市場上建立了價值約1兆4,000億美元的部位。

救濟行動過後不久，數間投資銀行宣布了提列給LTCM的放款為備抵呆帳[12]，其中損失最多的是歐洲最大的銀行──瑞銀集團（UBS，原名瑞士聯合銀行〔Union Bank of Switzerland〕）──它對梅利威瑟的合伙人放貸後，虧損了6億8,600萬美元（瑞銀集團的作法十分符合1990年代的風格，它並不是直接放貸，而是提供了未避險的「結構性權益交換」〔structured equity swap〕）。

LTCM投資了價值5億4,100萬美元的美股（這個金額並不包括基金的股票衍生性金融商品部位），其中包括共1,800萬美元的貝爾斯登公司股票，而證券經紀公司貝爾斯登的執行長則花了1,000萬美元投資LTCM。華爾街許多大人物都以個人名義投資了LTCM，該避險基金陷入窘境時得到了零保證金貸款的優待，而銀行家後來又用自家股東的錢救助這檔避險基金──保住了自己以

12　編按：指針對放款可能發生的損失提列之準備。

個人名義投資的至少10％投資物件──這些情形都令人聯想到1920年代，查爾斯‧E‧米歇爾（Charles E. Mitchell）與其他華爾街銀行家的行徑。儘管如此，我們也不能說華爾街前來營救梅利威瑟，純粹是為了保護高層經理們的個人投資。其實當時的情勢十分嚴重，遠遠超出了個人虧損的範疇，有人提出，LTCM的部位如果全數強制清算，可能造成約14兆美元的損失，這些損失勢必會嚴重破壞全世界的資本市場，並威脅到銀行的自營交易部位（這些都是高度槓桿的投資部位，和LTCM的投資部位極為相像）。最終，沒有人願意承擔這巨大的風險，因此各家投資銀行迅速安排了救濟LTCM的計畫。

雖然華爾街沒有人立即因此次風波辭職（只有瑞銀集團董事長辭職），投資者還是很快就失去了對投資銀行的信心，在那年夏末秋初，投資銀行股價平均下跌50％以上。高盛銀行數月前才剛發布一份報告，宣稱避險基金比其他形式的集合投資（collective investment）安全，這下卻只能將發行避險基金的計畫推遲了。美林證券出資救助LTCM後，過幾天就宣布裁員，一口氣裁減3,000名員工。

義大利中央銀行拋棄了中央銀行的傳統角色，不再守護貨幣穩定性，改而從事投機活動。1990年代早期，馬來西亞的中央銀行──馬來西亞國家銀行（Bank Negara）以強勢的手段投機外幣，唯有在嚴重虧損過後才放棄外幣投機活動。在1990年代，世界各地的中央銀行家都縱容自己從事某種形式的投機：他們售出價格逐漸下跌的黃金，用賣資產換得的錢去購買價格漸漲的美國國庫長期債券。他們的策略和許多避險基金的策略相似，所以會有中

央銀行投資LTCM，其實也不令人訝異。1999年年初，巴西中央銀行公布了新任行長的身分，他過去曾是索羅斯量子避險基金的常務董事。

　　LTCM這場風波，也損害了美國聯邦準備系統的聲譽。梅利威瑟的合伙人當中，包括聯邦準備理事會前任副理事長大衛・穆林斯（David Mullins）；數年前，所羅門兄弟銀行爆發操縱債券的醜聞時，聯邦準備系統派穆林斯負責調查事件，結果導致梅利威瑟離開所羅門兄弟銀行。在當時，司法部（Department of Justice）對兩檔規模較大的避險基金──斯坦哈德管理公司（Steinhardt Management）與凱克斯頓公司（Caxton Corporation）──提出了聯手操縱市場的指控（兩間公司最後付了7,000萬美元罰金，但沒有認罪）。後來所羅門兄弟銀行的前副董事長成立LTCM避險基金時，穆林斯加入了該公司，顯然不認為這和自己的上一份工作有任何利益衝突。換作在日本，這種作法其實相當常見，他們甚至用「天降」（amakaduri，是「天神下凡」的意思）一詞形容政府官員在自己過去管制的產業從事業界工作的慣例。

　　穆林斯的友人與前同事葛林斯潘也同樣因LTCM的事件而丟盡了顏面──過去數年，葛林斯潘一直極力抗拒管制衍生性金融商品市場與避險基金活動的聲浪，而在救濟行動前兩到三周，葛林斯潘還言之鑿鑿地對國會宣稱，避險基金「受到放貸者強力管制」。結果，LTCM的槓桿活動明顯顯示，放貸者並沒有達到強力管制避險基金的效果。在牛市年間，葛林斯潘發表了多場模稜兩可、意味不明的演說，呼籲眾人注意投機行為的危險，同時卻也祝賀走上了經濟復甦之路的美國。在救濟LTCM的行動過後，針

對葛林斯潘的怨言傳了開來，某些人認為他沒能有效抑制股市泡沫的成長，而這個泡沫的部分成因就是貨幣過度成長。在不久前，葛林斯潘還被一名國會議員譽為「國寶」，此時他的名聲似乎變得和股市同樣脆弱了。

　　LTCM的救濟行動過後不久，葛林斯潘的上一任聯邦準備理事會主席保羅・沃克發問道：「憑什麼聯邦政府的分量，非得用以救援私人投資者不可？」沒有人回答沃克的問題，葛林斯潘與財政部長魯賓卻堅稱這在技術上而言並不是「救濟」，因為這場行動中用的並不是聯邦政府的錢。[13]數年前，僱有5,000名員工、創立於19世紀的德克索投資銀行被華爾街上那些對它心懷妒忌的競爭對手拋棄，因流動性問題而倒閉時，聯邦準備系統選擇袖手旁觀。至於LTCM只有200名員工，而且還是四年前剛成立的新企業，合伙人與投資者卻大多是金融教授、中央銀行家與華爾街菁英，結果被視為比德克索銀行更加重要的企業，而且據稱「大得不可能破產」。

　　1920年代，培哥拉律師曾出言指控與批評華爾街的「正面我贏，反面你輸」理念，而如今明尼蘇達州的民主黨眾議員布魯斯・F・文托（Bruce F. Vento）彷彿重複了培哥拉這段話，指控葛林斯潘有著「雙重標準：一是對大眾，一是對華爾街」。美國經常責怪亞洲各國施行「裙帶資本主義」，然而聯邦準備系統參與了LTCM

13　巴菲特曾試圖開價收購LTCM，卻被拒絕——這件事也沒有人解釋得通。（據說巴菲特開出的條件沒給LTCM的合伙人或投資者留下任何殘餘價值，而在聯邦準備系統主導的救濟行動過後，這些投資者與合伙人手裡還保留了原始投資的一部分，年報酬率仍有17%。）

救濟行動，看上去就是裙帶資本主義中常見的現象。因此，在全球金融危機這個關鍵時刻，美國政府的道德權威，以及它為他國制定經濟政策的能力，同時大打折扣了。

　　在LTCM那場危機過後，避險基金產業自然無法全身而退。根據避險基金辯護者的說法，避險基金從事的是分散風險的工作。但是，梅利威瑟與合伙人非但沒有分散風險，反而集中與濃縮了風險，方法近似1980年代勞合社（Corporation of Lloyds）[14]那些粗心大意的保險業者的行為。一派人認為投機者能有效扮演金融風險保險者的角色，但實際上，這種想法存在缺陷。壽險業者可以基於緩慢變動的死亡率所衍生出的生命表，在相當有信心的情況下制定政策；投機者就不同了，他們只能憑著品質不佳的統計資料，設法制定策略。投機者不僅得面對資料品質不佳的問題，其他投機者的活動也會時時改變市場條件，這種情況下，他們很難靠過去的資料準確地預測未來。最終，靠LTCM為投資部位「避險」的各間銀行，為了確保自己能存續下去，不得不接手管理自己所仰賴的保險企業。

　　自由派經濟學者另外主張，避險基金使世界各個金融市場增加了流動性。然而，當LTCM處於破產倒閉邊緣時，它所在的市場——高產債券、新興市場債券、可轉換證券與不動產抵押貸款

14　編按：又稱勞埃德保險社，是英國的一間保險人組織。該組織只是個管理機構，本身不承擔保險；保險業務由參加該社、取得會員資格的保險人承保。從最初單純的海上保險，勞合社陸續發展出各式各樣的保單，帶動了整個保險制度的進步及發展。

證券（mortgage-backed issues）──都因流動性乾涸而跟著凍結了。結果就是，企業取得資本的成本提升了。即使在救濟行動過後，金融市場仍然動盪不安，這時投資者偏好現金、盡量避免長期風險（這是「資金安全轉移」〔flight to safety〕現象），進而在世界各地的股票與債券市場引起了騷亂。許多避險基金之前都用日圓低價借貸，用這些錢從事投機活動，而在救濟行動過後，避險基金的債權人迫使它們重新結算槓桿部位，導致那年10月的一周內，美元相對日圓大跌了20％，世界最大的幾個貨幣市場還是首次發生如此極端的動盪。救濟行動過後不久，在百慕達一場避險基金研討會上，世界最大避險基金──老虎基金（Tiger Fund）的經營者朱利安‧羅伯森（Julian Robertson）發言支持索羅斯的說法，呼籲政府加強對避險基金產業的管制（那場會議原本的主題是「如何處理排山倒海湧入的資產」，卻匆忙改名為「危機與修正：避險基金的牽涉範圍」）。

LTCM的風波，另外引起了關於衍生性金融商品市場迅速成長的疑問。我們在前面看到，金融教授主張衍生性金融商品很少被用於投機目的，但梅利威瑟的避險基金雖然是由全球最優秀的「風險管理專家」操作，卻肆無忌憚地利用衍生性金融商品，建立了投機史上最大、槓桿程度也最高的多個部位。根據報告，LTCM內部的槓桿比例超過了100倍，且合伙人持有的大部分股票都是借錢買來的。

LTCM這次險些破產，反映了它根本的知識原則是多麼敗壞枯竭。這檔避險基金的交易策略有個主要缺陷：它認定不同資產之間的關係會維持不變，可以當作未來投機活動的基礎。LTCM避險

基金對自身秉持的理論深信不疑，以致於它的電腦辨識出偏離常態的微小分歧時，公司用大量籌碼下了賭注。現代衍生性金融商品界的核心，就是休斯與默頓發展出的選擇權定價公式，而這條公式的先決條件是，過去的市場不穩定性可以用於推測未來的不穩定性。如果將這個前提套用在汽車上，就等同開車時不看前方道路，只看後照鏡——如果路線都是直行，那可能沒問題，但需要拐彎時問題就大了。這和效率市場假說所產生的所有實務理念有一大共同點：它最基本的信念是，當你在實務上運用金融理論時，潛在的現實並不會發生改變。這就是1980年代投資組合保險的失誤所在，十年後衍生性金融商品市場上也仍然存在這個缺陷。如果市場沒有效率，而是受混亂的回饋循環影響，那麼1990年代圍繞著衍生性金融商品打造的整套金融架構——暴險金額高達50兆美元的金融架構——可說是完全建立在搖搖欲墜的基礎之上。

　　即使在選擇權定價領域之外，效率市場假說也潛移默化地影響了現代金融界的種種慣例。舉例而言，流行一時的「股東價值」與企業股票選擇權方案、資本資產定價模型（號稱可以用「科學」計算企業資本成本的模型），以及股票指數基金等熱門投資物，或多或少都奠基於「市場有效率地為股票定價」這個前提之上。問題是，如果效率市場假說不成立——舉例來說，假設投機亢奮確實會使股價遠離它們的「內在」價值——那我們就得改革這些投資慣例與方法了。近期，歷史學家詹姆斯・巴肯主張：政治經濟「和地理大發現前夕的經院哲學處境相當，即將引爆」。LTCM的危機顯示，也許唯有在金融系統內爆過後，人們才有可能完全駁倒現代經濟學理論。就如一間風險管理公司的經理對《紐約時報》所說，

那場危機是「一聲警鐘」。這還真是貼切的比喻。

▍在自由與約束之間擺盪

　　凱因斯和默頓、休斯不同，他是憑藉成功的個人投機經驗得出了結論：市場本質上並沒有效率。凱因斯在《就業、利息和貨幣的一般理論》中，將投機行為定義為：試圖預測市場心理變化的行為。他拿投機活動與多種遊戲相提並論，其中包括快照（snap）[15]、抽鬼牌（old maid）與大風吹（musical chairs）。凱因斯接著又換一種譬喻，將投機活動比喻為報紙選美比賽，由參賽者在數百張照片中選出最漂亮的六張臉：

　　參賽者並不是選出自己心目中最漂亮的幾張臉，而是他認為最有可能得到其他參賽者青睞的幾張臉，所有人都從相同角度看待問題……我們已然達到了更高的維度，竭力用智慧預期平均意見所預期的平均意見。

　　投機行為是資本主義過程中一種有益 ── 甚至是不可或缺 ── 的元素，但它對系統的掌控已經達到了不健康的程度。就如凱因斯在1930年代提出的警告：「當一國資本發展成為賭場活動的副產物時，很可能就走錯了方向。」動能交易、順勢貨幣投機者、過度槓桿的避險基金，以及執著於股價每日變動的企業管理者，

15　譯註：類似心臟病的撲克牌遊戲。

不太可能使全球經濟系統中的稀缺資源用最佳方式分配出去。我們已經來到了凱因斯所謂「第三級維度」。

　　政治家與經濟學家在考慮自由投機所造成的問題時，面對了一種古老的兩難。兩個世紀前被尼克・李森消滅，霸菱銀行總裁——亞歷山大・霸菱曾在1825年表示，任何管制投機活動的嘗試，都可能造成反效果：「假如在阻止邪惡的同時，他們（官方）扼殺了冒險進取的精神，那此療方就會造成比疾病更嚴重的後果。」

　　各國政府都經常嘗試控制投機活動，立法禁止投機工具與行為。[16]儘管如此，投機者還是一再找到規避管制的方法，也將限制投機行為的法規解讀為政府示弱的表現，因此反而有許多投機者變本加厲地從事投機買賣。凱因斯提出了異想天開的說法：如果強迫人們像結婚那樣做終身投資，那也許有機會遏止投機行為（如果你不幸一開始的投機選擇做得不好，就得面對一輩子的困擾了）。此外，凱因斯也提出比較正經的解決方法：對短期持股課懲罰性的資本利得稅。但如我們之前所見，日本在1980年代對短期不動產投資課高比例的資本利得稅，減少了市場的流動性，竟然對東京不動產市場產生了刺激效果。我們甚至可以說，當政府課資本利得稅時，投資者即使擁有高利潤，而且相信股票估價過高了，可能還是不願意將持股脫手，結果會使股市泡沫變得更嚴重。凱因斯另外提議對美國的股票交易課交易稅，理由是「為了公共利益，賭場應該難以近用且費用高昂」。

16　雖然股市崩盤時，受人指責的往往都是賣空者，不過問題其實是買多者造成的，是買多者在之前的牛市時期將股價推到了無法維持的高度。目前為止，還沒有任何一國政府在股市泡沫期間禁止人們買股。

　　有幾位經濟學者主張，中央銀行家在制定通貨膨脹目標時，除了消費者物價以外，還應該考慮資產價格。這個提議的問題在於，沒有人能真正證明股價上漲是投機壓力所致，而不是企業前景實際改善所致。就如葛林斯潘在1996年12月的提問：「我們怎麼知道非理性的熱情是否過度提升了資產價值？」只有在回顧過往時，我們才能清楚知悉這個問題的答案。

　　此外，中央銀行家控制投機活動的主要方法，就是調漲利率。而只要投機者持續預期自己能從資本利得獲得高額利潤，他們就不會因利率調高而停止活動。而且就如凱因斯在1930年代的觀察，如果在商業循環的末尾，用調漲利率的方式控制投機活動，那會對整體經濟造成損害。這麼一來，中央銀行家就只剩下另一種控制投機的工具了，那就是對投機者發布警告，呼籲他們停止投機活動——這在1920年代稱為「道德勸說」。從古至今，官方一而再，再而三發布了道德勸說，投機者卻沒有一次將警告聽進去。

　　在經濟大蕭條時代，美國政策制定者認為，控制投機的最佳方法，就是限制投機者金融槓桿的能力。於是，聯邦政府修法將保證金貸款比例限制在股票價值的50％。後來因為各種衍生性金融商品問世，這條政策可說是形同虛設，LTCM就是用衍生性金融商品從事高度槓桿投機的極端案例。近期有人提出，購買衍生性金融商品時，應該加上與購買一般股票相同的保證金限制。在沒有限制的情況下，投機者可以透過衍生性金融商品市場幾乎無限開槓桿；而限制他們的槓桿能力後，或許可以減少金融界爆發系統性危機的風險。另外，在幾乎無管制的衍生性金融商品世界，如果能改善資訊流通，那也可以防止債務過量累積，預防LTCM

的事件重演。

　　新興市場的投機問題，以及外匯市場毫無管控的交易活動，對政策制定者而言都是最迫切也最棘手的問題。政治人物與中央銀行家共同的課題是，要如何達到經濟穩定，同時保持經濟成長所需的彈性。當投機資本流入脆弱的新興市場時，並沒有帶來明顯可見的長期助益，它甚至可說是抑制了許多國家自由市場系統的演進發展。單就這個例子而言，投機活動稱不上資本主義的助力。

　　在如何處理外匯不穩定問題這方面，人們提出了多種實用性不一的建議。一些政策制定者被突如其來的世界金融危機殺得措手不及，提出了各式各樣的解決方案：重新制定資本控制規範、控制外幣借貸、改善新興市場的會計作業並減少裙帶關係、對流入新興市場的資本課稅、對外匯交易課稅、控制避險基金、改革國際貨幣基金組織，讓它有效扮演最後貸款人的角色，甚至是成立世界中央銀行。法國財政部長多明尼克・史特勞斯－卡恩（Dominique Strauss-Kahn）則呼籲各國建立「新的布列敦森林制度」。[17]

　　倘若建立新的固定貨幣匯率系統，那就必然得施加一定程度的資本控制，但並沒有證據顯示這會抑制經濟成長——從1970年代至今1998年，西方國家的成長率其實處於下滑狀態。另外，如果固定各國貨幣的價值，那也能排除人們對衍生性金融商品的需

17　在《全球資本主義危機》中，索羅斯預測「全球資本主義系統即將瓦解」。由於不受控的資本流動動搖了經濟的穩定性，索羅斯提議推出國際信用保證計畫、終結自由變動的匯率、「某種資本控制」，以及將國際貨幣基金組織改造成世界中央銀行，並賦予它擔任最後貸款人的權力。

求，這類商品會自動衰亡、消失，不再對金融系統構成更多威脅。最積極支持歐洲單一貨幣計畫的是歐洲企業，只要歐洲有了通用的單一貨幣，企業就能省下在衍生性金融商品市場為交易活動避險的成本與不確定性。[18] 外國投資者如果對新興國家的經濟條件更有信心，相信經濟條件不會突然受投機性的貨幣攻擊侵害，那他們也許能接受資本控制，以及對提早撤回投資的限制。在固定匯率系統中，投機活動的限制也能定義得更清楚，就如19世紀金本位制所設下的限制。

　　當反對投機者的聲浪興起時，他們必然會失去一些自由。在《通往奴役之路》（The Road to Serfdom）中，奧地利經濟學者弗里德里希・海耶克（Friedrich von Hayek）宣稱：由國家控制外匯交易，等同「毅然決然朝集權主義方向邁進，以及對個人自由的壓抑」。海耶克相信，混合經濟（mixed economy）必然會逐步演變成社會主義——但歷史證明海耶克錯了。他的分析低估了投機的力量，即使在準社會主義經濟體當中，投機活動也能構成反方向的拉力。投機活動侵蝕了布列敦森林固定匯率系統的基礎，近期也摧毀了日本等亞洲國家的國家管制型資本主義（state-managed capitalism）。投機活動是一股無政府力量，必須由政府時時刻刻管控與限制，但它終究會扯斷鎖鏈、擺脫控制。經濟就如同鐘擺，不停在自由與約束之間來回擺盪。

18　《金融時報》（1998年11月25日）刊登了一封來自英國工黨國會議員的信，議員在信中主張：「單一歐洲貨幣是英國保護自己，免受貨幣投機活動踐踏的唯一法門……」

致謝

○--○

若不是有朋友和熟人的慷慨幫助，這本書絕不可能以今天的模樣問世。克利斯‧丹尼斯通（Chris Dennistoun）與已故的傑克‧克拉克（Jack Clark）讓我借閱了他們各自收藏的書籍，亞歷山大‧馬歇斯尼（Alexander Marchessini）寄了尼德霍夫那篇關於希拉蕊‧柯林頓投機活動的文章給我，多明尼克‧卡蒂庫特（Dominic Caldecott）親切地忍受了我多年的煩擾，為我提供書籍、經紀人的報告，以及其他許多無價的資料。

　　許多人將他們未出版的論文寄給我參考，這些人包括：濱田宏一教授、麻省理工學院的彼得‧特明教授（Professor Peter Temin）、劍橋三一學院（Trinity College）的布萊恩‧米歇爾博士（Dr. Brian Mitchell），以及葛拉漢‧斯托利博士（Dr. Graham Storey）。約翰‧達爾姆斯教授（Professor John D'Arms）幫我檢查了關於古羅馬投機活動的那幾頁，羅伯特‧傑伊‧利夫頓教授（Professor Robert Jay Lifton）、約翰‧凱勒博士（Dr. John Kellet）與哈利‧布斯比博士（Dr. Harry Boothby）則提供了關於投機心理學的討論。安娜‧帕沃德（Anna Pavord）教了我關於鬱金香狂熱的知識（她出版了關於鬱金香的歷史著作，書中也介紹到鬱金香狂

熱），尼克·班奈特（Nick Bennett）則幫我試閱關於日本的章節，提出許多非常有幫助的建議。

我對1990年代投機活動的想法，深受兩位金融作家影響，他們分別是史密瑟公司（Smithers & Co.）的安德魯·史密瑟（他的辦公室寄了多份報告供我參考），以及《格蘭特的利率觀察》的詹姆斯·格蘭特（他的書與日報我都讀得津津有味，也獲益良多）。

替我試閱晚期書稿的人，包括哈密許·羅賓森（Hamish Robinson）、查爾斯·金德伯格教授、雷蒙·卡爾爵士（Sir Raymond Carr）、多明尼克·卡蒂庫特、理查·溫莎－克萊夫（Richard Windsor-Clive），以及我父親約翰·錢思樂（John Chancellor）。我想特別感謝前同事皮爾－安東·伯恩海姆（Pierre-Antoine Bernheim），他後來離開銀行業，成了傑出的聖經學者與出版業者。皮爾－安東收藏了非常多著作，他不僅將多部藏書借給我，還耐心地為我提供建議，並仔細閱讀最後一版書稿。

這世上沒有比法勒、施特勞斯和吉魯出版社（Farrar, Straus and Giroux）的強納森·加拉希（Jonathan Galassi）與保羅·伊利（Paul Elie）更優秀的編輯了。我的出版經紀人——吉倫·艾特肯（Gillon Aitken）一直耐心地支持我。德魯·海因茨太太（Mrs. Drue Heinz）在1996年春季大方地將她的紐約公寓借我使用。

最後，我想大大感謝安東妮亞·菲利浦斯（Antonia Phillips）。她的善良與優點這裡就不贅述了，讀者只須知道她多次閱讀了本書每一個段落，並逼我做了許多頗有幫助的修改，若沒有她的督促，我可能永遠都不會完成。她為我犧牲了大量時間與不少工作進度，我只希望這部作品最終能符合她嚴格的標準。

FUTURE 017

金融投機史【25 周年長銷典藏版】

綜觀三百年九大投機狂潮，從泡沫中洞悉人性的貪婪與恐懼

作　　　者	愛德華‧錢思樂 Edward Chancellor
譯　　　者	朱崇旻
總　編　輯	許訓彰
責任編輯	吳昕儒
封面設計	兒日設計
內文排版	藍天圖物宣字社
校　　　對	李志威、許訓彰

行銷經理	胡弘一
企畫主任	朱安棋
行銷企畫	林律涵、林苡蓁
印　　　務	詹夏深

發 行 人	梁永煌
社　　　長	謝春滿

出 版 者	今周刊出版社股份有限公司
地　　　址	台北市中山區南京東路一段 96 號 8 樓
電　　　話	886-2-2581-6196
傳　　　真	886-2-2531-6438
讀者專線	886-2-2581-6196 轉 1
劃撥帳號	19865054
戶　　　名	今周刊出版社股份有限公司
網　　　址	http://www.businesstoday.com.tw

總 經 銷	大和書報股份有限公司
製版印刷	緯峰印刷股份有限公司
初版一刷	2023 年 12 月
定　　　價	550 元

Devil Take the Hindmost: A History of Financial Speculation by Edward Chancellor
Copyright © Edward Chancellor 1999 This edition arranged with Aitken Alexander
Associates Limited through BIG APPLE AGENCY, INC., LABUAN, MALAYSIA.
Traditional Chinese edition copyright © 2023 Business Today Publisher
All rights reserved.

國家圖書館出版品預行編目（CIP）資料

金融投機史：綜觀三百年九大投機狂潮，從泡沫中洞悉人性的貪婪與恐懼／愛德華‧錢思樂（Edward Chancellor）著；朱崇旻譯 . -- 初版 . -- 臺北市：今周刊出版社股份有限公司 , 2023.12
　面；　公分 . -- （Future；17）
譯自：Devil take the hindmost: a history of financial speculation.
ISBN 978-626-7266-47-2（精裝）

1. CST：金融史　2. CST：世界史

561.09　　　　　　　　　　　　　　　　　　　　　　　　　112017611